上海市民社会史论

徐甡民 著

文汇出版社

图书在版编目(CIP)数据

上海市民社会史论/徐牲民著. —上海:文汇出版社,
2007.1
ISBN 978-7-80741-130-7

Ⅰ.上... Ⅱ.徐... Ⅲ.市民-城市社会学-研究
—上海市 Ⅳ.C912.81

中国版本图书馆 CIP 数据核字(2006)第 154109 号

上海市民社会史论

作　　者/ 徐牲民
责任编辑/ 甘　棠
封面装帧/ 靳　伟
出版发行/ 文汇出版社
　　　　　上海市威海路 755 号
　　　　　(邮政编码 200041)

经　　销/ 全国新华书店
印刷装订/ 上海浦东北联印刷厂
版　　次/ 2007 年 1 月第 1 版
印　　次/ 2007 年 1 月第 1 次印刷
开　　本/ 890×1240　1/32
字　　数/ 335 千字
印　　张/ 11.625
印　　数/ 1-4000
ISBN 978-7-80741-130-7
定　　价/ 24.00 元

目　　录

序

一

1978年我回到上海进入大学时,满含着对于这座城市的游子重归的感怀。

然而接着,我就与它一同经历了新生的阵痛。

那时的上海,因为一次晨雾,就在浦江轮渡间造成了累累死伤;一次寒流,一夜间造成上海五万多处水管破裂。而当上海国际饭店楼顶亮起外商广告时,有人指责这是"殖民地的返照";当浦东意欲引入外资银行时,一些上海人便重新提起"旧上海的故事";当外滩某地块意欲租让时,有人便担忧"红旗将挂何处"。接着,人们又开展过对上海文化性格多有诟病的有关"上海人素质"、"海派丈夫"之类的讨论。

我于阵痛感怀之中又交织了深深的困惑:上海,你何至于如此?上海,你本来又该如何?

1992年以后,仿佛是忽然之间,一切都发生了改变。

而这种情形所触发的,又是更大的困惑:上海,你崛起的能量究竟来自于何处? 这一切的历史含义又在哪里?

也许没有一个城市,有着如此丰富的人格与思想的对应。我们生活在这里,熟悉它的风情和规则,但是我们又好像在历史与政治的

"车祸"中,失去了关于我们身世的那部分最关键的记忆;我们对祖辈业已铸就而我们必将继承的这座城市的灵魂,似乎有点陌生。

到了世纪之交的时候,我忽然觉得想要做一个有关"市民社会"的题目。

然而在题目清晰了以后,论述却并非一蹴而就,实际上它经历了一个断断续续的过程,而这样的停顿,却给予了本书的立论和论述以必要的重新审视和多次推敲的空间。

在这个过程中,我数次求教于赵昌平先生。他在选题上给了我鼓励之外,又在史实求证、立论方式和观念确立上,给了我详尽的意见和建议。这样的帮助诚令我深获教益。赵昌平先生学养深厚、立论持平和真诚赐教的学者与师长风范,更让我感佩铭记。

二

现实的困惑,将我引向对于上海历史的某种探寻。

近现代上海,曾经以它奇迹般的崛起,在中国乃至世界的历史进程上构成了一个十分独特的现象。同时,它也给人们留下了一个巨大的悬念——到底是一种怎样的历史玄机,使上海能够在百年之间,从一个三等县治遽然变为远东第一大都市。千百年来默默固守东海一隅的上海,它忽然之间的别开生面和日新月异,对于一个古老而正在衰落的中国,究竟意味着什么? 甚至在一切都已经成为历史的时候,某种所谓的上海精神是不是正在成为或者终究要成为一个现在时和将来时的概念?

当然,造就上海的历史原因是多元而互动的,比如上海得天独厚的地理条件,比如上海的开埠、租界所形成的独特的社会政治格局等等。然而一个虽属初级阶段却已具近代意义的市民社会,则应当是造就上海的主要的或者是根本的原因。

近代以后的市民概念,在人员组成和生活方式上,仍然保持着对传统的某些承传和延续;但是,它的历史意义,却是基本地取决于它特定的时代内涵。"在中国,市民是一个相当古老的概念。它与乡民相对,一个老百姓,居乡则为乡民,住到城里,则为城市之民,也就是市民了。这与近代意义上的市民概念迥然不同。市民当然是居住在城市里的人,但近代意义上的市民是属于公共领域的概念,指的是城市自由民或公民。"(熊月之主编:《上海通史》第 5 卷第 378 页,上海人民出版社 1999 年版)

在近代中国的历史变革中,上海的市民社会是一个独具内涵的部分。它的"近代意义"在于:上海市民及其市民社会在近代资本主义的工业文明、市场经济和多元政治的历史条件下,开始摆脱小农经济背景,摆脱对权力的依附,以及在社会体制和思想文化的近代变革中,逐渐形成了某种近现代意识和行为方式。对于社会的发展,以及对于个体权益、个人自由和社会民主,上海的市民社会虽然不曾具有很高的思想起点,但却开始形成了世俗的和切实的民间自觉和诉求。

市民社会是近代上海崛起的内在原因,也是它崛起的结果。对于近现代的中国,它也应该具有重要的认识意义。

但是在动荡曲折的近现代时局中,上海的市民社会仅仅只维持了一个短暂的历史停留。而在这样的历史呈现中,它自由和民主的价值理念,使得它在晚清以降的政治格局中,始终遭遇到遏制和冷遇。在创巨痛深而又激昂蹈厉的近代中国,上海市民温和与理性的变革主张,又遭遇到激进主义和强权意志的排斥。此外,近代以后反对专制体制的政治潮流,总是使抽象的"人民"概念更具"正当性",而市民群众的世俗化的价值诉求,却始终遭受到了主流文化的某种鄙视和漠视。

因此,曾经创造了某种历史景观和契机的上海市民社会,却始终没有在历史的文本中,获得它应有的认知和地位。

然而,当历史的原有面目终将不断地、顽强地展现出来的时候,这也许就意味着,我们将在对历史的重新寻访中,获得对于上海乃至是对它的市民社会的某种新的认知。

徐蛙民

2006 年 10 月 28 日于上海

第一章 上海的天时、地利、人和

人类共同生活的需求，造就了村郭和城邦的渐次兴起。人类社会史，在某种意义上就是城市的发展史。这种社会共同体的结构模式，又造就了政治形态的产生和发展，诸如国家、政府、宗教、社团等等，无不是附着于城市之上并且推动着城市的发展的。

作为一种历史的现象，城市归根结底取决于社会生产力和生产方式的发展要求。这同时也就决定了居住、流通、生产、生活方式等多种物质性条件与城市发展所构成的必然关系。

正是遵循着历史的脉络，又在天时、地利、人和的"灵机一动"的天作之合中，上海铸就了自身的近代崛起。上海市民社会的历史意义，当然会超越城市的范畴，但是它的形成，却首先是一个城市化的过程。

一、天时——上海开埠

在通常的叙述和认识中，上海正式立县建城是在 1292 年的元代"至元二十九年"。但是许多人更愿意把上海的历史追溯到更远，比如追溯到北宋初年的"青龙镇"。那种希望本土故城凭藉年代的久远而获得某种历史荣耀的愿望，是一种常情与惯例。但是上海的荣耀，其实并不在于它历史的年轮及其文化的久远积淀；甚至恰恰相反，上海的价值和意义,主要是近代以来,它在中国社会的现代化进程中所具有的特殊的历史地位和影响。

那么为什么上海这个遽然成型的世界都市,其城市化的进程在它千数百年的漫长岁月里,却几乎没有发生根本性的变化和拓展呢?

这首先是因为,上海由它近海渔、运的自然经济,逐步繁荣兴盛以至逐渐成"市"的过程,原本只是整个内陆经济和农业文明的附属部分。"起初这地方是连城墙都没有的,直到明朝年间,为了倭寇常来骚扰打劫,方筑起一座城墙。此后,它是靠着本地的努力。渐渐的兴盛起来,的确也没有什么了不起的成绩,在英国人占领的时候,也不过是一个三等县治罢了。"①"据19世纪40年代两次抵沪的英国植物家福钧的估计,当时上海人口约为27万;而杭州为100万,苏州、南京、宁波为50万;长江三角洲地带的松江、嘉定、常熟、嘉兴、无锡等拥有与上海相似的人口。清代上海的地位远不如苏州,《松江府志》等均有'府城视上海为轻,视姑苏为重'的记载"②

因此,只要内陆经济和农业文明的历史规定性没有发生根本的变化,上海也就只能在它原有的轨迹中,慢慢地滋长与发展,而无法在近代历史中形成自主的潮流。

那么,当源自西方世界的海洋经济的浪潮,不断拍击太平洋的东岸,不断激发着上海换代转型的时候,为什么上海仍然迟迟未能迈入资本主义的近代城市化的进程之中呢?

这又是因为,这种城市的发展要求所必须凭藉的"天时"条件——政治体制的变革与革新,当时还没有在中国发生。按照马克思主义关于生产力和生产关系的学说,任何经济形态的历史变革,都必然地要与既定的社会政治体制紧密关联。欧洲资本主义的兴起,就是由它的工业革命和它的社会政治变革,配套形成的。也因此,开启上海近现代城市化进程的历史契机,首先就在于它的"天时"条件。

---

① 〔美〕霍塞:《出卖上海滩》第4页,上海书店出版社2001年版。

② 杨东平:《城市季风》第40、41页,东方出版社1994年版。

而传统封建的政治体制和保守的国家政策,就使上海在命运的冥冥昭示中,长期处于进退失据的局面。

上海临江濒海的地理形势,决定了它的发展与海洋经济紧密联系的格局。早在宋、元时期,上海的海上贸易即已形成了规模。进入明代,上海的海运与通商更有了相当的发展。但是洪武年间的"海禁",却令这一切顿然遭至扼阻;而海禁则是事出朱元璋在削平群雄时的对手,曾到日本谋求结盟。但是海禁的后果很快就显现出来,许多海商为生计所迫,终于铤而走险,从事非法海运,甚至转商而为海盗。当时的情形正是"寇与商同是人也,市则寇转而为商,市禁则商转而为寇。"明嘉靖年间,也就是在黄浦江开浚一百年以后,来自东海上的真、假"倭寇"频繁侵扰中国沿海,烧杀抢掠,威胁海运贸易,其间五次进入长江侵袭上海。原先"承平晏然"的上海海面不再风平浪静。在这种形势下,由于当时的守土自安的基本国策,明朝政府没有沿着郑和的西洋之行而制定制服倭寇、平定海域、拓通远海商路的方略,相反却很快实施了进一步的"锁海"政策。到明世宗的时候,朝廷甚至颁布法令,"一切违禁大船,尽数毁之,"对于"素以通番为生"的海商,施行严厉的禁锢措施,而敢于"私造双桅大船下海者,务必一切捕获治之。"于是,上海筑墙围守,它初步兴盛起来的海上航运,由此遭到了极大的封阻。

清代顺治年间,以"反清复明"为号召的郑成功据守台湾,成为清朝政权的心头大患。为防止郑成功的进攻和渗透,清政府颁发了峻厉程度甚于明代嘉靖"锁海"的"海禁令"。它限令沿海居民内迁三十里居住;此外,"片板不准入海"。上海经由海洋经济而使城市转型换代的可能机遇,再一次被国家决策所阻断。

直到康熙年间,上海护海塘前仍竖有"居民过限者,枭首"的禁牌。康熙在亲自巡察及权衡了海盗与海靖的关系以后,解除了"海禁令"。虽然其准许的海运贸易仍然是限制重重,查验极严,然而即便是如此有限的开放,却仍然对上海的经济发展和人员流通,产生了积极的影响,上海从此开始步入中国沿海重要贸易港口的历程。

但是好景不长，到了乾隆年间，因为以"天朝大国"的心态面对日益频繁的中外交流，保守封闭的思想又成为统治集团的主导意识。于是清政府再次推行闭关锁国的政策，海上的对外贸易只限于广州一处，其他各港口的航运只准对内，不准对外。这样的国家法令甚至迫使上海完全退守到了内陆经济的格局，上海终于只能望洋而徒然兴叹。

因此，在海洋经济已经发出强烈召唤的时候，因为封建体制及其政策的阻碍，使上海的经济形态和城市格局仍然长期处于墨守成规和因循守旧的状态。据《中国封建社会晚清城市研究》一书记载，在1843年按人口排名的中国城市中，上海被排在10名以外。当时的上海县城因为初显繁荣，因而被人称之为"小苏州"。

然而从19世纪中叶开始，上海终于以一个近代都市的规模和属性，在古老中国的东海之滨平地崛起，并且在此后不到一百年的时间里，发展成为远东的第一大都市。毫无疑问，其中的一个根本性的原因，就是在于上海的社会政治格局所发生的重大变化。当然，这种变化不是由本土的经济发展及生产关系的变革所最终导致，而是来自于外部力量的侵入与触发。无庸讳言的是，正是近代上海的开埠和租界建立，以及由此形成的社会变局，造就了近代上海崛起与发展的历史契机。

鸦片战争和《南京条约》以后，上海被迫开埠。上海之成为大英帝国指定的对外通商口岸，缘起于十年之前一艘英国舰船"阿美士德勋爵号"对于上海的一次"偶然"的造访。其实，当年的那次造访是以西方近代的资本主义经济扩张为目的的一次考察。虽然那次偷偷摸摸的考察违反了大清条例，但它却是第一次从世界性的地缘经济的角度，预见了上海在"世界经济"中的巨大潜能以及可能扮演的非凡角色。

于是《南京条约》以后，上海很快就被迫登上了世界的舞台。然而这个历史契机的确是极具特殊性的。在当时，尽管《南京条约》以及嗣后的《虎门条约》都是清朝政府战败的直接结果，但是当时的中国并没有因为在这次局部战争中的失败而被全面征服,因而它仍然保持着国家主权的地位。另一方面,英国侵略者此时也不可能凭藉一次局部战争的胜利,而在中国的部分地区实行完全的殖民统治。在这种情况下,清朝政府既屈服于列强的武力,又为了避免外部的战争策动内部的政权危机,因此只能签署丧权辱国的条约;而英国在达到了他们对华贸易和通商的最初目的以后,自然也暂时满足。因此,一种媾和的特殊产物——开埠与租界,就在中国乃至是在上海出现了。

因为上海的开埠与租界所具有的西方印记和民族屈辱,因此在探讨它们与上海近代发展的关系时,它们就一直成为一个让人感到"为难"甚至是需要"讳言"的问题。

但是,马克思在论述英国人对印度的殖民统治时,就曾这样说过:"英国不管是干出了多大的罪行,它在造成这个革命的时候,毕竟是充当了历史的不自觉的工具"。这种思想及论述对于上海的开埠与租界,其实也同样适用。也就是说,我们在记取西方帝国主义在上海的开埠和租界中的种种列强行径和种种罪恶的同时,也应该客观地看到其对于上海的发展所产生的"历史工具"的作用,尽管这对它来说是并"不自觉"的。

因此,比如孙中山从来都把租界一定要归还中国,作为自己最重要的政治信念,但是这并没有妨碍他赞誉上海租界在建设、管理和市政上的效率和成果,以及力主对之进行学习和借鉴。陈独秀也从未停止过抨击上海租界及其资本主义的种种罪恶,但是因为租界内相对的政治宽松以及各种便利,他又认为中共中央机关设在上海租界最为适宜。鲁迅对于租界的批评从来也是不吝笔墨,但是甚至在他56 岁临去世之前,还想搬家到一处更好更安宁的住所;而在他的搬家条件中,列为第一就是居所要在租界。

在鸦片战争打开了中国千年封建旧制的大门,中国以此为契机进入近代历史以后,西方国家的资本主义工业文明,促成了上海经济结构和社会形态的根本转型。同时,开埠和租界作为一种媾和的产物,它所实际反映的,就是西方列强和清朝政府的权力并存和对峙;由此形成的特殊的社会政治格局,为上海的城市化进程,提供了发展空间。

与此同时,上海这座城市由此萌生的现代性内涵又在于:某种"西学东渐"的自由民主的思想理念,以及在列强势力与清朝政权的对峙和制衡中所形成的相对宽松的社会环境,就为市民的某种价值基础和精神培育,以及为市民社会的形成,提供了必要的条件。

1. "不为遥制"的"国中之国"

《南京条约》以后,上海随之被迫开埠及建立租界。在名义上,清朝政府仍对租界拥有主权,但是有关租界法则的《上海土地章程》及其实施的"治外法权",实际上已经使上海租界变成了一块由外国人统治和管理的"飞地"。

(1) "治外法权"

租界建立以后,设立了自己的行政机构"工部局"(英美等国的公共租界)和"公董局"(法租界),并颁布实施了一系列自己的法律法规,甚至还确立了它们自己的课税权和以"万国商团"为名义的驻军权,俨然成为一个"国中之国"。

这种租界体制,是一种自古未有、全世界没有先例的权力结构。因此,中外双方对于租界的权益,从一开始就存在着诸多模糊之处。于是两种权力体制就不断在这块地面上发生摩擦、冲突和围绕各种权益的拉锯战。而事情的结果,大多是以清朝政府的"主权"步步退让和失败而告终。因此到了 1862 年的时候,英国驻沪领事麦华陀已经公开宣称,中国地方官员与英国领事间已经形成了多年的"谅解",即中国地方官员对于租界内的华人行使管辖权,也需要经过英国领事的同意。在这种情况下,甚至中国官府的告示未经租界当局允许盖章,也不得在租界内张贴,否则便会被巡捕撕毁。上海的地方政府甚至丧失了在上海租界征税的权力。1864 年 1 月 23 日,3 名衙门的征税人员在向法租界内的中国酒馆征收 500 两银子的新税以后,即被法租界的巡捕逮捕,并被抄出由上海官府出具的征税收据。在这种主权沦丧的情况下,封闭保守、腐朽专制的清朝统治,也在不自觉的历史进程中遭到了逐步消解。

在清朝政府的统治权力被各国领事与侨民自治机构逐步排挤出上海租界的过程中,双方之间终于在 1865 年,围绕租界劳役犯戴中其的死亡事件,就司法管辖的权限问题,爆发了一次严重而公开的冲突,或者说是一次双方有备而来的较量。虽然事件的起端并不大,但是中外双方却都为此兴师动众,以至由此酿成了外交冲突。其中的原因,可能就在于双方都将这个事件看成了是有关权力范围、因而是事关宏旨的标志性事件。对于这个事件,许多史籍都有过记载和评述。但是,如果参照当时工部局对这一事件的某些记述,那么这一事件就变得更具意味了。

当时,上海地方官员显然是在事先做了充分准备的情况下,希望以此作为突破口,措辞严厉地致函英国驻沪领事,以期夺回租界内的司法管理权。"最近,理事衙门的许多犯人没有送来本县,而是被判服苦役,……戴中其犯的唯一罪行是用 60 个铜钱买了一个门把,为此他被判服苦役。戴中其身体虚弱,无力干活,而且主管巡捕经常推他、拖他和打他。这种虐待持续了好几天,而且天气又是刮风,又是下雨。戴中其就病死了。我发现苦役包括开沟、敲石子、修路筑路、挖河泥填到岸上等类活;犯人被铁链锁在一起,二三十个人一组,主管巡捕对他们很凶狠,假如犯人因劳累歇一歇,或者没有听懂意思,主管巡捕就向他们挥舞木棍。不管雨下得多大,也不停工。就吃的而言,一日三餐,每顿一小碗冷饭,只有到晚上才喝到一点凉水。这种待遇比上枷还严厉。根据英国条约第 16 条,伤害外国人的华人由他们自己的官吏审问和惩罚;第 17 条规定,华人和英国人之间的案件由领事和地方当局以公正的办法来解决。……但是,现在所有华人囚犯都被外国官员判服苦役,而且案情从不报知县。在中国的法典中没有像苦役这样的惩罚,并且用外国法典中的惩罚办法来惩罚华人,这也不符合条约的精神。……道台已指示知县通知法官,理事衙门对华人的判决应由他来宣布,现也请求英国领事按照条约下达类似的指示。"③

然而正是在涉及司法权力的问题上，租界工部局董事会也毫不含糊，并且措辞强硬地致函英国领事："我（工部局总董）不得不说，对可能停止对中国犯人实施这种有益的苦役刑罚感到遗憾。……接受赃物的人以及对租界内的居民进行敲诈或'勒索'的人现在感到他们的这种行径更危险了，因为不是被'送进县城'，行贿一下就被释放，他们害怕被用铁链锁在一起。为了表明这不是夸大其词的情况，董事会提请您注意信中所附的工部局捕房督察员彭福尔德先生的报告，并想指出眼下正在服苦役的犯人为了秘密获释，行贿了 500 元至 1 000 元；事实上，行贿数量和方式导致执法人得出这样一种结论，即一直是华人官场减刑的一贯做法。……关于饮食问题，董事会必须言明，食物的量足以维持普通苦力生活，米饭并不像知县所说是冷的，而是热的，一日三餐，每餐两盒饭，有蔬菜，而饮水确是凉的。……医生不是每天进行医疗检查，但是如有病人，就立刻被送往仁济医馆。干活的时间是上午 7 点 30 分到下午 5 点左右，日短，则工时减少；这期间有一个小时进餐。给主管犯人的华捕和欧捕下达了指示，不得以任何方式殴打犯人，除非迫不得已。在提请督察员注意的一位犯人挨打的唯一事件中，这位巡捕被罚了款。尽量雇佣华捕看守犯人，他们可以解释要干的活，迄今为止，只有一名外国人负责管理他们。……如把工部局牢房里服苦役犯人的情形与知县牢房里任何贫穷犯人的情形作一个比较，就可看出工部局管辖的犯人所得到的待遇要好。……有争议的不是服不服苦役这个简单的问题，而是剥夺那些贪污腐化官员和县衙门非法勒索租界内居民钱财权力的问题，问题的症结在此。……对轿夫和妓院老板敲诈勒索的事都是知县衙门周围的人干的，真是咄咄怪事。"④

经过了多次的争议、抗辩以后，中国官员终于和英、美官员达成

---

③ 《工部局董事会会议记录》第 2 卷第 531 页，上海古籍出版社 2002 年 1 月版。
④ 同上，第 533 页。

了"共识"：过去当地犯人比较少的时候，把犯人送进县城衙门受讯和惩罚是可行的；可是，在租界扩大、犯罪人次增多的情况下，这种做法已经行不通了。租界刑法中的一项措施，是实行服苦役的制度，而且迄今为止已经取得了令人满意的结果。法院对罪犯的处罚已为众目所睹，从而杜绝了犯人不受惩罚的谣传。英国领事就此提请上海道台注意关于有效保护的条约权利。假如道台反对苦役制度，他必须提出同样有效的措施。上海道台称：他并不一概反对苦役制度，只是反对判刑过重。同时，上海道台最后也确认戴中其是自然死亡。

这场由清朝上海政府发难，旨在掌控租界司法权力的外交争端，结果却是以地方官府的全面失败而结束。同时它也就标志了清朝政府的司法管辖权，在上海租界的大幅丧失。

但是在上海租界开辟的数十年间，有关行政司法权力的争夺和进退仍然完全没有停止。比如就在"戴中其事件"以后不久，上海知县又向英国领事指出：现在租界境内开设了许多戏院，而这些戏院则成了窃贼和其他不良分子的聚集场所；大量的所谓观众，只是不良分子之佯装，他们"真正的目的是行窃和抢劫"。特别是这些戏院通宵开放，观众又是成群出没，这势必为不良分子聚众滋事提供了便利，从而对社会治安造成严重的问题。上海知县因此要求租界当局下令撤出这些戏院的外资股权，以便地方官员可以放手进行"整顿"。上海知县要求，在目前情况下，至少到傍晚的时候，租界当局就要关闭这些戏院。

在这个严正交涉的背后，显然还是敏感地涉及到了租界治安权的归属问题。

对此，工部局董事会又一次做出了强硬的回应。他们认为，夜间开放戏院对租界的治安秩序并没有造成什么危险，上海知县的说法不足采信。工部局认为他们没有理由去干涉租界内华籍居民无害的和合理的娱乐活动，而保护这些人们的利益和自由则是工部局的责任。至于撤出戏院的"英商"和"美商"股权这样的问题，工部局认为这并不属于自己行政权力的权限之内，因此不会让自己、也不会允许别人去非法干涉戏院业主的正当经营。

租界内的治安以及管辖权的争夺,此后也时常藉由文化风俗的中外差异而触发。比如1872年春天,鉴于"烟馆之雇佣妇女跑堂为从来未有之业",有伤风化,上海道台沈秉成遂在某些社会舆论的压力下,颁令查禁酒楼、烟馆、茶寮中的"女堂倌"即女服务员现象。但是此议及此令却在租界遭到拒绝,因而女堂倌照旧在租界各处就业谋生。

上海道台和上海知县的权限在上海租界连续受挫,反映了上海租界以"治外法权"全面排拒清朝政权的情形。然而由此形成的政治割据乃至是"国中之国"的情形,在遭遇到某些朝廷命官和特权人物的时候,就形成了更其敏感和尖锐的冲突及检验。

1883年时,北洋大臣李鸿章寓居在上海公共租界的汉口路。按照清朝的官阶礼仪,李鸿章每逢进出官府大门,其卫队都照例要鸣炮迎送。6月5日这一天,工部局巡捕以惊扰居民为由,阻止卫兵鸣炮,进而造成双方冲突。工部局官员随即向李鸿章转达了工部局关于停止鸣炮的规定。

几天以后,上海的官员奉道台之命拜会并知会了英国领事:侍候李鸿章的士兵已经接到命令,不得在晚上7点到翌日凌晨7点之间鸣炮。该官员还对几天前发生的冲突与骚乱事件表示歉意。

但是,工部局董事会给予的答复是:按照租界规定,鸣炮不仅是在晚上不得进行,在白天也须完全停止。

对于一个朝廷大员,这样的答复不免令人难堪。

就李鸿章来说,既然是在中国的土地上,他当然有按照中国的规矩行事的权利。但是对于工部局来说,在他们管理的上海租界,他们将按照自己的规则办事;即使是要员大人物,也不能享有在市区鸣炮的特权。可怜的是那位上海地方官和上海道台,一边是租界当局,一边是北洋大臣李鸿章,他们不知如何说项、回禀是好。

于是,英国领事直接向李鸿章提出了有关告知。

眼看一场对抗乃至激变有可能因此而发生。然而李鸿章毕竟是一个"识时务"或者说是"大度识理"的人,而这个"时务"和"道理",自然是以国家实力的对比作为基本注解的。也就是说,在主权名义和上海租界实际上的"治外法权"狭路相逢的时候,李鸿章终于作出了屈从于后者的姿态。他就此给英国领事写了一封甚为通达和自圆其说的信:"余以为在中国境内,不容与外国地方相比,此事余有行余所欲之自由。惟余离寓返寓之鸣炮致敬,性质既不重要,而若有扰社会,亦为余心所难安,故余极愿体谅社会人士之愿望,即命令完全停止鸣炮致敬。"⑤同时,李鸿章向英国领事保证,他无意加强他目前在上海的为数不多的卫队。他认为现在并没有多少卫队来到这里,如果确实来了,他们也将驻扎在租界界外。而按照英国人的说法:李鸿章已经按照工部局的愿望,命令他的卫兵完全停止在他的公馆入口处前面鸣炮。

与李鸿章比较起来,两江总督左宗棠的态度就要强硬得多了。那么,事态激变以后的最终结果又是怎样的呢?

当时,在左宗棠到达上海并要进入租界之前,上海道台急忙要做的,就是先去工部局打招呼,以说明国情:左宗棠大人进入租界时,其卫队士兵要将左大人官轿行进的马路上的行人车辆驱赶开去,这只不过是执行他们的职责,因为这是中国的一个常规——当商贩行人遇到大官路过,都必须回避或者靠边站,以示尊敬。道台还提出,他已指示地方官员今后将大官要员进出上海租界的准确时间通知租界巡捕房,以请巡捕房协助,使道路畅通无阻。

工部局董事会接到这个通知以后认为:道台声称这是朝廷大官在通过租界时所应有的权力,但是我们并不认为任何人具有骚扰行人以及由此引起骚乱的权力,我们也不会给予他们这种权力。

然而左宗棠并不理会工部局的态度,他带着大队武装,前呼后拥,进入租界。路上中外行人及其车马均被卫兵驱至路边。为此,外国领事馆和工部局对清朝政府发出了严重的抗议。但是在1884年3月3日,左宗棠的卫兵再一次穿过了租界去迎接刚刚访问了租界

---

⑤ 程童一等:《开埠——中国南京路一百五十年》,《昆仑》1996年第3期,第42页。

的左宗棠。这些士兵都带着装有弹药的步枪,他们用刺刀驱赶路上的行人,而特别令工部局感到不能容忍的是,这些卫兵甚至没有把外国人放在眼里,路上的外国人同样受到了士兵的驱赶。这理所当然地被工部局看作是一次公开的政治挑战。于是工部局董事会在就此举行了会议之后,致函各国驻北京的公使,向他们警告说:外国侨民们同那些士兵之间存在着发生冲突的极大危险,而且可能导致流血事件和严重骚乱。

各国公使立刻意识到了问题的严重性。他们在与清朝政府就此进行交涉的过程中,甚至发出了明确的军事威胁。清朝政府的总理衙门不得不出面对左宗棠及其士兵予以节制:命令军队驻扎或经过任何地方,指挥的军官必须执行最严格的纪律,而这个"纪律"当然就是不能进入上海租界的区域,以及不能逾越租界的成规。左宗棠虽然强硬,但是最终也没有能够打破上海租界"治外法权"的壁垒;相反这次事件更加印证了工部局在上海租界所具有的行政管理权,是无庸置疑的。

甚至到了 1927 年,"北伐军总司令蒋介石抵达上海时,两个租界的当局给了最特殊的礼遇,也只是发给'可带武装卫兵十名'的特殊通行证。"⑥尽管据当年 4 月 4 日的美国《时代》杂志报导,蒋介石曾带着 100 名武装士兵进入了上海法租界,但是不一会,他们就退出了租界,蒋介石还对此解释说:他的司机走错了路。

(2)"不为遥制"

由于上海租界的"国中之国"的格局,以及个人与社团所具有的相对的政治自由,遂使上海租界在晚清民初的戊戌变法、辛亥革命和民主运动中,成为反清革命和民主活动的主要据点,成为有关人员人身安全的重要庇护地。这种情形,因为事涉颠覆本国政权的根本问题,因此也就经常导致了清朝政府及嗣后的民国政府,与上海租界当局产生了更为激烈的冲突。然而在这种政治冲突中,上海租界当局

---

⑥ 费成康:《中国租界史》第 212 页,上海社会科学院出版社 1991 年 10 月版。

仍然秉持以至凸显了它政治割据的形态。

　　1898年9月,戊戌变法失败,康有为逃到上海租界。慈禧太后明令予以通缉,并且要求捉拿以后立即就地正法。因为事关重大,工部局秘书濮兰德对此事进行了调查,在确认康有为在北京期间没有凶杀刑罪,也没有公开颠覆以光绪皇帝为代表的现行政权,于是决定以租界的法规予以保护。为了安全起见,租界当局将康有为送到了黄浦江上的英国轮船上。上海道台闻讯后,连日派船搜索江面,然后又急切地缠住英国领事进行追问。在获知康有为所在的英国船只后,道台旋即派人意欲登船抓拿这名朝廷头号钦犯,然而遭到船主拒绝。上海道台即刻派遣两艘战船前来围逼,英国人也即刻出动了两艘军舰"夹护之"。在如此对峙之后,上海政府最终无计可施,而租界当局则将康有为护送到了香港。

　　黄遵宪是著名的维新派人士,戊戌变法失败时,他正滞留上海,所幸正好住在租界。在朝廷谕令缉拿黄遵宪后,上海道台不敢怠慢,立刻派士兵包围了黄遵宪的寓所。租界当局不允许清朝政府在租界抓人,遂派出巡捕、包探多名,准备兵丁一旦抓人就要予以阻止和截留。相持不下之间,英国驻沪总领事向清朝政府的南洋大臣发出声明:"如中国政府欲将黄遵宪不问其所得何罪,必治其死,则我国必出力救援,以免其不测之祸。"[⑦]日本前首相伊藤博文当时也派人与中国总理衙门交涉调解,清政府迫于压力,只得令上海道台放黄遵宪出走。

　　在中国近代史上,上海租界独特的政治格局和政治功能,正如蔡元培当时所说的:"盖自戊戌政变后,黄遵宪逗留上海,北京政府欲逮之,而租界议会以保护国事犯自任,不果逮。自是人人视上海为北京政府权力所不能及之地。演说会之所以成立,《革命军》、《驳康有为政见书》之所以能出版,皆由于此。"[⑧]此后蔡元培自己也亲身经历了

---

　　⑦　梁启超:《戊戌政变纪事本末》,中国史学会主编:《戊戌变法》第1册第326页,上海神州国光社1953年版。

　　⑧　《蔡元培全集》第1卷第400页,浙江教育出版社1998年版。

相似的遭遇——在他于上海组织并参与爱国师生的抗法拒俄的集会以后,江苏巡抚恩寿命令对此集会予以镇压。上海道台遂向租界当局交涉抓人,租界当局为此多次传讯了蔡元培、吴稚晖等人,巡捕房官员询问蔡、吴等人:"你们藏兵器否?"答:"断断没有。"巡捕说:"没有兵器,你们说话好了,我们能保护你们。"⑨由此可见,上海与内地的法律已经全然不同,仅仅只是集会演讲、舆论宣传,这非但不能由官府定罪,反而是被视为合法、并且是能够得到保护的。

此外又比如"自立军"领袖之一的龚超在湖南起事失败,逃入上海租界,被清朝上海政府诱出租界逮捕。自立军的前身正是年前成立于上海的"正气会"和"自立会",它们均以"勤王"和反对慈禧专权为组织宗旨。龚超被捕以后,英国领事和工部局以上海地方政府此举破坏了租界主权和居民安全的名义,提出抗议。最后终于将龚超提回租界审讯,接着判以无罪释放。龚超出狱后,转赴香港,继续投身反清革命。

1903年时,《苏报》以章太炎为主笔,连续刊发了《论康有为革命书》和邹容的《革命军》等一系列鼓吹反清革命的文章,为清朝政府视为"害政惑人,终无了时"的祸端。经上海道台与公共租界当局反复交涉,端方等清朝大吏又污称章太炎、邹容等人是"著名痞匪","与国事犯(政治犯)绝不相同",中西警探和巡捕遂于6月29日到7月1日先后拘捕了章太炎、邹容等六人,其间蔡元培等人闻讯走避。

其后,清朝政府的意图就是对章太炎、邹容实施"引渡",然后立即置之死地。为此,清政府派人多方活动,甚至提出由上海地方政府出银10万两,以将《苏报》案诸人审处死刑。此外上海政府还愿意另送3 000两给工部局。在这些建议遭到拒绝以后,清朝政府又提出了新的条件,愿意以出卖沪宁铁路铺设权为代价,以引渡章、邹两人,结果仍然没有如愿。随后,事情以另一种方式进入了最高层的周旋和对抗——慈禧太后在颐和园宴请各国公使夫人,是时这座皇家花

---

⑨《上海通史》第1卷第46页,上海人民出版社1999年版。

园彩球高悬,安装电灯,铺设地毯,慈禧太后殷勤到家,亲自恭迎各位公使夫人入座。入座停当,慈禧太后又传旨赠送各位夫人每人大瓷瓶、嵌宝石手镯、金刚石时表等珍玩数件,然后移座入席。盛宴之后,慈禧太后终于托出本意:她请求各位洋太太们回去吹吹枕边风,让各国公使同意引渡上海《苏报》的国事要犯。洋太太们你看着我,我看着你,最终,还是没有给慈禧太后面子,而是一致托词拒绝了太后的请求。

在《苏报》案业已引起全社会乃至世界舆论的关注以后,这场对抗已经超越了中外司法权力的争夺,而演变成一场对不同人权理念和不同政治体制之间具有象征意义的比较和对抗了。虽然按照清朝政府的强烈指控和要求,租界工部局拘捕了章、邹等人,但是在租界当局按照西方的社会理念和法律规则来看,对章太炎、邹容等人以言获罪的指控,是很难成立的。

于是工部局的态度是:未经"会审公堂"的审讯,决不将被告向中国官方引渡。甚至在事发5个月以后,工部局董事会提出:如果仍然不能收到对于这些被告的合法起诉文本,会审公堂应当考虑对这些被告予以撤诉,并宣判无罪释放。董事会还要求采取措施防止他们在获释以后又重遭中国官方的逮捕。为此,董事会提出,在听取被告意见以后,可以护送他们登上驶往香港或者是日本的轮船。

接着,英国首相巴富尔在伦敦下议院宣布,他已电令驻华公使:"现在苏报馆的人,不能交与华人审判。"美国政府稍后也电令驻华公使:"中国在上海拿获苏报革命党,此事不可将党人交中国办理。"然而在清朝政府极端强硬的交涉下,租界当局最终以章、邹二人各判3年和2年,羁押于租界,余人释放的结果了结此案。其间邹容病逝于狱内。1905年7月2日章太炎刑满以后,工部局董事会即决定尊重本人意见,将其安全而秘密地送往了日本。

如果没有当时上海租界的庇护,那么章太炎、邹容等人以诋毁朝政、煽惑乱党、制造动乱的罪名而落入清朝政府之手,其结果是可想而知的。在此之前的谭嗣同等人的遭际已成前鉴,而同为知名维新人士的沈荩在《苏报》案后不久于天津被清朝政府逮捕后的命运,就更令人发指了。对于沈荩,慈禧太后亲自下达了执行鞭刑的命令。7个汉子用竹鞭整整抽打了4个小时,将沈荩残忍地鞭杀于刑部监狱。

上海租界所形成的政治屏障,对于晚清统治不啻是如鲠在喉,芒刺在背。但是上海租界的这种政治格局,根本上也正是晚清政府自身腐朽没落的结果。它对上海租界"国中之国"的政治割据,虽然忌恨尤深,却又无可奈何。为此,慈禧太后终于不得不打破祖制禁忌,自圆其说地给予了上海以"不为遥制"的传谕。这就是说,因为情况特殊又鞭长莫及,朝廷对于上海的事务也就多予"放权",少加过问了。

因此,在当时的上海租界里,居民在私产权、经营权之外,同时在言论、集会、结社、罢工等方面享有了明显的自由。而在上海华界,直到清朝覆亡、袁世凯当政的时期,数名要求增加二十文工资的豆腐工人,还仍然被上海县政府责打几十大板,并上枷游街。

晚清、民初政权的专制体制在上海租界所遭遇的事实上的消解,以及西方工业文明和近代民主意识的输入,为上海的崛起,以及为它近代意义的市民社会的形成,提供了历史的契机和根本的政治条件。

2. 主权形式与国民身份

开埠及租界格局的形成,客观上对上海的近代崛起起到了历史杠杆的作用。然而耐人寻味的是:为什么当时由西方列强实行着完全殖民统治的印度、菲律宾以至许多非洲国家,却并没有出现有如上海的经济繁荣及近代意义的市民阶层呢?

这里的原因,同样是取决于政治的前提条件,也就是取决于上海以国家主权与"治外法权"的"并存"所形成的独特的体制结构,以及所构成的某种意义的权力制衡。

近代以后,虽然上海租界业已由外国人实施实际的统治和管理,但是上海的主权在法理上却仍然属于中国,各种形式的"国家主权"也仍然存在于租界社会的各个方面。在上海租界大规模扩张,以及在它的性质发生改变以前,英国驻北京公使也曾公开否认英国驻沪领事对当地租界具有专管权:"租地与英国政府并未尝许予该地之管辖权,该地仍然属于中国主权。"1863 年,法国公使柏尔德密也指出:除了为外人及"本国素所保护之人"进行服役的华人外,其他在上海租界内侨寓租地的华人"自应均听中国官员管理"。1864 年,北京外国公使团议订的"上海公共租界应遵照的五条原则"也规定,界内华人"如实未受外人雇佣,应完全受华官管辖,与中国地界内无异。"⑩事实上,清朝政府从来没有将上海租界的华人管辖权交与工部局和公董局,而英法等国也从来没有在法律意义上获得此项权力。

　　因此,政治权力的共治和制衡从一开始就构成一种独特的体制形态,至少在名义上,它是这样存在的。由各国领事和上海地方政府协同组成、连署办理的司法机构"会审公堂",就是这种体制的直接产物。于是,在既定的体制下,列强也就不可能在上海实行殖民地模式的政治奴役,以及推行对资源和劳动力进行全面掠夺的一元化式的殖民地经济。由于上海租界的这种特殊的政治局面,它所造就的就是西方模式的自由竞争及市场经济。这样的经济形态,催生了本土经济的迅速发展和民族资产阶级的迅速壮大。

　　主权形式的一个基本的政治内涵,就是当然地赋予它的民众以国民的身份。因此,在"治外法权"业已使清朝专制政体遭遇解构,而主权形式又对"治外法权"构成制衡的情况下,上海的城市居民就以主权意识和国民身份的事实空间和心理空间,开始凝聚起作为近现代市民的核心定义:摆脱了对于权力的人身依附之后的政治自主和民主权益。而这种政治形态,在亡国殖民的情况下,是不可能产生的。

　　在上海租界的百年历史中,主权反制以及民众激扬民族意识的事件层出不穷,发生在 1905 年的震惊中外的"会审公堂案"亦即"黎黄氏案",也许可以成其为代表性的事例。

　　是年岁末,某四川官眷"黎黄氏"在丈夫亡故以后,携带着 15 名

---

⑩　费成康:《中国租界史》第 212 页,上海社会科学院出版社 1991 年 10 月版。

婢女欲途经上海返回原籍地广东。上海工部局事先接到了来自镇江的消息，指该官眷有买卖及拐带人口的嫌疑。事实上，该官眷所带的多名女子确系从四川买来，并持有买卖凭据。于是，她们在经过上海时，即被公共租界的巡捕指为人口贩子而予以拘留，随后此案即进入了会审公堂的司法程序。在会审公堂的外籍法官，以及在租界工部局看来，一个女人带着多名青年女子，既非子女，又非亲属，且持有买卖凭据，这当然是存在了限制人身自由和进行拐卖的嫌疑与事实。但是在会审公堂的中方法官即"谳员"，以及在上海的地方官员看来，这在中国官场和传统习俗中，是一件十分平常的事情。奴婢不管是买来的还是雇佣的，她们都应该依附于主人。至于她们的去留，也都应该由主人来决定。于是，中外双方在会审公堂审理此案时各执己见，互不相让，甚至在争执中酿成了肢体冲突。

到了这个时候，案子本身已经并不重要，因为事情已经演变成为中外双方在司法解释和处置权上的又一场争夺和较量了。为此，上海地方政府在力量对比处于劣势的情况下，巧妙地将事情捅到了社会上。而上海市民在主权意识与民族主义的鼓动下，与上海地方政府结成统一阵线，从而掀起了一场重大的社会风潮。积蓄已久的民族情绪被激发起来以后，上海的各界民众纷纷发起人数越聚越多的集会，"数日以来，几于无日不会，无会不愤"，以抗议洋人独断法案。

其实就案件的本身来说，业已具有相当近现代意识和觉悟的上海市民，也许不会支持那位买卖婢女的官眷。相反，在当时许多有关人权特别是女性解放的问题上，上海民众恰恰是站在了截然相反的立场上。但是，眼下这场冲突的矛盾主要面已经发生了变化。"呜呼！我中国之见轻于外人也，固已久矣，然上海租界为我全国商埠之枢纽，而公堂尤为主权所系，西人此举，实奴隶我、牛马我之见端，我华人苟稍有人心者，讵肯袖手坐视，一任其凌辱蹂躏而漠然不动于中耶？"⑪事件遂而演变成为反抗洋人霸权和申张主权意识的一个突

---

⑪《申报》1905 年 12 月 10 日。

破口。

　　也恰恰是因为这个事件事涉司法权位的敏感问题,外国驻沪领事团及工部局甚至调动了黄浦江上的军舰,进行动用武力的准备。但是,"群众运动"的激烈程度特别是它的群情高涨,使事态的发展完全超出了各国领事和工部局官员的预料。"一时间,英美(租界)上空风烟滚滚,华商全体罢市,混乱中差点烧了巡捕房。租界总巡布瓦斯辣根记载了 2 月 18 日事:'自上午 9 时 30 分起,有暴徒一大队,开始围攻老闸捕房,英印巡捕冲锋十数次,然均被迫退回。半小时后,暴徒遂占优势,冲入捕房,就楼上壁炉放火⋯⋯是时暴徒已改向市政庭进攻,巡捕开枪,立毙 3 人⋯⋯'是日,德国和比利时两国领事外出,分别在南京路和威海路被愤怒的华人击打或受辱。"⑫

　　社会民众与清朝官府绝无仅有的团结一致,给了本土政权以坚强的后援。上海地方官员由此变得十分强硬。虽然租界工部局还在坚持顽固立场,但是外国领事团则不得不就此做出让步。"当时道台的态度是格格不入的,并且是十分专横武断的,他拒绝重开会审公堂,除非领事团接受一些根本无法接受的条件。在这种情况下,就在董事会开会以前,总董收到了领袖领事的一件来文,来文传达了领事团的决定,说是要把此案的一些犯人立即而且无条件地予以释放,对此总董深感惊奇。更为令人惊奇的是,总董得悉阔雷明先生声明说,领事团已同意今后所有女犯仍由中国政府监禁,⋯⋯总董对此事的意见(董事会均表同意)是:这种默认中国人的要求等于直接纵容混乱,必将对本埠行政管理产生不利影响。他发表意见说,根据《土地章程》,领事团无权作出此类指示。同时董事会对未通过正式程序而依靠会审公堂命令来释放工部局关押的犯人的指示,将不予执行。"⑬

　　然而事态的发展,终究没有以工部局董事会的顽固态度为转移。

---

⑫ ［美］卜航济著:《上海租界略史》第 220—221 页,北京商务印书馆 1928 年版。
⑬ 《工部局董事会会议记录》第 16 卷第 610 页,上海古籍出版社 2002 年 1 月版。

上海地方势力的代表人物虞洽卿等人一方面进一步策动为洋人服役的杂工进行罢工，使洋人顿时限于寝食不安的状况，另一方面又秉承亲赴上海调解此事的南洋大臣的意旨，与外方进行斡旋谈判。领事团和工部局终于做出了让步，从而使中方在事实上、至少是在心理上达成了彰显中国主权的协议。随即，上海市民在大马路（南京路）上挂出了彩旗和横幅，锣鼓鞭炮震响了十里洋场。在这里，人们庆贺的是国家主权、主权意志的"胜利"。

"会审公堂"案及类似的事件，证明了以地方政权为标志的国家主权的事实存在，或者哪怕只是某种薄弱的存在。这种情形表明，西方列强及其治外法权在上海租界实施的统治，始终受到具有法理形式的主权制约和民族抗拒。这种特殊的权力对峙与制衡的政治格局，为上海的经济转型和市民的自治与民主意识，提供了历史的空间。

3. 上海租界的规模效应

在上海租界与中国近代史的联系，以及与各地租界的比照中，始终存在着的一个问题就是：鸦片战争以后，西方列强在中国的许多城市，比如天津、汉口、九江、厦门、广州等等，都建立了租界，或者说这些城市也都具备了某种现代发展的历史契机，但是为什么惟独是在上海，才出现了近现代工业文明的迅速发展和作为都市的迅速崛起，才出现了近、现代意义上的市民社会呢？"若上海一邑，不过沿海偏隅，租界数里，不过贸易集会，乃其繁华竟能过于诸处（指苏、杭、扬州等地），岂非奇事乎？"[14]

造成这种情况的主要原因，除了下文所要涉及的移民问题之外，上海租界的特殊规模和体制模式，使它与其他租界形成根本区别，并使其发挥了独特的历史杠杆作用。

在当时各地的城市中，列强的租界几乎全部是在城内中心街区辟出一隅而成。表面看来，它们似乎更有可能与所在地周边的社会

---

⑭《申报》1872年2月14日。

及民众形成广泛的联系和沟通,从而在经济、文化上形成更多的交流和影响。但是实际上,由于租界画地为牢的格局,以及当地的社会生活与文化的封闭状态,遂使中外之间的文化隔膜和生活壁垒,终究难以打破。于是,一方面因为这些租界的自我保护状态,另一方面由于当地政府的防范和社会民众自觉的心理隔阂和抵触,这些租界也就因此而处于封闭半封闭的状态。它们的职能,实际上也就是扩大了的使馆和领馆而已,终究未能形成有如上海租界的势力和影响力。

然而上海的租界,情况全然不同。

上海开埠以后,英国人提出的租界地域恰恰不是在原来的县城之中,而竟然是在县城之外濒临黄浦江的一片荒地。对此,当时的上海道台自然认为是不幸中的大幸,于是十分乐意并且当即予以照准。然而其实,英国人在上海的这个选择,却有着他们独到的眼光和谋略。

1843年10月,英国全权代表璞鼎查和驻上海首任领事巴富尔在南京签署了《南京条约》以后,来到上海并选择了这块"居留地"。对此,巴富尔以后曾这样回忆道——当我们沿扬子江下驶,访问上海时,璞鼎查爵士指示我,要我到上海附近各处视察一番,并为设置居留地这个目的,选择一个合适的地点。为此,我曾会同当时上海的中国当局,指定了上海县城以北及以东一块地皮作为居留地,因为在这里居住的中国人很少,而且有一种自然的疆界,还有一条约3 600公尺长的江岸,商船在这里的江面上停泊,既方便又安全,沿江向内地航行,又有广大的乡村——显然,上海租界从一开始就不仅仅只是外籍侨民的"居留地",而是极大地兼顾了中外航运与开拓中国内地市场的需要。这个关系着经济命脉的区域选择,果然就因为开埠带来的中外货物的大量流通,而迅速繁荣起来。就是这块"一片泥滩,三数茅屋",地不过一亩三分,人不足百十余号的黄浦江滩地,从此形成了一个从一开始就以洋人为主要群体、推行西方体制和西方文化,并不断激发经济活力,以及逐步对华人开放的扩张基地。黄浦滩也因此就被称之为"外"滩了。

经济的功能及其原动力一旦被如此注入,上海租界就像着了魔一样,无法扼止自己的扩张欲望了。从外滩开始,最初扩张的租界是以黄浦江、洋泾浜(延安东路)和今天的北京路、河南路为四周边界的150亩的地盘,这里原来都是典型的江南水乡:耕作得很好的农田,其间有一些低洼和沼泽地,许多沟渠、池塘横亘其间,夏季这里柳树成荫,当然也有一些坟墓散缀在农户的私田里。现在,它们都被洋人强征购买了。

在此后的近百年时间里,上海租界的扩张虽然一再遭遇中国当局的阻挠,但是它却仍然顽强执拗地不断推进延伸,以至终于反客为主,成为近代上海的主体。而上海"南市"的县城和闸北华界,则在城市的发展当中,无庸讳言地处于相形见绌的地位。上海租界的面积逐渐拓展为天津、汉口、广州等地23个租界总面积之和的1.5倍以上。

上海租界就此成为了西方国家的经济文化大规模侵入中国的一个桥头堡。

也就是说,上海之所以会成为"国中之国",首先正是在于它从一开始就确立了一个志在扩张的据点,并且进而形成了行政区划的规模效应。然后在此基础之上,上海租界才形成了其他租界所没有的行政、立法、司法俱全的政治结构,而工部局和公董局则成为特殊形态的侨民以至是市民的自治政府。

于是,近代西方资本主义的政治和经济模式,得以在上海得到不同程度的推行和实施,并就此驱动了上海的历史转型。

二、地利——"立场"决定视野

上海的近代崛起固然发端于租界的辟设及其特殊的政治经济格局,然而租界对于上海的独特选位以及此后造就上海成为近代都市的一个基础性的物质条件,是在于它得天独厚的地理条件。

诚如一些史学家所言,北宋年间建立的"青龙镇"未必就是上海的前身;但是另一方面。人们探究两者之间的传承却又并非完全牵强,两者之间确实因为某种地理上毗连关系,而呈现出了某种历史的渊源。

早在唐宋年间,扬州先以运河内航和靠近海口的海运而兴盛起来,此后的杭州特别是到了南宋时期也很快发达与繁荣。在这样的经济发展及其城市发展格局中,苏州又随之以南连杭、嘉、湖,北连扬、润(镇江)、金陵的态势,逐渐成为太湖流域的经济中心。此后,随着商品经济的开展,主使货物流通的江海航运开始在整个经济体系中占据了越益重要的位置,进而促成了整个长江三角洲的发展。

但是在既定的发展要求中,因为苏州既不濒江,又不临海,于是出苏州东去的吴淞江边的青龙镇因为兼济江海而应运而生。从 10 世纪末北宋初年起,青龙镇即开始兴起并获得很快发展,到 12 世纪 30 年代南宋初年,青龙镇进入了鼎盛时期。当时青龙镇的市镇规模,诸如房舍商家、道路街衢、人口密集,几乎可以等同于一个正规的县城。这样的繁荣兴盛,正是得缘于它经由吴淞江、长江、东海而流通太湖地区、长江内陆和沿海各省的地理优势。根据记载,当时两浙、福建、广东以及南洋各地的船只,纷纷汇集到这里,青龙镇遂成为东南一隅的商货集散中心。镇上商家林立,百货交集,人员南来北往,正所谓是"市廛杂夷夏之人,宝货当东南之物"。

可是在此后的数百年间,由于人为的围田占水和吴淞江本身过于弯曲,水势迂滞,江水逐渐淤浅,航运受阻。青龙港以及青龙镇终于也由一时的繁盛而落于颓败以至湮没。

然而一个市镇的湮没并不能改变经济发展的地理态势及其历史的必然要求。正是在青龙镇逐渐衰落之时,位于它下游东去的上海港却悄然兴起。

真正以地理优势而奠定上海发展前景的,是 15 世纪初黄浦江的开浚。从那个时候开始,黄浦江就由原来吴淞江的一条支流反客为主,贯长江,入海口;而吴淞江却改以"苏州河"的名义,反过来成了黄浦江的一条支流。这种因江河"倒置"而孕育上海的情形可能是偶然的,但是它以江海航运而得以汇入世界经济的潮流,则体现了历史发展的必然趋势。

正当太平洋以至整个世界的发展向着古老的中国发出召唤的时候,上海比之青龙镇,正如它的称谓"上海"一样,在外部的地理位置上以及在顺应世界历史的脉动上,又向着海洋迈进了一大步。

然而在蓄备了优越的地理条件以后,在很长的历史时期中,上海却仍然没有形成长足的发展,以至在城市及经济规模上,长期不如杭州、苏州、南京、宁波等地。这除了政治体制的历史局限之外,也因为当时的航海技术和海洋经济,还没有能够成为时代的主题;在有关"地利"的不同历史概念中,上海的优势还未能获得认识和体现。而长江三角洲地区的那些故城,由于农业文明时期内陆及江河流域经济的历史积淀,早已形成了较大的城市和经济规模,这并非是后起的上海凭藉传统经济及其常规发展所能迅速比及的。也因此,上海长期以来只是松江府辖下的一个小县城而已。

甚至在《南京条约》后的"五口通商"中,广州、福州、厦门、宁波等地因为直接濒海,看起来通商、开发较易;而上海虽与海洋接缘,但是它的市镇则又距海口相对较远,似乎在海运上反而多了周折。这种情形说明,上海的地缘优势和经济潜力,不是在简单的比较中,就能够显而易见的。

上海经济地理的优越性,需要真正具有世界经济布局和地缘意识的人物才能发现。而一个英国人就此成为了慧眼独具的第一人。

1. 上海,"襟江"而"带海"

1832 年,英国人林赛德·巴富尔(他给自己取的中文名字为"胡夏米")带着德国传教士兼翻译郭士立乘坐"阿米士德号"商船从澳门出发,沿着中国海岸线一路北上勘探考察。在此之前,英国商人已经在广州设立了 40 多家商业代理行。然而在商业利润的驱动下,47 名在华的英国商人早在 1830 年 12 月就向英国下议院递交了一份请愿书,要求在中国更多的沿海口岸获得贸易权利。就是在这种背景下,1832 年 6 月下旬,阿米士德号来到了长江口外的海面。

接着,巴富尔等人换乘小船进入了长江。沿长江西进不久,他们忽然发现了一条宽阔的支流——这就是黄浦江。当小船又顺着黄浦江行进了一段时间以后，一个"新大陆"——上海，就在他们的眼前豁然展现了。

当时的上海，在中国江南极为成熟的农业文明的依托之下，业已呈现出相当的繁华与活力。上海及其周边地区，"粮渔、棉蚕、丝绣、编织、茶叶、冶铸、烧窑和车船等专业市镇每每相距二三十里地星罗棋布，三角洲地区正在出现商品经济与乡村都市化的强劲发展趋势。如上海有 4 市 13 镇，其上属的松江府有 116 镇，与明崇祯年间 61 个市镇相比增长了近 2 倍。"这样的地理条件使得"载满货船的密布的河网象血脉一样向长江入海口集结。"而关于上海本身，"这里是黄道婆的故乡，中国最大的棉纺织业中心，'衣被天下'，世纪初时就每年转销英国棉布 20—80 万匹，美国 300 万匹。此时这个有 27 万人口被称'小苏州'的上海县城，已有大小街巷 60 多条。……还有专卖广东、福建转运来沪洋货的里、外洋行街，各地客商云集，满街巷各地会馆与行业公所。"⑮

面对上海的这种商贸态势，时年 30 多岁然而十分有心的巴富尔就在上海码头做了仔细的观察。结果他发现，在短短的 7 天中，经长江吴淞口驶入上海的船只有 400 多艘，这些从 100 吨至 400 吨不等的船只多数是来自天津和渤海各港口。从南海和东海来的船只每天也有三四十艘，其中除了福建、广东、台湾之外，还有不少来自东印度群岛、泰国、越南等东南亚地区的。巴富尔由此得出结论：上海已经是一个主要的中外商品的集散地，随着上海的开发，外国商品在上海的中转销售量将更为可观。在巴富尔看来，具有如此潜力的这个商业活动区域以往却一直被人忽视，实在太令人奇怪了。

上海的地理优势就是这样获得发现的。事实上，上海首先是濒临黄浦江，紧密沟通着中国最富庶的太湖流域和杭嘉湖地区，所以当巴富尔十年以后出任英国首位驻上海领事并且决定把租界建立在黄

---

⑮　程童一等著：《开埠——中国南京路一百五十年》，见《昆仑》1996 年第 3 期第 6 页。

浦江边上时,当然并非如当时的上海道台所感觉的不可思议。

第二,经黄浦江而贯长江西去,上海则可通达整个长江流域和中国内陆的广大腹地,联接分别以武汉和重庆为中心的长江中游及上游城市群,而那里正是广大的有待开发的商品市场。同时上海位于中国东南漫长海岸线的中端,沿海北上可抵以北京、天津为中心的环渤海湾城市群,南下可抵以福州、厦门、台北为中心的台闽经济区和以香港、广州为中心的珠江三角洲经济区。

第三,上海扼守着长江入海口,东进即入东海,汇入太平洋。地处太平洋西环航线要冲的上海,可由此北渡黄海而与日本的东京、大阪建立航运;出东海渡太平洋可以抵达美国的旧金山、洛杉矶地区;向南与东南亚各国的距离都比较适中;而在苏伊士运河开通以后,上海与欧洲的海上交通也已相当便利。

显然,上海作为远东地区的国际性大港口的地理条件,是相当优越甚至是得天独厚的。

于是,巴富尔向自己的上司呈送了报告:黄浦江起源于太湖,然后上海即由此而与长江以及广大的内陆地区沟通,它的国内贸易将远在广州之上。上海事实上已经成为或必将成为长江流域和东亚地区的主要商业中心。就此再来看英国的商业前景:比如现在中国人毛织品的消费量几乎微不足道,总消费不过80万码,平均450人还未及一码。假使商贸能够更趋自由和扩大,那么这个消费量就可能是现在的4倍,甚至增长到10倍。这是一个人口3亿6千万,几乎相当于整个欧洲2倍的国家,有足足3 000英里的海岸线。然而长久以来,专制君主的"寡人意志",却使这么多的人们当然也是这么大的市场与世隔绝。

巴富尔的报告在英国国会引起了相当强烈的震动。自此,世界的资本主义经济第一次把目光投向了上海。正是在这种考察预测和策划预谋中,上海就在《南京条约》中,成为通商和开埠的首要之地。接着,上海得天独厚的地理条件得以充分展现。

到了19世纪后期,上海已经成为全国的航运中心。第二次鸦片战争以后,长江和中国北部几个沿海城市对外开放,上海在长江航运业和北洋航运业的迅速发展中,更形成了举足轻重的地位。1861 年英商在上海开辟了长江航线;此后 4 年之间,上海就有 20 多家洋行经营长江航运。与此同时,上海至渤海湾各个港口的航运业务也迅速提升。到 19 世纪 70 年代,上海已形成远洋、长江、南部沿海、北部沿海等比较齐全的各路航线,成为中国与外部世界的物流通道。"从美国和欧洲开往通商口岸的商船……以及从事沿海和沿江运输的轮船……不论其最终的目的地是哪里,它都要先开到上海。"[16]

由于地理优势得以展现,在短短的几十年时间里,上海已经一跃而成为一个世界大港。上海也由此从一个三等县治而迅速成为远东的第一大都市。

就世界经济而言,上海也许是巴富尔发现的。但是这里需要顺便提到的是,巴富尔在上海还"顺带"发现了其他的问题:守护长江口的中国军队并不懂得炮台工事的技术,火炮的火药质量相当低劣,火炮的保养和使用都极差,上面几乎全都生了锈。有些中国自行制造的火炮在技术上完全不符合要求。在这种情况下,有些火炮对于炮手所可能造成的危害,可能要超过他们瞄准的敌人。除了火炮装备,他们缺乏备战意识:士兵的弓挂在兵营的墙上,箭却存放在对岸;大部分士兵的武器只有一把刀和一面盾牌,而所谓的"刀"实际上不过是一块铁片。于是在对于上海的地理发现之外的另一个发现就是:只要有 50 名意志坚定,训练良好的士兵,就能够打败乃至彻底征服5 000 人甚至更多的这样的中国军队。不幸的是,巴富尔的这个发现在某种程度上是正确的。

2. 比邻江浙,左右逢源

在经济地理上,上海所处的长江三角洲地区以及相邻的江苏、浙江地区,是亚细亚农业经济最臻成熟的地方,也是中国农耕文化处于发展顶端的地区。这个地区四季分明,气候适宜,风调雨顺,粮、棉、

---

⑯《北华捷报》1863 年 2 月 21 日,转引自《中国近代航运史资料》第 1 辑第 141 页。

油、茶、丝等各种农业产品十分富足,民生相对富庶,物产流通和商品经济也比较发达。像苏州、镇江、扬州、南京以及杭嘉湖等地,历史上都是物产丰富、商贾云集、市场繁荣的地方。在农业经济的历史时期中,既定的生产方式与社会形态相辅相成,使这里的经济得以绵延承传,平稳运行。

然而,上海于近代脱颖而出,成为中国最主要的开埠和通商口岸,以至成为长江三角洲、太湖流域乃至长江流域的经济枢纽以后,整个地域经济的传统结构与平衡,就此打破,新的经济秩序也在这场空前规模和深刻的变革中得以重新确立。

上海得天独厚的地理位置,使它首先就能够适时从毗邻的江、浙两地源源不断地获取大量的物资,比如当时上海口岸主要的大宗出口——茶叶和生丝,就是基本来自于浙江和江苏两地;同时又使它能够就近从生活习俗十分相近,人口十分密集的江、浙两地,找到广大的市场销售上海生产的物品和大量舶来的洋货。因此上海"地利"的一个极为重要的内涵,就是得以在物质基础上依助于江浙两地的聚散和后援功能。

此外,江浙两地因为成熟的农业及商业经济,在民间积累了相当的资本。上海新兴的经济形态及其充满活力的商机,顺应了资本流向的规律。它首先吸引的,自然是在地理上有着经营掌控之便的江浙两地的资本。在上海处于快速发展并急需大量资本输入的时候,江浙两地的社会资本恰恰出现了流向上海的趋势。据相当保守和粗略的统计,仅仅是从1860年到1862年的这二三年里,江浙两地至少有价值650万两银元的巨额资本流入到上海租界。上海开埠和辟设租界以后,在上海投资经商、兴办实业、购房置产的国内资本,主要正是来自江苏和浙江。

当然在上海开埠之初,江浙两地还有着大量囿于传统经济模式,或者碍于文化隔阂而固守于本地本土的资本,但是太平天国以及此后连绵不断的战乱,又使得它们当中的相当部分,再度转入到具有经济安全度的上海租界。

另一方面,从当时的各种史籍和传记中可以了解到,上海开埠以后,社会风气开放之下的新的生活方式和娱乐方式,首先吸引的并不是上海老城和郊外的本地人,而是江浙两地的殷实人家和富家子弟。他们凭藉着手头宽绰和行程便利,携带大量钱款,成为上海洋场灯红酒绿、花天酒地、纸醉金迷的消费常客,而这种花费又带动了上海滩的整个消费浪潮。

除了物质、市场和资本之外,近代上海的崛起,也大大得力于江浙两地的人力资源的支持。上海开埠以后,租界迅速扩张,产业类型和规模迅速扩大,这使它必然需要大量的人力、特别是优质的人力资源。对此,江浙两地恰恰能够提供它们人力资源的储备。在人口相对稠密而土地又相对有限的江南地区,劳动力本身比较富裕。而在人多地少的江南地区,社会经济又必须依赖于农耕生产的单位产出效益;这种生产要求,历史地形成了江南民众勤勉刻苦、善于劳作,讲求技术、工于计算、精益求精的作风。与此同时,社会生产和物质生活的相对稳定,又使得江浙两地特别是从宋明以来,就是文化昌明的地区,民间素有重视教育、崇尚读书、讲求诗书传统、追慕入仕成才的风气。而在上海的各种制造行业迅速开发,以及近现代商业、金融、教育迅速发展的时候,必然需要大量的普通劳工和通晓笔墨计算的人员。因此,在晚清以后的大规模上海移民潮中,首先就是江、浙地区以其地理之便及其人口素质,为上海提供了恰值所需的各色人员。据公共租界工部局1885年的年度报告,在当时公共租界的约10.9万名华人居民中,江苏籍4万,占36.7%;浙江籍4.1万,占37.6%;两者一共占到了公共租界华人居民总数的74.3%。

毫无疑问,因为上海天造地设地占有了独特的比邻江浙的地理位置,于是也就在开埠以后具备了就近吸纳江浙两地的经济和人力资源的有利条件。可以说,没有江浙两地的物质、市场、资本和人力的支持,上海也就不可能开始它的迅速发展与崛起。

3. 上海的"看海"

在太湖流域经济格局的历史演变中,上海因为襟江带海和向洋发展的地理态势,最终取代了青龙镇。在此后的开埠和世界经济的融汇中,上海又很快超过苏州、扬州、镇江,甚至很快超过南京、厦门、广州而繁荣兴盛起来。于是,濒临东海、展望大洋的地理位置,也就潜移默化地转化为上海市民的心理位置。也就是说,上海在率先融入海洋文明的过程中,开启了市民海洋意识的大门。

然而自古以来,中国因为广袤而纵深的内陆腹地,和它悠久的农业传统,素来被视作为一个内陆国家,即使它同时又位于欧亚大陆的东端,有着长达18 000多公里的海岸线,在那里世代居住、繁衍着以海为生的人民,但是中国却没有能够率先成为一个海洋国家。

在古代社会,因为生产水平的限制,所谓“望洋兴叹”,海洋特别是远海,始终是人们无法跨越的领域,以至成为大陆之间无法逾越的天堑。在这个漫长的历史时期当中,土地属性的农业和畜牧业,就成为了经济的主体。在这样的经济基础上,内陆的地理条件及其限制,就成为国家的形成及其疆土界域划定的一个基本因素。

既定的经济基础同样影响和决定着上层建筑。在这种农业文明及其历史情境中衍生的中国儒家文化,自然也就成为一种外主王道圣治,内主修身自省的非进取、非扩张的中庸中和的社会哲学。而它们又对国民精神及其文化性格,产生了相当深刻的影响。

因此,对于海洋意识以及向洋看世界,中国长期以来处于消极被动的状态。中国历史上有过郑和下西洋的壮举,但是很显然,它并不代表国家战略,也不是出于社会生产力发展及其扩张的内在驱动。

但是在世界范围内,历史却由“地利”而演绎为另外一种面目。

在地中海沿岸,在古代,就已经形成了外向性的,面向海洋的文化传统和经济传统。

公元8世纪时,斯堪的纳维亚半岛的居民只有200万人,但是到了9世纪,那里的人口激增,土地变得窄迫。于是瑞典、挪威、丹麦的先民“维京人”以掠夺通商的双重目的,也以他们的血性剽悍,到海外冒险远征,“北欧海盗”由此成名。

随后,国土逼仄、像一道城墙横亘于大西洋的葡萄牙,就在造船和航海技术的发展中,诞生了"航海的亨利",他直接导致的,就是葡萄牙作为世界上第一个殖民主义国家,对非洲、亚洲的侵略、殖民和掠夺。1510年,葡萄牙攻占了印度的果阿,1553年以"先兵后礼"的方式,租借了中国的澳门。

接着,在环地中海地区崛起的西班牙又造就了哥伦布及其对"新大陆"的发现,沿着哥伦布的航路,西班牙的殖民势力遍及欧、非、美、亚,当时世界上贵金属生产的83%,曾经为西班牙所攫取。在占据了吕宋以后,西班牙军队曾大肆屠杀华侨,前后达47 000人。

此后,荷兰跨海占领了中国的台湾。

在西班牙的"无敌舰队"于英吉利海峡为英国舰队所败以后,英国遂成为海上霸主。新一轮的世界列强英、法、美等国除了继续从事对黄金、象牙和黑奴的掠夺之外,炮舰政策的传统和资本主义的经济扩张,更为彻底地颠覆着传统国家的疆域及主权概念。

甚至秉持农耕文明的岛国日本,曾经长期奉行闭关锁国的方针。但是既有了中国的鸦片战争的警训,美国的"黑船"于1853年打破了它政治、文化的封闭状态以后,作为一个身处弱肉强食境遇而又地域局促的小国,日本自然更容易激发和凝聚起向外拓展、向外扩张的国家及民族意识。因此,"明治维新"以后,它很快确立了作为海洋国家必须"开万里之波涛"的生存发展战略和国民意识。

然而面对近代以来的这种世界变局,"天朝大国"的意识却仍然束缚着中国的统治者,麻痹着它的国民。甚至在乾隆皇帝看来,中国地大物博,无所不有,无所不能;朝廷接待海外使臣,仅仅只是施以天朝恩泽,根本没有实际的政治经济需求。如果说这种意识曾经具有某种历史的合理性,那么到了这个时代,它就开始孕育危险。同时对于西方国家和日本由政治变革而导致国力强盛的关系,清朝统治阶层没有就此警醒革新,却反而引起了深切的忧惧。在它施行了闭关锁国的政策以后,这种危机就更趋严重了。

世界在迅速改变,而自己以天朝大国的故步自封、全无求新图变的一个具体例证,就是曾经发达领先的中国的航海技术和能力,到了清代反而大大落后了。即使以后在引进了诸多战舰,以使北洋水师在装备上庶几可以追赶先进的时候,它在观念本质上,却仍然"是一支农民的海军,而不是商人的海军,是一支守土的海军,而不是经略大洋的海军"。清朝政府组建海军的主要动机,并不是为了拓展海外利益,也不是是为了改变被动的海洋战略格局,而只是为了应付来自西方、日本的海上威胁,守护东南沿海的安全。"1910 年前后由留日海军学生主办的《海军》杂志即已指出这点;王家俭、戚其章诸先生在各自的著述中,通过引用'我之造舰本无驰骋域外之意,不过以守疆土保和局而已'一语,分别点明了由李鸿章所设计的海军战略要害就在一个'守'字。"⑰

在这种情形下,当上海以其地利之便与开埠通商的契机,从被动地对世界开放,到主动地融入世界的时候,其开放进取的"世界观"和文化性格相对于民族的历史,就具有了某种开创性和划时代的意义。

首先,近代以后的上海以前所未有的规模打开了中国对世界开放的门户。大量的外商、外资与货物以空前的规模云集上海。上海的对外贸易迅速发展,并很快取代了广州,成为中国最大的对外贸易口岸。在上海开埠的第二年,上海出现了 11 家洋行,三年以后成长了 3 倍多,1854 年增长至 120 家,1865 年增长至 300 家,1909 年已经达到 10 528 家。上海的直接对外贸易总值在 1865 年时为 67 957 399 海关两,1910 年达到 373 958 182 海关两。上海进出口船只与吨位数在 1871 年为 3 510 艘,1 901 755 吨;1910 年 45 870 艘,1 855 483 吨。1870 年至 1910 年间,上海口岸的对外贸易额在全国总额中所占的比重在 43.6%—63.6%之间波动。

随着物质的流通和交往,文化习俗和思想观念也随之互相渗透、濡染和影响。现实的比较和观念的启示,逐步而迅速地改变了上海市民的群体认识,并且使他们开始扬弃统治者及传统文化的种种夷夏大防、西不如中的思想禁锢。于是,"虽然上海人'不是本性上愿意

---

⑰ 汤世杰:《文化的宿命还是历史的宿命》,《读书》2003 年第 6 期第 111、112 页。

和外侨亲善,但至少愿意和外侨做半推半就的接近',这多少使远道而来的外商们有点喜出望外,所谓'华洋商人友好无间,非如粤埠华洋人民积有芥蒂,遇事有不能融洽之虞也。'于是一批又一批外商'出于商业贸易的考虑'纷纷离开广州,北上谋取更大的商业利益。"⑱

上海市民社会积极融入世界的姿态,完全可能坐实它们"崇洋媚外"的嫌疑。但是这在某种意义上恰恰表明,上海市民已经开始将他们的价值评判,更多地移诸世界性的坐标。上海地方在"国中之国"以后又被人称之为"化外之地"的一个重要原因,也正是因为它率先形成以及蔚然成风的海洋意识和世界观念。

三、人和——从移民到市民

相对于历史的规律和世界殖民地的模式,近代上海绝无仅有的崛起有着自身独特的原因,其中最为重要的原因之一,就是上海的移民现象。

上海租界一开始的区域特点就预设了它的扩张机能,而它日后扩张的一个基本内容,就是大量移民的不断迁入及其租界区域的迅速膨胀。近代的上海,以此为契机形成一个典型的移民城市,上海人口的特点正是它很高的移民比例。反过来,正是新兴的移民群体,创造了一个迅速繁荣的都市;上海的崛起和发展在很大程度上表现为移民现象。

开埠以后,上海租界在县城外的北面荒滩上建立起来。由于租界的扩张和移民的不断涌入,租界人口在短短 20 年里迅速增长。到 20 世纪 20 年代,租界的外国侨民 3.7 万人,华人 110 万人。而这些华人绝大多数都是由内地迁徙而来,特别是由几次集中的移民潮而来到上海,从而构成了近代上海市民的主体。据统计,从上海开埠后不久,上海租界的外来即移民人口就达到并始终保持在 80% 以上。

---

⑱　熊月之等:《上海通史》第 5 卷第 381 页,上海人民出版社 1999 年版。

甚至上海华界的外来人口在 20 世纪 30 年代,也达到了 75％左右。一个全新的移民群体,甚至形成了自己独特的语言——"上海白"。所谓上海白,正是上海"本地话"与移民方言,特别是与宁波、苏州等地方的语言融汇混合之下,形成的一种新的方言,它们与开埠通商前上海县城的语言已经发生了变化。

这样一个移民群体,在来到一个新兴的城市以后,他们首要的也是他们共同的主题,就是迅速适应新的社会环境,并且以他们各自不同的方位,去把握谋生、生存、竞争和发展的机遇。"开埠后的上海毕竟是一个特殊的生存空间,对这些来自五湖四海且带有不同文化背景的移民来说,他们必须面对的难题是如何适应这个与过去完全不同的生存环境。……上海是生意场,更是一所社会大学。他们要在上海立足,就必须尽快地适应这个新的社会环境。那是一个充满竞争的社会,一个弱肉强食的世界,优胜劣汰,适者生存,是人人都能领会的道理。无论是独立开业经营(工商业主、自由职业者),还是充当各业雇员,抑或靠体力劳动谋生者势必与租界里的新的生产方式和生活方式发生或多或少的联系。上海以开放的姿态迎接来自各地的移民。他们在这里学会了近代商业运作的规则,学会了选择和竞争,学会了各种'奇技淫巧',当然也领教了商品和资本的威力,领教了什么是近代的商业精神,什么是新的生产方式和生活方式。在这个过程中,他们累积了经验、知识和资本,主动自觉地融入新的经济关系和社会环境之中。晚清上海人正是在这种新的经济关系和高度商业化的社会环境中开始告别传统,并完成向近代市民的转变。"[19]

特定的历史要求,使上海的移民群体展现了两种特质。首先,他们割断了与传统的物质依存关系,并在一个充满生机和竞争的城市中,以生存和发展为动力,极大地激发了主观能动性和创造力。上海这个新兴的都市,正是经由他们的勤勉劳作和发奋努力,一点一点、一片一片地营造起来。

---

[19] 熊月之等:《上海通史》第 5 卷第 387 页,上海人民出版社 1999 年版。

其次,这些移民群体在离别乡土的同时,也就相当程度地割断了与传统的宗族、血缘和社会文化的联系,而进入到上海这个市场经济、商业伦理和法治规范的近代社会形态中。接着,独立自主、个体本位与民主意识,也就渐次成为这些移民转变为近、现代市民的思想观念的基本标志和尺度。

1. 共同的移民履历

上海租界以割据之势形成"国中之国"的时候,也正是清朝统治走入穷途末路之际。当时中国内地的连绵灾害、政治压迫、战乱频仍等等,常常造成严重的民生困顿。这时候的上海租界就在一定的认知范围内,成了相当一部分民众另图发展的机遇之地和避祸求生的偏安之所。对于移民来说,他们来自各个不同的地区,有着种种的际遇差别,但是现在,离乡背井成了他们共同的命运,去上海这个新地方重新寻求生存发展的机遇,则成为他们共同的目的。

开埠以后历年来的华人移民,有着这样几个主要的类型或者说是来源:

(1) 战争难民

19 世纪中叶开始,严重的民族矛盾与社会矛盾激发了大规模的动乱与战争。而国家多灾多难之际,就总是老百姓生灵涂炭和流离失所之时。他们唯一可以避祸和自救的方式,就是离开战乱最炽烈的地区,逃往相对安全的地方。当时的上海租界,就是一个具有相对安全感的地方。

1853 年,上海租界建立未几,小刀会发动起义,占领了上海县城。战事当中,县城中的数万中国居民为避战乱而涌入租界,租界内的人口为之大增,从而首度开创了上海租界"华洋杂居"的局面。

同时,太平天国 1853 年定都南京,其间,太平军与清军在长江流域和江浙两省进行了旷日持久的血腥厮杀。战乱造成了大量流离失所的难民。当时,江南地区只有上海未遭战乱,此后上海租界的"军队"甚至还击退过太平军重要将领李秀成的进击。因而在当时的民众看来,唯有上海租界才是战乱中一个可靠的安全岛。于是大量的难民为避祸求生,涌入上海租界。这种情形诚如时人所记:"'粤匪'陷金陵,其后狼奔豕突,蹂躏十余省,东南无完者,独上海一隅,其在江宁也约千里,乡人之昔懋迁于此者有之。"⑳甚至在李秀成为攻打上海而颁布的"告上海人民书"中也这样提到:"天京(即南京——引者注)以及各处子女大半移徙苏郡,又由苏郡移居上海。"㉑太平天国战争中,难民先自浙赣,后自苏皖,大批逃往上海。他们拉家携口,甚至牵着耕牛,络绎于去往上海的路途中。进入上海以后,他们又纷纷涌进租界,以致租界附近和界内道路与空地上,挤满了一批批逃难的男女老幼。上海租界在人口急剧膨胀时,曾经不得不采取许多应急措施,比如搭建大量的窝棚以安顿难民。由此,租界成为巨大的战争避难所,"华夷互市之区,五方杂处,重以流民。"据资料记载,在太平天国战争中,先后有35万难民涌入上海租界这块中立安全的地区。战争平息以后,留在上海租界不愿回乡的难民仍有十万余众。

上海租界从辟设以来一直到二次大战及太平洋战争爆发的差不多一百年时间里,中国土地上的战火兵燹接踵不断,而在每一次战乱中,上海租界都保持了"中立"的姿态,因而也保持了社会的相对稳定与民众的相对安生。每一次的战乱,也都使上海租界的人口急剧增长一次。比如1924年直系、皖系军阀在江浙地区进行的混战,就导致近70万难民逃入上海。1937年抗战爆发后,占地仅36平方公里的租界地区,因难民大量涌入,人口激增,总数达到近250万,占全上海人口的62.2%。

(2) 流民无产者

在社会稳定的时候,上海这个淡化传统,重新展现开始和机遇的地方,最能够持续吸引的人群对象,就是流民无产者。他们是那些在原籍没有祖业根基、在家乡生计无着、甚至是"不务正业"的底层民众

---

⑳《创建上海江宁七邑所碑》,见《上海碑刻资料选辑》第397页,上海人民出版社1980年版。

㉑《忠王李秀成给上海百姓谕》,见《太平天国文书汇编》第124页,中华书局1979年版。

即"流氓"无产者,诸如农时短工、平民佣夫、小商小贩,以至是难以混迹的冒牌僧尼、巫婆道士之类的生活投机者,此外还包括为当地宗法礼教、道德秩序所不容的叛逆者、情奔者、罪错者,等等。尽管当时的上海对于他们来说,同样是一个巨大的悬念和未知数,然而他们的选择却已经不具有太大的机会成本。而当时的上海租界基本仿照西方国家的城市制度,界内居民不需登记户口,这也方便了各地流民大量入居租界。

同时,上海租界当时的工商业发展相当迅速,界内的工厂、码头、商店、公用事业、市政建设,正需要大批的劳工。城市的各种新兴服务行业,也需要聘用员工。这种城市职业的人力需求,即使对于上海近郊比如"法华乡"来说,也产生了莫大的影响,"光绪中叶以后,开拓市场,机厂林立,丁男妇女赴厂做工。男工另有种花园、筑马路、做小工、推小车。女工另有做花边、结发网、粘纸绽、帮忙工,生计日多,而专事耕织者日见其少。"[22]

新兴的城市工作岗位当然更向来到上海租界的无业流民提供了大量的就业机会。即使是人生地疏、举目无亲的异乡人,到了上海也多能找到糊口谋生的工作。比如 20 年代在上海产业结构调整中的轻纺工业崛起,就因大量的劳工需求,而促发过一次比较集中的移民潮流。到 1934 年,上海的劳工人数已经达到 60 余万,他们大多都有着移民乃至是流民的履历。

大量流民进入上海,为资本主义工商业发展提供了劳动力资源,也扩大了商品消费者的队伍,从而给城市经济注入了极大的活力。

事实上,在这些人员中间,既出现了许多落魄失败者,也出现了许多成功的创业者,更造就了大批得以安身立命的城市劳工。

(3) 各种学人和知识分子

随着租界建立和开埠通商,大量融入的西方文化,在原有的中国文化的基础上,极大地拓展了上海的文化空间。上海新兴的都市世

㉒ 徐雪筠等:《上海近代经济发展概况(1882—1931):《海关十年报告》译编,第 45 页,上海社会科学出版社 1985 年版。

俗文化,也在传统与精英文化的基础上,极大地丰富了上海的文化结构,开拓了它的文化消费市场。新型的文化形态、相对宽松的舆论环境,以及迅速发展的文化产业机制和设施,都使上海很快成为各色学人和知识分子聚集程度最高的地方。

而以下一些情况,又在读书人和文化人向上海的流动和迁徙中,构成了重要动因。

第一,是因为"生员"过剩,造成了生员的就地失业。所谓生员,也就是秀才。在清代,读书人只要通过府、州、县学的考试被取为生员,亦即中了秀才以后,就获得了正式的士人身份。有了这个身份,就可以享有诸如衣着儒服、免除差徭的社会权利,享有诸如官府礼遇的社会地位。这样的优惠条件,自然吸引了大量的读书人向着生员的目标图谋进取。为了通过这种方式加强对于读书人和意识形态的控制,清朝政府又不断增加了府、县生员录取的名额。在这种政策之下,因为生员过多而待遇落空、出路困难的情况,其实很早就已经出现。只是到了近代,特别是在太平天国起事以后,由于清朝政府对于社会职能已经全面失控,致使生员过剩的情况更其突出和严重。大量生员虽有名分,但是却早已没有了优惠待遇,甚至连生计都发生了问题。

1905 年,清廷又遽然废除了科举考试,这就使得大批孜孜于科举功名的读书人,突然之间丧失了人生理想以至生活方向。

然而另一方面,上海开埠通商以后,中外商家企业纷纷在上海经商置业,这些商业和实业除了需要普通劳工之外,当然也需要许多能写会算的读书人以至是文化人,来担当相应的文书、技术和管理的工作。于是,首先是上海周边地区的许多失意落魄的生员士人,纷纷来到上海求职谋生。

第二,由于上海租界特殊的政治格局,致使租界实行着自己的体制,并且在相当程度上阻挡了清朝政府、北洋政府以及此后的国民党政府和日本侵华势力的政治和军事介入。这种情形为当时的许多志士仁人和革命者提供了相对宽松、自由的活动空间。即如前文所述,戊戌变法失败以后,慈禧太后以及清廷明令缉拿的康有为、黄遵宪、黄兴、章太炎、蔡元培、邹容、吴稚晖等等人物,都曾避难于上海租界,或得到租界保护,并在上海开展他们的反清活动。又比如孙中山从辛亥革命后的 1912 年到 1925 年逝世的 14 年中,就有 9 年是住在上海租界的,这当然也与当时上海租界的特殊体制有关。虽然当年孙中山也曾因为组织"二次革命"以反对"合法"的北洋政府而被租界工部局视为不受欢迎,但自袁世凯称帝以后,孙中山就得到了上海租界的明确保护。孙中山曾多次提到他在法租界的居住安全情况:"譬如我的门口,现在有两个持枪的巡捕来保护我家。"㉓

　　也因为如此,20 世纪 30 年代,中国共产党人一直将重要的党务机关设在上海租界。1928 年的时候,中央秘书处、中央军委等机关,也都是设在靠近法租界的公共租界之内。1927 年 10 月,因参加武装起义而负重伤的共产党领导人物陈赓,就曾在上海法租界的一家医院躲过国民党的追捕。其他如周恩来、瞿秋白、潘汉年等等,也都在上海利用租界的特殊形势或进行地下斗争,或躲避国民党的追捕。

　　在这种情况下,上海租界自然就成为不同历史时期的各色维新派、革命者,包括许多共产党人的集聚活动之地了。

　　第三,上海租界相对开放的政治氛围和相对自由的社会风气,显然与专制体制下的以言获罪、"文字狱"和压制言论新闻自由等等,形成了鲜明的对比,这就自然吸引了从文化精英到青年学生的各种文化人不断汇聚上海。比如 1926 年春天,段祺瑞政府制造的"三一八"惨案,让京津一带的读书人度过了被鲁迅称之为"民国以来最黑暗的一天"。北京的文人包括大学教授、新闻记者等等,不堪种种的迫害又心生恐慌,于是纷纷南下避难,上海租界就成了吸引北方文人的主要栖身之地。

　　此后国共分裂,又有一批文化人来到上海重理笔墨。与此同时,一些出洋的留学文人也因为上海租界在国内所具有的文化、政治、经济地位及其开放的形态,而来到上海。

㉓《孙中山全集》第 11 卷第 334 页,中华书局 1986 年版。

这些文化人在上海著书立说,授业教学,办报办刊,以及从事各种文化演艺事业。在中国近、现代的文艺和思想文化史上,凡稍有名望者,几乎无不在上海居留以及建树了他们的成就,留下了他们的业绩。于是他们也就在上海的社会经济获得迅速发展的同时,为这个新兴的城市奠定了厚实的文化基础,推动了它的文化建设和发展。

思想家、革命者、文化人,他们在人员数量上可能无法与难民和流民相比,但是由于他们处在一个上层建筑的地位,因此他们就在上海租界这个新兴而快速扩张的地域中,为上海成为一个近代都市,构筑了不可或缺的一翼。

(4) 各地绅商

上海开埠通商以后,物品流通和工商产业的迅速繁荣,造就了大量的商机。与此同时,中国内地接连不断的战乱动荡,又对社会经济和社会资本造成了严重的破坏和威胁。在这样的时势背景下,各地绅商纷纷前往上海。"开埠后的上海向社会提供了大量的就业机会、广阔的商业空间和施展才华的社会舞台,它以极大的人口容量和惊人的发展速度强烈地吸引了世界上二十多个国家和中国 18 个省份的居民到这里来贸易经商,投资设厂赚钱谋生,于是上海成了真正意义上的'万商之海'。"㉔这些绅商的主体部分,同样是首先来自江浙地区,然后还有粤闽和内陆其他地区。"上海周边的江浙地区,本来就是经济富庶、商业繁荣之地,像苏州、南京、杭州、扬州等地,都是商贾云集、绅宦聚居的繁华城镇。上海通商后出现的新的商业发展机会,自然对这一带的人们充满了吸引力。特别是五六十年代太平天国战乱时期,这些传统商镇遭受战灾,大量商贾、地主、绅宦纷纷避居上海,用携带来的钱财投资于商业。比如这一时期就有许多逃入上海租界的江浙地主绅宦用携带来的钱财开设钱庄、银号,使上海的金融业发展起来。占领平复后,随着上海商业的持续发展,江浙地区的商民因地利之便,仍然源源不断地流入上海,从事于各种商业活

㉔ 熊月之主编:《上海通史》第 5 卷第 386 页,上海人民出版社 1999 年版。

动。……上海商人的另一大组成部分是广东、福建籍商人。由于广东在清前期闭关后至鸦片战争前一直是对海外贸易的唯一口岸,所以这一时期从事进出口贸易的商人多为广东、福建籍人。开口通商后随着对外贸易中心由广东向上海转移,一些闽粤商人也纷纷来到上海发展。……第三部分就是除了江浙、闽粤两大支系外,来自其他各地的商贾,如来自安徽、山西、山东、湖南、湖北等地来此经商的商贾。"㉕

各地商人络绎不绝地来到上海经商和居住,他们甚至在上海形成了相对集中的"地域"街区。比如,北四川路、武昌路、崇明路、天潼路一带,是广东人相对集中行商和居留的地区,以至颇有身在广东的感觉;旧城南市小东门外的洋行街一带,则多为福建人的店铺商家,感觉像在福建;而南市内外咸瓜街的商号,则基本上由宁波人在经营,感觉像在宁波。

2. 共同的市民身份

五湖四海的移民来到上海以后,开始转变为中国近代的市民群体。这个群体的主要成员,是由工商业实业家、产业工人、职员和各式文职人员、小贩、小商、工匠和个体劳动者所组成。

但是,近代意义上的市民概念的界定,并非只在于简单的城市职业和居民身份,而是在本质上有着其历史的和意识形态内涵的规定。

首先,近代上海市民是在资本主义及其市场经济的生产关系及体制条件下,产生和发展起来的新兴的社会群体。只有在这样的历史背景下,才可能为明显区别于传统社会形态的市民群体,建构既定的生产方式及其物质基础。

更为重要的是,作为近代上海市民而在思想方式上所构成的现代性价值趋向。它们主要表现为:个体从对权力的人身依附,转变为自主的和主体的权利形式;对社会法制和政治民主,人们开始具有了自觉要求。

㉕ 李长莉:《晚清上海社会的变迁》第148—149页,天津人民出版社2002年8月版。

因此,在开埠以后的上海租界时期,虽然在市民范畴所涵括的各个阶层之间,比如在资产阶级与产业工人之间,始终存在着矛盾和斗争,但是在新兴生产力和生产关系的推动下,以及在反对专制体制和反对列强欺凌的主要社会矛盾中,它们同时又具有相当的利益共同性,并且由此形成了更大公约以至是共同的市民身份。

(1) 城市资产者

上海开埠通商以后,很快由一个中外贸易口岸,发展成为一个融工业生产、金融服务和各种新兴产业为一体的、功能齐全的现代经济城市。与此同时,许多本土的工商业者开始云集上海或者在上海涌现。这种情形正如当时的《申报》(1873 年 2 月 4 日)所说:"洋人租界地方,熙来攘往,击毂摩肩,商贾如云,繁盛甲于他处。"在社会形态的这种发展和变革中,一个民族工商业者和资产者的群体,就以前所未有的规模和速度,在上海形成。正如 1689 年英国资产阶级革命确定了国会的最高权力,以及 1789 年法国资产阶级革命宣布"第三等级"就是国民议会那样,上海新兴的资产阶级,对于上海的近代崛起,以及对于上海的市民社会,都构成了一个决定性的因素以致成其为一个基本的标志。

上海民族资产阶级作为市民社会的重要组成部分,其历史的意义在于这样几个方面:

第一,上海开埠和建立租界以后,西方的管理者在租界部分地移植了西方的政治体制与近现代生产方式。在这样的历史条件下,具有市场经济模式以及法权保障的近代工商业,使得本土的资产者获得了一种全新的发展空间。辛亥革命以后,清朝封建统治被推翻,更是极大地鼓舞了民族资产阶级投资创业的热情,兴办实业遂成为一种时代热潮。从 1912 年到 1925 年的前后十余年间,上海民族工业迎来了一个高速发展的"黄金时期"。在这个过程中,一个新兴的民族资产者的队伍也就在时代理念的培育下,迅速发展并聚集起来。

第二,上海的资产者群体,和他们作为近、现代城市市民的价值观念,是紧密关联和同步形成的。对于资产者来说,这种市民价值观的核心内容,就是资产的个人所有权及其资产运作方式的法律地位,以及市场经济的自主性和经济权力的社会化。这一切,在本质上则取决于政治权力的社会化,以至取决于保障个人自由权利的宪政体制。由于资产者本质的利益要求,也就使得他们在对封建专制及其威权统治产生本能的排斥以后,对民主政治和平权理念,形成了更为敏感和自觉的驱动。

第三,在甲午战争以前,上海的民族资产者基本上还是从旧式商人转变而来。甲午战败后,民族危机和国事危重造就了空前的震动。在"商战立国","实业救国"的思想舆论下,清政府对兴办企业的指导思想也从洋务运动为主转向"振兴实业"为主,从抑商走向重商,从限制私人资本走向鼓励私人资本。这种经济政策的调整,与上海民族经济及资本的已有动向,一拍即合。于是民众投资兴办实业的热潮,造成了上海资产者的人员结构发生了重大变化,他们越来越多地从上海经济社会中积累的资本和经验,诞生并成长起来。同时在这种形势环境中,一些从欧美学成的人士,也开始不断来到上海兴办实业,比如唐杰臣在美国留学多年,归国赴上海后,先受雇于怡和洋行担任买办,后任上海自来水公司的总办,再担任广肇公司的总董。唐元湛在美国留学 8 年,归国后任上海电报总局监督兼代总办,后又出资入股兴办若干工商企业,担任董事。㉖资产者人员结构的变化和新型资产者的群体趋势,对于他们整体的现代性觉悟和对民主价值的认同,构成了更为积极和有力的资源。

第四,上海的民族资产者既以租界体制获得了长足的发展,并且在相当程度上是以西方宪政体制下的政治经济形态,作为社会发展的模式,但是,在经济利益及其权利要求上,民族资产者又必然会与西方列强产生矛盾和冲突。于是在民族资产者的价值坐标上,外来势力就充当了两面性的角色,一方面他们作为启蒙者被学习、被借

㉖ 参见丁日初主编:《上海近代经济史》第 2 卷第 453—466 页,上海人民出版社 1997年版。

鉴;另一方面,他们的强蛮行径和性质又受到了民族工业和民族自强意识的反制与抗争。这种"反帝"意识和倾向,也正构成了民族资产者以及市民价值观的题中之义。正如毛泽东在大革命时期所说的,"民族资产阶级,他们对于中国革命具有矛盾的态度:他们在受外资打击、军阀压迫感觉痛苦时,需要革命,赞成反帝国主义反军阀的革命运动。"[27]

上海民族资产者群体的崛起,创建了近代上海社会新型的阶层结构。作为上海市民社会的核心及领导阶层,他们在不断构建自身经济力量的同时,也以近现代的市民价值观,塑造着上海社会,并推动上海社会由传统向近现代转型。事实上,在近代以来上海滩上几乎所有的民主政治运动和民族爱国运动中,民族资产者都是上海市民社会的领导者、组织者和示范者。"上海工商、金融资产阶级领导着社会新潮流,构建了上海都市文化与人群性格,刻划了上海人的基本形象,导引着上海人的价值观与生活方式。某种意义上可以说,上海人的'理性经济人'的特征正是其人格投影、造型与复制。……在一个相对独立的社会空间里,形成一支独特的社会力量,具有特殊的社会功能。对社会中间团体如工会、商会等有着强大的影响力与控制力,在上海各种社会关系中,他们占据了矛盾的主导面,构成了上海现代化一股极为重要的内部力量。"[28]

(2) 产业工人

晚清民初上海民族资产者的兴起和发展,催生了一个在人数上多得多的产业工人群体。到了上世纪二三十年代,上海的产业工人在租界和华界已经占到总人口的 20％左右;1933 年,他们已占全国产业工人的 53.27％。

同时,近代以后的上海与手工作坊时代所不同的,是它大工业生

---

[27] 毛泽东:《中国社会各阶级的分析》,《毛泽东选集》第 1 卷第 4 页,中共中央毛泽东选集委员会 1967 年版。

[28] 忻平:《从上海发现历史》第 110、111 页,上海人民出版社 1996 年 12 月版。

产的模式定位和发展趋势。当时，上海的外资企业、国家企业和民族资本企业的大工厂比比皆是，其中尤以外资企业规模为大。据当时的社会局统计，大量的工人都被吸收在500百人以上的大工厂里。而外资企业中的工人又常常占到工人总数的一半以上。比如1936年英美烟草公司在上海的3个卷烟厂职工总数就达到了6 393人㉙，这在当时显然已经是相当庞大的工人数量和工厂规模了。而产业工人在纺织行业中更为集中，即使是在民族资本企业中也是如此，比如申新二厂就有工人2 100人，申新九厂5 200人，统益纱厂2 400人，永安三厂2 800人，新裕一厂1 400人，新裕二厂1 600人，等等。

现代工业生产及其规模效应，在上海造就了产业工人前所未有的集中状态，这种集中状态就使"工人阶级"和"无产阶级"成为新兴的历史动力。正如有关评述所说："工业化进程在20世纪开始创造出一个完全不同的都市无产阶级"。㉚

迅速壮大的产业工人群体，是建设和造就上海的主体力量。在大批利益相同、地位相同的工人的聚集过程中，一些现代性的思想和觉悟，在空前有效和便捷的传播中，得到群体性的认同，并逐渐成为产业工人内在凝聚的基本原因。

与传统的劳动阶层不同的是，近代上海产业工人群的现代性觉悟，已经日益明确地形成。这种觉悟的本质内涵，在于他们已经意识到，作为劳动者群体的利益保障，只能是来自社会的民权以及体制的民主状态。这就使得作为中国底层民众的上海产业工人，第一次在社会群体的意义上，具有了现代社会的自我权益意识。而民主、平等、自由、公正、法纪、民族自尊，以至是最终的现代宪政体制，就构成了产业工人的核心价值观。这种价值理念，在社会关系上，因其更为宽泛的包容和涵盖，以及更为持久长远的生命力，又构成了超越阶层

㉙《英美烟草公司在华企业资料汇编》第4辑第4页，上海社会科学院经济研究所1983年编。

㉚ 费正清主编：《剑桥中华民国史》(下)第51页，中国社会科学出版社1994年版。

的市民价值观的规定内涵。

上海的产业工人由此成为任何一派政治势力都不能忽视的社会力量。但是,作为一个新兴的社会群体,在相当的历史时期中,它的阶级意识尚未凸显,其边界也是并不清晰的。在产业工人与资产者处于直接的利益关系当中时,两者的矛盾和斗争无法回避。但是在开埠及租界的历史条件和社会环境下,产业工人和资产者同样都是属于新型的和处于上升阶段的社会阶层,反帝反封建的共同历史要求,社会经济发展和现代工业生产所规定的社会化协作和流通,使他们在冲突和斗争的同时,因为共同的或者是互补的利益,又形成了某种相互依存的关系。近代上海的产业工人和资产者在探索和建立新型的社会形态中,有矛盾也有磨合,其与旧式作坊时期的东家与伙计的矛盾冲突,已经并不类同。

(3)"中间阶层"

对资产者和产业工人之间的一个广大的阶层,"如自耕农,手工业主,小知识阶层——学生界、中小学教员、小员司、小事务员、小律师,小商人等都属于这一类",[31]以往的阶级分析是将其定义为"小资产阶级"的。但是在今天看来,对这些人群的"中间阶层"的定义,则显得更为恰当和易于接受。"在贫富悬殊的社会两极之间,有一片广大的中间地带。在每一个社会之中,他们如果不是在数量上构成多数,也总是在社会文化和价值空间构成中最值得重视的。"这个中间地带,是"由银行或公司职员、中小商人、拿工薪的专业人员、工程师、律师、医生、会计师、建筑师、记者、编辑、作家、中小学教员、帐房、伙计、学徒、小贩、工匠等从业人员所构成的松散的、边缘模糊的中间阶层,他们是城市中的多数。在不同的定义中,他们往往被称为'白领阶层'、'中产阶级'、'中等阶级'等等。"[32]

---

[31] 毛泽东:《中国社会各阶级的分析》,《毛泽东选集》第 1 卷第 4 页,中共中央毛泽东选集委员会 1967 年版。

[32] 杨东平:《城市季风》第 159 页,东方出版社 1994 年版。

当然，对这个中间阶层的具体定义，也存在着某些歧义和可以存疑之处。比如，以处于资产者与产业工人"中间"的而不是两者"以外"的阶层而论，将伙计、学徒、小贩、工匠等等纳入其中，并与诸如公司职员、工程师、律师、医生、记者等等列为一体，就可能使它们的社会定位不够准确和有失于模糊和混淆；又比如，中间阶层是主要以职业身份为尺度的人员结构划分，而"中产阶级"则是以经济状态为尺度的人员结构定位，两者之间虽然有着渊源关系和诸多覆盖，但是却仍然难以将两者作等同的概念联结。

尽管如此，中间阶层仍然是一个涵盖甚广、可以作为特定认知对象的概念。其中，城市职员无疑是它的主要组成部分。根据统计，从近代以来到上世纪 30 年代初期，上海的职员人数已经达到 30 万人左右。其中在各级行政机构中就业的有 1—2 万人，旧式店员 13—14 万人，外资企业的职员 10 万人左右，民族资本企业中的职员 5 万人左右。而主要由职员、专业人员和各式文职人员构成的松散的、边缘模糊的群体之所以被称之为中间阶层，就是因为一方面他们接受雇佣，以自身的劳作获取薪酬，在地位和性质上与产业工人近似；另一方面，中间阶层一般都以体面职业和稳定收入，在利益分享上与资产者又有着一定的共生机制和联系。

中间阶层更为重要的特性，就是他们比较高的教育程度和知识含量。从总体上说，上海的职员虽然在层次、素养和待遇上显示着诸多差别，但是他们都归属于由城市的近代化进程及其社会分工所直接产生的社会职业群体。近代上海所涌现的各种现代技术工种和职业，对它们的从业人员提出了必须经受新式教育和新式技术培训的要求。当时上海银行中的高级职员一般多为经济系的大学毕业生和留学生；上海邮局职员多有中等以上的文化程度；外资企业的职员至少要掌握所在机构的母国语言；大型商场职员也需要受过现代文化教育。比如永安公司经营的万种商品中有 80％以上是洋货，因此即使其练习生，最起码也要是高小毕业。而在当时相对宽松和开放的社会政治条件下，作为中间阶层的教员、记者、编辑、作家和各式文化人，就在文化素养和理性思考上，具有了更为自觉的现代性导向。

由于具备了比较广泛的社会联系，以及具备了现代文化知识及现代视野，因此较之产业工人和资产者来说，中间阶层往往能够更敏锐地体察和反映社会变革的诉求；对于社会的民主政治、个体权益、公民意志的自主表达等等现代性要求，他们往往也能够表现出更多的主动与自觉。正是在这个意义上，中间阶层实际上就成为中国近代以后思想启蒙的最直接的对象和先导群体。也因此，这个阶层虽然在阶级属性上没有资产者和产业工人那样鲜明，但是他们却是市民价值观的主要整合、体认和表述者。

基于自身的利益和对社会问题的思考能力，中间阶层在政治文化的大趋向上，往往能够超越不同社会阶层之间的复杂关系，并且能够承担提升整体市民的社会改革要求，进而将其形成理性的历史责任。既定的知识形象和教育背景，以及相对切近的参照和沟通，也使得上海的中间阶层在生活方式、思想观念和价值理念上，往往能够形成一般市民由衷认可的目标指向。

（4）小商小贩和个体劳动者

伙计、学徒、小贩、工匠以及各式小业主和个体劳动者，包括街头小车夫这样的下层劳动者，在近代上海也构成了一个庞大的职业群体。1891年，租界工部局颁发的人力车执照为32 681张，1901年已增至60 915张。以每车一名车夫计，仅此一项就已经在当时的租界人口中占据了相当的比例。然而对于近现代的城市市民来说，这些分散和个体的职业人群的独特性在于，它们并非由近代的工业文明所产生和形成，它们个体作业和家庭经营的生产方式，与传统的旧式作坊式的个体劳动及手工业生产，在形式上有着相当的延续传承。但是在进入到了一个新型的城市社会以后，这个群体的社会关系却发生了与以往不同的变化。一方面，他们在经济利益上处于与产业工人相似的状况，其社会地位无疑也是处于社会的底层，同时另一方面，他们个体职业的状态，又使他们缺乏群体的合力及依附；而经常是走街串巷的生计，也更容易使他们直接成为官府衙吏盘剥伤害、租界巡捕欺凌课罚的对象。

因此,既定的职业方式决定了这样一个群体阶层,在经济利益和生存方式上,与资产者、产业工人和中间阶层主要构成的是一种互补共生的关系,而并不构成直接的冲突。对他们的生存和利益构成明显威胁和伤害的,则是恃强凌弱、为所欲为的权力机构。

也因此,他们对于近代上海社会所潜移默化地形成的市民意识,以及对于城市公民的权益,是极为敏感的。在近代上海的社会形态中,寻求合法谋生,利益保障和规避伤害的意愿方式发生了变革,促使他们逐渐淡化并摆脱了旧有生产关系中的某些残存的思想观念和行为方式,而对诸如民主民权,权力制约,法纪公正,契约意识等等近代市民的价值观,逐渐在濡染启蒙中,形成了趋从与认同。物质与生存需求的社会联系,从根本上决定了近代上海的这一个体劳动者群体的市民属性。

于是,在整个近代上海的反帝、反封建以及争取社会民主和劳工保障的社会运动中,小贩小商、个体劳动者及相当的自由职业者,都是积极的参与者和组成部分。1897年,租界工部局以道路维护的原因,给小车增加200文的税,结果还导致了小车工人独立组织的罢工行动。

这说明,近代意义的城市市民,在人员和职业范畴上,仍然与传统的市镇市民存在着相当的延续和承传的关系。只是思想观念的现代性转变,才使他们从旧市民变成了新市民。

(5) 外籍"居留民"

在近代的上海市民中,还应该包括一个特殊的群体,这就是外籍"居留民"。

开埠以后,英、法、美、德、日、俄等国的人员纷纷来到上海。当时上海的外侨国籍,最多的时候达58个,人数也逐年递增。

根据工部局董事会的统计资料,1870年时公共租界内主要为英籍的外籍人员是1 666人,1880年为2 197人,1885年为3 673人。

到了1910年,居住在上海的外侨人数已经超过1.5万人。

　　在外籍侨民中,除了英国人以外,比较多的就是日本人。1862时,有51位日本人乘坐"千岁丸"抵达上海,要求通商并了解相关情况。甲午战争以及《马关条约》签署以后,日本向中国移民的速度大大加快。到1905年,在居住于上海的12 328名外国人中,日本人有4 331人,超过了葡萄牙人。这些日本人大多居住在虹口地区,他们在虹口的中心大街"百老汇路"上开了许多杂货等店,"看上去简直成了日本人的大街"。到1915年,居住在上海的日本人达11 457人,第一次超过英国人,成为居住上海最多的外籍人。

　　此外,1917年十月革命以后,大批俄罗斯贵族及其家人也流亡到上海,被称之为"白俄",他们中的许多人以演艺、开饭店,甚至是磨剪刀之类谋生。

　　而在20世纪30年代末期,数万犹太难民也从欧洲逃亡上海,并在上海居住下来。

　　大批外籍侨民在上海成为居留民以至成为上海市民,是有各种原因所促成的。

　　首先,这些外籍侨民中的许多人,在来到上海以后,完成了一个从求职的过客到长期居留的变化。开埠以后的上海,对当时的许多英国年轻人来说,"到上海淘金"的说法有着一定的流行度,然而上海只不过是一个提供远东经历的供职的地方。但是许多英国人来到上海,经过了年复一年的经商、办厂、行医、传教、办学以后,在上海建立了固定产业和工作基础,同时也已习惯甚至喜爱上了上海的生活,于是许多人就从短期打算,转变到了长期的居留。

　　使外籍侨民融入上海的另一个重要原因,是他们在职业上所体现的市民化倾向。开始的时候,来自各国的侨民主要从事的都是商业和实业。1850年的时候,上海的外侨有220人,除了领事、传教士、记者等等之外,有111人为洋行老板及其代表。在1870年公共租界的1 666名外籍侨民中,从事商业活动的仍然占到40%。然而随着时代推移和外籍侨民的大量增加,他们中的许多人都开始从事中、下层的甚至是体力方面的工作,从而使他们在职业上更具备了市民化的特征。其实,大量外籍侨民在他们的母国也就是普通平民,比如许多日本侨民就是"日本内地无法谋生的贱民"。[33]他们来到上海以后,就很自然地进入到社会的各行各业。

再次,是外籍侨民与上海本地市民在生活上的融合。当外籍侨民开始群体性在上海居住的时候,开始的时候总是先形成自己的生活圈子。外滩 3 号的英国俱乐部"上海总会",就是始终不允华人进入的。1873 年,日本驻沪领事馆成立以后的第一件事,就是制定颁布相关规则,要求日籍侨民在处事风俗上自守日人分际,以示某种区别。但是在当时上海这样一个充满活力而以流通取胜的城市,某种生活方式的封闭状态越来越为开放融合而取代,并且共同形成了某种上海市民的规范。

从侨民到居留民再到上海市民,这些外国人将世界各国的物质文明、生产方式、生活方式、思想观念、风俗习惯带到了上海。更为重要的,是他们将某种先期觉悟的市民精神带到了上海,形形色色的外国人带来了"星期制度、教育制度、市政管理制度、选举制度、自由、平等、博爱……所有这些都对上海社会演变产生了极其广泛而复杂的影响"。[34]

[33] ［日］高纲博文,《上海的日本居留民》,见《上海的外国人（1842—1949）》第 151 页,上海古籍出版社 2003 年版。

[34] 熊月之等人选编:《上海的外国人（1842—1949）》第 4 页,上海古籍出版社 2003年版。

第二章 求真务实 融会中西

　　鸦片战争之前，林则徐、魏源等人"开眼看世界"的主张，终究没有能够在一个闭关锁国的国度中，成为国家战略。然而在鸦片战争及《南京条约》以后，上海被迫开埠，并且由此成为中国向世界开放的门户。

　　上海一经成为对外通商的口岸之后，两个月内即有七艘外国货轮驶进了上海港口。翌年外轮来港 44 艘。再来年，抵港外轮 87 艘。十数年以后，进出上海港的外国轮船增至 437 艘。上海港的对外贸易很快占到了全国的 50% 甚至是 60%，诚如马克思所说：中国在《南京条约》后让出五个新口岸来开放，并没有造成五个新的商业中心，而是使贸易逐步由广州移到上海，"上海成为中国对外贸易的心脏，其他口岸不过是血管罢了"。

　　上海的开埠和租界，是列强恃强凌弱、破门而入的结果，因此它们当然造就了上海民众的民族屈辱和愤恨。对于开埠而来的洋人之恶，上海市民进行了坚决而又持续的抗争。但是，一个只会愤怒和控诉的民族，必将无法赢得自身的救赎。任何在劫难和压迫中能够自新再造的民众群体，都是因为他们能够在对外抗争的同时又能够"反求诸己"，从而能够认识乃至是重新把握世界的潮流；这当然也就包括了在开埠和租界的历史变局中，上海市民社会在外部世界的撞击、逼迫和参照下，自身所形成的改造、嬗变和发展。

　　开埠以后，西方事物和文化大规模融入上海。然而上海所以能够对此表现得相当从容以至宽容,又有着多种原因。这既可以追溯到儒家文化的"兼容"与"中和"思想,又与上海移民人口的文化性格有着内在的联系——正是上海民众的移民身份及他们的某种文化"边缘性"特点,弱化了不同文化之间的隔阂和对立,从而加强了不同文化之间的融合。

当然,造就上海中西交融的更为重要的内在原因,则应该是经济基础。明清时期江南一带出现的所谓"资本主义萌芽",及其以交换价值为目的的相对发达的商品流通,使得江南和上海地区的民众初步形成了新的义利观、伦理观和道德观。这就使得上海民众在面对外来事物和文化时,能够采取相对开放实用、求真务实和兼容并蓄的立场和态度。在描写上海开埠早期市井生活的小说《海上花列传》里,内地青年赵朴斋初到上海,看到的就是一幅各色人等各为生计、注重功利的城市景象。它与《儒林外史》、《红楼梦》中相对稳定和保守的农业经济及其社会关系,已然不同;其市井风情也与《卖油郎独占花魁》中的南宋都城临安,以及《金瓶梅》中的那个清河县,迥然有别。正是这座城市已有的工商性质及其对于民情的濡染,使得"西化"的照明用具、自来水、通讯工具、交通运输工具,到普通的日常生活用品,得到了令赵朴斋大感诧异的应用;而上海人对于黄浦江上的外国货轮,大马路上成群结队的洋人,也就见怪不怪,处之坦然了。

中西文化前所未有的融合,使上海市民的生活方式和思想观念发生了深刻的变化,以至因此而使上海形成了一种"化外之地"的景观。实际上,上海只是在历史变革的机遇中,以一种"上海文化"的姿态展现了它崭新的面貌。

这种文化精神以及由它们转换的物质生产力,直接造就了近代上海的卓然崛起。

一、物用器具的西化现象

上海的开埠与租界,促成了中国近代史上的一次由物质形态到观念形态的"西化"的规模性社会实践。对于上海发生的一切,官僚、士人即知识分子阶层各依他们的政治和文化立场,不同程度地抱持着怀疑与排斥的态度。

但是当时的上海民众,正从四面八方来到上海,并逐渐转变成为近代意义的市民;这种身份的变化虽然没有经过刻意的教育改造,但是在这个过程中他们所经历的观念蜕变,却是经由具体的生活实践而潜移默化地发生的。在此基础上形成的世俗理性和实验哲学,进而构成了上海市民社会的文化性格和思想观念。

对于当时的一系列所谓"西化"现象,上海民众既是主要的承受者,也是主要的实践者。因此,他们也应该是主要的价值评判者,当仁不让地具有"市民的发言权"。

1. 标新立异上海滩

1843 年,上海忽然成为对外通商的主要口岸。它所直接导致的,就是上海市面景观和物质生活的直接改变。所谓"洋泾一隅,别开人境,耳闻目见,迥异寻常";"上海一邑自通商以后,城外泰西租界之内,光怪陆离,无奇不有。"

1848 年,早期来沪谋生的士人、后为《循环日报》创办人、也是近代上海早期思想家的王韬初到上海,在他的眼中,"上海与泰西通商,气象顿异。余入黄歇浦,从舟中遥望之,烟水苍茫,帆樯历乱,浦滨一带,率皆西人舍宇,楼阁峥嵘,缥缈云外,飞甍画栋,比栏珠帘,此中之人,呼之欲出。"①

数年后钦差大臣桂良来到上海,看到黄浦江边西式楼房四处林立,遂在所呈的奏疏中报告情况:"上海地方,城外东北两面江岸,全系夷人房屋。"

此后曾国藩到了上海,看到城市面貌的繁荣,感叹上海是为"富甲天下"。

李鸿章初到上海面对陌生的十里洋场,也曾说自己"象错处海市

---

① 王韬:《黄浦帆樯》第 58 页,载《漫游随录图记》,点石斋书局石印 1890 年版。

蜃楼之间,看千变万化"。

名士大员的观感和感慨,被记录在了各种历史文本之中。然而普通上海百姓对于租界的市政景观、物质生活和日常器物的体验与认识,虽然难以一一皆入笔端,却显然有着更为直接也更为鲜明的感受与体验,并且也具有更为切实的社会意义。

当时的居民只要走进上海租界,首先进入眼帘的,就是马路平整宽畅,街道两边的西式洋楼连绵崛起。它们造型独特,阔户大窗,让人刮目相看。19世纪60年代,有人就记述了这样的情形:"自小东门吊桥外,迤北而西,延袤十余里,为番商租地,俗称'夷场'。洋楼耸峙,高入云霄,八面窗棂,玻璃五色,铁栏铅瓦,玉扇铜环。其中街衢弄巷,纵横交错,久于其地者,亦易迷所向。取中华省会大镇之名,分识道里。街路甚宽阔,可容三四马车并驰。地上用碎石铺平,虽久雨无泥泞之患。"②

走到租界的街上,又可以看到容貌怪异、奇装异服的洋人乘坐马车来来往往。这种高大华丽、铁木制作、疾走如飞的马车,使以往主要用轿子和独轮小车为代步工具的人们耳目一新。而由西方传入的各种器械,更是令人闻所未闻,见所未见。

比如对于洋人家中的缝纫机,时人记曰:"家有西国缝衣奇器一具,运针之妙,巧捷罕伦。上有铜盘一,衔双翅,针下置铁轮,以足蹴木板,轮自转旋,手持娟盈丈,细针密缕,顷刻而成。"③

对于煤气灯,人们这样描写:"树竿置灯可以照道,皆自来火,由地道(地下管线)出,光焰绝明,彻夜不灭。""租界中地火如林,夜游无须秉烛。"④

又对于印刷机,时人所记为:"以铁制印书车床,长一丈数尺,广三尺许,旁置有齿重轮,一旁以二人司理印事,用牛旋转,推送出入。

② 黄懋材:《沪游脞记》,转引自屠诗聘主编《上海市大观》,中国图书杂志公司1948年版。

③ 王韬:《瀛壖杂志》第5卷第100页,上海古籍出版社1989年版。

④ 《申报》1874年10月16日。

悬大空轴二,以皮条为之经,用以递纸,每转一过,则两面皆印,甚简而速,一日可印四万余纸。"⑤

当时的上海滩上,新鲜事物层出不穷,社会景象日新月异。

上海第一次出现了柏油马路,电车汽车。

上海第一次出现了阳伞,墨镜,香烟,西菜馆。

此外,上海第一次出现了证券交易所,彩票买卖;也第一次出现了自行车、自来水、煤气,甚至是抽水马桶。

《海上花列传》里曾写到一次民居着火,民众对洋人消防队动作之迅捷、器具之有效,大为赞叹的情形。其余如舶来的生活器具进入上海市民的生活,以至引发的眼界大开、观念转变、崇洋风起,也在同时期的《歇浦潮》《人海潮》等市井小说中多有记载。

凡此种种触目可及、夺人耳目的西式制作和西洋事物,无疑使上海市面的风貌景观为之陡变,同时也造就了上海作为"国中之国""化外之地"的直观形态。而对于那些诸如洋布、洋皂、洋火(火柴)、玻璃、洋针、钟表等等的日用洋货,因为民众的亲手接触,亲自使用,自然也就由此促成了他们对于传统生活方式的许多改变。它们对上海民众的思想观念,也构成了潜移默化的影响。

因此对于普通的上海民众来说,近代意义的市民化过程,是从物质生活开始,在饮食男女、日常起居、身体力行、耳濡目染中发生和进行的。

2. "原来外国的苍蝇那么大"

开埠之初,西方器物及其物质文明遽然进入上海的时候,上海民众也曾对之表现过疑惑、错愕、惊惧和排斥。这是因为长期的闭关锁国,使国人对西方世界几乎一无所知。而主流意识形态定调的"夷夏之辨"、"夷夏大防",又先期在国人的观念和心理上引导了鄙视西方、排拒西方事物的倾向。"先时人皆囿于井蛙之见,苟非耳所习闻,目所习见则哗然,群以为怪"。同时,西方列强又正是

---

⑤ 王韬:《瀛壖杂志》第 6 卷第 119 页,上海古籍出版社 1989 年版。

凭藉武力强权的鸦片战争,包括发生在眼前的对于上海吴淞炮台的攻占,而进入上海的,这当然也就使上海民众对于西方事物和"外国赤佬",在一个相当的时期和范围内,产生民族主义的心理抵触。

因此当那位巴富尔带领的英国"领事代表团"第一次踏进上海县城,也就是今日仍以旧时城墙而成的环形"人民路"包括"城隍庙"在内的地区时,全城的许多活动比如演戏等等,竟然都为之停止。"领事代表团"最初在县城租赁的住所,被视为怪异之所在,随后竟成为全城民众竞相瞩目的地方。在刚开始的一段时间里,每天都有大批男女老幼居民,川流不息地走进这所房子来"参观"。他们以强烈的好奇心,仔仔细细地观察着这些洋人的吃、喝、剃须、洗手、阅书,甚至睡觉。很多上海人看见红头发的英国人时,既好奇,又害怕,因为他们一直听人在说,这些都是极其邪恶的"洋鬼子"。有些随大人来的小孩子,见了洋人的怪诞模样,甚至会害怕得啼哭起来。这些县城居民往往聚作一堆,会呆呆地观看很久。

租界刚建立时,住在"老城厢"的居民将北面的外滩租界称之为"北头"的"夷场"。《海上花列传》里,还有城里民女到"北头"撞见了高鼻子蓝眼睛的洋人回来,晚上便大做噩梦的描写。直到19世纪60年代,"夷场"的称谓才被"洋场"代替。

上海第一家煤气公司"大英自来火房"开张营业以后,也曾遭遇过人们的抵触。因为煤气管道在地下铺设,于是一些人"则云地火盛行,马路被灼",此后除非那些穿着厚底鞋子的人,那么地下的热气或不至于攻入心脾,而若是那些苦力小工,终日赤足行走在马路上,则不免要受地火攻心而遭不测。当时的"大英自来火房"设在垃圾桥(今西藏路桥)的南面桥下,于是一些苦力脚夫就互相告诫,不要出入于那一地区,因为那里的路面必定比其他地方灼热得多。

1882年,上海街头出现了电灯。怎么一只小小的灯泡,竟会发出如此耀眼的光亮?"国人闻者以为奇事,一时谣诼纷传,谓为将遭雷娅,人心汹汹,不可抑制。"⑥

自来水在上海出现以后,"当时风气未开,华人用者甚鲜,甚至谓水有毒质,饮之有害,相戒不用。"⑦

某时,"南京路黄浦滩各处的广告牌上,都贴有一幅教会团体提供的彩色卫生宣传画:几只硕大的苍蝇在垃圾堆里,其肮脏的脚又在食物上爬行。一位传教士医师,听见一群人围在宣传画前激动地说:'怪不得外国人害怕苍蝇,原来外国的苍蝇长得那么大'!"⑧

如此等等,不一而足。而对于西方事物的疑惧,又自然地影响了部分内地人士对上海的看法。

开埠以后,在一些士绅特别是江浙地区的一些富家大户人家的眼中,上海的租界既为"夷场",俨然是"淫戏遍地,人心败坏",是一个良家子弟不宜进入的"染缸"。当时,的确也发生了一些富家子弟在上海的花花世界中堕落沉沦的事情。曾任晚清时期天津海关道的孙竹堂,卸任以后在常熟、上海广为置产,随后令两个儿子到上海经营钱庄、房产和轮船公司。两个儿子到了十里洋场的上海以后,很快学会狂嫖滥赌,挥霍无度。手头拮据时,竟骗得乃父印鉴,算计起老子在上海麦加利银行的数万英镑存款。怎奈银行买办与孙竹堂相熟,因觉事出蹊跷,随而知会孙某。两儿忤逆暴露,藏匿不出,孙某竟入禀上海道台衙门,要求将二子缉捕归案。然而事在租界,衙门即使有心,也是奈何不得。此后两个不孝子在山穷水尽之时,竟然又想出一条计策:一人留下"遗书","自尽身亡",另一人扶棺木回常熟老家"悔过自新"。此计果然骗过了老子。三年后孙竹堂病故,"死去"的儿子复生,两人顺顺当当地继承并瓜分了老子的财产。

如此之类的事情经常发生,时有所闻,使人不免要将责任追究到

⑥ 胡祥翰编:《上海小志》卷二,《市政,路灯》,引自《上海通史》第5卷第174页,上海人民出版社1999年版。

⑦ 《上海小志》卷二,《市政,水道》,引自《上海通史》第5卷第178页,上海人民出版社1999年版。

⑧ 程童一等:《开埠——中国南京路一百五十年》,见《昆仑》1996年第3期第41页。

上海租界的"世风日下"上。再加上西方事物与中国传统礼仪多有径庭，难免就使得许多人要对租界侧目齿冷了。"有贡生赵晋常者，因此而终生不望北门，及其老，邑人举为孝廉方正。"老城厢有位老者，"他虽生长在上海，可是直到六七十岁竟从来没有到过'洋场'，他不愿意看见一切洋人的东西。"当时，上海道台为借助驻沪法军抵御太平军，曾在县城与法租界的交接处开辟了一个"新北门"，"当门初辟时，沪士以此举倡自外，竟诋之为狗洞，婚嫁仪从之属，相戒不由斯涂，城隍出巡，更以此门为忌，恐蹈渎神之咎也。"⑨甚至最早接触洋人洋物的文人王韬也始终秉持"夷夏之防"的观念，"传曰'非我族类，其心必异'。饮食嗜欲，固不相同，动作语言，尤所当慎……文章之间，尤为冰炭。"他一方面为生计不得不与洋人打交道，另一方面又以与洋人办事而深感耻辱，谴责自己"逐臭海滨"、"败坏名教"、"误陷腥坛"。

　　吴趼人的《二十年目睹之怪现状》中的主人公，在上海混迹十余年以后，终于幡然悔悟到"上海不是好地方"，于是痛改前非，自起一个别号叫做"死里逃生"。

　　日后成为"戊戌六君子"之一的刘光第，1883年路过上海，慨叹上海的灯红酒绿，"不到上海，是生人大恨事；然不到上海，又是学人大幸事"。

　　于是传统文化心理中的"夷夏大防"，就在当时的社会话语中形成了许多阐释：凡是输入中国乃至上海的洋货，基本上都是属于徒有奇巧而并不实用，至少并不是不可或缺的东西。但是一些中国人当然特别是上海人，不以本土的生活习惯为规范，反而放弃了本土和传统的生活方式，纷纷瞩目以至去使用洋货。结果是洋人的奇技淫巧迷乱了国人之心，国家的财物则在这种华而不实的交换中输入到了异域外邦，这对中国传统的社会体制，将造成严重的后果，"几几乎用夷变夏"。

---

⑨　乐正：《近代上海人社会心态》第223—224页，上海人民出版社1991年版。

洋货以及西洋器械在上海大举应市的情形,也触发了一种对于国计民生的思考和忧虑:中国本已人多地少,劳动力已经出现过剩,许多人已是无地可种,无工可做,若再引进西方器械,则将会使更多的人失去生计。"诚以中国四民,农居其半,承平之日,农多于田,倘亦改用机器,则农更无地以处置之,不将驱民为非乎? 否则即驱之于死地,与驱之于外洋也。……子明知西国人希(稀),故制造机器以代人力,或用人以运动之,或用煤以旋转之,仅须一人可作十人之用,甚至可代数十人之力不等。中国业已人浮于事,而无事可为,谋生甚难,故不得已均作工商于海外,而且无业之徒,游手好闲者逐(随)处皆有,若再改用机器,用人之处愈少,不将使各省之人束手待毙乎?此中西情形之不同,未可执一而论,故西国机器不必尽行置用也。"⑩

3. 价值评判的实践标准

在体现着话语权力的多种历史文本中,开埠及租界的上海几乎就象《旧约全书》中的巴比伦一样,成为城市堕落的象征。但是世俗社会的上海市民,却在经历了最初的诧异和抵触以后,很快改变了对于西方事物的态度。"租界的市政设施和市政管理是上海人最早的'启蒙学堂'。租界辟设以后,洋人不仅从西方'移植'了先进的市政设施,如道路、煤气灯、自来水、电灯、电话、火车、公园、公厕等,而且带来了他们所素习的政治意识,以及与各种实在设施相配套的管理方式。对于这些与传统迥异的实在设施,上海人'初则惊,继则异,再继则羡,后继则效'。"⑪

上海由此逐渐形成的"西化"风气,不是通过武力的逼迫使其就范,而是建立在人们对客观事物的对照和比较之上的。事实上,浸润于"资本主义萌芽"的商品交换、以谋生发展为人生第一要务的上海民众,他们对于不期而至的外来文化和事物虽然产生过抵触,但是在根本上,由于本身也是"外来"移民的文化性格和心态,较少保守思想

⑩《申报》1876年3月18日。
⑪ 熊月之主编:《上海通史》第5卷第395页,上海人民出版社1999年版。

及排外意识,因此他们对不同文化和西方事物能够较多地采取求真
务实和实践检验的实用主义的立场。随着租界的迅速扩展,西方器
物大量涌现并且进入了居民的日常生活,它们简捷、合理、实用、便
利、卫生、科学等等近代物质文明的特性,很快就使上海民众对洋货
的认识和态度,发生了转变。

1856年,湖南人郭嵩焘曾经在上海的南京路和外滩大开眼界,
1876年他又在上海登船前往英国,成为近代中国的第一位驻外公
使。但是因为他既为朝廷命官而又具"严重西化"的思想意识,于是
终被开缺回籍。就在郭嵩焘回到长沙时,大街小巷竟然贴满了"揭
贴","指以为沟通洋人";长沙三书院士子更是群情激愤,可谓"千夫
所指归故里"。这在当时的上海,就不太可能发生了。

此外,当时上海的"治外法权"及其政治共治和对峙,在客观上为
中西文化的交融、传播和对比,提供了一个多元的和宽松的空间。而
这种使人们免于对权力的恐惧,赋予人们自由选择的情形,自然也内
在地影响了上海市民对于西方事物的评判。

于是,在如何对待西方事物这个敏感的问题上,上海的市民社会
率先悖离了以文化传统及其"国情"、"国性"为基准的先验主义的思
想立场,并且以价值规律的实践机制,揭示了最简单也是最基本的真
理原则。

道路、电灯、自来水、火车、公厕、下水道等等,这些来自于西方的
事物,虽然没有洋枪洋炮那么邪恶可怕,但是在现代性示范与推动
上,比洋枪洋炮更有力量。它们没有宏论滔滔的说教,但是比所有的
说教更深入更广泛地进入并且影响了上海市民的生活。显然,上海
市民没有因为某种"西化"现象,而认同官员、学人给予这座城市以失
范、堕落的评判。对于他们来说,历史和社会的最原初和最根本的评
判者,只能是物质形态的现实生活。

当然,上海民众认识和购用洋货,也有一个过程。开始的时候,
洋货主要还只是作为一些出入于洋场的华商炫耀富有的奢侈品。一
般人购买洋货,则是以其新奇少有,而作为馈赠、招待亲友的礼品。

喜欢交游并且与洋人多有来往的文人王韬,就经常以晶(玻璃)杯、洋皂赠送朋友。甚至携友人赴青楼访妓,也带着一段洋布作为送给妓女的礼物,"赠以西洋退红布一端,(妓女)阿珍喜甚,即宝藏于箧。"

但是很快,洋货就进入了寻常百姓家。"洋货的大量输入,洋货优越性的日渐表露,'洋场'中人固然已深受影响,就是上海华界和周边及腹地亦多趋用洋货而弃土货。……洋货的渐推渐广和洋人生活方式影响的增大,逐渐改变着上海市民的消费心理和消费习惯,越来越多的市民乐于购买和使用洋货,洋货的消费量迅速上升。"⑫

租界辟设以后,引进的洋油灯即煤油灯,亮度是传统油盏灯的4到5倍,价钱也便宜,又方便耐用,于是"上而缙绅之家,下至蓬户瓮牖,莫不乐于用洋灯,而旧式之油盏灯淘汰尽矣。"

甚至在对于电灯"人心汹汹"只经数月,上海人已经认识到它的效用及其发展前景,而踊跃认购它的股票了。"沪上刻有人招集股份,创为电灯者。其事原系西人主之,而一时出银附股者,合中西人皆踊跃而起。……因而买股不得之人,遂不惜重金以转购之,而股票于是大涨。"⑬

其他比如对于租界的市政建设和管理效率的正面认识,同样也都是经由实践的检验,经由现实的比较而形成的。

比如自上海开埠以后,租界的市政建设和管理就按部就班,逐项进行,甚至连门牌号码也是从那时开始做起。1860年3月16日,工部局规定:鉴于将租界内华人住所及时地加以编号是维护上海公共租界平静和良好秩序的一种好办法,特此通知华人居民由工部局出资,在每一家住所门前钉上一块马口铁皮,马口铁皮上将清楚地编写号码,任何人不得对这项编号工作收取或支付不管是什么名义的其他费用或开支,但是每幢房屋的居民或业主有责任把它保管好,如果门牌号码被拆除或遭涂毁,工部局将替换一块新的铁皮,费用由该业

⑫ 熊月之主编:《上海通史》第5卷第291页,上海人民出版社1999年版。
⑬ 《申报》1882年6月20日。

主或居民负担。这种制度,当然极大地方便了居民的居家联络。

1861年工部局首先在大马路(南京路)、纤道路(九江路)、北门街(广东路)等主要干道铺设人行道,不久就将其推行到租界内的更多马路。

1862年马路排水工程开始,数年以后大部分租界马路的阴沟已全部完工。

此外在1882年,上海公共租界里开始接通自来水,"于沿街每数十步竖一吸水铁桶,高四尺许,下面与水管联络,顶上置一小机栝。用时将机栝拈开,水自激射而上。……居民需水者,可饬水夫送去,不论远近,每担钱十文。"正所谓是:"激浊扬清,人皆称便。"⑭

相比之下,当原本荒僻的租界在卓有成效的现代市政的引领下走向繁荣的时候,华界的市政却依然滞留于中世纪的状态。

当时的《申报》就时有文章记载租界华界的市政面貌比较:上海各租界之内,街道整齐,廊檐洁净,马路上不准晾晒内衣,垃圾杂物不准丢置。如有秽杂物品,则责成清道夫予以清理扫除。街面上如有缺陷泥泞之处,即立即指派道路工人予以修理。夏天因有燥土飞尘,则常派出洒水车浇洒道路。为防止道路积水,修路时就建有阴沟予以疏通。租界的大街上更是不准随地便溺和露天澡浴,否则便可能承担刑责。再看华界城区,马路上往往是杂乱泥泞,甚至"沿街尽是便桶垃圾,任人小便堆积,若无人过问者。"两者相比,"正不知相去几何"。这种情形也正如上海早期买办和著名文人郑观应当时所说:"余见上海街道宽阔平整而洁净,一入中国地界则污秽不堪,非牛溲马勃即垃圾臭泥,甚至老幼随处便溺,疮毒恶疾之人无处不有,虽呻吟仆地皆置不理,惟掩鼻过之而已。"⑮

又如租界内普遍安置的路灯,王韬曾写道:"西人于衢市中设立灯火,远近疏密相同。其灯悉以六角玻璃为之,遥望之灿若明星。后

---

⑭ 黄式权:《淞南梦影录》第145页,上海古籍出版社1989年版。

⑮ 夏东元编:《郑观应集》(上)第663页,上海人民出版社1982年版。

则易之以煤气,更为皎彻……街衢间遍立铁柱,柱空其中,上置灯火。至晚燃之,照耀如昼……几于不可思议矣!"⑯当公共租界和法租界相继使用煤气路灯时,华界却仍然处于"弄黑街阴"的时代。于是一些上海士绅刊登启事,呼吁华界以政府支持和民间捐资的方式,引进租界的城市公共照明系统。然而启事刊出后,政府无动于衷,而民间自然也就应者寥寥。

对于这些种种的现实比较,上海名士李平书就写出了一个土生土长的上海人当时的由衷感慨:"吾一言通商以后之上海而为之愧为之悲。愧则愧乎同一土地,他人踵事增华,而吾则因陋就简也;悲则悲乎同一人民,他人俯视一切,而吾则局促辕下也。要之,通商以来,上海,上海,其名震人耳目者,租界也,非内地也;商埠也,非县治也。"⑰

这样的感慨,当然会促进上海市民对于西方事物及其价值评判的根本转变,到了19世纪90年代以后,某种"崇洋"心理和风气,已成为一种社会现象。

太平天国军队攻打上海为"万国商团"所败以后,人称"老上海"的早期英国驻上海领事麦特赫斯得曾经这样说道:"中国人对外国人的观念自这次之后就有显明的改变。外国人处处受人尊重,被认为是一切财富和权力的来源。外国人住着最讲究的房子,开着最大的银行和洋行,有着最大、最好的轮船,是最有势力、最能干的官长,有着最厉害的枪炮和最勇敢的兵士,外国人最正直,代人收税都是涓滴归公,从不以分文入私囊,外国人总是诚实可靠、有财有势的,总而言之,凡是外国人的东西和行为必都是好的,上海人从此不再蔑视外国人了。"⑱虽然麦氏的这种评断不无夸张,但它确实也部分地道出了上海市民改变了对洋人世界看法的情景。

---

⑯ 王韬:《瀛壖杂志》第6卷第119页,上海古籍出版社1989年版。

⑰ 李平书:《上海三论》,《申报》1881年12月10日。

⑱ [美]霍塞:《出卖上海滩》第47、48页,上海书店出版社2000年版。

因此,在当时上海华洋杂居和现实比较的情形下,"洋"字在市民日常用语中的使用频率大大提高,且往往冠之于某些先进的器物和事物之前。能够进入洋行谋职遂成为上海普通人家的理想,孩子能留洋出国那就更好。对于西方输入和传播的日常器用、生活理念、行为方式,甚至因此而形成了群相效仿以至是有过之无不及的现象。比如,一些市民开始以戴墨镜、打阳伞、吸烟卷为时髦,此种崇洋不化的情形在当时的许多记载中,都有过生动谐趣的讽刺和批评。"上海为通商大埠,西人之处此者最多,华人类多效其所为。其制造灵巧不能学,乃学其浅近者,效其语言,而语言仍微有不同之处,俗谓之洋泾浜语……至于坐马车、登轮舟,华人亦以为乐,甚至雪茄之烟衔于口中,弹子之房游于暇日,大餐之馆座客常满,左手持叉右手持刀,以恣大嚼者,皆华人也。'温都的爱'、'爱皮西提'会一二句便刺刺不休,以为时髦。酒则香饼(槟)、茶则加非(咖啡),日用之物皆以有一洋字为佳,此皆华人学洋人之明证也。"⑲

然而在社会大变局中的这类偏颇现象,以及由此引发的批评和责难,都已经不会从根本上改变上海市民对于外部世界和西方文明的基本价值评判,当然也已经不会改变上海市民的世俗理性和实验哲学了。

### 4.	"师夷人之长技"

物质基础及价值规律,与民众朴素的唯物主义及实践标准,是任何预设的意识形态和思想观念终究难以强行扭曲与框范的。在民生原则和世俗理性的影响作用下,西方的物质文明终于为上海市民所普遍接受。眼界的开拓和观念世风的转变,造就了近代上海市民社会自觉形成的维新意识。

在对西方物质文明的学习和移植过程中,民众的"西化"观念既没有被所谓"国情"、"国性"的意识所限制,也没有将先进器物和技术视为西方的专属,而与中国的"国情"、"国性"断然隔绝。上海市民对

---

⑲《申报》1883年10月25日。

于西方的日用器物、先进技术和管理经验,除了乐于接受、为我所用之外,很快就开始了大规模的借鉴、学习和仿效。"始则师而学之,继则比而齐之,终则驾而上之"。而改变世界的契机,在有了外部的触动以后,由此也就开始从内部发生,"自强之道,实在乎是。"

当年康有为来到上海时曾叹道:"(见)上海之繁盛,益知西人治之有本。"上海开埠后的早期名士郑观应、冯桂芬等人,很早就发表过一系列关于学习西方事物的见解与主张,冯桂芬1861年就积极倡导"采西学"和"制洋器"。此后,借鉴和学习西方先进技术的要求,很快在上海蔚成风气。正是在这种学习借鉴中,人们取得了掌握现代技能以及告别传统生产方式的自信。"世之称奇巧者,向推西人为最,今而知华人之巧,实能突过乎西人。西人来华已数十年,毫不能师华人之长,别增一器用,而凡西人之所长者,华人一经学习,既不难并驾齐驱,电线、火车、轮船、兵械,早已卓有成效。"[20]这种情形也正如时在上海的盛宣怀所说:"今人于古人尚不甘相让,何夷狄之智足多哉。"

由竞争创业和创造精神所磨砺的聪明才智,使当时的上海市民当仁不让地站在了中国对外开放和现代性实践的前沿地位。既定的人力资源及社会基础,也使得包括旨在"师夷人之长技"的洋务运动以及江南机器制造总局和上海机器织布局在内的一系列"西学"举措,都相继发轫于上海并在上海形成了辐射内陆的基本据点。

在中国历史上,不同文化的碰撞和交融也经常发生。但是在这些交流与融通中,汉文化和儒家文明始终是处在强势的和主体的地位;即使是以武力入主中原的蒙族及其所建立的元朝,以及满族入主中原后所建立的清朝,由于它们在思想文化和生产、生活方式上相对落后的形态,而最终服膺、认同了中原的汉文化和儒家文明。这种情形也就总是能令一些传统士大夫获得某种文化优越感。但是这一次

---

[20]《申报》1885年8月17日。

的情况却截然不同了。鸦片战争以及"西学东渐"所具有的颠覆意义就在于,外来的、西方的文化几乎是第一次在中华文化的面前,全面地展现了它们近代属性的强势特征。这不能不令那些固步自封、恪守传统文化立场的官吏士人感到由衷的失落和深深的悲哀。特别是当西方的物质文明得以在上海长驱直入的时候,则更令一些顽固守旧的人物,要对于西学"切齿腐心",要将上海因"西化"而失范的情形视为"怵心骇目,无过于斯"了。

其实,这种守旧立场虽然是以儒家文化为圭臬,实质上它们在相当程度上,却是统治集团及其利益集团以其政治需要,对儒家文化作了不无狭隘和片面的选择性读解的结果。也许正是在本质上,晚清时期的国家意识形态及其文化模式,已经无法在新的世界体系中找到自己的方位,于是它们才会对外来文化反应过度,甚至会以类似于原教旨主义的立场将其视为水火不容的异端异教。

但是,对于世间不同的文化、事物和多元价值,儒家文化初始的立场、视野及其原初的内涵,是有着宽容共处的精神及"中和"立场的。诚如孔子所说的"君子和而不同,小人同而不和",强调的就是不同事物间的多元融合,反对强求一律。古人伍美在论述"中和"时说:"夫美也者,上下、内外、小大、远近皆无害焉,故曰美。"朱熹也说过:"为政,不在于用一己之长,而贵于有以来天下之善。"蔡元培先生则说:中国民族性,尚中和,"执两端,用其中",是中的真谛;"万物普育不相害,道并行不相背",是和的真谛。而本土文化的更新和发展,包括从过去学习"胡服骑射",到今日效法"船坚炮利",都应该可以从这种"中和"思想中找到思想认识的依据。

因此,虽然近代上海的开放是被迫形成的,虽然上海在大量借鉴和吸收西方文化时,曾经具有相当的被动成分,但是在它表面上似乎从传统文化的方位上走出很远的同时,实际上它又正是以"兼容并蓄"、"有容乃大"、"海纳百川"的襟怀,循入了传统文化的"中和"精神。而在那种被迫的开放和被动的兼容中,上海市民社会恰恰凭藉着这种"中和"精神,进而以自觉、主动姿态将它们构建成了上海文化和市民性格的一种精髓。在这个意义上,马克斯·韦伯在《新教伦理与资本主义精神》一书中提出的亚洲价值观主要也就是儒家学说与现代经济体系的发展不相容的观点,至少是有失片面和偏颇的。

儒家文化中的"中和"思想,从传统的方向上,为近代上海的"开眼看世界",提供了思想方法上的依据。所谓中国为天朝大国,物阜民丰,以内部循环即可自给自足的意识,都已经被证明是落伍闭塞、自外于世界潮流的迂腐之论和一厢情愿。国家民族要在现实世界中振兴自强,就必须融入世界,学习先进国家的长处。诚如时人所说:"今之天下非比古之所谓天下也,古之天下不过中国一隅耳,凡不隶版图者,皆谓之为四夷,今之天下则四海声气莫不通。"

上海大规模借鉴应用西方事物及观念变革的情形,也诚如胡适所说:"今天我们日常生活所用的电灯、自来水、火车、汽车及一切衣、食、住、行有关的现代化工具,固然是世界文化的一部分;就是我们原有的手工业制造品,许多都运用舶来的原料;我们写字作文用标点符号;我们实行宪政民选代表;以及一切生活方式思想内容等,无论在乡村在都市,都免不了受世界文化的影响。"[21]。

当然,借鉴和应用西方的物质文明和价值观念,对于当时的上海市民来说,也并非是唯一的和全部的发展选择。中和思想在实质上,只是为多元价值和多元选择,提供了一种方法论依据。近代上海市民社会极为重要的一种现代性示范,就是对于多元价值的自主选择。当时的上海,穿西装还是着马褂,吃西餐还是吃中菜,看电影还是听京昆,甚至信上帝还是拜佛祖,基本上都是取决于民众的自主评判和选择,并无外力的强制规定与干涉。正是在这种相对宽松和自由的生存环境中,一种世俗化的价值多元的理念,以及一种世俗化的个体本位意识,就开始在上海的市民中形成,而这种理念和意识,也就为近代意义的市民社会,构建了极为重要的本质属性。

㉑ 胡适:《充分世界化与全盘西化》,载《胡适论学近著》,上海商务印书馆1935年版。

二、西学"政"、"教"及其兼容

在中西文化的交汇与碰撞中,首先叩门的总是物质性的硬件,正如马克思所说:西方资产阶级在东方的经济活动,"迫使一切民族——如果它们不想灭亡的话——采用资产阶级的生产方式。"然而只要物质性的融通一旦发生,它们就必然会附着以灵魂。于是紧随其后的,就是社会习俗、思想教化,甚至是社会体制的融入和比照。接着,它们就不可避免地会触发人们对于思想文化、政治体制的反思、提出变革要求。这种情形正如李大钊所说:"吾侪日常生活中之一举一动,几莫能逃其范围,而实际上亦深感其需要,愿享其利便。例如火车轮船之不能不乘,电灯电话不能不用,个性自由之不能不要求,代议政治之不能不采行。"[22]

1. 开风气之先的移风易俗

在外来文明业已无法封锁的情况下,固守于既定政治利益的国家意识形态又总是竭力要将物质器用与思想文化隔断开来,并且只准前者进入而杜绝后者入门。洋务大员及湖广总督张之洞对于西学东渐就曾经这样期望:"如其心圣人之心,行骚人之行,以孝悌忠信为德,以尊主庇民为政,虽朝运汽机,夕驰铁路,无害为圣人之徒也。"[23]也就是说,西方的器物用具和科学技术是可以作为工具而予以接受的,但是它们必须与西方的意识形态脱离干系,并且遵行我国的礼教道统,为大清圣朝所用。这种心思正是洋务运动的基本思想定位。

事实上,中外通商以后,慈禧太后也颇乐意接受和把玩西方舶来的自鸣钟、照相机之类;甚至为了增进国力,加强统治,她还留置保守派意见,支持了洋务运动,并允准过一些诸如开办"新学"的新政。但

㉒ 李大钊《东西文明根本之差异》,载《五四前后东西文化问题论战文选》第57页,中国社会科学出版社1985年版。

㉓ 张之洞:《劝学篇·会通第十三》,载《张之洞全集》,河北人民出版社,1998年版。

是这种"准人",是必须以"国情"为限,严格地将之纳入于实用工具的范畴的。而对类似于日本明治维新"更衣冠、易正朔"的移风易俗,慈禧则表示了坚决反对的态度。

但是,物质与精神是能够如他们所期望的那样,绝然分割开来的吗?对此,另一位保守派人士曾廉就"清醒"地看到了事态的内在规律,并且提出了警告:"变夷之议,始于言技,继之以言政,益之以言教。"这里所说的"技",就是西方的物质技术,所谓"政"自然是指政治体制,而这里的"教",指的就是社会教化和思想观念了。

然而恰恰是率先经历着历史变局的上海市民,又在社会变革的深化模式,亦即是在思想观念的现代性转变中,感受到了身心的解放和思想的解放。

开埠后的上海,第一次出现了女子学校。在此之前,上海各界女性还为此举办了共同商讨兴办女学的"裙钗大会"。同时,工厂和各类服务性行业也渐次出现了女性员工的身影,职业妇女随而风行沪上。女子公开抛头露面、伤及风化以至于此,诚令一些人士痛感人心不古,世风大变。

在婚嫁迎娶上,早期上海还延续着传统的民间礼俗,恪行"六礼",兴师动众,程式繁复。开埠以后,"受新思想影响,光宣年间,上海城乡的婚嫁方式均开始发生变化。"上海市民开始以西方婚姻为比照,渐次丢弃传统的规范和礼俗,并渐行以"文明结婚"的风气。

过年贺岁,是中国人最重要的传统习俗。上海老城厢和四乡居民每逢年节,无不燃放爆竹,穿戴簇新,然后祭祖宗拜菩萨,又多备茶果汤圆鸡鸭鱼肉,亲友互相拜贺,酬酢不休。而在一个注重官场文化的社会中,过年贺岁也成了联络关系、行贿邀宠的竞技舞台。上海开埠以后,一些国人延习旧礼,遇到年节,纷纷向洋人拜贺致礼。一开始的时候,因为碍于礼节,洋人还勉强接受了这种礼仪风俗,时间一长以后他们终于无法忍受。因为在他们看来,这种拜贺并无实际内容,只是虚应故事,其中的繁文缛节,实属无益,只是在浪费时间和精力。1875年岁末,许多洋人集体登报发表启事,劝免华人在元旦期间可能会向其进行的拜贺之仪。随后《申报》即就此对年节拜贺应酬的劳命伤财、劳顿奔波提出批评,呼吁习俗变革。以后《申报》几乎每年都会在年节时间发表文章,呼吁减除拜贺应酬,简化节日礼仪。1905 年《时报》还曾开辟了一个"风俗谈"专栏,连续发表了 13 篇文章,它们概括了中国过年习俗存在的许多弊端,主要为二:一曰繁文,民众其实不胜其劳累破费;二曰迷信,届时的送神,烧香,拜祖,拜佛等等,已深为近代上海的世风所不宜。当然舆论同时也认为,过年习俗不必尽行废除,但必须改良。事实上,上海春节和其他年节的习俗程序,其相对于内地城镇与乡村,从此就渐趋简化了。

在清朝统治的二百六十多年间,男人的发辫成为一种非同小可的风俗规范;在统治威权的强制律令之外,它的长期存在也构成了一种文化传统与心理定势。所以顾维钧在赴美之前剪去发辫时,母亲会恸然而泣,并珍藏起儿子剪下的发辫。但是,上海作为中国最早开化的城市,非但早有去辩之议,甚至在 19 世纪末就出现了"冒天下之大不韪"的剪辫之人。1909 年,由伍廷芳(曾任清朝政府驻美公使,民国后任临时政府外交部长)提议,在上海张园召开剪辫大会,会上有多人发言,指出蓄辫的不卫生,不雅观,是为耻辱的象征。然后众人当场剪辫。1911 年 1 月 15 日,上海市民更有数万人在张园举行盛大的剪辫大会,当日会场中设立高台,旁边设立了义务剪发处,理发匠数十人手持刀剪为人剪辫。一时间鼓掌声,叫好声,剪刀声,剪辫人的相互道贺声,响彻一片。在清朝统治之下,如此集体自发的剪辫行动,仅从民众自觉的角度来看,大概也只有在风气开化的上海市民社会中,才可能发生。

过"礼拜"原本缘自西方社会的"安息日"。开埠以后,随着西方商人、传教士来到上海,这样的西方习俗自然也传到了上海。在六天的工作学习以后休息一天,适时对生活进行休闲松弛的调节,正体现了生活的科学性、合理性及其人文关怀。"西洋诸国礼拜休息之日,亦人生不可少而世事之所宜行者也。吾见乎西人为工及行商于中国者,每届七日则为礼拜休息之期,一月则四行之。是日也,工停艺事,商不贸易,或携眷属以出游,或聚亲朋以寻乐,……六日中之劳苦辛勤,而此日则百般以遣兴;六日中之牢骚抑郁,而此日惟一切以消愁。游目骋怀,神怡心旷,闲莫闲于此日,逸莫逸于此日,乐莫乐于此日矣!"[24]于是很快,过礼拜的习俗就进入了上海居民的生活。

因西化濡染而移风易俗,上海诚可谓开风气之先。其实即使是对于教化、习俗这些所谓的国体根本,儒家文化和华夏民族本来也同样具有中和、融通的精神。即如在宗教传播上,唐朝、元代和清朝的康熙时期,都曾"准行"西方的基督教即"大秦景教"和天主教在中国城乡的适度传播。马可·波罗和利玛窦等等,也都作为西方文化的使者,被朝廷委以权责。但是近代上海的中西交融,其历史性的意义则是在于,它们以民间的形态和市民价值观,摆脱了权力的"恩准"、掌控和随时可能的禁绝。

耐人寻味的是,上海开风气之先的移风易俗,没有适时获得士人学界的肯定与推崇。在这里,兼容中西的上海文化在晚清民初的形成过程中,再一次显示了知识分子的缺席。在文化融通和嬗变基础上形成的上海文化,甚至相当程度地造成了士人学界的疏离和失措。当时上海的英语培训班被形容与当铺一样多的时候,英语却为北京的士人群体嗤之以鼻。梁启超到了上海也曾说过:"读书人都不会说外国话,说外国话的都不读书"。

上海文化的形成并没有获得上层文化的规范和指导,在晚清民初的上海租界,甚至出现了上层文化的真空。因此,上海的市民文化是在不受上层文化控制,是在实践检验和世俗理性中形成的。

上海的市民社会,由此建立起了自身的价值体系。

2. 民主的镜鉴与启蒙

文化对比与交流的一个循序渐进的也是必然的焦点,就是对于体制文化的比较和思考。

近代以后中国屡遭西方列强的打击和欺凌,这使中国人明白了

---

[24] 《申报》1872 年 6 月 13 日。

落后就要挨打的道理。而痛苦的同时也是理性的反思,现实使人们不能不继续追索:西方列强为什么会先进,而我们又为什么会落后?

上海开埠后的早期教育家张焕纶对此就鲜明地表达过自己的观点。他认为西方富强的根本原因不在炮械之利,而是在于先进的政治制度:"今之论西国者,曰财货之雄、炮械之利而已,岂知西国制胜之本不在富强,其君民相视,上下一体,实有暗合儒者之言,则其为政教,必有斐然可观者"。㉕这里所说的"君民相视,上下一体"的情形,实际就是体现了西方近代民主政治意识的君主立宪制度。

于是一个不争的事实也就为越来越多的人们所共识:要从根本上改变国家民族的落后状态,关键在于政治制度的变革。

正是通过对于西方社会的比较考察,上海市民开始认识"民主"。

在历史的演进中,民主价值逐渐展现并且终将确立它们的道德终极地位。同时民主的"工具价值"又在于:民主机制下的社会能量的释放,以及对社会进程的监督与保障,将促进社会生产力以及整个社会机制的发展和完善。

那么,对于当时的上海市民来说,"民主"的具体参照,又是知向谁边呢?

反对君主专制的民主思想与体制在欧洲发端以后,又曾分道扬镳,循入两条道路,一端以英国的自由宪政为样本,另一端则以法国大革命的"人民民主专政"为方向。托克维尔在总结了历史的经验之后,又对美国作了许久的考察,随后他认为,美国的政体是当时民主体制的典范——经过独立战争和南北战争,美国的民主体制得到了确立和完善,它的共和政体、议会政治、三权分立、言论自由的"第四权",等等,构成了民主社会的基石。在这样的政治基础上,美国的强盛已经处于世界的前列。

对于当时的国人和上海市民而言,他们既在君主专制的体制中,又刚刚开始民主的启蒙,而美国因民主而强大的情形,加之近代以来

㉕《曾纪泽遗集·日记》第 346 页,岳麓出版社 1983 年版。

美国与中国相对和睦的关系,也使得美国式的民主政体,成为国人特别是上海市民的重要参照。

1848年时,就有国人为同胞介绍,远洋万里之外的"米利坚合众国"幅员辽阔,但是其国家却不遵循由来已久的天下通则:它既没有皇帝,也不由王侯将相来施行统治。它的总统即"统领"由民众选举产生并且"限年而易",不能久据权位;而在这种体制下的美国"统领",却能为国家"力守其法"、"殚精竭虑"。其实这种情形,恩格斯也早就说过:美国总统"比一打国王和君主加在一起所要做的事还要多。"令人更赞赏的,是美国的一应国家决策和社会问题,由宪政体制将其全都建立在民意机制之上,正所谓"公器付之公论,创古今未有之局。"

因此,美国的民主政体,就成为上海滩早期维新人士的主要关注和研究对象。郑观应当时就认为美国"其制尤美,可为万国之通法者也"。上海滩早期名士王韬也曾指出美国之所以"以富为强",不失为"泰西之雄国",其根本原因就是因为美国实行了"花旗善法"。竭力主张维新革命的邹容对于中国的变革,曾有"效法泰西"、"模拟美国"、"以华盛顿为表木"的明确主张,他所设计的"中华共和国",其蓝本就是美国式的民主政治:"中华共和国为自由独立之国,立宪法,悉照美国宪法,参照中国性质立定。自治之法律,悉照美国自治法律。凡关全体个人之事,及交涉之事,及设官分职,国家上之事,悉准美国办理。"[26]孙中山认为,美国能够达到今日这样的富强,主要原因就是由于他们实行了民主共和的联盟宪法;而国家民族的强弱区别,根本就在于决定国家体制的宪法。作为这种宪法的一个最基本的内容,就是美国民权的保障与发达,"人民很可以说是极平等、自由。"因此,"我们必要倾覆满洲政府,建设民国。革命成功之日,效法美国选举总统,废除专制,实行共和。"[27]

㉖《邹容文集》第41页,重庆出版社1983年版。

㉗《孙中山全集》第1卷第226页,中华书局1985年版。

在当时,国人议论乃至拥护民主,即"德先生",在很大程度上是以国家政体为标志的。所谓的民主就是指君主立宪制、共和制和议会政治,这在晚清的一些政论文章中形成了一种倾向性的意见。在这样的启蒙过程中,当时上海的许多报刊舆论,对于美国的议院政治,三权分立,以及言论自由等等,也都做了相当多的介绍和鼓吹,遂使民主政体的概念潜移默化地,也是无庸讳言地成了上海市民社会的价值观念。

在民主的重心系于国家政体的同时,民主价值的更为基本的内涵,即个人自由和权利,开始得到揭示和介绍,并得到了一定的传播和认同。伍廷芳在他的《美国视察记》中就这样说过:东方民族长久处在专制政体之下,只知道君主皇帝神圣不可侵犯,而对自由平等之类却从来没有认知。然而这种情况在美国已经完全被颠覆过来;在那里,个人享有行动、言论的极大自由。试看美国报纸,其对于国家政府的执政能力之称职与否,随时都可以发表自己的意见和评论,用不着有什么顾虑忌讳。在美国居住一段时间以后,可以知道美国自由民主的运行机制。"人民无束缚,种族无阶级",因而美国就成为英雄崛起之邦,"有非他国所可同日语者。"

但是,西方的甚至美国式的民主能否适应于中国,就此构成了国人长期的思想分歧。比如严复就认为"东西立国之相异,而国民资格之大不同",因此西方式的民主难以为国人所应用。同时又因为在文化传统和社会结构上,"东西两化,绝然悬殊",如果要将西方的共和政体、两党制、代议制、三权分立等等引入中国,则会"迁地弗良"。严复对于"国情"和"国性"的历史及现状分析,固然不失恳切与透彻,但是国情和国性又并非一成不变。实际上,它们在一个历史的大变局中甚至可能加快其变化的速率。作为一个社会群体,上海的市民社会在个体本位、言论自由、社会自治等等近代民主的初始模式上,有切身的实践和体验。更具历史意义的是,在这个过程中,上海市民对于近现代民主很快就表现出了自觉的认同。对于近代上海的市民社会而言,民主无疑构成了它基本的价值内涵。同样,民主价值对于上海近代以后的现代化进程,也产生了根本性的推动作用。

当然,民主的觉悟和民主的进程,在中国不可能整齐划一、一蹴而就。严复的洞见的意义在于,深厚顽固的封建意识,以及由传统文化与专制体制结合而成的超稳定结构,使民主政治之于中国将会是一个极尽曲折和艰难的历程。

但是,在所有的论辩之外,近代上海市民的某种民主实验,却终究在民主与国情的交织变化中,以社会公众的身份及其行为示范,向历史与世人提交了一份社会实证的报告。

三、国民意识与国家认同

上海租界的治外法权及其"国中之国"、"化外之地"的形态,在政治上无疑构成了主权的耻辱,在民族心理上也造就了持久的伤痛。因此,在各种政治意识形态、超然物外并且秉持着强烈民族自尊的知识分子,以及在广大的内地民众看来,上海租界不啻就是一个丑陋罪恶的殖民地形象。在这种思想意识的延伸涵盖中,沪人与洋人的融合共处,以及普遍的"崇洋"态度,就构成了不那么光彩、至少是不那么名正言顺的"海外关系"及"历史问题",以至长期以来为此或饱受猜疑与诟病,或对它进行善意的掩饰和遮盖。

作为对世界开放的主要门户,上海在西方事物和文化登陆的同时,也确实成为大量洋人登岸和留居的城市。因此,"与外国人打交道",就构成了上海市民普遍的社会经历和重要的人生经验。在这种交往中,上海人既以实用理性改变了对西方事物的态度,也确实对洋人采取了相当友好和睦的态度。英国人初到上海的时候,就曾发现了这一点:"从广州来的英国人对于这个地方觉得很为满意。他们觉得上海人比广东人来得和气,举动较为文明,走过街上的时节,不象在广东广州一般时常要受到当地人民的侮辱。"⑳

㉘ 〔美〕霍塞:《出卖上海滩》第11页,上海书店出版社2000年版。

上海人对洋人相对宽容和友善的态度,遇事有商量、愿沟通的做法,甚至使许多初来乍到的外国人觉得上海与广东等地是分属两个国度。至于对洋人及其事物的称谓由最初颇具道德色彩的"夷",而变为中性色彩的"洋";由洋人赤褐的头发而最初将其称之为"赤佬",以及由中国内地多称洋人为"番鬼"、"鬼佬"和"洋鬼子",转而变为沪人习称的"外国人",都反映了当时上海市民的某种认知态度和评判立场。

但是,上海并不是一个完全的殖民地,上海人与洋人的关系也是十分复杂的。

在许多情况下,上海市民在对西方事物以及洋人的态度上,与当时"夷夏大防"的主流观念,形成了鲜明的区别。但是,开放融通并不是他们唯一的价值坐标。同样是在大量的中外交往,特别是在事涉人格尊严和国家政治关系的问题上,上海的市民社会没有、也不会盲从或屈从于外来者的强权行径。基于人格、国格与民族尊严的价值理性,始终是上海市民在中外交往中更高更坚定的基本原则。在国家关系的交恶和国家利益的冲突中,他们始终表达了这样一种意愿和群体人格,这就是在与洋人的关系上,他们固然秉持着开放的性格与中和精神,但是平等尊严的原则基础一旦被破坏,他们就会做出十分坚决而持续的抗争。在这种抗争中表现出来的意志、气节和激情,恰恰构成了市民履历与市民性格的另一个方面。

因此,对于上海的市民来说,近代以来建立的"海外关系"和中外交往,不是削弱而是增强了他们的国民意识乃至是国家认同。

1. 洋人之恶

上海滩上的华洋杂居,根本上是缘于西方国家的经济扩张,"不断扩大产品销路的需要,驱使资产阶级奔走于全球各地。它必须到处落户,到处开发,到处建立联系。"㉙随着上海开埠和租界辟设,洋人在建立起新的经济格局的同时,也造就了上海原有经济体系的解

㉙《马克思恩格斯选集》第 1 卷第 276 页,人民出版社 1972 年版。

体。比如"光绪二十年以前,沪上未有商厂织布,纱线均手车所纺"。但是在英、日等国的"洋纱布"大量涌入上海以后,上海原有的"杜(土)纱布"市场就遭受到了严重的冲击,它们甚至直接导致了上海周边以及部分江南地区传统棉纺与蚕丝业的破产,从而造成了大量从业者的生计困顿。

同时,洋人的行径,对商品经济下惟利是图、人情浇薄的世风沦落,也给予了直接的影响。

然而,在事涉国家政治、经济、文化的大是大非之外,上海市民对洋人之恶的认识,又在与洋人的日常接触和共处中,形成了更具体、更直接、更切实的体验和感受。

1848年3月8日,英国的3名传教士从租界的洋泾浜擅自坐上小船前往青浦,目的是去"传教劝善"。然而事有凑巧的是,当时清政府决定削减内河漕运而多利用海路运输、遣散沙船水手的上谕刚刚下达,青浦正聚集了万余名人心骚动的水手。而这三名传教士,隔天就到了青浦。在他们散发善书的时候,因为拥挤喧闹而发生摩擦,结果传教士遭到了袭击并受了轻伤。这起事件,原可予以公正评议、追究有关责任。但是英国领事为了昭示其强国威权,刻意扩大事端,甚至不惜为此出动军舰封锁了上海港,致使上海港口全面瘫痪。英国人甚至扬言,不惜因此而在上海开战。结果,在朝野震动之下,肇事的水手果然受到了"法律"的严惩。然而,它也就把不平和义愤注入了上海民众的心里。

一个落后并被欺压的民族,其承受凌辱以及最为耻辱的形式,经常是被迫出卖它的女性。上海也没有能够处于这个规律之外。在1870年1月6日的上海工部局董事会上,与会者就曾透露过这样一件事情:在构成租界重要税收来源的妓院行业中,最近6个月内的生意有所下降,原因竟然是因为她们中间的100多人刚被送往了加利福尼亚。洋人们"明目张胆地贩卖妇女,这些'妇女像笼鸟一样囚禁起来,以貌论价,供人选购。便宜时年轻漂亮姑娘的身价是6元到30元','有一处卖妇女的黑窝,里面的人货被迫穿开裆裤,以便买主检查有无梅毒等病'。"㉚虽然我们至今还没有一部类似于《望乡》那样记录了同样屈辱的民族史实的中国电影,但是这样的史实,终究构成过近代上海真实的一页。

上海租界虽然并不是一个完全意义上的殖民地,但是殖民地所特有的种族歧视,却没有因为主权的名义而消弭,而是成了一种客观的社会现象。这些直接伤害市民自尊和民族尊严的事情,尤其令人痛恨。

1917 年 12 月,上海奥林匹克大戏院将要上映一部外国影片《贞洁》,这部电影中有着白人女性全裸的画面。于是工部局指令禁映该片。在影院老板提出抗辩以后,工部局董事会又专门讨论了这个问题,而董事会决议继续禁映该片的理由竟然是:"如果允许放映,华人观众会看到并对一名裸体的白人女性评头论足,因此,他们认为,这就降低了西人在东方的声誉。"

当时上海的许多场所,是不对华人开放的。最为突出的就是在外滩的黄浦公园了。黄浦公园建成以后,上海市民始终被拒绝入内;此后接着拒绝华人入内的,还有兆丰公园和虹口公园。与此同时,因为要保持公园的优雅氛围,狗也的确是被明文规定不得进入以上公园的。

如果说许多普通市民可以不去那些洋人的公园,那么上海的马路他们却不能不走。而在许多当年老上海的记忆中,居留上海的"东洋人"就通行权对上海市民的欺凌,是令人难以释怀的。当时一些日本人侨居在虹口一带的"东洋街",街两边都是东洋式的两层半小洋房。这些街区同时也是上海的通衢马路。但是在东洋街的两端起讫处,日本人却各树立了一座木栅门,只开一扇小门供行人通过。中国人路经此地,并且要穿越此门时,则常遭日本小孩的辱骂,甚至遭到砖头瓦片袭击。中国人竟不能安全坦然地行走于中国的土地上,这实在是构成了上海人心头最为痛恨的记忆。

㉚ 程童一等:《开埠——中国南京路一百五十年》,载《昆仑》1996 年第 3 期第 45 页。

上海租界的迅速扩张以及大量的华洋杂居,使洋人对华人的种种歧视、侮辱和欺凌,常常构成为市民的切身感受和感性经验。比如在租界路灯上,开始是中英文字并列的,以后就开始删去了中文路名;租界内中国人的马车不能超过外国人的马车,这是一条不成文的规定;洋大班坐黄包车以脚踢车夫来指示方向,欲往左踢左边,欲往右踢右边,嫌跑得慢就踢屁股;洋人动辄抬脚踢人而在上海俚语中被称之为"外国火腿";"赛花节"时的万千奇葩,也要先让洋人看过之后才能轮到华人,如此等等,不一而足。"一位英国女士回忆:她在上海,一次手帕掉地,自己不捡,拉铃叫来管家。管家也大摆其架子,又叫来小工,让小工捡起了手帕。炫耀,摆架子,说大话,是很多西方侨民的特点。相当多的欧美人,以说中国话为耻,他们歧视中国人,禁止中国人进入公园、跑马场、外国总会等场所。这极大地伤害了中国人的感情,也刺激了中国民族主义的勃兴。"㉛

这一切,的确都累积并激起了上海市民的强烈民族义愤和抗议事端。在诸如"青浦教案"、"四明公所风波"、"小车夫抗议加税"、"五卅大罢工"等等事件中,上海的租界当局都曾开枪镇压,甚至出动炮舰来予以弹压。而因此增长的上海民众的愤恨,诚如西方某位预言家当时所说:"我们现在的政策是逢潮必拒,但这岂是长久之计?倘若这潮的力量一旦大于我们,则我们岂不就要全部被它冲洗出去吗?"

在洋人的种种罪恶中,最伤天害理、道德丧尽的事情,也许就是鸦片贸易了。鸦片作为毒品,诚如先时魏源所说:"槁人形骸,蛊人心志,丧人身家,实生民以来未有之大患,其祸烈于洪水猛兽。"它的祸害所及,也正如林则徐在向朝廷的奏折中所言:"若犹泄泄视之,是使数十年后,中原几无可以御敌之兵,且无可以充饷之银。兴思及此,能无股栗!"然而上海在被迫通商开埠以后,其在相当时间内的一个

㉛ 〔美〕哈瑞特·萨金特:《上海的英国人》,引自熊月之等选编《上海的外国人》第4页,上海古籍出版社2003年版。

重要职能,就是鸦片贸易。在深受鸦片戕害的上海民众的心目中,这是洋人无法洗刷的历史罪恶。

鸦片战争之前,英国始终是大宗中国物品的进口国,英国对中国的贸易发生着严重逆差。乾隆四十六到五十五年(1781—1790)期间,中国茶叶输英总值是 9 626 万元;而在同时,英国毛织品等货物输华总值是 1 687 万元,仅及中国输英货价的 1/6。在历史上的这次重要的货品流通和交易潮中,由于长期的闭关锁国和自给自足的自然经济,由于国民传统的生活方式和文化观念,即使是在开放和自由的世界贸易条件下,中国也不可能很快形成西方工业产品的重要市场。因此,英国必须以大量白银来抵付它的贸易逆差。然而严重的贸易逆差,当然是日益强大起来的西方列强国家所无法容忍的。于是鸦片,就成为了英国改变对华贸易逆差的主要货物,并由此具有了某种战略意义。

对于鸦片,清朝政府多次下令禁绝。但是英国人以行贿的办法,在中国的官僚体系中打开了缺口,并建立起了大量的走私通道,朝廷的禁令很快就成为一纸空文。马克思为此指出:“中国人的道义抵制的直接后果就是,帝国当局、海关人员和所有的官吏都被英国人弄得道德堕落。侵蚀到天朝官僚体系之心脏、摧毁了宗法制度之堡垒的腐败作用,就是同鸦片烟箱一起从停泊在黄浦的英国趸船上被偷偷带进这个帝国的。”[32]

正是迫不得已的严峻形势,才站出了坚决禁烟的林则徐,才逼出了虎门销烟。然而英国政府和议院议会,竟然为了保护鸦片的倾销,决定对中国发动一场侵略战争。

随着中国战败、《南京条约》签署和上海开埠,鸦片不再需要走私,而可以堂而皇之地进入中国的各个口岸,特别是上海这个口岸,大肆泛滥了。从 19 世纪 40 年代后半叶起,上海成为中国最大的鸦片贸易口岸。1847 年,上海进口鸦片占全国的 49.6%,1849 年占全

---

[32] 引自《马克思恩格斯选集》第 1 卷第 717 页,人民出版社 1972 年版。

国的 53.3％。上海滩几乎所有经营丝茶贸易的洋行,又都是鸦片经营者。怡和洋行创办人耶华亭,在不到 20 年的时间里,便从鸦片贸易中获得了 100 万英镑的巨利。当初在英国国会辩论该不该为鸦片出兵作战时,托利党人还曾经义正词严地谴责过这种不义的战争。但是在鸦片战争之后,道德信念终于经不起巨大利润的重压,英国国会议院里批评不义战争的声音也日渐微弱甚至消失了。

当时在上海,经营鸦片的土行、烟馆在 20 世纪初达到了 1 500 余家,甚至出现了上海土行多于茶店,烟馆多于饭馆的奇特现象。"更有天天在报上可见的巨幅广告,登的是某某洋行有老狮牌吗啡出售,还有所售的其实是鸦片烟膏,不过名之为洋药。可见在租界内公开贩卖鸦片都不以为怪的。市上土行和烟膏店之外,还有许多鸦片烟馆开灯公开吸烟,一榻横陈,瘾君子趋之若鹜,而以南诚信、北诚信两家为最著名,设备华美,来者多半是富商和豪贵子弟,这就难怪鸦片之流毒无穷了。当时并有专办大量烟土进口的两家洋行'新沙逊'和'老沙逊'。其销路之惊人可知。"③③

鸦片贸易除了对中国经济造成了巨大的摧损之外,也对华人的身心造成了极大的伤害。这也正如马克思所引述的一个英国人的说法:"不是吗,'奴隶贸易'比起'鸦片贸易'来,都要算是仁慈的。我们没有毁灭非洲人的肉体,因为我们的直接利益要求保持他们的生命;我们没有败坏他们的品格、腐蚀他们的思想,也没有毁灭他们的灵魂。可是鸦片贩子在腐蚀、败坏和毁灭了不幸的罪人的精神存在以后,还杀害他们的肉体。"③④英国人自己是严格禁吸鸦片的,但是他们却让鸦片给中国人民带来了无法统计和言说的灾难和祸害。

处在鸦片贸易前沿位置的上海租界当局,在所谓道德良知和利益原则面前,表现得十分卑鄙露骨。甚至在 1897 年 10 月 5 日的工部局董事会会议上,洋人董事们还就此以"举手通过"的方式达成了

---

③③ 施福康主编:《上海社会大观》第 24 页,上海书店出版社 2000 年版。
③④ 引自《马克思恩格斯选集》第 1 卷第 714 页,人民出版社 1972 年版。

一致的共识。"去年经由这些船只的鸦片,价值超过了 2 500 万两,在这方面大量的既得利益是由来已久的。"㉟除了鸦片进口的税收,租界当局还对租界内的鸦片烟馆核收税金。据工部局董事会 1864 年 7 月 27 日会议记录中的一份税收规定:200 家鸦片馆分为 3 个等级,1 等每月每间 7 元,2 等每月每间 5 元,3 等每月每间 3 元;当时法租界对鸦片烟馆的课税则是每月每间 8 元。

1901 年 1 月和 2 月间,上海绅商聚会张园,痛陈鸦片危害,盛宣怀等人也出席了聚会,要求上海例行禁烟。但是工部局董事会仍然决定上海租界不对此采取任何行动。到了该年 7 月,董事会针对上海道台关闭租界内鸦片烟馆的强烈要求,提出了两点蛮横无理的"理由":一是要关闭租界内的鸦片烟馆,你们中国先要杜绝罂粟种植以及限制毒品进口;二是一旦关闭公开的烟馆,"那样就会造成一些人在那些苦力的住房内偷偷地吸毒的后果。"董事会还搬出《土地章程》亦即治外法权,明确表示工部局仍将对租界内的烟馆土行发放执照并进行所谓的管理。

于是鸦片贸易在上海没有丝毫削减,反而越演越烈。

无庸讳言,早期上海滩的洋人,许多都是靠着鸦片贸易而起家的。"巨大的利益果然装进了外国人的口袋,但恶名也从此永远牢附在洋鬼子的身上了。"㊱

2. 上海的抗争

上海市民由衷地渴望社会进步,在对外开放上他们表现得最为豁达,他们也最愿意与洋人和睦相处。但是在中外交往上,他们的原则底线是民族尊严和关系平等。上海市民的民族意识、爱国意志及其毫不含糊的持续抗争,经常是以现实的洋人之恶而引起,同时也能超越现实利益而以民族与国家的大局大义为出发点。于是当黄浦江里突然出现了鳄鱼的时候,上海市面就会流传起这样的传言:这是洋

㉟《工部局董事会会议记录》第 13 卷第 535 页,上海古籍出版社 2001 年版。
㊱〔美〕霍塞:《出卖上海滩》第 56 页,上海书店出版社 2000 年版。

人就要在中国丧失他们淫威的征兆。尽管洋人的《字林西报》赶快对此做了这样申明:"我们决不致会有由于下层民众的要求而被逐出中国之可能……眼前在公园里边玩耍的外国儿童将来必会在此地举行上海开埠的百年纪念……每年的一切经过更加使我们深信,到了1943年,上海必会在外国人的势力之下发达到从未有过的地步。"㊲但是我们恰恰可以从这样的话语中,感觉到洋人面对上海"下层民众的要求",已经产生了深深的忧虑。

治外法权与华洋杂居的格局,在上海造成了中外体制、利益和文化上的广泛交融与冲突。与此同时,上海的开放又逐渐赋予了上海市民以开阔的视野和胸怀;而国家主权的名义和国民身份,也赋予了上海市民的抗争以某种理直气壮的法理支撑。所有这些情形,就使近代上海市民社会的民族爱国运动在涵括了政治、经济和文化的内容之外,又具备了某些自身的特殊形式。

(1) 爱国集会

以绅商、名士为核心,以广大市民为主体的爱国集会,在近代上海接踵不断。在表达爱国主张、反对列强行径的同时,这些声势浩大的集会也向全体市民传播了一种格局宏大的爱国观念和爱国情感,成为提升上海市民爱国意识的有效聚合点。

1858年,沙俄政府与清朝政府签订了《中俄瑷珲条约》,1901年2月16日,沙俄又对此条约提出了"书面约款"12条,意图全面占据东三省和扩大在华势力。不久以后,风传清朝政府准备在胁迫下签约。上海随即举行了千人集会,强烈谴责沙俄的列强行径,反对政府签约。1903年又因为沙俄的强权政策,上海再次发起"拒俄运动"。"1903年的张园真正成为一座革命的名园。正如马克思对18世纪欧洲资产阶级革命所描述的那样:'革命的戏剧效果一个胜似一个,人和事物好象是被五色缤纷的火光所照耀,每天都充满极乐狂欢。'中国教育会与爱国学社数次在张园召开千余人的盛大集会,悲壮的

㊲〔美〕霍塞:《出卖上海滩》第77、78页,上海书店出版社2000年版。

《爱国歌》在安垲第剧场回荡,'中国万岁'口号声震屋壁,演说者声泪俱下,参加者群情激愤,听众'心不知其何痛,鼻不知其何酸,眼不知其何热,而此行两行亡国之泪,竟欲不滴其不能。斜睨旁座,亦复如是,遍视全堂,均表同情','连泥水小工都听得来'。大家争相捐款,爱国女校的女生当场脱下钻石戒指。当得知东京留学生已组成拒俄义勇队,1 200人步出大草场列队向东鞠躬致意,尔后有1 600人签名加入中国国民公会。南京路张园的怒吼是中国国民悲怆的呼声。"⊗

在1905年由公堂会审案引起的社会风潮中,抗议集会此起彼伏,"如十三日总商会会场,一千余人;十四日公忠演说会,借徐园会场,四五千人;十五日商学补习会,借点春堂会场,三千余人;俞家弄商学会场,三千余人;又四明公所会场,数千人;十七日南市沪学会会场,二千余人;文明拒约社在九亩地校场,多至一万余人……数日以来,几于无日不会,无会不愤。"⊗

1911年3月,上海银行家沈缦云等近千人参加旨在保护国家主权的"中国保界分会"第一次会议,会上人们争相演说,强烈申张保矿、保路的主张。同年6月,中国国民总会在上海展开旨在申张国家主权的大会,5 000人到会,沈缦云、马相伯被推举为正副会长。

1915年1月,日本政府以支持袁世凯复辟称帝为条件,向袁世凯及其北洋政府提出了意在大肆侵占中国主权的"二十一条"。上海民众闻讯以后,即组织起了抗议请愿和游行。"沪上人心,恨日恨袁,已达极点"。到3月18日这一天,3万多人在上海公共租界的张园展开国民大会,抗议日本对中国提出的"二十一条",要求北洋政府中止对日谈判。这天下午,集会人数达到了四万多人,与会民众一致表示:誓死反对"二十一条"。

1917年到1918年期间,日本政府又欲以入主中国的"日中军事协定",来换取段祺瑞政府的借款需求。上海为此再次成为抗议风暴

⊗ 程童一等:《开埠——中国南京路一百五十年》,载《昆仑》1996年第3期第120页。

⊗ 《申报》1905年12月17日。

的中心。这段时间的报纸,大量刊载了上海市民游行集会的消息,
"我同胞乎,速起反对密约,头可断,血可溅,此约不可认也。士农工
商,其各奋起协力"。大多上海市民都以承认日中签约者"为国民公
敌,吾辈当誓死反对之"。

据 1897 年 12 月到 1913 年 4 月的一份统计,仅在上海张园一处
举行的 39 起大型集会中,大多是反对加诸于中国的不平等条约,申
张民族爱国的群体意志的。这些集会毫无疑义地向世人表明:秉持
着对外开放与中和精神的上海市民,在反对强权、反对外侮的原则立
场上,民族爱国意识极为敏锐,态度极其鲜明,意志十分坚定。

(2) 罢工、罢市、罢学

在反对强权、抵御外侮的行动中,除了集会游行之外,上海市民
的一个有力手段,就是以上海为近代工业中心和东南第一商埠的地
位,"因地制宜"地举行罢工、罢市、罢学,从而以停转社会机器的方
式,直接向列强势力以至租界施政者形成压力,宣示抗争。

据《剑桥中国晚清史》记载,早在 1868 年,上海就出现了第一次
工人罢工,而在 1900 年至 1910 年初,全国有案可查的罢工 47 次,其
中的 36 次发生在上海。这些罢工事件有很多是针对外国的政治势
力和资本势力的。

上海市民针对洋人的第一次有影响的群体性抗争,可能就是"四
明公所"事件了。1874 年,法租界当局为修建马路,强行征用宁波同
乡会四明公所,结果酿成上海民众与"公董局"的大规模冲突,造成民
众死伤,法租界内有 40 多间房屋被烧毁。抗争的结果,是四明公所
被保留了下来。但是到了 20 年以后的 1898 年 7 月,法租界当局再
次以修路和公所内放置着大量宁波人的棺枢义冢、不合卫生要求为
名,再行征占四明公所,旋即又再度由此引发冲突。冲突爆发后,除
巡捕军警外,法国军舰"马可波罗号"的 150 名水兵登陆上海,结果
17 位上海市民被枪杀,20 余人受伤。但是上海市民没有因此而屈
服。"事件发生以后,上海各界义愤填膺,纷纷举行罢工罢市。17 日
上午 10 时,公所总董方继善在安仁里鸣钟集会,数百名宁波人应声

涌至,共约罢工罢市。轮船上的宁波籍水手一律上岸,被西人雇佣的宁波人一律辞职,宁波人开设的店铺一律停闭。宁波商人比较密集的地区,里咸瓜街弄自施相公弄以北,外咸瓜弄自如意弄口,里马路自大马路头以北,直至十六铺桥、陆家石桥,商店一律罢市。……愤怒的人们在法租界主要街道公馆马路一带向法国殖民主义者抛砖投石,击碎路灯,即使东洋车经过亦不许点灯,致使法租界当晚一片黑暗。法租界八仙桥捕房玻璃被击碎,十六铺捕房墙垣被毁数尺。"⑩

因为上海市民反对洋人压迫而举行的罢工、罢市和罢学,超出了集会游行的作用而给租界当局造成直接的经济损失和社会失控,因此上海滩的"三罢"运动总是影响深远,令洋人棘手头痛,以至屡屡迫使洋人做出让步。

1905年,因为洋人巡捕拘捕黎黄氏而在会审公堂发生了中外法官的冲突。在这次越闹越大的中外对抗中,那些在洋人手下服役帮佣的员工终于也参与了社会性的罢工,从而顿使洋人陷入了日常生活和日常公务的困境。而这恰恰造成了一个促使洋人让步的契机。

1919年年初,第一次世界大战的战胜国在巴黎凡尔赛宫举行"和平会议"。中国在和会上提出了撤销领事裁判权,撤退外国军队,归还租界,关税自主等取消列强在华特权的要求,特别是提出了取消日本对华"二十一条"、收回日本夺取的德国在中国山东的各种特权的要求。上海各界曾对此抱有极大的希望,认为中国可以乘此"强权消灭、公理大伸之日","挽百十年国际上之失败","与英美并驾齐驱";上海工商界组织还联合各省商会,致电中国代表,希望夺回中国主权。但是操纵和会的美、英、法、日等国以中国代表提出的问题不在会议讨论范围之内、并以山东问题日本与段祺瑞政府有秘密换文等为由,拒绝讨论中国代表提出的要求。消息传到北京,即爆发了"五四运动"。消息传到上海,上海各界立即组织了大规模的集会、演讲。5月26日,上海中等以上学校罢课,6月初全市小学罢课,接着

---

⑩　熊月之主编:《上海通史》第3卷第227、228页,上海人民出版社1999年版。

12 家银行停业,钱业公会停业。最引人瞩目和震动的,还是产业工人的大罢工。6 月 11 日,上海 11 万工人罢工,7 万店员罢市,上海这个大都市的经济活动陷于停顿,水电危急,进而沪宁、沪杭甬铁路工人、航运水手也举行了全体罢工,上海的对外交通全部停止。“上海为东南第一商埠,全国视线所及,内地商埠无不视上海为转移。”上海市民的罢工,对五四运动取得胜利产生了关键性的作用。正如学生团体在宣言所说的:“学生罢课半月,政府不惟不理,且对待日益严厉。乃商界罢市一日,而北京被捕之学生释;工界罢工不及五日,而曹、章、陆去”。[41]

上海滩最大规模的罢工,是 1925 年的“五卅运动”。这年 2 月 2 日,日本纱厂的日人领班殴打女工,随而开除为此而向厂方进行交涉的 50 多名工人,遂酿成最初的纺织厂罢工。其间有 22 家日商纺织厂、计 35 000 多人参加了罢工,并有 40 多个团体支持响应。日商厂方为此每日损失 1.46 万元。该月 25 日,日方表示让步妥协,接受罢工条件。但是到了 5 月间,日商并不兑现承诺,因为他们业已作好了对付罢工的准备。在这年的第二次罢工中,日商悍然枪杀了工人领导者顾正红。于是,声势浩大的罢工罢市罢学就在上海展开。到了 6 月中旬,参加“三罢”运动的已有 25 万工人,几千名商人和 5 万多名学生。为此公共租界的工部局甚至动用了万国商团和海军陆战队实行弹压,结果造成上海民众死伤累累,“五卅惨案”由此震惊了世界;中外冲突则进一步加剧,上海滩几近瘫痪,无法收拾。此后,法、意、英、日、美、比六国不得不派出公使组成调查团赴沪调解,以求平息事端。近代上海诚然是一个万国通商和世界文化交汇的码头,但是上海市民藉由“五卅运动”而对列强展现的坚韧顽强的抗争精神,也再次为全世界所瞩目。

(3) 抵制洋货

上海是一个重要的通商码头和商品消费的庞大市场,在反对强

---

[41]《民国日报》1919 年 6 月 13 日。

权、抵御外侮的抗争中,上海市民的另一个有效手段,就是以民间自发的抵制洋货的运动,对洋人洋商及其经济活动实行某种"经济制裁"。

上海滩上最早的买办郑观应曾在他《盛世危言》一书的《商战》篇中指出,西方国家"善于商战之效"。当时西方国家输入上海的物质器用就有 57 种,除了在上海大量销售之外,这些物品还经由上海转销内地,"以上各种类皆畅行各口,销入内地,人置家备,弃旧翻新,耗我资财,何可悉数。"显而易见,在鸦片贸易打开了中国的门户以后,上海正应和了世界资本主义扩张的目的,逐渐成为一个西方工业产品的巨大市场和中转地;因此上海的市场也正关乎着西方国家经济利益的重大得失。郑观应的另一句话,"以一言断之曰:'习兵战不如习商战'"内含的另一层意义,可以看作是:上海市民对于洋货的消费和流通,构成了"商战"的某种基本要素。在中外冲突爆发之际,上海市民常常不失时机地拿起这个武器,并且常常能够行之有效。

19 世纪 40 年代后期开始,大量华工赴美国参加它的西部开发。在前后 34 年里,有 30 万华工去到美国。他们的辛勤劳作,流血流汗,使得荒凉的美国西部"变得花团锦簇,繁华无比,这都是中国人一点一点的血,一粒一粒的汗来铺成功的。"然而到了 1870 年,美国发生了经济危机,一些美国人将原因转移到了中国华工的身上。接着,骇人听闻的迫害华工的事件就频频发生,公开推行种族歧视政策,排斥华工法案也被制定出来。

1904 年,美国政府要求清朝政府继续签订歧视限制中国劳工的条约。消息传出以后,激起了中国民众抗议美国排华罪行的运动,运动的中心就在上海。1905 年,上海工商界首先采取了行动。上海商务总会为此召开特别会议,会长曾铸表示:"即有风险,亦不过得罪美人,为美枪毙耳。为天下公益死,死得其所,由我领衔可也。"商务总会决定限期美国政府两个月修改条约,不然,"则我华人当合全国誓不运销美货,以为抵制。"两个月以后,美国政府并未改约。上海商务总会再行集议,会上当即有铁业、机器业、洋布业、火油业、洋广五金业、面粉业、木业共 7 个行业公所的知名巨商签字,表示不进、不卖美货,会后签字的又有 70 多个行业的业者。"据《广劝抵制美约说》一书归纳,抵制美货分官抵制、私抵制两大类。官抵制内容为不雇美人、不发美人入内地护照。私抵制内容为不受雇为美国人的翻译、写字、厨役、细崽、车夫、乳媪;不卸载美船货物;不登美人广告;不入美教堂;不雇佣美人,不乘美船;不入美学堂;不入美医院;不购美货,包括停办未定货,退办已定之货,不在美银行存款,不与美商通商,不购美国书籍,等等。"⑫抵制美货的行动,得到了上海市民广泛而热烈的响应。"参加运动的社会面比过去大为扩大,不仅有知识分子,并且有许多民主工商业者,还有下层的工人、手工业者和农民,几乎触动了社会的各个角落。"⑬上海商界为此承受了很大的利益损失,然而美国在华的商业利益所蒙受的损失更大。上海市民的"经济制裁",震动了美国政府,美国总统专门致电驻中国公使,一则继续向中国政府施压,一则表示准备做出让步。清廷遂命令两江总督严办上海反美运动的领导组织者,但是两江总督不敢触犯众怒,答复朝廷说:"查曾少卿为人急公好义,众望素孚,此次相戒不用美货,众人公同决议,其不过为发电主名,若遽革惩,且恐众怒难犯,转致滋生他变。"结果,清朝政府终于没有与美国续签《华工禁约》。

在反对"二十一条"的运动期间,上海市民抵制日货的"排货活动",也在上海商会的动员组织下迅速开展起来,"上海集会后,排货活动很快在南方各地以及北方的一些城市发展开来。抵制的范围也不仅是日货,凡与日本做生意者均在抵制之列。上海银行家拒绝与那些和日本有联系的商家进行金融业务往来,起到了十分重要的作用。这样,所有与日本有来往的商家,不论愿意与否,都参加了排货的活动。"⑭

⑫ 熊月之主编:《上海通史》第 3 卷第 261 页,上海人民出版社 1999 年版。
⑬ 《辛亥革命史稿》第 1 卷第 367 页,上海人民出版社 1992 年版。
⑭ 罗志田:《乱世潜流:民族主义与民国政治》第 66 页,上海古籍出版社 2001 年版。

　　五卅运动期间,上海市民对"东洋人"的恶行愈加憎恨,这转而影响并且决定了上海市民对于"东洋货"的自觉排斥和抵制。这场全民抵制"东洋货"的自觉运动,终于对日本的工商经济界给予了严重打击,使之震动。

　　"九一八"事件发生,上海市民与上海工商阶层再一次以他们自己的方式采取了行动。当时对上海社会做出全面观察的美国作家霍塞曾经这样指出:"(九一八事件)在国民政府统治下的中国是一种极大的打击,而他们还手的行动则是在上海实施的。上海发生了一次空前的大规模抵制日货运动。中国商人完全与日本人断绝了商业上的往来,已定下的日本货也都纷纷的退回,或取消定单。华银行和钱庄都停止了日商轮船提单的押汇交易。日本货物大批的在码头上和堆栈中存积起来,丝毫没有出路,日商轮船也因没有客货可载,一艘一艘的停泊起来。当一艘日本商船停下来时,中国人所组的纠察队即在四周巡逻,阻止乘客走上去。买日本货的中国人如被纠察队所遇到时,都受到严厉的处分。中国人所组织的'抵制日货救国团'在这时非常之活跃。中日间的商业关系差不多已经完全停顿,日本商店大都不得已关上了大门,日本银行和保险公司都受了巨大的损失。虹口的日本侨民因中国人拒绝供给食物蔬菜,在膳食上也起了恐慌,有些只得卷起铺盖回国,所留下的一部分都觉得坐立不安。"⑮此后日本军队在上海悍然发动的"一·二八"军事入侵事件,也被世人看成是对上海市民年前大规模抵制日货的报复。

四、开眼看世界

　　耐人寻味的是,在接连不断的民族爱国行动中,上海却始终没有发生过有如"天津教案"那样盲目的排外风潮和骚乱,这是什么原因呢?

---

　　⑮ 〔美〕霍塞:《出卖上海滩》第 143、144 页,上海书店出版社 2000 年版。

近代以来的上海市民社会在坚定地秉持民族尊严和爱国主义立场的同时，也在摆脱传统文化的思想框范。历史时空的特殊性及其思想观念的变革，使得上海市民对于西方事物和各色洋人，不会采取一概而论的态度。相反，他们在进行批判抗争的同时，又以自己的实践和经验，以实事求是、客观辩证、富于进取的态度在认识这个世界，融入这个世界。

因此，虽然上海的开埠乃至开放都曾经是被动的，但是它们最终又在上海市民对于自身"海外关系"的自主把握和定位中，发生转变，表现出了主动性。这种主动性，相当程度地体现为上海市民区别于当时内地其他社会群体而真正具有的"开眼看世界"的姿态。

上海市民社会"开眼看世界"的主动姿态，是一种基本的立场和方式。但是随着近代以来国家关系的变化，上海市民的这种姿态又会在不同的历史时期，有着不同的侧重。比如，英国作为鸦片战争和打开中国门户的始作俑者，它的资本主义生产关系、经济扩张包括鸦片贸易，使它与中国，特别是上海市民社会的关系，在一个历史阶段内，业已基本定型。而上海市民社会在对外关系中的开放、融合和进取的价值立场及其主观能动性，则随着近代以后美国、日本的国力发展及其必然导致的对华关系的变化，而比较集中地反映在了与这两个国家的动态关系中。

1. 所谓沪人"亲美"

近代以后的中美关系，始终存在着各种怨愤和伤痛，上海就曾经是以强烈抗议和市场制裁来反对美国排挤和迫害华工的主要地区。然而上海同时也始终是中美交往和相互影响的主要地区。在这种互动的交往和影响中，美国政府的一些相对温和、公允的对华政策，以及美国侨民的相对友好的行为和做法，在近代上海市民社会的某种西方情结中，构成了所谓的"亲美"倾向。这种倾向只是说明，在一个确定的历史时期内，从大局而言，上海市民对于与美国的关系，也许相对地感觉到具有更多一些发展"亲善"的可能。

首先，当时的中国作为一个后发展的东亚农业国家，在政治经济上都处于相对落后和贫弱的状态。美国则是一个迅速发展的资本主义新兴强国。两者并不处在一个可能在全球利益上引发争夺和对抗的同等量级上,中美之间的双边贸易也不存在根本的结构性冲突,两国也不存在地缘政治上的矛盾。

其次,在西方列强对中国的侵略掠夺中,美国不曾"领衔主演",为了牵制欧洲和日本在中国的势力扩张,它经常采取的"公义"立场或者说是战略,就相对地符合了比较温和。

上海被迫开埠以后,美国就以"门户开放,机会均等"的主张,要求享有对华贸易的同等权利。在此后美国与上海口岸以及整个中国的越益频繁的贸易交往中,相对于英国人大规模的鸦片贸易,以及英、法租界当局对鸦片买卖及吸食的保护,美国人很少从事鸦片买卖。当时一些来华的美国传教士回到国内以后,在给宗教团体的报告中披露了鸦片贸易在中国的种种罪恶,从而对美国具有"深厚宗教意识"的民众"产生了重大影响"。人们在美国国内的各种集会上发表了许多谴责鸦片贸易的报告。在美国社会的舆论和人民的正义呼声下,美国海军提出了对从事非法鸦片贸易的船只或个人,将不给以保护的警告。

其实在鸦片战争之前,林则徐和魏源等人就因此而对美国人颇生好感。林则徐曾经说:美国人"平素系作正经买卖,不贩鸦片";且"颇知倾心相待。"魏源也说过:"中国以茶叶大黄岁数百万济外夷之命,英夷乃以鸦片岁数千万竭中国之脂,惟弥利坚国邻南洲,金矿充溢,故以货易货外,尚岁运金银百数十万以裨中国之币。可不谓富乎? 富且强,不横凌小国,不桀骛中国,且遇义愤,请效施驱。可不谓谊乎?"⑯当时的许多官员和商人也都视美国人"最为恭顺","志在通商",等等。

进入 20 世纪以后,由驻沪美国人发起,在上海召开了一次国际禁烟会议。此后,由于上海的市民组织和政府一再交涉,以及海外舆

---

⑯ 魏源:《海国图志·外大西洋墨利加洲总叙》,中州古籍出版社 1999 年版。

论的压力,尤其是美国方面的压力,才最终使上海的公共租界下令停闭了所有的鸦片烟馆。

此外对于上海的租界格局,美国政府也始终没有予以认可。1927年1月24日美国国务院在一则声明中说:"美国在中国没有任何租界,也从未对中国表现出任何帝国主义式的态度。"同时美众议院外委会主席提出了尽快放弃"治外法权"的提案。当时美国国务卿凯洛格指出:"外国人可以夺占中国领土或在贸易中用武力维护势力范围的时代已经过去了。"虽然对于这些说法,我们可以心存怀疑,但是美国当时在上海的确未曾如英、法、日等国那样,以强权胁迫而与中国政府签署下明确的租界协议;他们在虹口的某些居住街区,以后归入了英租界并由工部局管理,并且由此而成为了所谓的"公共租界"。

八国联军攻入北京,清朝政府与各列强国家签下了庚子赔款以后,唯有美国人用这笔赔款在中国建造了学校。"从历史上讲,中国国民之所以对美国没有恶感,也是因为在近代史上双方关系很好。追求机会均等的美国曾经发挥了牵制欧洲列强和日本蚕食中国大陆的作用。在1900年出现义和团事件之际,包括日本在内的列强从清朝政府得到了巨额赔款。而美国却退还了一部分赔款设立了大学,这就是把朱镕基总理等很多人才送进现在领导班子中的名校——清华大学。"[47]

1903年上海《苏报》案发生以后,清朝政府竭力游说英、美驻上海领事,要求引渡章太炎、邹容等人。美国政府对此态度坚决:"中国在上海拿获苏报馆革命党,此事不可将党人交中国办理。"

在1919年的巴黎和会上,美国政府率先支持中国收回德国在青岛的有关权益。这件事情以及美国总统威尔逊提出的"十四点宣言",曾经在上海引起社会舆论的极大反响。

北伐战争期间,美国驻华公使马慕瑞建议,对于北洋政府,美国

---

[47] 《中国人为什么喜欢美国》,刊载于《朝日新闻》1998年6月18日。

不能"承认一个不被中国人民认为具有代表性的中央政权的虚假存在"。美国也承担不起"站在与中国的政治发展进程相违背的立场"而可能造成的损失。他敦请美国国务院"顺应"中国政治发展的进程,将政府立场转移到北伐革命的一边。

在抗日战争时期,中美两国之间的合作和美国对于中国的支持都开创了一个新的局面,而在这期间的许多联络和交往,都是在上海的租界"孤岛"进行的。

到了二次大战行将结束之际,在盟国首脑会议上,除了认定上海等地的租界和治外法权即予取消、台湾归还中国之外,美国政府及其罗斯福总统还曾提出香港也应该即时归还中国。

因此,清末著名外交家、资产阶级维新代表人物薛福成提出了这样一种外交政策"美国自为一洲,风气浑朴,与中国最无嫌隙。""中国与美国,宜推诚相与,略弃小嫌,成中国之强援,不可失也。"

当然,除了着眼于国家间的关系交往,上海市民的"亲美"倾向,还与他们在实际交往中对于美国文化和美国性格所形成的印象,有着更为直接和切实的关系。

在鸦片战争之前,中美之间就已开展了贸易往来,中国人从那时起就逐步形成了对于美国人的印象。当时一位中国商人曾这样对美国商人说:"你讲英文,所以当你第一次来的时候,我说不出有什么区别,但是现在我很明白了。"原因是英国人做生意往往盛气凌人,比较霸道,讨价还价的时候他们会嚷道:"'滚开,瘪三!怎么?你到这儿来——给我的货定价钱吗'?的确,大班先生,我看得很清楚,你不会是英国人。所以中国人都很喜欢你们的国家。"[48]

近代以来,国人对美国的正面评价,成为许多有识之士的一种共识。曾国藩认为美国人"性质醇厚";李鸿章称美国"最为公平顺善","无贪人土地之欲","好排难解纷","君臣喜中国振奋有为,遇事每能

[48] 杨玉圣:《中国人的美国观——一个历史的考察》第7页,复旦大学出版社1996年版。

帮助。"清政府驻美公使伍廷芳认为：美国自与中国通商以来，"最为恭顺"，"守约惟谨"，"与我交谊素笃"，从未与他国合谋加害于中国，"若能与之交欢，彼必乐为尽力，无事则联络邦交，深相结纳；有事则主持公论，有所折衷，似与大局不无裨益。"⑭

有鉴于此，曾国藩、李鸿章就都力主选派幼童留美，并且予以鼎力推行。他们认为，挑选幼童赴美国留学，是可以真正造就人才，学到现代科学和技术的。

开埠以后，上海成为中美贸易和交往的主要口岸，当时在华的美国人有三分之一居住在上海，以后更逐年提高，他们以后终于使美国取代了英国，成为在上海口岸对中国贸易的最重要的西方国家。因此上海市民对于美国也有了更为广泛、深入的接触与了解，他们的亲美倾向在国人中就显得比较突出。其实郑观应对于美国的看法，在上海市民当中具有相当的代表性，他认为"美素秉信守礼，风俗庞厚，与中国素无猜嫌，当相与推诚布公，立敦和好，有事则稍资臂助，无事亦遥藉声援。"⑮当时，上海人颇为崇尚美国的富强、进步，倾慕美国人的开朗、坦诚、快乐和信心，同时也为美国人的拓荒进取、热心公益的精神所吸引。在与美国人的广泛接触和交往中，当年洋行和公司里的美国人做事情的"爽气"，"大路"，即使发放遣散费也十分"道地"等等，至今仍然相当程度地留存在上海市民的集体记忆中。

此后，张季鸾曾说："中国的亲美思想太根深蒂固了。"马歇尔也曾经说过："这种蕴藏着的中国人民对美国的好感，是这个国家足以使我们增光、能够感触得到的宝贵财富。"马歇尔更认为，这种中国人对于美国的"好感"是"一种存在于意识形态和政治党派领域之外的因素。"

对于近代的上海市民社会而言，这种亲美倾向所展现的是一种对外开放的积极姿态，也是一种历史的契机。

⑭ 王彦威、王亮编：《清季外交史料》卷129，书目文献出版社1987年版。
⑮ 《郑观应集》上册第114页，上海人民出版社1982年版。

2."黄金十年"中的上海

鸦片战争的影响以及本身面对的"黑船事件",促使日本社会发生了变革,并促成了它资本主义生产关系的早期萌芽。此后日本打破了"锁国"政策和"祖宗之法不可变"的观念,引入了外国资本。社会经济基础的变化,遂而促成了封建制度的深刻危机,社会矛盾随即迅速激化,各种动乱此起彼伏。在这种形势下,代表改革要求的社会力量推动明治天皇颁布了"王政复古诏书",宣示了政治与经济改革的号召。当然,这样的改革诏书同样也遭到了代表保守没落的幕府政权和将军独裁的抵制和反抗。但是,改革的主张由象征最高国家权力的天皇宣布,而作为"小国寡民"的日本在国家转型中又具有的优势——社会改革的历史要求及其与保守势力的斗争,相对中国而言,也许要明确和简单得多——因此,两个月以后,"明治维新"就由新的中央政府军与德川幕府军一战而定。明治天皇继而又颁布了"五条誓文",其中"广兴会议,万机决于公议"的条款,规划了立宪和议会的政治体制基础。

随着政治体制的变革,日本由此迅速崛起为世界强国,中日关系也就因此而开始发生了逆转。

长期以来,整体国力及经济、文化上的强弱主从态势,决定了两国关系的基本格局,并且在这种格局上保持了两国长期稳定和不相侵扰的局面。上海在与日本的交往历史中,虽然屡受倭寇干扰,但是作为棉制品和其他货物的贸易中心和江海码头,以及中国最繁荣的商业城市,仍然与日本保持着密切而友好互利的贸易活动。

进入近代以后,除了经济贸易之外,中日两国之间的思想文化交流也日趋频繁。当年林则徐交待魏源撰写的《海国图志》、《圣武记》、《瀛海志略》,在中国并没有引起太大的反响,然而它们从上海传到日本以后,却引起了极大的震动,以至一时洛阳纸贵。它们是日本统治阶层和知识界最早接触到的"西学知识",从而第一次实施了以上海为中转地的"西学东渐"。

在鸦片战争以后的中日关系中,上海的参照作用更其突出。当时的日本还处于江户幕府时期,从上海传入的大量欧美知识,为人们提供了以西方列强为模型的近代国家观念,并且就此促进了日本改革派和维新人士的思想和人员组成。与此同时,上海也成了许多日本人前往欧美国家的"首站",他们往往会在上海租界对"西洋"事物和文化进行热身与预习,然后再赴欧洲。不论是在前往欧美的途中逗留,或是专程来访,他们都在上海受到了西方文明的冲击。而西方列强对于中国主权的凌辱,以及洋人对华人的傲慢欺凌,也都促成了他们立志改革、不蹈中国覆辙的认知与意识。因此,不论是从正面还是从反面,上海都为日本的改革愿望以至以后的明治维新,提供了现实的教材和思想资源。

正是在这样的历史背景下,日本人很早就积极拓展着与上海的经贸往来。为了与上海扩大通航、通商,1862 年 1 月,他们以日本幕府政府的名义,花了 34 000 英镑买下了英国的一条小轮船"阿米司乞斯号",随而将其改名为"千岁丸号",于同年五六月间,载着日本官员、商人等共 51 人到上海进行考察。1862 年,日本再遣人赴上海拜见上海道台吴煦,称"不敢请立和约,惟求专来上海一处贸易,并设领事馆照料完税诸事"。此项请求遂获上海政府核准同意。

但是到了明治维新之前,以"文明开化"为标榜和追求的日本开始直接引入欧美模式的强国方略,曾经作为日本获取西洋知识"中继地",并使许多日本人觉得可资学习、借鉴以至是仰慕的上海,却开始使他们产生了"轻蔑"的认识,并且"不知不觉中就使他们恢复了作为'日本人'的自觉认同。"对于以民族主义为意识形态基础、并以"国民国家"为政治凝聚的近代日本来说,治外法权及租界形态的上海已不可能再作为他们的榜样。当时,许多日本人士就以鸦片战争为题,纷纷著书立说,论述西方对东方的野心,并以清朝政府的失败,警告当时日本的德川幕府不能因循守旧,必须迅速发展自强。

明治维新以后,日本的国力迅速发展,中国却愈加衰败。中日关系的传统结构因此出现了根本的也是必然的逆转。中日两国在 1894 年的"甲午战争",也就成为了一场势所必然的最终摊牌。中国在甲午战争战败以后,被迫签订了《马关条约》,承认朝鲜"自主",并向日本割让了中国的台湾和辽东半岛;事后辽东半岛虽因西方列强反对而得以保全,但是中国仍须向日本支付巨额赔款。自此中国的政治、经济和社会都陷入了深刻的危机。

然而在《马关条约》签署的数年之后,即从 1898 年到 1907 年,中日关系又进入了所谓的"黄金十年",亦即进入了一个相对稳定和富有成效的沟通时期。"黄金十年"中日之间的大量交往,都发生在上海。

这种"黄金十年"的情形,当然是由当时特定的历史环境和各种的现实需求所决定的。

一方面,对于日本来说,《马关条约》签署以后,中国已经不再是日本的主要假想敌和主要对手;而占据中国的俄国、德国特别是英国,则构成了日本对外扩张以及自身安全的主要"威胁"。《马关条约》签署以后,日本曾经力图在上海建立专营租界。但是它所要建立租界的地界,正是英、法租界意欲扩张的地界。当时日本的国力还不能与英、法对抗,因而不能不"忍声吞气",放弃了专营租界的计划,改为向上海其他地界渗透。

在世界列强之间的这种对抗和角逐当中,日本似乎反而需要中国成为它的"盟友"了。于是,日本首相伊藤博文要尽"我国道义上的义务",向中国提供帮助,"我相信,尽我国的最大限度,向朝鲜和支那提供帮助,不但对保全我国自身利益,而且对整个远东大势,都是正确的、必要的。"于是在《马关条约》签署以后不久,日本军政要员就纷纷出访中国,对甲午战争多表"遗憾"、"误会"之意,以表达"修好"并共同对付"西洋"的愿望。诚如张之洞当时所说:"大略言前年(甲午)之战,彼此俱误。今日西洋白人日炽,中(中国)东(日本)日危。中东系同种、同文、同教之国,深愿与中国联络。"当然日本人的这种对于战争"彼此俱误"、并"深愿联络"的说法,既不见因此而减少中国的赔款,却反而仍然强硬地坚持赔款限期,同时也不见有归还台湾以消除战争错误之意,更不见日本人对于日本政府进行过任何的战争批评。

事实上，当时的日本政府在表达对华"修好"的愿望时，已经包藏了更大的侵略中国的图谋。

然而另一方面，世界格局星转斗移，落后的中国对于日本，现在也反过来产生了许多需要学习、借鉴和获得教益的地方。在这种态势下，上海市民也愿意暂时搁置两国的宿怨，而继续保持和发展与日本的交流关系。

日本由政治、经济改革而迅速振兴的有关信息，很早就通过当时的书信报刊而为上海市民所关注。比如1872年10月11日，《申报》就在一篇报道中写道："今东国新君一变旧俗，极力振作，将改弦而更张之，尽兴民事，力挽颓风。慕西国之善政，事事仿而行之。不鄙斯民以愚贱，不悖至尊之圣神，即在宰执侍从各臣上无不仰体主心翼以共臻致治"。1874年11月13日《申报》又刊登了一篇评论日本文化改革的文章《论日本改朔易服》。1881年3月16日《申报》再次刊载文章说："向者蕞尔一国不敢与四邻通，一旦易辙改辕，居然有以自强而不畏之强，且将有以制人之言，不但有以制一强，而并不难力制两强，嘻，何兴之速也！"当时的上海市民对于"日本大得西学之进步，已有明验"的情形大为震动，有人进而撰文指出："国人虽明西学之利而不肯稍改旧制耳，然东邻日形进益，中国反日渐瘠弱，其可乎？"

甲午战败和《马关条约》的签署，造成国人的强烈震撼和中华民族的空前危机，它们直接触发了一批士人学子的"公车上书"。同时，日本的政治改革与社会发展也就成为中国变法的一个主要的比较和效法榜样。康有为及其变法派正是以"日本明治之政为政法"，作为戊戌变法的"第一策"的。康有为认为：中国"广土众民，十倍于日，又无封建之强侯，更无大将军之霸主"，而且"彼（日本）与我同俗，则考其变政之次第，……取其精华，在一转移间耳。""大抵欧美以三百年而造成之政体，日本效欧美，以三十年而摹成治体，若以中国之广土众民，近采日本，三年而宏规成，五年而条理备，八年而成效举，十年而霸业定矣。"他在向光绪皇帝的进言中称："皇上若采臣言，中国之治强,可计日而待也。"⑤

对于在中外关系上率先觉悟的上海市民来说,国家民族要图新自强,必须借鉴和引进世界强国的国家方略。日本作为东亚小国而由明治维新迅速强盛的现实状况,业已样板似地摆在了国人的面前。因此,康有为、梁启超等人提出的学习日本的主张,就很快在国内特别是在上海形成了一股潮流。《马关条约》签署的第2年,第一批赴日留学的13名学生,已经踏上负笈东渡的途程。在张之洞、梁启超等人的竭力主张和推动下,"中国学生涌向日本,是1898年后中日关系上最戏剧化的发展。从历史上说,它是公元607年模式的颠倒。过去的1300多年来,通过包括留学在内的各种途径,教育、文化和技术是从中国流向日本的。而现在反过来了,中国人到日本去。他们不是为了提供最高深的中国道理,而是寻求达致西方式富强的奥秘和捷径。""粗略估计,从1898年至1911年间,至少有2.5万名学生跨越东海到日本,寻求现代教育。……在1894年至1895年战争前,哪怕派一个学生到日本都是不可想象的。"⑤这些学生,大都是从上海前往日本的。

在这一历史时期,许许多多的志士仁人抱着求知报国的信念,去到日本学习。在中国近、现代的政治、军事、思想、文化上产生重要影响和建立重大业绩的许多人物,都曾留学或流亡过日本。而通过这一时期的留日学者和学生比如章太炎、蔡元培、王国维、梁启超、鲁迅、黄炎培等许多人的翻译,日本的启蒙思想,自由民权理论,唯我主义哲学,早期社会主义思想及科学方法论,也就被大量地介绍到了中国。甚至《共产党宣言》也是1904年时由同盟会党人最早从日本转译过来的,毛泽东因此于1960年6月21日在上海接见以野翠宏为团长的日本文学代表团的时候,还说过:"马克思主义的传播日本比

---

⑤　康有为:《进呈日本明治变政考序》,《中国近代史资料丛刊·戊戌变法》第3册第3页、第2册第195页,上海人民出版社1957年版。

⑤　[美]任达:《新政革命与日本》第50、51页,江苏人民出版社1998年版。

中国早,马克思主义的著作是从日本得到手的,是从日本的书上学习马克思主义政治经济学的。"⑬当时日本的一些人士和组织,也对中国的辛亥革命,给予过许多支持和帮助。

另一方面,在"黄金十年"越益密集的中日交往中,上海也成了日本人大量前来寻找机会和居留的城市。1890年时,上海的日本侨民还不足四百名,到1910年已增加到了三千五百名。到第一次世界大战爆发,更一跃而增加到了七千三百九十名。他们都是携带家小,源源不断地迁到上海,做长期居留的打算。到上海以后,他们大都居住在上海北区亦即虹口一带,在那里开设起日本杂货店、日本酒菜馆和日本学堂。甚至公共租界里边,日本侨民的人数也渐渐超出了欧、美国家侨民的总数。在这一"黄金十年"的历史时期中,日本侨民和上海市民在生活与商贸中也会经常发生龃龉、抵触,但是基本上还是能够和睦相处。

中国和日本原来是所谓同文同种,一衣带水的传统友邦国家,但是在中国由内部的腐朽和外部的鸦片战争而衰落、日本却经明治维新而崛起以后,两国传统的友好关系即被颠覆,以至成为交战国。然而即使是在这种情况下,国人仍然希望能够在合作当中寻求改革和发展的契机。由于上海与日本在物贸和文化上悠久而密集的交往,更由于上海文化的开放性格和中和精神,因此上海市民也曾经比较集中地反映了这种求同存异的意愿。

3. 上海的"和为贵"

事实证明,近代的上海市民阶层作为中国的社会群体,在开眼看世界的同时,又是能够自觉地以"和为贵"的主观愿望和主动姿态,来对待"文明的冲突"和不同国家、不同民族之间的关系的。在儒家文化的传承和对现实世界的认识把握中,这种"和为贵"的态度,对"战争是政治的最高形式"的传统理念,构成了某种反拨。

因此,在历史进入到了近代以后,上海的市民社会以自己的姿态

---

⑬ 一南:《狂飙歌——前所未闻的较量》上卷第52页,中国档案出版社1996年版。

和实践,也许能够为"文明的冲突"以及现代国际政治的某种终极理念,提供某种新的参照和注解。

(1) 历史的传承

传统中华文明及儒家文明的核心思想之一,是避免极端主义,崇尚中庸之道,对多元价值予以接纳和共存。这种"和为贵"的主张,根本上产生于中国的农耕文明。"五亩之宅,树之以桑,五十者可以衣帛矣。鸡豚狗彘之畜,无失其时,七十可以食肉矣。百亩之田,勿夺其时,八口之家可以无饥矣。"[54]这样一种自给自足、安居乐业的农家图景,就是孟子对于民生的理想模式。老子的"小国寡民"的境界,也正是"甘其食,美其服,安其居,乐其俗;邻国想望,鸡犬之声相闻,民至老死不相往来"的情形。作为这一理想境界的组成部分,老子还特别指出"使民重死而不远徙"。因此,传统的中华文明在本质上是农耕文明,农耕文明的核心是守土原则,所有的民生基础依靠土地上的耕作与收获,同时它也就演化出儒家文化'父母在,不远游'的思想。这种农耕文明和儒家文化,是一种守土自安和非扩张性的文化,与海洋文明和游牧文明的流动、征讨有所不同。

但是毫无疑问,源于守土自安的"和为贵"思想,并非从一开始就体现为国家意识,也不是从一开始就反映为历史要求的。以土地为主要生产资料的农耕文明,并非先天就不具扩张性;甚至恰恰相反,农业社会的发展,就是由必然的土地侵夺、土地兼并,进而导致规模化的社会共同体的形成。"昔天子之地一圻(方千里),列国一同(方百里),自是以衰。今大国多数圻矣!若无侵小,何以至焉?"[55]于是在春秋之世,齐吞并了三十个小国及一些部落;楚灭掉四十余国和一些部落;晋灭掉二十余国,征服四十余国;秦灭掉二十余国。

对于春秋战国时期列国之间的战乱不休而导致的生产力破坏,文明的失落,民生凋敝等等,传统的思想文化也多以民本和民生的立

[54]《孟子·齐桓晋文之事》。
[55]《左传·成公十二年》。

场,主张"非攻";对于诸侯之间"辟土地,朝秦楚,莅中国,而抚四夷"的意图,以及对于列国"谋动干戈于邦内","兴甲兵,危士臣,构怨于诸侯"的行径,孔子孟子都明确持批判态度。即使是对于不可避免的冲突对抗,儒家也主张采取王道与仁政的策略:"远人不服,则修文德以来之;既来之,则安之。"杜甫则诗云:"杀人亦有限,列国自有疆。苟能制侵陵,岂在多杀伤。"但是,小国寡民,列国共存的"和为贵"思想,当时是软弱无力的。

在中国自秦代统一华夏以后,建立了北至莽原大漠,西至昆仑、喜玛拉雅山脉,东南濒临大海的这样一个幅员辽阔的中央帝国。在农耕文明及其生产方式,以及社会生产力的集约和规模效应,都达到了封建历史时期力所能及的极限范围时,这种疆界的范围就达到了"四海毕,六合一"的至高境界。因此在既定的生产条件和历史阶段中,中华农业文明及其生产方式臻于完善,并且在世界上长期处于领先的地位。同时,基本上自给自足、内部循环的农业经济体系,也始终没有形成一种有如近代工业文明的市场扩张的需求,人们所有的物质与精神循环,几乎都可以在这样的疆界范围内得到完成。这样的"天下"一统,既满足了社会生产和发展的全部要求,同时也极大地满足了统治者的权势欲望。于是一旦拥有天下,那么固守疆界就成为秦代以后历朝历代的基本国策。也因此,除了改朝换代、争夺皇位、平定叛乱之外,中国历史上的对外战争大多只是为了抗击外族的入侵。这个庞大的中央帝国本身已经不再有对外扩张和征讨的内在需求和驱动了。在历来的中国帝王的意识中,维护一个大国的内部稳定及其权力统治,维护中国的大国地位和以中国为宗主国的东亚朝贡秩序体系,就成了主要的政治目标。而向外探求和沟通的意愿行为,有时只是一种展示大国盛世的举动;向海外攫取利益已经不足以主导政府的决策。因此,中国历史上土地兼并和对外扩张、侵夺的要求,自秦以后就基本停止。

随着历史要求和社会条件的变革,儒家的中庸之道、非扩张性与和为贵的思想,就构成了中华文明的一个确定的特质,同时也因为政治统治的需要,而经常成为国家意识形态的内容。在这种情况下,"和为贵"以及儒家文化才以中华文明的主体言说姿态,成立于世,并且对中华民族及其国民性,构成了某种深刻的影响。儒家文化的这种独特性在于:

首先,与基督教和伊斯兰教不同,中国传统文化的主体——儒学,不是一种宗教。对于宗教来说,以积极主动的姿态进行布道和传教,是一种职责所在,而中国的儒学,比较起宗教特别是伊斯兰教对于社会政治的直接参与,以及相对于它们责任范畴的"群众教育、组织和运动",只能算是一种学术活动而已。儒学的传播是建构在双向选择的自主机制上的,它既没有以教义去要求甚至强迫人们服膺、皈依的本愿,也不具有以教义教规并以约束性、强制性的方式,规范和指导人们思想行为的职能,当然它一般也就不具有任何形式的权力意志。因此儒学在形式的规定性上,本身就不具有组织机能及"势力范围"意识,以及不具有强力传播、推行与扩张能力。

其次,比较起宗教以"上帝"和"真主"等作为精神寄托的客体对象而言,儒学恰恰是"敬鬼神而远之"、"未能事人,焉能事鬼"的;"五十而知天命"强调的也是对于客观世界的主观阅历和认知能力。在方法论上,儒学与宗教文化所不同的,正是要求在自己的主观世界中找到精神的支撑点;正所谓"吾日三省吾身",儒学同时要求的,也是在自身的思想修养中寻求情感与心灵的平衡。因此,如果说宗教因为精神客体及其外部寄托而造就了西方传统的抒发、开放、外向、坦率的文化性格,那么中国儒学精神崇尚的就是自省、内敛、含蓄和克制了。这种思想方式,决定了中国社会传统的安分守己、明哲保身、中庸之道以至保守谨慎的文化性格。

在 20 世纪末的时候,新加坡的李光耀曾经这样说过:"中国从来就不是一个狂热地想在全世界传播其生活方式的国家,它从来不赞成扩张,至少在明朝以来的 500 年中是这样。"⑤⑥

---

⑤⑥ 见韩国《东亚日报》1998 年 5 月 31 日。

在 1405 年至 1433 年间,郑和奉朝廷之命,先后七次航行到西太平洋和印度洋上的数十个国家,船队从开始的 60 余艘到高峰时的 200 余艘,随行官兵也多达 20 000 余人。而比郑和晚了近百年左右的亨利、哥伦布、达伽马、麦哲伦的航海,每次也就是三五艘船而已。然而正如美国学者斯塔夫里阿诺斯曾经有过的疑惑:"如果当时欧洲有什么感到完全不能理解的,那就是:明朝的这些远航,为何是为某些未知的但肯定是非商业方面的原因而进行的;为何是由宫廷太监而不是由合股公司组织和领导;为何返航时带回的是供帝国朝廷观赏的斑马、鸵鸟和长颈鹿,而不是投入国内市场、可生产利润的货物;为何接到中国皇帝的命令便会完全地、无可挽回地停止。"⑤实际上由郑和率领的这些大规模远航的目的只有两个:一是明成祖朱棣为探寻被黜的建文帝的可能下落;二是船队每次远航都携带着"施恩布德"的诏书前往诸国,以传播大国雄威,建立友好关系。除此之外,郑和的航海并不是出于社会生产力发展的内在驱动,当然也没有商业和疆域上的扩张目的。

正是以儒家文化的和为贵而不是以开拓海外的方略,使郑和下西洋的众多随员既有护行的在籍军人,更有各行各业的能工巧匠,他们携带的主要是中国丝绸、瓷器和工艺品,而不是大炮火药和刀枪剑戟。今天的人们对郑和下西洋多有"反思"和"惋惜"的时候,另一种思路又何尝不能是:郑和下西洋即使在今天,也是具有国家关系和国家政治的某种终极价值的。

因此,儒家文化的非扩张性,实质上是建立在一种开放、交流和互动的形态上,而不是固守于"老死不相往来"的封闭形态上的。儒家学说中的"和为贵","三人行,必有我师","不耻下问"等等,本身就提出了价值多元的客观性,提出了兼容并蓄、中和之道的合理性。所谓"太山不让土壤,故能成其大;河海不择细流,故能就其深",表述的也是这个道理。

---

⑤ 见《参考消息》2005 年 7 月 7 日。

当然,如果这种非扩张性的文化特质,演变成为保守消极、闭关锁国、抑制国人的开放意识的时候,那么它就必须接受重新检讨和重新定位了。

(2) 要竞争不要战争

上海成为门户开放和经济全球化的一个枢纽以后,上海的民众即以民间方式,与世界各国形成了密切的联系。在这种联系中,上海市民温和、宽容的态度,毫无疑问地是与中国传统文化中的和为贵的思想一脉相承的。

但是,儒家文化中的这种和为贵与非扩张的精神,又在近代上海市民的思想行为中,形成了某种现代性的转换和联结。

第一,如果说传统文化中的中庸之道与和为贵是植根于农耕文明及其生产方式,那么近代上海市民恰恰是离开了庄稼地,并且是在近代工业文明、商业伦理及其生产方式中,形成他们温和、宽容的性格的。

决定这种性格因素的,除了是对传统文化及其民族性格的必然传承之外,也还有着它们现实的社会条件。

近代上海是伴随经济形态的重大转型而形成。但是上海在摈弃小农经济体系、改变传统生活方式的同时,没有采取剥夺农人土地、逼迫农民破产的方式,进而造成人们流离失所,生计无着的社会危机。相反,它以一个新兴城市和近代工商业经济,为人们提供了一个充满活力的生存发展空间,并且因此而大量吸引了民众自主自发地进入到了这座城市。这就意味着,历史在这里是以一种温和稳健的姿态,完成了一次深刻的社会转型。

在这种情况下,作为近代意义的上海市民,在思想观念发生诸多变化的同时,他们守持生活、守持对生活的期待、规避战祸和动荡的基本价值倾向,也就与传统的国民性格,形成某种意义上的一脉传承。或者说,衣食有着、但求稳定、勤勉尽职、努力维持生活的向上态势的愿望,与传统的中庸之道与和为贵精神一拍即合,最终构成了某种温和、宽容的城市性格。

第二，在离开了农耕文明以及守土自安的传统模式以后，近代上海市民又是怎样在工业文明、商业伦理、生存竞争的新的历史背景下，展现"和为贵"的思想原则的呢？

其实，在历史的发展和社会的演进中，近代上海市民对于"和为贵"业已形成了新的读解。在这种新的认知中，"和为贵"仅仅只是指反对武力冲突和消弭战争而言。如果说战争曾经成为历史的助推器，能够汰除社会的陈腐冗赘，正如雅典政治家梭伦所说"要么征服，要么被征服，这是所有文明的生存法则"，那么在历史进入了近现代以后，这种战争的职能为和平竞争所取代的可能性，已经得到提高。就人类社会的终极需求而言，竞争所造就的，是社会财富的整体增长，而战争则将造成文明的陨落和社会财富的损毁。康德在1780年撰写的《永久和平》中就曾预言：在民主原则下产生的国家之间将共享"永久和平"，在康德看来，只有君主制时期的统治者才能从战争和屠杀中获利，普通人只会在战争中受害。

然而经济、商业以至是文化、体制的竞争，却恰恰是推动历史发展的杠杆。实际上，近现代的市场经济和商品社会，正培育了上海市民的积极进取和参与竞争的文化性格。当然近现代社会中的生存竞争，以及国际间的经济、商业的竞争，同样是极为激烈，甚至不乏咄咄逼人、扩张兼并、巧取豪夺、你死我活的情形。在这种情况下，近现代的、也是市民社会价值理念中的"和为贵"精神，将是在消弭武力扩张的列强行径之后，又体现在全球经济一体化态势下对于商业伦理、社会规则的公约、认同和遵循上。

第三，与传统的封闭及静态模式不同的是，近代上海市民社会的和为贵，是建立在全方位开放的基础上的。在这种价值多元并存的状态下，上海市民对于和为贵的自信，恰恰来自于对于多元价值的整合能力。

天时、地利、人和的历史条件，使近代上海市民对世界各国的物质文明和先进文化，形成了一种遵循儒家"中和"传统的立场和心态。这种思想方法，就为和为贵的近代实践，创造了一种新型的运作模式。不论是对于西方列强的先进器物、科学技术、制度文化，还是对于东瀛日本的成功之道,上海都能协调共处、为我所用,对之表现出和为贵的精神姿态。即使是对于不断结怨的日本,在学习借鉴其长处上,除大节要目外甚至对其在生活细节中体现的国民素质,也表达了虚心学习的态度。比如在当时上海市民的认知中,"日本政治之善,学校之备,风俗之美,人心之一";"日本学校之多,如我国之鸦片烟馆,其学生之众,如我国之染烟瘾者",如此等等,都是值得国人比照和借鉴的。甚至某些行为举止及文明礼仪,也诚令国人自叹弗如,比如在公共场所,或在路上遇见友人,日人从不扬声呼喊,大声喧哗,也不久立路边闲聊,而是稍作倾谈,行过礼即行分手;夜间更是遵行静寂,从不大声呼叫。在室内落座时,日本人也多是安静沉稳,并不起坐不定,徘徊打转,如此等等。至于日人自觉遵行公共卫生和礼仪,从不随地吐痰便溺,从不赤身露体之类,就更令国人汗颜了。

对世界各国不同的思想观念、生活方式和价值理念,采取兼容并蓄的态度,并且在社会实践中展现中和融合的能力,正构成了近代上海市民和为贵的重要表现方式。

五、近代上海的心结:国力

上海人的亲美情结,以及对于"黄金十年"期间中日关系的某些经营,都曾为中外关系提供了某种历史的期待和契机。但是这些期待和契机都在以后的历史岁月中,不同程度地相继错失。

对于近代以来的上海市民而言,他们开放的性格与中和精神,无论在道德意义上,还是在国家民族的双边乃至多边关系上,既具有现实意义更具有终极性的人类价值。但是在充斥着弱肉强食的"丛林原则"和实力政策的近代世界的汹汹浪潮中,上海的开放和中和毕竟需要在国家实力和自新图强的支持中,才能真正有声有色,也才能获得它们持续的效应。上海市民的国际观,也只有在这样的基础上,才能获得完整的体现。

而国家实力和自新图强,恰恰就在近代上海市民广泛深入的世界交往中,构成了他们最具切身之感和切肤之痛的经验。

1. 国力衰败,国难未已

其实近代上海市民通过他们的生活实践,早已形成了这样的经验:任何事情,当然也包括与洋人打交道,与其把希望放在别人身上,不如放在自己身上;与洋人交往的原则与其只冀望于道义公理,不如建立在自身实力的基础上。

对于这样的逻辑,上海市民也许有着最为深刻的认知与感受。

(1)"祸福恃人终难久也"

实力话语权以及弱国无外交——这样的情形在近代以后一再给国人以教训。

在 1919 年巴黎和会上,威尔逊演说中的十四点宣言赢得了中国人的欢呼,陈独秀曾称其为"世界上第一个好人"。但是美国政府最终还是默认了日本接管德国在华权益的行径。为此,国内舆论一片哗然,陈独秀忿忿地说道:"什么公理,什么永久和平,什么威尔逊总统的十四点宣言,都成了一文不值的空文。"李大钊在《秘密外交与强盗世界》一文中也说道:"威尔逊君!……你自己的设计计画如今全是大炮空声,全是昙花幻梦了。我实为你惭愧!"当时上海的舆论也同声指出:相比之下最表好意于中国的美国,也是中国人心中最存依赖的美国,却在巴黎和会上,为其"联盟之间"的利益交易,而将中国山东的权益做了牺牲。美国尚且如此,其他国家的态度就可想而知了。

但是因为中国自己积贫积弱,缺乏实力筹码,因此除了愤怒和抗议,对此几乎毫无办法。

其实,李鸿章早就将事情看得很明白:"中国日弱外人日骄,……若不自强,则事不可知。"即使是对于相对友好的美国,李鸿章也曾老成持重地告诫过驻美公使伍廷芳,把发展的希望寄托于他人,终究不可靠:"美邦政教人情,诚如尊旨。论者皆云宜结为援。中国所需,自应取材于此。至于根本之计,尤在变法自强。彼既不肯为我祸,亦岂肯为我福。子舆氏有言：祸福无不自己求之者，恃人终难久也。"⑧盛宣怀也曾于 1899 年对慈禧太后说过，美国"虽无占我土地之心"，但也"断不帮我，……只得讲究自强。"

到了"九一八"的时候，美国对中国的声援同样是口惠而实不至。"美国是拜金主义的国家，是视钱若命的实利主义者。彼等一切实际行动完全是唯利是视。美国人决不是'路见不平，拔刀相助'的豪侠之士，而是只知利害，唯利是从的自私自利者。对于远东问题要说几句不关痛痒的同情话，或作点惠而不费的可怜表示，还可以办得到，若是希望美国为中国人的利益，起而出力或牺牲，那完全不可能。"⑨

淞沪抗战爆发时，许多在沪的美国侨民纷纷出力帮助保卫上海，他们到各难民营和美领馆的撤退计划委员会担任志愿者。在这个上海危难的时刻，美国侨民迫切要求自己的政府采取行动，来帮助上海。但是富兰克林·罗斯福政府更在乎的是避免卷入冲突，它不愿出力保护上海，甚至敦促美国国民"如无必要立即撤离上海。"这样的政策甚至导致了许多美国人的愤怒与谴责，当然它也使上海民众再次认清了国力自强的真理。

国家处于贫弱而企盼于国际道义的声援，固不失为一种权宜之计。当时，胡适曾经提出，中国若以武力与日本抗衡，"其心未尝不可嘉"，然而就实力比较而言，这明摆着行不通。他认为即使日本与欧洲国家二十年不发展，中国的军力也不能达到与之匹敌的地步。所以，"根本之计，在于增进世界各国之人道主义"，"斥西方强权主义之非人道，非耶教之道"，同时"极力提倡和平之说，与美国合力鼓吹国际道德。"但是，日本肯放下手来讲人道和公理吗？美国愿意和中国一起"合力鼓吹国际道德"吗？实际上类似于胡适的这种冀盼所得到的，往往只是失望甚或羞辱。当时胡适的徒唤道义，自然引来了世人

---

⑧　杨玉圣：《中国人的美国观——一个历史的考察》第 34 页，复旦大学出版社 1996年版。

⑨　《申报月刊》1935 年 6 月 4 卷 6 号。

的一片驳斥。然而胡适对此则慨然叹道:"吾岂好为迂远之谈哉?吾不得已也。"为什么"不得已"呢?因为国家的衰败贫弱是客观事实,积重难返。

因此,在强权主持的国际舞台上,任何国家和民族最终都只能凭实力说话。国家民族的根本救赎,只能在于图新自强。

经由多次事变,上海民众遂对于冀望他人的无助感和对国力自强的热切企盼,就有了更为清醒的认识。

(2)"中国弱,日本是贼"

现实的世界格局,由国家的实力所决定;而国家关系的一切变化,答案也都在于国力对比的变化。

对于中日两国的历史关系及其变化,戴季陶曾经这样说过:中国强,日本是妾;中国弱,日本是贼。虽然言词尖刻,却不失为是对历史经验的一种生动概括。甲午海战和《马关条约》,是中日国力业已发生逆转的必然结果。而此后相对稳定与和睦的"黄金十年",看起来是中日国力在新的对比之下所形成的新的关系平衡,但是中日两国在不同轨迹上的不同发展,却并没有因此而停顿下来。国力对比的进一步逆转,意味着"黄金十年"只能成为日本的一种战略调整,以及成为它新一轮更大扩张的准备时期。在国力对比的既定态势下,日本不会停止在《马关条约》上,它必然会采取新的侵略行动。

近代以后,日本侥幸躲过了西方列强的武力入侵。中国则由于积弱积贫,更由于政治腐朽而导致了不断的割地赔款。鉴于中国的教训,日本及时而成功地发动了体制变革的明治维新。在随后的十余年里,日本实现了国民经济的资本主义工业化改造,并且由此迅速强盛起来。日本的魔瓶也就此而打开。

日本本身是一个狭长的岛国,37万平方公里的国土,比黑龙江还小,缺乏战略纵深。而小国寡民的日本,其资源和市场自然也十分有限,缺乏经济伸展和转圜的余地。因此,一旦具备了条件,它们就必然会造就日本对于海外拓殖的持久而强烈的冲动。

因此,虽然有所谓中日"同文同种"的说法,但是不同的国体背景与生存意识,使日本人在民族凝聚和国家认同,在内敛、团结、忠勇、效命的社会人格,以及在尚武攻夺的武士道精神上,都与中国的国民性有着相当的不同。1894 年日本与中国开战,三井、岩崎、涩泽等实业家组成报国会,积极筹集军费;原计划民间募集 3 000 万元公债,实际募集 7 700 万元。同时妇女自发从事恤兵运动,佛教、基督教随军布教,慰问军队。中日淞沪战争时,三名"人体炸弹"者阵亡,日本国内为"三勇士"征集歌曲,应征者 20 万篇。梁启超早年在日本时,有一次看到上野公园新兵入伍的景象并被"祈战死"的气氛所触动,为此写过《祈战死》一文;甚至刚到日本的鲁迅,也曾写下过尚武精神的《斯巴达之魂》。

日本国内有关对外扩张的国家理论,也在近代以后应运而生。其中,不管是"脱亚入欧论"还是"亚洲一体论",它们要求将日本的防卫体系和安全屏障,以及经济体系向外扩张延伸的核心思想,都是一致的。明治维新以后仅仅数年,就有人在日本报纸上撰文称:"现在随着我日本帝国之开化进步,已经超过了顽愚的支那,凌驾于固陋的朝鲜,不仅如此,这也是我国藐视支鲜两国,自诩为东洋霸主的资本。"甲午战争以后,更有日本政论家撰文宣称:中国政治体制变革的能力非常薄弱,"对中国'革命的再生'可能性持悲观的态度","中国自己不能治理国家,要由日本对中国四亿民众实行'领有',施行'善政'。"是时,日本上下一致认为,日本将是东方文化的继承者,亚洲只有在日本的领导下,才能实现复兴。在这种情况下,近代日本究竟存不存在争议中的"田中奏折"及其"惟欲征服支那必先征服满蒙,欲征服世界必先征服支那"的内容,就已经并不那么重要了。

于是,在国力对比和扩张野心所必然造就的世界政治板块的移动中,甲午战争就成为中日之间的必然冲撞。1895 年日本在击败中国后控制了朝鲜,10 年以后又公开吞并了朝鲜。在 1900 年的义和团事件中,日本的态度十分积极,出兵数量占到八国联军总兵力的一半,而这支"中国驻屯军"此后就长期驻扎在了中国华北。经过"黄金十年"及其新的蓄备,日本于 1915 年以"二十一条"明目张胆地向中国提出了进一步的主权要求,中日关系再度急转直下。接着,日本以强权姿态在巴黎和会上"接管"了在一战中战败的德国在中国山东的特权;这也就为它以后对中国北伐军挑起"济南事变",埋下了肇事的引信。数年以后,日本又以"满蒙生命线"的决策,策动了"九一八事变"。它的主要策划者石原莞尔其实早在好几年以前就曾提出:"我国形势现已几近僵局,根本无法解决人口、粮食等重要问题,惟一出路是断然开发满蒙";"把我国二百万失业者派到满蒙的原野,满蒙的权益应该通过他们的手来处理。"

随即,日军于翌年年初攻打上海。1937年7月7日日本"中国驻屯军"又在卢沟桥挑起武装冲突,由此,日本对中国的武装侵略全面展开。

这些历史事变在表象上似乎都是由偶然的事件所触发,但是毫无疑问,它们只是在以各种不同的策划方式,一一兑现着早已规划和确定了的历史订单。

其实对于上海,日本也许是最早就将它纳入到了扩张战略的布局之中的。"1890年9月20日,在南京路车轩路劳合里和忆鑫里——这个地名今天已经早已消失了——一所名为日清贸易研究所的学校,正式开学了。它的创办者即荒尾精。南京路上这个日清贸易研究所的建立,彻头彻尾地充满了侵略战争阴谋与火药味。其创始,得到日本参谋本部和总理大臣、大藏大臣、农商务大臣的批准。……对应募者的体检与考试地点,由参谋总长与陆军次官两位中将确定,是在东京陆军医院与警官训练所进行的。这所商校的教学重点为中国语。……1894年6月中日甲午战争爆发。应日本参谋本部的要求,南京路上这个日清贸易研究所的实习毕业生,立即停止了在上海的商业实习,集中到广岛大本营,作为随军翻译或担负特别侦察任务,被派遣到各部队,合计150人左右。日清贸易研究所培养的学生,还在日本台湾总督府及日俄战争中,发挥了重要骨干作用。"⑩

⑩ 程童一等:《开埠——中国南京路一百五十年》,《昆仑》1996年第3期第172页。

此后，日本对于上海的一次一次的入侵、掠夺和奴役，自然留在了上海市民的记忆之中。然而同时盘桓在上海市民心头的是：一个东瀛岛国何以能够如此肆无忌惮地侵犯一个以大著称、在国土人口上无法与之相比的中国？人们当然也已经清楚：在指责日本的狼子野心和侵略行径的同时，我们更需要检讨自己国家的腐败无能及妄自尊大。在某种意义这种情形正如孟子所说："不怨胜己者，反求诸己"。不是说落后就要挨打吗？哪怕是对于小小的日本。——这实在就是一条不以人的意志为转移的真理。

（3）国弱则子民蒙难

鸦片战争以后，在外国势力对上海的不断入侵中，日本后来居上。当时日本最重要的政治思想家福泽谕吉曾经说，必须在中国自行觉悟振兴之前，立即对中国和朝鲜实施侵占，用不着因为它们是邻国而有所顾忌，只须对之采取西方列强的恃强凌弱的手段。"为今之计，我国不可再犹豫踌躇，坐等邻国之文明开化而与之共同振兴亚洲，毋宁应脱离其行列，去与西方文明诸国共进退。我国对待支那、朝鲜之法，无须因其为邻国而有所顾忌，只有按照西洋人对彼等之方式方法加以处理。"⑤日本对上海的入侵占领，其罪恶和残暴程度，远远超出了西方国家；上海市民因此对日本和西方国家的认知评判与历史记忆，也几呈天壤之别。早在19世纪末20世纪初，上海工部局董事会中的日籍董事，对于压迫和歧视上海民众的问题，就比西方董事有过之而无不及。在上海市民的日常交往和经验认识中，"东洋人"里当然不乏正直、善良、仁义之士，但是"东洋人"潜意识中对"支那人"歧视，使当时的大多数上海人都觉得东洋人要比较西洋人更坏和更难于打交道。

形成这种情形首先是因为，西方国家和日本的对华战略根本上有所不同。西方国家的目的是打开中国门户，开通西方工业产品包括鸦片在远东的最大市场。而日本在国力增强以后，其目的则是要

---

⑤《福泽谕吉全集》第10卷第240页，岩波书店1970年版。

从根本上颠覆与中国传统的关系格局,并且以占据中国而让自身"以小变大"。

其次,两者在入侵中国和上海期间所持的价值观也是不同的。西方国家在对华贸易中,也带来了科学技术、先进文明和民主思想。日本虽然也曾在近代向上海传输了体制改革和国家发展的先进理念,但是法西斯主义却最终占据了它的主流意识形态。

再次,两者对于中国乃至上海所造成的结果更是大相径庭。上海开埠以后,租界及其治外法权的格局,相当程度地分解乃至制衡了清朝、北洋军阀和国民政府的专制统治,相对宽松的社会政治环境解放了社会生产力。同时由于市场经济、商业伦理和工业文明的植入,造就了上海民众创业竞争和开放进取的精神。在这种情况下,上海社会经济快速发展,迅速崛起而成为繁华的远东第一大都市。日本虽然打着驱逐西方列强、解放上海租界的旗号,但是它的极权法西斯统治,却使上海的现代化进程就此夭折。

抗日战争爆发以前,上海正处于一个发展的鼎盛时期。然而日军对上海发动的战争和对上海的占领,直接导致了上海经济的大衰退。是时,大量实业和资金不惜伤筋动骨撤离上海。而滞留在上海的工商业则遭到了日本占领者的严重压迫和掠夺。上海百年形成的工商贸易和金融基础及社会开放和繁荣,几乎被破坏殆尽。仅以上海港为例,"八一三"以后,全国的外贸中心即由上海移至香港;太平洋战争爆发后,日军随即接管了上海的所有码头,并将它们移交给了日本的航运企业,上海的港口业务自此一落千丈,仅为之前的7.9%。上海由此失去国际贸易大港和远东金融、贸易、航运中心的地位。当时日本军方还专门派遣了黑社会老大儿誉义夫来到上海,儿誉义夫"出没于上海和南京之间无防的农村,到城镇和村庄,召集地方士绅,强迫他们把财产'捐献'给天皇。在战争初期,儿誉在飞往日本的飞机上装了太多白金,起飞前起落架曾被压垮。"[62]

---

[62] 袁铁成:《日本天皇曾派亲属到中国掠夺财宝》,《中国青年报》2005年10月27日。

同时,上海市民社会逐步建立起来的弥足珍贵的自由精神和多元文化,也由此遭到了整体的扼杀与窒息。

实际上,日本在中国和上海实施的某些暴政并不是偶然的,也不是由民族及个人的品质决定的,而根本上是由国家战略和它的基本国策所决定的。

自古以来,民族国家的攻伐侵夺,总是会伴随血腥的杀戮与征服。这种古老而野蛮的原则,到了近现代的侵略者那里,就会演变成法西斯主义。法西斯主义的主要表现形式,就是以极端的凶残暴虐,作为慑服对手的手段。日本对幅员广阔、人口众多的中国发动侵略战争,这就决定了日本"以小噬大"的入侵必然会采取特别凌厉和高压的手段,以摧毁中国民众救国救亡的心理意志。于是,日本入侵者就在中国和上海会留下太多血腥、野蛮、残酷和暴戾的事实和形象。在上海"孤岛"时期,日本侵略者经常表现出来的"不可理喻"的嗜杀,以至诸如接连杀害从属于租界"孤岛"却又往来于华界的完全无辜的出租车司机,目的就是要以此展示血腥恐怖,从而对上海市民的造成心理恐吓。日据时期,上海的路口桥头照例站着手荷刺刀的日本士兵,国人走过,必须对之脱帽鞠躬。这其实也是要向上海人宣示:他们的国民身份和尊严已经不复存在。

1932年"一·二八"淞沪抗战,上海闸北、吴淞、江湾等地变为一片废墟,上海百姓的生命财产损失无数。除此之外,日军轰炸的一个重点,竟是商务印书馆及所属的东方图书馆和编译所。那时商务印书馆的出版物占全国出版物的52%,它还为全国提供着55%的教育用品,被人誉为"东方文化之中心机关"。对此,日本人称商务印书馆"为排日宣传之中心","有翻印西书,煽动反日之行为。"之前在一封日本人致商务印书馆的恐吓信中说:"尔中国败孔道,立学堂,读些国语、三民主义,兴立共和,打倒帝国主义,恶劣之道行于天下,腐败尔国青年子弟,敌我日货,使我损款,修尔吉海,绝我南满。尔馆独销学校之书,印些腐败之物。上海毁烧尔馆,尔书馆还是恶习不改,仍印三民之书、党部之语。我国不忍傍观,所以毁烧尔书馆,今若不速改恶习,我军到处,是商务印书馆尽烧毁。"对此,日军侵沪司令盐泽幸一说:"烧毁闸北几条街,一年半年就可恢复,只要把商务印书馆、东方图书馆这个中国最重要的文化机关焚毁了,它则永远不能恢复。"这次轰炸使商务印书馆蒙受了无法估量的损失,而东方图书馆的几十万种中外图书,包括大量古籍善本及各种珍贵的中文杂志报章,全部化为灰烬。"今被炸毁,实为中国教育文化上之一大打击。"[63]这样的行径,恐怕是任何西方列强所不会企及的。日本侵略者的险恶用心,不能不给上海市民留下深刻的印象。

　　1937年夏天日军再次入侵。当时的情形,"闸北的大部分已变成一片瓦砾,巷战的区域已经扩大到了虹口租界的界限之内,整排的房屋都被炸坍倒,工厂都被炸毁——中国最大的印刷厂商务印书馆受损更重。教堂、学校、医院、纱厂,还有一所中国大学都被毁灭。避难的民众又像潮水一般拥进了租界,他们大都只带着一个随身的包裹。有些总算雇了一辆黄包车或小车装着一些轻便家具,有些挑着一肩行李。女人则抱着婴儿,有些还要搀着几个已会走路的大孩子。这批人都是愁容满面,但大都是驯良的。这一天从闸北逃进租界的难民就有六十余万之多。"[64]"1937年8月13日,日军向上海中国军队发起进攻。灾难深重的南京路,又一次目睹,经历了一场空前的浩劫。'八一三'事变第二天,日军炮弹在南京路外滩爆炸,路边底牌橱窗全部粉碎,汇中饭店墙上血迹斑斑,死伤1 694人,其中外侨15人。半小时后,一颗重磅炮弹落在今西藏中路大世界的马路上,伤亡2 021人。23日下午,日机袭击南京路,先施公司被炸中,永安公司一边被炸塌,当场伤亡785人。9月1日,南京路外滩的黄浦江面上,漂浮着100多具被日军杀害的平民尸体,男的双手反绑,女的被肢解,还有不少儿童。……1938年,上海路尸达最高年纪录:29 978具。"[65]

---

　　[63] 参见《文汇读书周报》1999年11月13日。

　　[64] [美]霍塞:《出卖上海滩》第151页,上海书店出版社2000年版。

　　[65] 程童一等:《开埠——中国南京路一百五十年》,载《昆仑》1996年第3期第180页。

诸如此类的灾难记载,难以尽述。

日据时期,日伪政权动辄在上海戒严封锁,并对市民生活必需品实行严苛的配给,上海民众的生活陷入困顿,以至进入了粮食紧缺和食用"六谷粉"的年代。百姓为了贩米而死于日本人刺刀铁丝网的事情,就成了那时上海的一种独特的社会情景。甚至到了战后,当一些美国人重新回到上海的时候,他们发现:"日本人已经把这座城市洗劫一空,甚至把一些暖气管、卫生管道和电线也拆走,作为战时物质供应。"

太平洋战争爆发后,日军占领了整个上海,"六千名日本人游行过租界,从白利南路直走到外白渡桥,庆祝他们的胜利。中外人都现着沮丧的神色在路旁观看。……日本人已在外白渡桥边设立起哨兵的岗位,他们都穿着黑色的制服,带着嘴套,凡是走过桥上的人,不论中国人或外国人,都须向他们鞠躬行礼。有些人颇以为这鞠躬是极有意义的,以为这就是已死的上海举行起丧礼的开场。这四百万市民的大都市的灵魂已经离开它的躯壳而去了。"⑥但是一切都留存在了上海人的记忆里,"大家并不认为日本人是'上海外国人'的一部分,不论当时的文学界和新闻界——它们认为日本人是侵略者——还是上海的集体记忆都是如此。""和其他西方移民不同的是,日本人几乎没有给这个城市留下任何遗产。他们留在老百姓心中的只有他们发动的战争及其悲剧所带来的耻辱"。⑥

2."商战"立国

近代以后的世界格局和中外关系,始终呈现为动态变化的状况。面对这种状况,人们就对国家关系的方略,提出了各种方案和设想。然而上海市民对于国家自强的思路,却始终较多地立足于以经济发展,来作为振兴国家的根本。

即以对日本的关系而言,自甲午战争以后,两国之间遵循了强国

⑥ [美]霍塞:《出卖上海滩》第226页,上海书店出版社2000年版。
⑥《上海史研究译丛》第一辑,《上海的外国人》第179、180页。

与弱国的逻辑关系而发生变化；但是，在这个新的关系结构中，却埋下了一个深刻的扭曲的命题：日本因国力、军力强盛而崛起成为大国，但是它在幅员及人口上，却仍然是一个小国；中国是一个被欺凌的弱国，但是在幅员人口上，仍然是一个大国。因此在这种形势和力量的对比上，福泽谕吉对于中国"文明开化"的担忧，就构成了扩张主义的日本的一种深远忧虑。于是为了长久地成为亚洲政治、经济的领导者，日本奉行了一种分裂中国的战略。1887年日本陆军参谋本部在《清国征讨方略》中就说："若欲维护我帝国独立，伸张国威，进而巍立于万国之间，保持安宁，则不可不分割清国，使之成为数个小邦国。"⑥但是只要这种侵吞、分裂中国的战略企图最终没有实行，因而只能继续维持"以小噬大"的状态，那么不管这种状态能够维持多久，它都始终是扭曲变态的。随着中国必然的觉醒和振兴，重新扭转、建构两国之间关系的历史要求，就是不以人的意志为转移的。

然而就此而言，国人始终秉持着两种思路。较具号召力的，就是"中日终有一战"，以及通过这一战来重新"理顺关系"。其实此后的二次世界大战以及中国对于日本的战胜，曾经从某种程度上提供了这样一个历史的契机。但是政治腐朽和内战、动乱，终使它再度失去了自身崛起的历史机遇。显然，不管在之前还是之后的战争，都未必是理顺关系和重建亚洲和谐的根本方式。

在对日关系以及在一应中外关系中所形成的另一种思路，就是上海滩著名的硕学买办郑观应提出的"兵战不如商战"，也正如时在上海的盛宣怀所说的："筹国计必先顾商情"；也就是说，全力发展民族经济，才是国家强盛、抵御外辱、屹立于世界民族之林的根本之道。

当然，业已衰败的中国的任何通过"商战"而重新振兴的企图，都会引起世界强权的警觉、忧虑、遏制，甚至对抗。但是中国迟早会以发展经济的道路，而取得与它国体相对应的实力。以发展经济的途

---

⑥《抗日战争研究》季刊1995年第1期第208页，中国社会科学院中日历史研究中心主办、中国社会科学院近代史研究所编辑、近代史研究杂志社出版。

径达成强国的目的,首先成为上海市民从切身经验中得出的理性选择。

鸦片战争和上海的开埠,源起于西方工业国家对中国的经济扩张和掠夺。上海开埠通商以后,西方国家的经济战略进一步表现出来:外商货轮抵沪的数量大幅攀升;在衣食住行上无所不包的各色洋货,大量流行于市,挤占了中国的市场,造成了中外贸易的严重逆差。"购用西国之物日益多,则钱财之流于外者日益广,而上日益损,下日益穷,几何不如漏卮之难塞也,岂独一鸦片而已哉!"因为洋货流行,"以至漏卮难塞,银钱之流出良多。……似此年复一年,将何底止,岂不令中国有限之膏血,渐至衰败不堪耶?"⑥⑨

于是,许多上海人士率先意识到,要从根本上改变国势衰颓的局面,寻求国家民族的自立自强,最终的症结还是在于振兴民族经济,从而改变外强我弱、外有我无的经济结构和布局。郑观应就此开始敏锐地意识到了资本主义商业精神及其经济权力社会化的问题,他指出,西人既然如此"善于商战",中国要"夺回权益",就必须"力图改计,切勿薄视商工。"郑观应"提出过有别于非买办出身的改革者——他们更重视强兵、文化启蒙和政治改革——的改革方案。他明确认识到工商业在西方社会的原动力作用,认识到现代世界日益成为一个商业竞争的世界,因而他更强调政府的经济职能,认为'商战'比'兵战'更重要,主张以发展工商业而立国和富国。他明确地为商人的社会地位呼吁,为商人的企业家精神和牟利的正当行为正名,批评儒家文化阻碍商业发展的价值观念,成为近代中国使商人的思想观念合理化的第一人,他也可视作上海的工商业精神和上海人的商业意识最早的自觉的代言人。"⑦⑩

当时在上海社会的各个阶层中,兴办实业、发家致富成为一种普遍的冀望,而"兴实业,挽权利",同时也成为他们的一种由经济到政

---

⑥⑨《申报》1888 年 1 月 1 日、1892 年 1 月 18 日。

⑦⑩ 杨东平:《城市季风》第 154 页,东方出版社 1994。

治的目标与号召。

当然,造就上海民族经济崛起的一个重要的历史条件,就是上海与完全的殖民地不同。当时上海的社会体制与市场经济格局,正所谓是"按之和约亦所准行",一种宽松开放、自由竞争的格局,为民族工商业的发展提供了空间。于是上海的士绅也就能够提出:"欲禁民人不用洋货,势所不能,则莫如中国自行筹赀,逐一仿造,庶凡将中国之货易中国之钱,富者可便于购求,贫者更开无数迷失之路。按之和约亦所准行。而来华之洋货日稀,即银钱流出日少矣。"[71]

在由开放的市场和经济利益所驱动,和国家民族自立自强的信念支持下,上海市民社会的经济发展与上海的开埠及发展基本同步增长,并且大致上形成了这样几个阶段:

第一,开埠之前,上海就因为它的江河便利和货物流通而聚集了一批商人群体。上海开埠以后,首先就以这批旧有商人群体为基础,产生了中国第一代的民族资本家。当然在 1843 年到 1864 年这二十年时间里,他们在近现代商业规则、实业管理、经营方式上,都经历了一个从观念意识到行为方式的转换和变迁过程。这不能不说是上海城市经济史上的一个重要的历史进步,它为 1865 年以后上海城市经济的进一步发展奠定了重要的基础。

第二,上海人以他们移民履历的思想解放和勤奋进取,很快就展示了他们在上海城市经济及人力资源方面的能量。从 1865 年到 1894 年这三十年时间里,上海人从开始仿效和追随外国商人"做生意",到逐渐自我形成近代工商业经济体系,完成了一个城市经济格局的重要转变。在当时上海的工业领域中,凡是外商投资设立近代化工厂的行业,很快就有华商私人资本投入。除此之外,不少华商开始独立地建造初为小规模、然后不断扩大的工厂。在这个时期中,华商除了对于棉纺织业的投资由于各种历史原因因而较晚以外,在其他不少领域,比如在有相当影响的船舶、机器修造业,印刷业和机器

---

[71] 《申报》1892 年 1 月 18 日。

缫丝业等等方面,都已有了一定规模的业绩和建树。

第三,甲午战争以后,在国力衰败以至国难深重的形势刺激下,当然也是在近代工业迅速发展以及丰厚的利润诱导下,从各地移居到上海的士绅阶层中,涌现出了一批具有远见卓识的人物,他们以更明确的国家与民族意识,义无返顾地在上海投资兴办近代工业,以此形成了华人资本在上海投资办厂的第一次浪潮,涌现了一批近代上海、也是近代中国的著名企业家。在 1895 到 1911 年期间,当外资工业在上海长驱直进之际,华商工业也在上海悄然崛起,在艰难的环境中顽强地发展起来,进而在国际资本剧烈竞争的上海工业舞台上争得了一席之地。与此同时,最早的一批留洋学习者,也抱着振兴民族经济的愿望开始回到上海,从而为上海民族经济的发展带来了先进的生产技术和管理经验。

"兵战不如商战"的发展思路,实际上也就是发展经济,和平竞争,以至是和平崛起的思路,它十分符合近代上海市民的文化性格和理性选择。在这个过程中,上海滩上崛起了相当一批工商巨子及其风云人物,比如郑观应、徐润、唐廷枢、叶澄衷、朱葆三、虞洽卿、张謇、汤寿潜,等等。他们当中的许多人,都曾经是买办出身,但是他们一致认同的"商战"命题,首先就出自于他们十分鲜明而又相当一致的国家自强和民族尊严的意识。会说一口流利英语,服装举止甚至思想上"与其说是中国人,毋宁说是英国人"的唐廷枢曾对郑观应讲述过一次亲身经历:一次他由上海去香港,途中遇到风浪,轮船暂避一中途港。是时船上限制供水,中国旅客每人一天一磅水,而船上 100 多只羊倒不受此限,满桶的水任其畅饮。

唐廷枢义愤难平,到了香港,他集资 10 万元,买下了两艘轮船,坐着自己的轮船回到上海。以后在上海华资的轮船招商局担任总办,在激烈的竞争中击败英、美轮船公司,"夺回洋商之利"的,也就是这个唐廷枢。

朱葆三去英国领事馆议事,领事出来迎接说"please"(请),朱葆三闻之不动,等到领事用中文"请",他才举步走入领馆。儿子、女婿再三邀其住入更为舒适安全的租界,朱葆三说:"我是中国人,就是要住在自己的地界上,外国人的地界,我不去住。"而当时人们所传的"牛头朱葆三,平和做买办"的说法,也就颇值得玩味了。

在商战立国的思想推动和实际运作中,一批上海企业家与他们的产业品牌同时脱颖而出,并且屡屡挫败了同类的洋货。其中的佼佼者比如荣宗敬、荣德生兄弟的纺织业和面粉业,聂云台的恒丰纱厂,被称为煤炭大王、火柴大王的刘鸿生,席家三兄弟的钱庄,沈缦云的银行,胡光墉、吴昌炽的生丝和丝绸业,简氏兄弟的南洋兄弟烟草公司,郭琳爽的永安公司,吴蕴初的"味精"大王及其民族化学工业,王云五的商务印书馆,黄楚九的大世界,金笔女皇汤蒂茵,出租汽车大王周祥生等等。这些具有传奇经历的中国企业家创业打天下,以及不屈不挠的意志,足智多谋的才干,构成了上海市民最具积极意义的进取性品格,以及"商战"立国态势。

尽管这些民族资本在追逐利润和效益的时候,对于商战立国和重振民族精神并不一定始终具有强烈的政治自觉,但是民族经济的业绩却已经客观地产生了它们在政治上的效应。正如列宁所说:"帝国主义最基本的特征之一恰恰在于,它加速最落后的国家中资本主义的发展,从而扩大和加剧反对民族压迫的斗争。"[72]

事实上,在上海开埠通商以后,上海民族资本虽然在规模和数量上长期未能超过外资外商资本,但是它的增长速度却不能不令人刮目相看。凭借着各种本土的优势,上海的民族经济和资本由弱变强,进而在上海的各种社会事务、包括工部局董事会的组成和诸如黄浦公园的开放中,不断增强着话语和决策的权利筹码。在涉及资本利益、市民社会权益和民族、国家尊严的问题上,民族资本也逐渐开始与列强势力分庭抗礼,并且从无到有不断地迫使列强势力做出各种让步。这种权力格局的变化,当然决不可能只是依靠道义和民意就能够获取成功的。它所依靠的,是实实在在的经济格局的变化。而

---

[72] 《列宁选集》第2卷第721页,人民出版社1972年版。

这个变化的过程所揭示的内涵就在于:在丧权辱国和民众业已觉醒的情况下,相对于各种救国方略,特别是一些激进主张,"在商言商","生产救国","实业救国"却一直是上海市民社会的主导性意识;它表明,国家民族振兴图强的重要出路,也许就是寻求自主经济与资本的成长,以及尽可能地去把握国家经济的命脉。

上海的民族经济的迅速崛起,是外国资本和企业主所始料不及又不能不予正视的现实。当时一位美国人就指出:在经济和资本的运行上,由西方理念培育出来的新一代的上海资产阶级,业已具有了取洋人而代之的能力。上海租界的最高行政权力虽由外国人掌握,但日常事务的实际管理已经越来越多地由中国人自己处置;洋人已不能不看到,是中国人自己在上海这个通商口岸建设了"最成功的中国现代化社区"。"一批新型的中国的商人,在通商口岸同外国侨民的交往中,学到了西方的经营商业方式。上海是最主要的学校;到上世纪末,在上海经商的外侨一般限于洋行里的大班及其经营管理上的助手。中国人,除维持他们本人开办的行号外,负责办理洋行大部分买卖业务和筹措资金的必要基本工作。1895年以后,华商私营企业家在上海工业发展过程中,扮演了引人注目的角色。1920年以后,按西方模式创办的现代华商银行,作为上海的主要金融机构,可以比得上外国银行。……有一个可争论的观点,那就是,虽然中国人经营工商业的方式在许多情况下跟西方经营方式不同,中国方式却会更好地适合于中国经济体系和社会的具体情况;如果给予自由竞争的机会,至少也会取得同样的成功。无论如何,决不能这样的设想:如果让中国人单独管理他们所曾帮助建立的上海的复杂经济体系,那么中国人就会让这一体系在极大程度上逐渐变坏。"[73]

即使一些洋行的老板、工部局的董事和西方的政治家并不愿意看到中国人因此而在经济上和政治上不断地向他们逼近,不断显示

---

[73] [美]罗兹·墨非:《上海——现代中国的钥匙》第104页,上海人民出版社1986年版。

着权利分享甚至是取代的倾向,但是市场经济的既定法则和上海市民自新图强的意识,甚至是某种"上海势力"的形成,却不是能够根据主观意志而发生逆转的客观趋势。

在近代的中外关系和国家振兴上,上海市民社会的"商战"立国的方略选择及其示范,实质上内含着更大的政治敏感和挑战性。很显然,近代上海的"商战"观念和业绩,是在摆脱了专制体制,同时又未完全殖民化的前提下发生的。也就是说,这是独立于权力体制的一种民间社会的自觉行为,以及是民间活力和创造力的结果。因此,它与专制形态的权力体制,是格格不入的。

然而专制体制无法接受任何的自由,包括自由经济。对于专制体制的政治利益而言,它宁可不要国家民族的振兴,也绝对不会容忍自由。在上海的市民社会秉持着商战立国的发展目标时,人们也已经开始认识到,本土的自由经济发展到一定的阶段,终究要遭遇政治体制的真正阻扼。因此民族经济的持续发展和国家振兴的根本出路,根本上还需要借鉴西方的民主体制及其制度文化。对于上海的商战和中国民族经济的命运,还是那位墨非先生把问题说到了点子上:"不能因此说,治外法权一旦废除,就会破坏上海作为金融中心的地位。中国贸易依然可以取得资金的供给。困难究竟到达什么程度,将视中国的政治制度而定。"⑭

---

⑭ [美]罗兹·墨非:《上海——现代中国的钥匙》第102页,上海人民出版社1986年版。

第三章　个体本位及其历史的定义

　　上海的市民社会，除了它外部呈现的各种形态，当然也在于它内在的品性特征。

　　无庸讳言，市民社会的世俗功利和利己原则，以及自我意识和个体本位的凸显，形成了它们"与众不同"以至是"咄咄逼人"的形态。

　　但是，这种市民品性的意义，却是在与社会分工和体制变革的历史互动下，最终以自由和人权的法理支持，而对专制属性的权力体制构成了深刻的消解。

　　其实自古以来，人类的形而下的个体存在，使得个体和自我的意识，从一开始就不断地凝聚成为形而上的伦理观念及其价值认定。在传统的儒家学说中，有关思想行为的个人主体性，包括意志自主，人格自尊，以至有如"君子求诸己"，"三军可夺帅也，匹夫不可夺志"，等等，都曾有着明确的价值确认。而在老庄哲学中，更对精神与行为的自主性，给予了相当的推崇；庄子曾以"龟者"为例，即有所谓"宁其死为留骨而贵乎？宁其生而曳尾于涂中乎"之说。道家学说同时也对于道法自然及其崇尚自我的"真人"境界，形成了相当丰富的阐释。传统的个体理念，无疑构成了近现代个体意识和自由价值的丰富思想资源。但是这些学说和规范，都还只是局限于个人道德的自我完善和个人心性的自我修养，并没有进入到制度安排的政治与历史的层面。

在西方历史上，因为政治地理的长期分治，以及相对粗放的权力体制，从而导致了个人主体的较多张扬，并且进而使得对个体的关怀较早也较系统地进入到了他们的宗教和哲学领域。在十三世纪英国贵族阶级限制国王专权的英国《大宪章》以后，洛克又在十七世纪完成了他自由主义的思想学说，从而为民主宪政、资本主义和相应的法律制度，提供了思想理论的基础。在作为洛克思想基础的"自然权利"论中，人是自然的一部分，人的权利与生俱来，它们由此而形成了所谓的"自然的法则"。洛克的思想影响甚为深远，此后比如美国的《独立宣言》所揭示并鼓舞人心的，就是直接来自于他的言说以及来自西方传统意识中人性的本质愿望和道德基础——"人人生而平等；人人生而具有造物主赋予的某些不可转让的权利，其中包括生命权、自由权和追求幸福的权利。"

个人的自由和权利，由此成为政治内涵及体制诉求，并且由此改变了历史。

然而，"人的自然权利"虽然开始进入政治议程，但是它在历史形成的具体过程中，又并非能够"与生俱来"，它既需要与既定的专制体制进行艰苦的以至是殊死的抗争，而在本质上它更需要建立在既定的社会经济基础上。当詹姆士二世重新在英国复辟国王专制的时候，洛克也不得不流亡国外；而只是在"光荣革命"取得成功以后，英国才又进而开启了自由宗旨的民主宪政的政治序幕。这一切之所以能够成为历史的必然要求，根本上还是因为在当时英国已趋成型的资本主义生产关系。

近代上海市民个体本位的意识形态，是社会体制发生变化之后的产物，它的本土化发育和成长，建立于开埠以后工业社会的生产方式及其市场经济。个体权利和个人自由的近代意义，首先就是它们在摆脱对权力依附以后的利益驱动，极大地激活了社会生产力。这是近代上海城市及其市民社会的一个起点，也构成为它们的核心。这种历史的趋势还意味着：个人的自由权利将在近代上海乃至是近代中国的社会变革和历史发展中,成为一个首要的诉求。只有在个人的自由权利获得保障的时候,他们才有可能拥有并有效地运用其他的社会权利。

因此,近现代意义的个体本位,将构成近现代民主意识的基础和出发点,并终将与专制体制形成根本的抵触。

历史也许正是在这样的意义上,才真正揭开了新的一页。然而历史却远未就此臻于终结。在社会的各种能量竞相迸发、政治的潮变错综复杂的情况下,近代上海乃至是整个中国的社会进程,究竟是否会如洛克、伏尔泰、托克维乐的思想,为自己的历史演进注入自由意志呢?

然而历史的发生,终究不会等到它们有了明确的答案之后。

一、个体概念的历史异同

在风云际会、时世多变的近代社会,上海市民个人优先、自我保全的原则,以及时时"抱定了尔自尔我的宗旨",所谓"鸭吃稻谷鹅吃草,各人自有各人命","少管别人闲事体"等等,的确是经常给人以"特别感觉"以至是令人"侧目"的。"用内地的眼光看来,终觉得有些奇怪。"但是推究起来,这与传统的"独善其身"的处世方式,又有什么本质的区别呢? 上海人的行事规则,比如"各人头上一片天","黄牛角(沪语音同'各')水牛角,各归各","爹有娘有不如自己有","亲兄弟,明算帐","桥归桥,路归路"等等,也都令人印象深刻;但是,它们与传统的"各人自扫门前雪,莫管他人瓦上霜"的行事态度,又有着什么根本的不同呢?

在个体自主及自我意识的历史传承和变革中,以形式与数量的不同来区隔它们的历史以及地域差异的确是困难的。然而在本质上,因为它们都是建立在既定的生产关系和生产方式的基础上,因此这就根本地造就了个体形态在人身依附、政治隶属以及价值评判上的"同质性"和"异质性"的历史异同。

1. 同质个体的"马铃薯"

千百年来,农业社会单个单户农民的日出而作、日落而息的自给自足的生产方式,造就了人们劳作模式和生活方式的同一性,也造就了他们生存需求的自循环和封闭性。这种自循环和封闭性在把农民的物质与精神需求限制于一个低水平上的同时,也阻断了它们的社会联系。马克思在分析法国的早期农业社会时指出:"小农人数众多,他们的生活条件相同,但是彼此间并没有发生多种多样的关系。他们的生产方式不是使他们互相交往,而是使他们互相隔离。……他们进行生产的地盘,即小块土地,不容许在耕作时进行任何分工,应用任何科学,因而也就没有任何多种多样的发展,没有任何不同的才能,没有任何不同的社会关系。每一个农户差不多都是自给自足的,都是直接生产自己的大部分消费品,因而他们取得生活资料多半是靠与自然交换,而不是靠与社会交换。一小块土地,一个农民和一个家庭;旁边是另一小块土地,另一个农民和另一个家庭。一批这样的单位就形成一个村子;一批这样的村子就形成一个省。这样,法国国民的广大群众,便是由一些同名数相加形成的,好像一袋马铃薯是由袋中的一个个马铃薯所集成的那样。"[①]

在农民农户个体劳作及其自给自足的基础上,随着某些物质需求的公共事务比如围猎、灌溉、稼穑、制陶等等的出现,某种集约化的群体行为也随之自然产生。这种群体合作的结果,就是早期农业社会的社会组织诸如族群、部落、村社的形成及其统领者的出现。虽然这样的部落村社,仍然"使每一个这样的小单位都成为独立的组织,过着闭关自守的生活。"[②]但是,既定的协作关系,就使个体的剩余人力和物质财富,开始服从于集体意志即统领者的统一调配,于是一种集体主义和单极化的权力体制,由此开始萌生。

在农业社会的历史发展中,继续增长的社会需求比如灾害赈济、

---

① 《马克思恩格斯选集》第 1 卷第 693 页,人民出版社 1972 年版。
② 《马克思恩格斯选集》第 2 卷第 177 页,人民出版社 1972 年版。

兴修水利、侵夺外族或防御入侵，以及农业经济基础上的物品流通等等，又已经不再是村社、部落所能独立承担。于是在单个独立的村社、族群之上，级别渐次提高的协调指挥和统领管理的机构，也就是更大规模的社会共同体，由此形成。诸如大酋长、城邦主、诸侯、君主这样的"共同体之父"，也就成为了历史的必然角色。这种社会关系的形成逻辑，正所谓是："人之生，不能无群，群而无分（职位名分与社会角色的定位）则争。争则乱，乱则穷。故无分者，人之大害也；有分者，天下之本利也。而人君者，所以管分之枢要也。"③"分定而无制不可，故立禁；禁立而莫之司不可，故立官；官设而莫之一不可，故立君。"④此时的社会结构在规模上变得越益宏大和完整，而个体分别直辖于权力体制的社会关系，也变得更趋牢固。

这样的历史形态，使个人的社会角色和社会关系变得十分机械和单一，由此产生的权力机构和官僚体制，只能呈现为垂直单向、居高临下的模式。在这种情形下，尽管个人在日常生活的许多方面，可以自作主张，但是对于君权专制和官僚体制，以及对于统一的社会价值与礼法观念，人们除了依附与服从之外，基本没有别的选择，也无法各存己见。马克思因此指出："我们越是往前追溯历史，从事生产的个人就越表现为不自由，越从属于一个较大的整体"。在这样的意义上，人们不能以自己的名义来保护自己的利益，他们政治上不能代表他们自己，一定要别人来代表他们。他们只是"芸芸众生"和"共同体"的附属物，在政治隶属关系上，他们并不具有真正的独立权利。

对于农业社会的个体状态，社会学家在生产方式和社会关系的属性上，将它们定义为"同质个体"。

在社会生产力及其生产方式没有发生根本变化的时期，同质个体及其社会结构，也就存在着历史的合理性。因此，无论千百年来发生过多少政权更替和改朝换代，社会关系却只能取决于当时的社会

③《荀子·富国篇》，北京中华书局 1979 年版。
④《商君书·开塞》，北京中华书局 1986 年版。

基础,而延续着封建集权的体制。古希腊和古罗马曾经兴起的民主共和制最终又为君主制所替代,并达千年之久,也正蕴含了某种历史的必然性。

由于公元前的雅典贵族势力的崛起,于是在一次国王战死之后便取消了王位的自然继承,并经选举产生了"执政官",最早的民主共和制由此产生。甚至当时的《梭伦法典》和伯里克利的政治改革还增强了平民的自由权利,然而雅典最终由于内部的松散分裂,军队毫无纪律而覆亡。因此当时荷马的认识就是:国家由"一个人统治最为上策"。

古罗马因为国王的一次荒淫无道,激发了一场废黜王位的革命,国家权力转移到了经由选举产生的"执政"手里,以元老院为代表的贵族政治代替了君王政治。但是罗马在强盛一时后,终于因内部的腐败、荒淫、贪婪、混乱、杀戮,而将"民主共和"的贵族政治破坏殆尽。柏拉图由此指出:自由导致放肆,放肆演成紊乱;社会紊乱,则人们厌恶自由,企求秩序。"凯撒和庞培都同意说共和时代已经死亡。凯撒说:'共和政体已仅有其名,既没躯体,也没形式'。"⑤因此元老院成员在杀害了独裁倾向的凯撒以后,又不得不将政权交给他的侄子屋大维,使他得以推行集权方式的"元首执政","人民冷静地接受了他的决定。他们不再恋慕自由,只是疲乏地希望着安全和秩序;只要能保证他们有娱乐有饭吃,谁来治理都无所谓。他们已经发觉议会的贪污无能,充满暴力,不但不能统治整个帝国,恢复意大利的生机,甚至连罗马都无法管理"。⑥历史和现实使屋大维亦即"圣称的奥古斯都""英明伟大",一个秩序、纪律当然也是集权的时代,创造了罗马的另一个全盛时期。甚至时隔许多世纪,法国人在废掉国王以后,又再度把整个政权交到了一个新的集权独裁者拿破仑的手上。

在历史的这种变故中,人们也许无法排除凯撒、奥古斯都和拿破

---

⑤ 〔美〕威尔·杜兰:《世界文明史——凯撒与基督》上册第 237—238 页,东方出版社 1998 年版。

⑥ 〔美〕威尔·杜兰:《世界文明史——凯撒与基督》上册第 278 页,东方出版社 1998 年版。

仑个人的权力欲望；但是在他们权力野心的背后，却又反映了一种不可违拗的历史运程。也许在当时的雅典、罗马和巴黎，有关民主共和的政治理论已经相当深邃和完备，但是一个不能忽略却显然已经被忽略的事实是：国家的政治权威最终仍然是建立在农业生产的基础之上。这样的社会基础及其个体同质的形态，决定了世俗平民的时代并没有真正到来。立足于贵族政治甚至是奴隶制上的民主共和政体，因此失去了它们持续维持和发展的根本基础。这种情形倒也印证了中国近代思想家严复所说的："制无美恶，期于适时；变无迟速，要在当可。"

中西方都因此而经历了相当长的君主专制时期。对这种历史的逻辑，马克思曾经指出：东方亚细亚社会在沿着历史的途径而形成专制主义的国家方面，显得更为完备以及具有更深厚的传统。在这一历史时期中，中国的经济文化对于西方国家往往处于更为领先的地位。这也许只是说明，当时的中国经济文化在与农业社会的结合上，有着较西方更为有机的地方。

而在既定的历史条件下，对于政治隶属和意识形态关系中的个体从属与依附，就系统地构成了传统儒家文化的核心内容之一。诸如"克己复礼为仁"，"君子思不出其位"，等等。而在直接关系到两者利益冲突的"义利之辩"中，儒家学说的基本态度也是明确的。"君子喻于义，小人喻于利"；"不义而富贵者，于我如浮云"；"生亦我所欲也，义亦我所欲也，二者不可兼，舍生而取义也"；"先义而后利者荣，先利而后义者辱"。对于同出一源的"公私之辩"亦复如此，即所谓："公道达而私门塞矣，公义明而私事息矣"；"主而忘身，国而忘家，公而忘私"，如此等等。而对于集体本位中的自我克制、自我约束和自我遵从的道德定位，以其对于同质社会中"争则乱，乱则穷"的现象，荀子则提出了与之对应的"皆内自省以谨于分"的社会性规则，以及"敬节死制"、"畏法遵绳"、"敦悫无诈"、"朴力寡能"的人格要求。后世的王国维也曾对中国传统社会中的"安分守命"的必要性，做过这样的阐释："盖天下之大利莫如定，其大害莫如争，任天者定，任人者争,定之于天,争乃不生,古天子诸侯之传世也,继统法之立子与离嫡也,励世用人之以资格也,皆任天而不参以人,而以求定息也。"⑦

　　当然,传统儒学的个体阐述,也是具有某种完整性的。也就是说在既定的社会关系中,个体并非完全被动;在集体本位和君权体制的终极状态得到确认的前提下,个人的思想行为甚至在面对具体的"无道"状况时,也可以具有某种"主体性"空间。诚如"天下有道则见,无道则隐";"道不行,乘桴浮于海";"以道事君,不可则止";"君子不义,臣可以争于君;父不义,子可以争于父";"邦有道则仕,邦无道则可卷而怀之","天下有道,以道殉身;天下无道,以身殉道;未闻以道殉乎人者","事君者从其义,不阿其惑";"从道不从君",等等。这些言说,既为批评具体而"无道"的君王和政治,甚至为王权的更替,提出了合理性的思想依据,但是它们最终并没有要求改变、相反却是要求维护现行社会关系及其社会体制的根本模式和历史定位。这说明,在封建体制总体上符合了社会生产力基础,以及总体上符合了社会民生的要求时,儒家和传统知识分子在对其弊病提出修正的同时,在总体上是维护这一制度,以及对个体属性作出了既定的历史定位的。

　　由于是由社会的存在所决定,所以传统的社会关系和道德规范,也就长期契合了中国社会的实际。同时,儒家学说强调的社会价值观的统一性原则,因为符合了集权体制的思想统一的要求,因而它本身又成为了主流和正统的意识形态。

　　除了规定的历史情境,儒家学说中有关个人的道德规范和社会责任,其对于社会性的人类本质,对于社会和谐的公约需求,以及对于个人的心性修养,也在历史的积淀中形成了相当的思想成果,以及存在着某些超越历史时空的认知价值。这也是儒家文化始终为人们所研究以至能够为当代所延用的原因。

　　然而,随着历史的发展,在近现代工业社会的变革和社会民主的潮流中,农业社会的同质个体及其思想道德规范,特别是宋明理学强

---

⑦　王国维:《殷周制度论》,《观堂集林》卷十,中华书局1991年版。

化的"纲常伦理"以及演绎的"存天理,灭人欲"的儒学道统,终究是相当程度地构成了对于自我意识和个人自由的阻碍和桎梏。

当然在共同的历史中,中国社会还出现过一个独特的现象,那就是道家哲学对于个体自我的某些"先知先觉"的表述,诸如庄子所说的"六合之内,圣人存而不论";"天地与我并生,而万物与我为一";"上与造物主游,而下与外生死无终始者友"等等;以及老庄后学的"从心而动,不违自然所好","知人心之不可同,出处之各有性,不逼不禁,以崇光大";包括魏晋名士的"贵得肆志","俯仰自得","越名教而任自然",等等,都对同质个体的历史属性,形成过质疑和挑战。但是因为它们在相当程度上是超越了社会的现实基础,因而它们不是把握了必然、而是摆脱了必然的主观性的个体自我。也因此,它们除了局限于一小部分知识分子和一个有限的思想范围外,终究难以推广成为社会性的共识与行为。

同时,现行体制对于任何自外于权力和思想体制的自我放任的高度警戒,也阻碍了个体思想的传播。比如董仲舒所说的:"今师异道,人异论,百家殊方,指意不同。是以上无以持一统;法度数变,不知所守"⑧,引来的正是汉武帝的罢黜百家,独尊儒术。朱元璋对思想意识的个体自由倾向则曾颁布法令:"寰中大夫不为君用、自外其教者,诛其家而灭其身!"此外,那些为了性情自由而消极避世的"隐士",虽然以其独善其身及与世无争,而与现行体制相安无隙,因而常能获得安身立命、以尽天年的结果以及获得当政者的褒扬,但是它们同样也随时可能被视为是"轻爵禄而贱有司"的"不牧之民",而受到现行体制的另眼关照。

因此,道家哲学的道法自然和个体自由,固然可以成为后世的个体自我意识的某种镜鉴和依托,但是由于本质内涵与表现形式的不同,道家哲学所遵奉的个体与近代意义的个性解放以及上海市民的个体本位之间也终究无法构成历史的渊源关系。

---

⑧《汉书·董仲舒传》。

2. 应运而生的异质个体

近代工业社会的生产方式及其社会分工和商品交换,势必造就与之相适应的异质互补的社会关系。正如马克思所说:"一切的劳动产品、能力和活动进行私人交换是同以个人之间的统治(自然发生的或政治性的)为基础的分配相对立的。"⑨这就为个人成为独立的社会考量单位,以及成为异质性的个体,提供了物质的基础和历史的条件。而近代社会关系的变革和重构,也在于异质个体的产生,以及它们在社会政治关系中日渐形成的自主性、多元性和自由选择的权利。

在历史的本质区别上,异质个体的意义是它摆脱了对权力体制的被迫从命与依附,摆脱了对思想律令的被动服从,并且在多元价值中形成了自己的独立性和主体性。这种变革虽然不同于近代以来不断登临历史舞台的政治革命,然而它们却是在进行着社会基础性的悄悄的、同时又是深刻的变革。

与这种社会关系的变革同时发生的,是农业社会生产关系的变革和旧共同体内部的社会分化。共同的信仰膜拜、价值规范,以及个人服从听命和强求一律的社会整合,开始遭遇解构,纵向结构的政治威权,也开始遭遇消解。

然而近代上海的异质个体及其历史的渊源,却又是让人颇费思量的。如果以历史自身的发展,中国的近代历史及其思想体系也许可能直接地续源于明代工商资本的崛起,或者可能承传于明末清初黄宗羲的"民主启蒙思想"。从明代中叶以后,漫长的封建体制历史性地趋向没落,曾经高度发展的古代文明和强健有力的中央君权开始衰落,封建文化的末世现象诸如颓靡骄奢、纲纪废弛、清谈空论,渐渐形成风气以至构成了某种社会风气。明末清初的一些思想家看到了这种社会与国体的危机,并且由此而力图为国家民族寻求新的历史出路。在这样的历史背景下,黄宗羲对传统的封建政体开始了在当时而论诚为深刻的反思,对君权专制也进行了前所未有的尖锐批

---

⑨ 马克思:《1844年经济学哲学手稿》,北京人民出版社1979年版。

判与猛烈抨击,"为天下之大害者,君而已矣";"天下之治乱不在一姓之兴亡,而在万民之忧乐";"天子之所是未必是,天子之所非未必非",等等。它们甚至使记载了这些思想的《明夷待访录》被后人认为是"17世纪中国向往民主政治的纲领"。与传统儒家及道家有关个体主体的学说有所不同的是,他的主权在民、政体监督以及工商皆本的主张,已然显示了具有近代民主色彩的思想启蒙,甚至对于君主立宪也有了一些朦胧的憧憬。然而,黄宗羲本身的思想论述既未能从根本上否定君主体制,在臻于完备因而也特别顽固的传统文化及其封建体制中,他的思想不可能获得社会性的认知,只能停留于一家之言,也无法转变为社会行动,融入社会实践。

于是,在满清少数族群入主中原,以及嗣后西方列强的侵略、割据和西学东渐等等的历史变故中,中国的民主思想就被一再打断,乃至失落了自己的历史逻辑。

然而几乎与此同时,洛克反对君权神授和君主专制,以及公开倡导个人拥有平等权、自由权、生存权、财产权的思想理论已经形成并且产生了广泛的社会影响。而在个体价值基础上提出"尽其所能去追求财富是上帝规定的义务"的新教伦理,以及富于开拓进取的资本主义精神,也在欧洲兴起。思想观念的进步终于推动了西方国家的科技发展、工业革命和体制变革。更为关键的区别是,在历史的积淀之下,洛克在投身"光荣革命"时,他的自由主义不啻已经与社会实践融为一体。

上海作为近代工业社会及其政治体制的一块"飞地",显示的是一种扭曲的状态:它的近代变革不是在自身生产力和思想发展的基础上形成的,而是在外来的物质和思想力量的推动下,以迅速形成的工业社会及其生产方式,以市场经济和商品交换的社会关系,促使异质个体在社会内部逐渐生成和发展,进而促使个体本位的社会意识逐步形成。

在特定历史时期的中西文化比较与交流中,民族的乃至区域本土的文化有以传承为主和以对外吸纳为主的区别。毫无疑问,开埠以后的近代上海在工业文明和民主思想上,形成了一个前所未有的吸纳借鉴西方文化的潮流。在诸如个体价值和自由民主等等问题上,不同的文化源流显示了某些共性的内涵,或人类共同的文化语言,从而造就了中西文化的有机融合。由于上海比较集中和大量地引进了西方近代的人文思想,从而以此构成了所谓"化外之地"的一个重要内涵。

(1) 社会分工改变个体属性

19 世纪中叶,在租界经济的带动下,上海的产业格局开始发生重大变革,令人瞩目的江南制造总局和纺织机器总局等洋务工业迅速发展。与此同时,"当船舶工业出现资本集中化趋势之际,上海的外资工业门类也在迅速地扩展,又出现了面粉、建材、打包、缫丝、煤气、制皂等新的工业门类。其中最值得引起我们关注的,是英商美查有限公司在上海开始投资于近代工业。这是近代上海又一重要的工业集团。"⑩当时上海经济结构的遽然变局,诚如梁启超所说,"全世界工业革命之大波遂轩然挟万钧之力,以压我境。"

在租界体制和世界经济的联动效应下,上海迅速进入到了近代工业社会。"19 世纪与 20 世纪之交,随着各种类型的中外资本工厂企业在上海的发展,上海已经不再仅仅是一个国际化的贸易大市场、金融大市场,而且,已经形成了国际化的工业投资大市场;工业经济在上海城市经济中所占的比重迅速上升;近代上海工业以轻纺工业为主体这一重要的结构特征基本形成;上海工业迅速地与江南地区占很大比重的棉花生产结合起来了。从而正在改革着上海城市经济在中国以至国际经济社会中的地位。正是如此,我们可以认为 19 世纪与 20 世纪之交,上海城市经济已经跨入了大工业时代。"⑪

在这个过程中,工业生产对产业工人集中化而又动态化的雇用,

---

⑩ 熊月之主编:《上海通史》第 4 卷第 194 页,上海人民出版社 1999 年版。

⑪ 熊月之主编:《上海通史》第 4 卷第 412 页,上海人民出版社 1999 年版。

首先割断了他们原有的血缘乡土、家族宗社的纽带联系。接着,近代工业及其生产方式的社会分工,也就是由职业、工种、工艺的差别性构成,以及由劳动与技能的差别性分布,开始确立了劳动者个体"异质性的"社会存在及其社会观念。比如在当时,"上海美商电力公司把全体职员分为聘员、月薪工和日薪工三类,实行月薪制是中国职工分为 6 等 32 级;日薪制工人分为 4 等 26 级。上海英商公共电车业将正规分为 4 部分 22 级,工资从 11 元到 150 元不等。……上海邮政局,有正副邮务长、甲乙等邮务员、邮务佐、邮差、听差、邮役、杂役、水手等大的级差。其中,每一大的级差中又有小的级差,工资待遇也因之而异。……上海申新纺织公司中,职员工资依次为厂长、工程师、主任、考工、领班、事务员、副班等 5 等 12 级。厂长月薪 400 元,副班长 30 元,最低为 20 元。"⑫

这种情形,仅仅是社会分工逐渐改变社会关系以及逐渐造就异质个体的一个缩影。在这个基础上,近代上海的社会人际关系,逐渐趋向于一种所谓"交相利"的契约性关系。

城市就这样"改造了人性"。通行的劳动分工和细密的职业划分,带来了全新的思想方法和全新的个人姿态。新的道德观念也随之逐渐形成,并促使早期农业文明中的某些惯例迅速瓦解。在这个过程中,个体本位意识,构成了近、现代上海市民价值体系中最为本质和最为核心的内容。而作为异质个体及其个体本位的一个根本性的变化,就是人们开始以独立自主的身份,以及以契约性的对等关系,进入了社会交换。因此,在社会分工及其商业化的上海社会,人首先必须是独立的个体,"个人至上"、"个人本位"的价值观由此确立并且得到社会普遍的认同和遵守。

（2）契约化的社会关系

异质个体既已成为历史的产物,那么契约关系就是它们身份确认的主要形式。然而这种变革同样不是诉诸于革命,而是伴随着生

---

⑫ 忻平:《从上海发现历史》第 303、304 页,上海人民出版社 1996 年版。

产方式和社会关系的变革潜移默化地发生的。

在近代工业社会越益频繁而又广泛复杂的经济活动和人际交往中,传统社会关系中的权威服从、情感因素、人格信用和家世亲缘,都已经无法有效地保护和规范个体之间的约定与交往,保障他们的交往成果。随着越益细致的社会分工及城市生活,个人将不得不与各种各样事涉生计与利益却又完全间离以至陌生的对象发生联系,因此,一种简洁、明确而又具有法理效应的社会交往的规则和模式,即近代意义的契约方式,就在现实生活及其人际交往和利益合作中,应运而生,并得到了广泛的应用。这样,契约关系也就赋予了契约各方包括社会个体以平等主体的地位和概念。

如果说,农业社会的人际关系相当程度地取决于人为的因素,因而具有某种弹性效应的话,那么,近代社会契约关系的特点,就是以它理性的、冰冷的、排斥心理情感因素的方式,排除了交往关系中的不确定性。

于是就如同任何近现代工业文明和商业伦理的情形一样,在广泛而纷繁的社会交换中,上海市民凭藉契约规则进入到了极其丰富且随时变化更新的人际关系之中。正是消除了非理性的人为因素以后的契约关系,使人们得以在通行的规则和理念基础上,获得了与任何陌生对象打交道时的自信和自主立场。

就社会关系变革的意义而言,契约方式并不仅仅只是表现为一种"合约文本"的具体操作;更为重要的是,它在近代上海市民及其个体本位的社会形态中,已经迅速广泛地扩散成为一种生活的规则和生活的理念。即使普通的上海市民对于有形的"契约"没有多少直接具体的体验,也不会经常有诉诸于合约文本的现实需求,但是在异质个体社会基础上的大量的生活实践,以及耳濡目染、潜移默化的影响,已经使他们在日常生活中,逐渐地将契约意识转变成了约定俗成的生活经验和理念。当具有某种严肃意指并特指具体约定的"口说无凭,立字为据",转变为诸如"亲兄弟,明算账""桥归桥,路归路"的流行于上海市民生活方式的民谚时,它恰恰说明了由某种具体事件到生活理念的根本转变，以及在世俗层面上对于传统社会关系的某种更新。

历史正是在社会关系的这种实际演变中发生的。随着工业社会及其社会分工中异质个体的产生，横向形态、显示多主体平行关系的契约理念，同时就从社会关系的基本构成上，对传统的共同体模式及其纵向结构与社会整合，开始形成解构。与此同时，新型的社会整合以及异质个体的社会联系，在摆脱了传统的、绝对律令的权力体制和集体意志以后，又通过横向结构的契约关系及其规则，得以重新建立。

因此，从表象上看，工业特别是大工业生产的严格组织和紧密协作，本来将会压抑乃至是消弭个性，以至只会消除而不会是催生异质个体的产生；然而正是契约性的社会关系，在生产方式及其个体属性发生变革的基础上，又在操作方式上维护和保证了个体在面对集体性的工业生产，以至在面对新的群体组织比如阶级构成中，得以保持异质个体基本的独立自主的属性。"现代化不仅不是造成同质、消解多元，而且正好相反，它是造就了异质，造就了多元化，这个看法越来越有说服力。"[13]

在这样的关系基础上，近代工业社会的契约理念与方式，以社会的"有机团结"，构成了近现代意义的社群意识包括阶级觉悟，从而与农业社会的"机械团结"形成了本质的区别。

（3）道德评判与历史评判

上海市民的个体本位及其历史的定义，自然都只是对于某种历史本质的揭示。然而毫无疑问：近代以后上海社会的个体与自我意识最为明显，因而也是首先令人侧目以待的，就是上海人往往在日常生活中强烈表现的利益考量和赤裸裸的利己主义。"天下攘攘而往者何也？熙熙而来者又何为？曰：为利耳。富者恃筹握算，贫者奔走

---

[13]《儒家与自由主义——与杜维明教授的对话》，见《儒家与自由主义》第60页，北京三联书店2001年版。

驱驰,何为乎？曰：为利耳……吾茫茫四顾,见四海之大,五洲之众非利无以行。中外通商以后,凡环附于地球者,无一不互相交易以通有无。当今之天下实为千古未有之利场,当今之人心迹遂为千古未有之利窟。"⑭

无庸讳言,近代上海在进入工业社会与资本积累的初始时期之后,就处于传统的道德束缚业已瓦解、而资本社会新型的责任伦理尚未完整建立的状态。个体本位最为世俗的利己和物欲,遂从近代上海的这个"魔瓶"中释放出来。那些忽然失去了道德规范的自私自利、唯利是图、尔虞我诈、见利忘义,便形成了相当程度的泛滥。在因此而导致的丑陋和罪恶,以及人情浇薄甚至是精神沉沦上,它们也许要超过狄更斯笔下的资本积累时期的英伦社会；因为某种宗教性的人心和人性警策,在上海的市民社会中甚至也了无传统。于是,长年住在上海的鲁迅也这样说过："上海实在不是好地方,固然不必把人们都看成虎狼,但也切不可一下子就推心置腹。"⑮

近代上海商业文化的甚嚣尘上,引起了人们特别是知识阶层的文化和心理抵触,以至成为他们鄙夷抨击的对象。"丑恶的拜金制度的社会,横陈在我们面前,我们生来就呼吸不到丝毫的人生乐趣。到处都是冷酷无情,到处都是自私自利；强者时刻在计划怎样剥削弱者,弱者就时刻在计划逃避强者的剥削,一生都盘算着自家利害,人海相逢,谁还有工夫记得你我原来同是人类？"⑯"上海文化以财色为中心,而一般社会上又充满著饱满颓废的空气,看不出什么饥渴似的追求。"⑰"什么觉悟,爱国,利群,共和,解放,强国,卫生,改造,自由,新思潮,新文化等一切新流行的名词,一到上海便仅仅做了香烟公

⑭ 《申报》1890年7月23日。

⑮ 鲁迅：《致萧军、萧红》,见《鲁迅选集》第4卷,人民文学出版社1983年版。

⑯ 应修人：《上海通信图书馆与读书自由》,选自《修人集》,浙江人民出版社1982年版。

⑰ 周作人：《谈龙集》,载《典藏开明书店版名家散系列》,中国青年出版社1995年版。

司,药房,书贾,彩票行底利器。呜呼! 上海社会!"⑱对于当时上海的此类印象和感觉,还可以从胡适的《归国杂感》、朱自清的《白种人的骄傲》、梁实秋的《住一楼一底房者的悲哀》、穆时英的《上海的狐步舞》、潘汉年的《徘徊十字街头》、骆宾基的《大上海一日》等等的文章论述中,得到印证。当然上海所有的这一切,也都充分地陈列在了历史、政治的教科书当中,以及大量地出现在了文艺作品当中。

如果说利己和私欲是人性的一种本质,那么一个永恒的人类课题,就是它同个人自由和社会责任的关系。

然而在不同的历史阶段,这个课题又有着不同的解决方式。

当生产关系的近代变革,骤然使利己和私欲打破了传统的道德与文化制约,并得到历史的"纵容"以后,它们忽然失去节制的强烈释放,就完全可能由个人至上和物欲至上而导致一种恶俗的以至是病态的社会现象。这也许是资本社会的一种必然的历史现象和过程。然而,物质的进步,毕竟不能单独构成社会的进步;缺乏制衡的物质与资本的欲望,将使社会付出堕落的代价;而侵入他人权益边界的利己主义,也终将破坏社会的公平原则和稳定机制,从而制造新的社会危机。

对于资本主义特别是它原始积累时期的种种弊病,来自人文学者的忧虑和批评,将持久地代表社会的良知、警醒和责任,从而对之进行人文精神乃至是社会的制衡。

然而,马克思主义又认为,对于封建主义而言,资本主义是人类历史进程中的一个必然阶段和重大发展,它也是人类社会中的一场深刻而重大的革命。因此,在中国社会形态仍然主要是封建主义及其专制文化,而资本主义的历史变革刚刚开始并充满活力的时期,一些国人,包括相当的上海市民,在对社会现象的道德评判和历史评判上,思想方法也在发生多元趋向的变化。

时代的潮流固然是泥沙俱下,携卷着污泥浊水,但是它的主潮却

---

⑱ 陈独秀:《独秀文存》,安徽人民出版社 1987 年版。

终究是要冲决专制体制和封建文化的围堤。在这种特定的历史背景下，事情也就如时人所指出的：如果因为利己贪欲的某些丑陋罪恶而将个人主义和利己主义一概视为"人道之大戒，此不近人情之言也"。而道德的评价一旦于此失之于感性和片面，那么它们也将会是"剥丧人权，阻碍进步"的。随着近代上海的社会变革和历史进程，各种对于个体自我以及利己私欲的新思维也纷纷出现，比如："所以有宇宙，所以有世界，所以有人类，所以有社会，所以有万有，皆'为我'二字蔚然成之也。若无为我，则道德、宗教、法律一切等等，皆失其所范围之的而无所用之，而宇宙、世界、人类，皆因无秩序、无标准而扰乱、而绝灭矣。"[19]而时人所说的"盖私字一念，由天赋而非人为者也"，指的正是近代内涵的个体与自我。

耐人寻味的，是深谙上海市民性情然却又长期被排斥在主流文化之外的张爱玲在这个问题上的独到看法："每一次看到'小市民'的字样我就局促地想到自己，仿佛胸前佩着这样的红绸字条"；然而，"世上有用的往往是俗人，我愿意保留我的俗不可耐的名字，向我自己作为一个警告，设法除去一般知书识字的人咬文嚼字的积习，从柴米油盐，肥皂、水与太阳之中去寻找实际的人生。""物质的善与精神的善，向来是打成一片的。"[20]

然而，等到私欲和利己再一次获得正名，比如"自私是公益和美德的基础"、"公正的基础是合理的利己"[21]的时候，却已经是在半个多世纪甚至是将近百年的以后了。

利己私欲所以能够获得历史的评判，既是因为个体人性在近代民主思想中得到了尊重，更是由于它们作为颠覆封建主义的资本主义生产力的主观能动性及其原动力意义，得到了历史的肯定。利己和私欲在传统的道德理念中也许是一种"恶"，但是"在黑格尔那里，

⑲ 宋教仁：《我之历史》，见张锡勤：《中国近代的文化革命》第 65 页，黑龙江教育出版社 1992 年版。

⑳ 张爱玲：《张爱玲散文全编》第 46、97、260 页，浙江文艺出版社，1992 年 6 月。

㉑ 刘军宁：《毋望我》，见《共和民主宪政》，上海三联书店 1998 年版。

恶是历史发展的动力借以表现出来的形式。这里有双重的意思,一方面,每一种新的进步都必然表现为对某一神圣事物的亵渎,表现为对陈旧的、日渐衰亡的、但为习惯所崇奉的秩序的叛逆;另一方面,自从阶级对立产生以来,正是人的恶劣的情欲——贪欲和权势欲成了历史发展的杠杆。"[22]对于这种历史发展的规律,当时的国人也已经多有敏锐的见解,比如:"惟利己故不得不竞争,竞争剧斯进化速矣。""不谋一己之利益即无由致社会之发达。"[23]

事实上,在近代上海激烈竞争的市场环境中,许多城市平民除了依靠自己白手起家、积极谋生、艰苦创业之外,别无期待和依靠。当时上海的社会关系在某种意义上也变得相对简单。在相对平等的竞争条件下,这里给予社会平民的机会,或许比当时任何其他地方都要更多一些。而这一切当然都需要建立在个人奋斗的基础上。市场经济及其商业化的社会,决定了每一个人首先是也必须是独立的个体,任何血缘宗亲的联系,都将渐趋淡化以至最终失落。由存在决定的个体本位的意识,从物质生存的社会基础上深刻地消解了对于传统集体伦理的依从。在这里,一切都必须独立自主,一切也都取决于自己。"凡事靠自己"以至是自我优先的利己主义,逐渐成为一种通行的社会规则和价值观念。在这种现实和观念的主导影响下,社会个体的积极竞争和拼搏,终究会集聚成为巨大的社会生产能量和创造动力。

对于某些知识分子失之偏颇和感性的批评,美国著名政治学家白鲁恂指出,"近世以来中国知识分子和官方意识形态对中国现代化的桥头堡通商口岸城市的诋毁,以及对'口岸华人'的丑化,多少是出自民族主义感情的羞愤之情;而另一些现代知识分子,主要是作家,'接受了半列宁主义的观点,把通商口岸看成国际资本主义的罪恶工

㉒ 恩格斯:《路德维希·费尔巴哈和德国古典哲学的终结》,《马克思恩格斯选集》第4卷第233页,人民出版社1972年版。

㉓ 高一涵:《共和国与青年之自觉》,《青年杂志》1915年第1号。

程'。然而,'许多人已经忘记——或许根本不知道,在两次世界大战之间,上海乃是整个亚洲最繁华和国际化的大都会。上海的显赫不仅在于国际金融和贸易;在艺术和文化领域,上海也远居其他一切亚洲城市之上'。"与此同时,"充裕的都市物质生活,发达的文化事业和基础设施,便捷的沟通和交往,租界提供的相对稳定的社会生活和相对宽松的舆论环境,使上海形成相对优越的聚集吸收知识分子的生态环境,上海成为知识分子集中程度和流动性最大的城市,形成了当时中国最庞大的知识阶层。"㉔

从历史发展的角度来看,分殊化的劳动、异质个体、契约性的社会关系以及个体本位的意识,其最重要的历史意义,就是它们势必使人们从根本上解脱对于权力和思想体制的人身依附,以及从根本上消除专制主义的社会土壤,并且最终实现人们对多元价值的自主选择,和对于民主政治的社会追求。"市场经济的客观要求,是每个商品生产者都必须将自己与他人当成自由独立的所有者,商品交换才能进行。这样,交换的自由投射到人格上就是个性的自由要求,因此提取出资本主义最根本的命题,就是'从人的本性演绎出最切合实际的原则与制度来'。这种人的本性的核心就是人的自由。"㉕

1876 年 5 月 22 日,15 名全副武装的中国兵丁突然冲到福建路138 号的某茶馆,抓走了茶馆的老板,原因是停泊在上海县城东门外黄浦江上的一艘中国炮艇的长官丢失了一只爱鸟,他怀疑此鸟就在那家茶馆里。一位堂堂的朝廷命官随意地抓捕一个市井平民,所反映的正是一种通行的社会潜规则。然而该茶馆恰巧处于租界区域内,这种无故侵犯平民人身自由的做法旋即引发了严重的冲突。结果工部局出面干预,这名市民被很快释放,同时上海各领事馆的"领袖领事"就此向中国官方提出了"最强硬的抗议,并要求中国官厅发出命令防止今后再次发生同类事件"。这个事端也许蕴含了两种权

㉔ 杨东平:《城市季风》第 121、127 页东方出版社 1992 年版。

㉕ 忻平:《从上海发现历史》第 241 页,上海人民出版社 1996 年版。

力内在的政治对抗,然而它无论如何还是对上海市民进行了一次近代人权的示范。事实上,恰恰是在政治关系上,"多数租界中,居民在言论、集会、结社、罢工等方面享有稍多的自由。"㉖

　　也因此,在这个问题上的最为敏感和最为实质的思想对抗就是:在新兴的资本主义社会促使利己和私欲获得了过多释放,以及由此产生了许多丑陋和罪恶的时候,我们究竟是应该把它们放入历史的进程中给予批评和制衡,从而推动历史继续发展呢,还是应该将它们等同于个体本位和个人主义的本质,从而再度为集体本位乃至是集权主义谋取合理性的乃至是合法性的依据,以至重新将个人的权利收缴并交付给一个新的共同体之父,由他对社会财富进行理想中的公平分配,对一切社会事物进行统一的领导、协调和安排呢?

　　也许发生在美国的一些事情,可以对此构成某种历史的镜鉴。当时美国北方废除了奴隶制以后,一时反而频发种族冲突,犯罪率升高;而坚持奴隶制和实行严刑峻法的南方却秩序井然,犯罪率很低,经济状况也持续稳定。那么美国应该怎么做呢?他们为了废除奴隶制度最终打了一场南北战争。然而即使在这场战争之后,美国南部仍然以各种秩序、稳定的理由,维持了将近100年的种族隔离。直到1963年6月,南部阿拉巴马州的州长沃利斯还与联邦司法部长罗伯特·肯尼迪发生过一次经典的"南北争论"。沃利斯说:阿拉巴马这样的南方州一直是安定和秩序井然的,而恰恰是实行了所谓种族融和的北方,问题一大堆;不论在阿拉巴马的任何城镇,不论是白人区还是黑人区,夜晚你都可以去散步,你们北方城市做得到吗?这样的论述引申的问题是:自由和人权的社会代价是不是太大,是否还是实行集权甚至是专制体制会更好一些?然而,也正是这位沃利斯在以后的岁月里自己回答了这个问题。在他晚年的时候,他坐着轮椅来到黑人教堂,为自己当年维护种族隔离而向黑人道歉;他终于看到废除了种族隔离以后的阿拉巴马,最终在社会发展的各个方面都比当

㉖ 费成康:《中国租界史》第218页,上海社会科学院出版社1991年版。

年的阿拉巴马要好得多。

二、"哪里没有私产权，哪里就没有正义"

近代社会的发展，业已确定自由、民主与科学的主体导向。然而就社会的现代性内涵而言，市场经济、市民社会和民主政治的核心是——自由，它将主导个人自主、个人选择、个人尊严、个人权利等一系列现代社会的基础价值。

当自由与人权成为政治的理念和目标以后，它本身的社会基础、保障和全部的自信又来自于哪里？民主宪政及其法律体制对此作出的回答，以及最具基石意义的，就是对于私产权的确立。

雅典在实行共和政体时所建构的一个基础条件，就是对于贵族和雅典公民的私有财产的保障。当时的陪审员在就职之前必须宣誓："决不投票赞成废止私人债务，或赞成分配属于雅典人之土地或房屋"；首席执政官在每年就职时，也必须履行"物主将永为其所有物之持有者与绝对主人"的宣示仪式。在洛克的学说中，私产权与人的生存权同样重要，它们神圣不可侵犯，因为它们是个人自由的基础。"光荣革命"以后，"每个人是他私宅的国王"以及在此基础上人们可以反抗"官府的侮慢"和"压迫者的错误"，就开始成为英国社会的生活规则和民主宪政的基础。

因此，黑格尔说："人唯有在所有权中才是作为理性而存在的，唯有人格才能赋予对物的权力，人格本质上就是物权。"[27]

近代上海市民异质个体的初萌和个体本位的形成，显然也不是依靠理性觉悟或者行政指令得以确立和能够维系的。开埠以后的上海，个体权益最主要的物质基础和个体本位最具体有力的表现形式，就是私产权的构成及其经济权利的社会化。它们最真实和最本质的内涵，就是在市场与法律的规则上，私有物权及其自主生计开始赋予

[27] 黑格尔:《黑格尔法哲学原理》第50页，商务印书馆1961年版。

个体以可以摆脱专制权力和国家干预的物质保障。

就物权的私有对个人自由权利的决定性意义,哈耶克这样指出:"哪里没有私产权,哪里就没有正义。"

1. 私产权的历史形态

农业社会和小农经济的耕植渔牧、家业田舍,以及匠艺商贾,都主要是在私有状态中运作和发展的。在封建社会的政治经济要求下,它们基本也能安居乐业,积累社会财富。但是鉴于私产独立自主的先天禀性和经济发展的内在规律,权力体制下的私产权终究会遭遇各种无奈和悖论。

(1) 权力之法器

1845 年,也就是上海开埠的第二年,一个来自法国巴黎、里昂、兰斯、米卢兹等地的商务代表团到达了上海,他们中间包括了丝绸业、毛纺业、棉纺业、化妆品业等各方面的商业和企业人士。这些法国人在上海做了几个星期的考察之后回国。在考察报告中,他们这样认为:上海"薄有资财的人知道,和外国人做生意,虽然表面上受到地方当局的鼓励,而实际上是受歧视的。以至如果他们进行这种活动,就会立刻被加上除不掉的污名,然后是当众受辱,最后不可避免地尽早破产。"㉘

这说明,开埠之初,上海地方仍然维持着的旧的经济体制,权力体制依然发挥着决定性的作用。上海华商和华人业主的经济活动,虽然一如往常地具有私有运作的基本内容和形式,但是官府也一如往常地对它们拥有最后的裁决权和否决权。

这样的经济体制,正是在历史延续中的一种常态。

但是,私有私欲的人性原理及其经济效应,其实自古以来就为人们所共知。《诗经·齐风·甫田》曾这样记载道:"无田甫田,维莠骄骄。……无田甫田,维莠桀桀"——"甫田"是"井田制"中的公田,而

㉘ [法]梅朋、傅立德:《上海法租界史》第 13—14 页,倪静兰等译,上海译文出版社 1983 年版。

消极怠工则是庶民对于公田劳作的常规做法。由此人们感叹道:种田不要种公田,(那里)只有野草长得骄;种田不要种公田,(那里)只有野草长得高。当然毫无疑问,如果是私田,那里的庄稼就必定长得既茂盛又苗壮了。

对于这种人性的私欲特点,恩格斯曾经指出:"卑劣的贪欲是文明时代从它存在的第一日起直至今日的动力;财富,财富,第三还是财富,——不是社会的财富,而是这个微不足道的单个的个人的财富,这就是文明时代唯一的、具有决定意义的目的。"[29]亚当·斯密也曾经说过:每一个自私自利的人按照他的理性,进行合法的追求,最后就可以创造财富;只有公民个人,而不是政府才最知道把他们的钱、当然也包括他们的劳动投放到什么地方最为明智。

正因为私有制的生产活力,能够有效地充盈国家财政、增强国力、稳定社会,以至最终巩固政权基础,因此它也就成为历代王朝的一项基本政策。在先秦两汉的诸侯分封制、藩镇食邑制以后,各个朝代都有着私有制的代表性范例。

西晋时代的贵族石崇与人斗富时,不惜毁玉弃宝;宴请客人令侍女斟酒劝客,客人如不胜饮,就以斩杀"私产"的侍女以劝酒。

北魏时期,"河间王琛最为豪富者,常与高阳争衡。造文柏堂,形如徽音殿。置玉井金罐,以金五色绩为绳。妓女三百人,尽皆国色。"王琛感慨"不恨我不见石崇,恨石崇不见我。"

到了隋代,有名为杨素者,其在京城和各地的房产和其他产业极为惊人:"贪冒财货,营求产业,东西两京居宅侈丽,朝毁夕复,营缮无已。"

"在唐代,随着中西交通,商业经济空前发展。商人,尤其是与西域有一定联系的商人,财力往往十分可观,……长安富商如王元宝、杨崇义等,不仅富可敌国,而且开门延客。每年科举,乡贡进士萃集其家,士子们称之为'豪友'。"[30]

㉙ 恩格斯:《家庭、所有制和国家的起源》,见《马克思恩格斯选集》第4卷第173页。
㉚ 赵昌平:《李白诗选评》第1—2页,上海古籍出版社。

宋代朱勔在苏州"田产跨连郡邑,岁收租课十余万石,甲第名园几遍吴郡"。

明初富商沈万三曾出钱重修南京城的一大半城墙,还曾要拿出100万两银子犒劳军队。

明代严嵩"广置良田,遍于江西数郡","又广置良田美宅于南京、扬州"。

清代高士奇"于本乡平湖县置田产千顷"。郑源"外养戏班两班,争奇斗巧,昼夜不息"。

甚至到了上海开埠时,英国人觊觎的黄浦滩,也有许多是私地。

但是,在漫长的农业社会和封建专制的政治体制中,国家官府对私有制绝对的主宰裁决权,构成了这一历史时期中私有制的规定属性,是一种必然的历史现象。

事实上,在私有经济的规律必然导致的自主权利倾向,与君权专制"六合之内,皇帝之土;人迹所至,无不臣者"的本质属性之间,构成一对矛盾,并且始终存在着某种内在的紧张。特别是私有经济如若出现尾大不掉、游离于体制的独立自主的倾向时,则更会促成专制统治本能的警觉和忧虑。因此有关的典章文本,对于私产又是始终保持着警惕和防范的。"无爵而贵,无禄而富,无官而长,此之为奸民也"[31];富商大贾"财或累万金,而不佐国家之急"[32],以及商人"因其富厚,交通王侯,力过吏势,以利相倾。千里游敖,冠盖相望"[33]等等,都是触犯了封建专制统治的禁忌的。

十三世纪中叶,英国贵族以"富可敌国"的形势,要挟国王,继而签署了"法律高于国王之上,连国王也不得违反"的《大宪章》,这个具体的事件当然不会为当时的中国统治者所了解,但是对于其中共通的政治原理,却又可以引起所有秉持专制集权的君王们敏锐的心理

[31]《商君书·画策》。
[32]《史记·平准书》。
[33]《汉书·食货志上·论贵粟疏》。

感应。

因此,甚至到了上海开埠以后,由于对庇护于租界体制的江海运输及其机械轮船业的经济态势感到无法掌控,咸丰皇帝和朝廷中枢就是禁止上海地方商人经营和拥有机械轮船的。

既要保护私产权及其社会生产力,同时又必须维护统治权力的定于一尊、号令一切的地位,人们就在实际运作中形成了一种解决方式——权力的最终裁决机制;虽然它并非是一种常设常用的,但却又必须是始终悬于颅顶、随时可以斩落的刀剑。

先秦时期,秦国的阳泉君与太子存有怨隙,吕不韦就曾对他说明过政治权力和私产地位的关系:你现在"府藏珍珠宝玉"无非是仰仗着国君的恩宠,一旦等到"太子立",不要说你的金银财宝,那时恐怕连你家的门户都要野草丛生了。而这位位高豪富的吕不韦,日后被尽夺一切、死于非命的结局,也正为他自己所不幸而言中。

在一个专制政体中,对于私有资本和财阀富豪的最终裁决权,正是上至皇帝下至各级官府手中经常引而不发、却又可能随时发动的威慑机制。西晋石崇曾以私产规模而名闻天下,但是当某王公看中他的歌妓"绿珠"而石崇不肯送予时,石崇便由一纸令下而被砍去了脑袋,歌妓绿珠亦只能跳楼而死。明代的沈万三在出资修城又捐助军队的时候,怎么会想到朱元璋会忽然斥责他意图造反呢?造反的罪名又有什么依据呢?然而顷刻时间,沈万三的家产已被悉数抄没,而沈万三则死于充军的路上。抓住典型打击富豪私产,几乎在每个朝代都会发生,它们在政治权力对于经济实体的最终裁决上,向人们作出了毫不含糊的警训。

当然,历朝历代对于私产的抄家籍没,又总是会控制在一个审慎的尺度之内,并且一定会依据言之凿凿的罪责和刑法行事,这也为的是在整体上不让它们对私有制及其社会经济运转的正常状态造成重大的影响和冲击。因此,在专制政体、经济发展和社会稳定的通盘平衡中,政治权力的最终裁决和主宰,对于私有经济及其个体自主的限制,在相当的情况下,本身是比较原则和抽象的,私有经济一般也能运行自如。

但是另外一种情况则是,既然是专制属性的权力体制,那么从中央政府到各种地方政权在政策的贯彻把握上,就又不免会发生某种偏差和变异。一方面,鉴于地方的安靖和税收财政,地方政府会对私有经济"放水养鱼",因此只要依法经营,封建时期的私营经济可以获得相对自由的生存发展环境。但是另一方面,由于利害关系不同,地方政权对于社会经济和政权体制互为依存的政治考虑也会自上而下地逐级隔膜,同时对于从私有经济中直接套取利益的权力属性,又会自上到下地增强其自觉性和敏锐度。

因此,在专制集权的政体下,私有经济及其自主权利的最大困扰,就是来自于这种政策原则的异化,以及在各个对应的级别上对私有个体所做的程度不同的随意干扰和侵害。这种情形在整个封建时代以至是在刚刚开埠的上海,都是一种常规的社会现象。它们虽然不尽合法,但却又是合乎于权力体制的实际规则的。

(2) 权钱交易的历史版本

开埠之后,上海经济结构的变局,显示了必然的趋势。在这种情况下,随着租界势力的强势扩张,本土政权也下意识地加强了自己的权力控制。而它由此衍生的行为方式,则是当时上海的官府衙门加强了对于商家贩夫的依势盘剥和勒索。在人们的政治隶属和人身依附尚未发生根本改变的情况下,大多数商户特别是中小商户只能接受现实,自祈多福。然而这种情况也终究会促成某种"维权"反措施的产生,比如一些私有资本在对付这种官府行为时常用的手法,就是以各种方式对权力所做的赎买和联姻。在这个过程中,当时上海商界的一个比较流行的做法,就是花钱捐官,买一个"顶戴花翎"的虚职,以便自然获取政治的保护,并获取某种特殊的商业机会。

从历史的渊源来看,资本与权力的结合,其实首先就是某种政治配置的结果。先秦时期,"有善者,赏之以列爵之尊,田地之厚"。㉞

㉞《管子·君臣上》。

"攻伐可立而爵禄可致,爵禄致而富贵之业成矣"。㉟"臣闻善厚家者,取之于国。"㊱"两汉时期的领户制基本上也是按照等级特权进行分配的。西晋规定官吏按品级占田,……北魏时期规定:'刺史十五顷,太守十顷,治中别驾各八顷,县令、郡丞六顷。'隋朝的均田制明文规定按等级占有,……唐随隋制,略有变通。宋以后情况有较大变化,但按官爵封赏土地和人口的现象仍然不少。封建社会除按等级封赏土地人口之外,皇帝还经常任意赏赐。""从明代情况看……皇帝、诸王、功臣、外戚、宦官的庄田和役使的农户几乎全部凭借法律规定,赏赐或霸占而来。"㊲对于这种配置的政治合理性,商鞅这样认为:"意民之情,其所欲者田宅也",所以,"凡人主之所以劝民者,官爵也。"㊳《管子》则认为:"民富则不可以禄使也。"为了有效控制民众,巩固权力基础,就需要造就民众"皆以其事业望君之禄"的形势。更为重要的是,在权力一元化的情况下,权力所带来的利益是全方位的,以至是大大地附加在级别俸禄之上的。即如早期上海绅商孙竹堂,因为之前在剿灭太平天国中为朝廷出过力,得到慈禧太后的亲点出任天津海关道,之后又出使德国一年,40多岁卸任时,已经得以在上海和常熟广置产业和田地了。这样的大宗资产,除了他三四年的官俸之外,当然是得之于权力体制给予他的回报。因此"三代以下,未有不仕而能富者,故官愈尊,则禄愈厚"㊴的情况,就成为传统社会中的一种常规现象。甚至在专制集权和官本位的体制之下,为官一任以及级别高下,甚至可以不同程度地荫及子孙,"今之县令,一日身死,子孙累世契驾,故人重之。"㊵,反过来,"弃官则族无所庇。"㊶

㉟《韩非子·六反》。

㊱《战国策·秦策三》。

㊲ 刘泽华:《中国的王权主义》第45页、56页,上海人民出版社2000年版。

㊳《商君书·农战》。

㊴《论语正义·述而》。

㊵《韩非子·五蠹》。

㊶《左传·文公十六年》。

　　然而,广泛而持续的私有资本及其经济活动,终究不可能全都"有幸地"来源于这样的权力配置;但是权力的威慑及其现实管制却又始终存在。在这种情况下,一些"有头脑"有实力的商人就以一次性投资的方式,加入到了公开的卖官鬻爵的买方行列,企图以此一劳永逸地买定终身的"商业保险"。

　　商业经济在权力体制下更为常见的甚至必然的做法,则是商人们会以金钱手段结交权势,"交通王侯",对权力进行非法的却又是直接的赎买。除了购买保护、通融之外,还包括购买权钱交易的非法经济资源。于是权钱交易及吏治腐败,以一种体制的宿命,始终侵蚀困扰着集权政体和它的最高统治者。

　　朱元璋曾以极大的力度整肃吏治腐败,他甚至对贪贿银子 60 两的官员规定剥皮填草,悬于执法机关的门外,谓之"皮厂庙"。诸如此类的反贪措施不可谓不惊心动魄,但是腐败非但没有被扼止反而蔓延丛生、越演越烈。诚如《明史》所载:"贪官污吏遍布内外,剥削及于骨髓。"这是因为朱元璋无法了解或者无法解决的是:吏治腐败本身是一种制度性的腐败。

　　就在法国商业代表团访问上海以后不久,上海的情况又发生了重大变化。列强及租界势力的迅速扩张,改变了政治体制和行政权力的格局。一些投资也是投机于权力的商家,随即改变了策略和方向,他们开始借助于洋商洋行使自己的产业转而依附于比本土政权更强而有力的外来势力。于是在 19 世纪 50 年代,上海的许多商人都采取了"诡寄洋商"或"附股洋行"的做法,以图便宜行事。这样既可以以一种政治特许规避本土政权的盘剥和勒索,又可以谋求特权许可的新的商业机会。1915 年,四川"蜀江公司"的元济号轮船,在军阀的敲诈勒索和任意扣用下,终于无法维持。在了解了"上海经验"以后,遂改到上海注册,并邀请法商"麦司洋行"入股,自此元济号挂上了法国国旗。数年后重庆卫戍司令再行扣用元济轮时,法国驻上海领事旋即出面交涉,终使卫戍司令被迫放船。

　　但是这种形式的改变,不论在现实还是在观念上,都还没有从根本上改变私产权与现行政权的关系模式,因此它们也就不可能以此为基础,真正改变个体权益的本质形态。

2. 私产权之上海新天地

近代上海的工业文明,催生了社会的分工和异质个体的形成,同时也必然寻求对私产权的历史内涵以及近代市场经济的商业伦理,重新定位。在这样的历史要求中,私产权的本质属性遂而开始在上海发生了微妙而深刻的变化。在半封建半殖民社会及其政治权力的两相并存和对峙的情况下,私产权状态交织了许多复杂的因素,演变的过程也显得不那么清晰和彻底,但是它们毕竟已经在上海率先进入了社会的实践,并且展现了它们的社会成果乃至是历史发展的趋向。

数年之前,上海地方政府曾经以聚众结党的嫌疑,"照会"过租界工部局,要求关闭一些租界内的戏院。在 1885 年 12 月,上海工部局董事会又连续收到了上海官府的几份函件,内容是他们发现租界内的一些中国戏院在上演的戏目中,有官员穿着破烂戏装的情况,这种在"政治"导向上涉嫌有蔑视和侮辱国家官员的倾向,必须予以惩处与查禁。但是,工部局董事会却认为有关政治意味的违法的指责是难以确认和指证的,而戏院的私人经营是属于市民个人权利的范围,工部局无权予以干涉。因此他们一致拒绝了中国官员有关拘捕戏院老板,查禁戏院的要求。

这个事件对于上海市民的近现代私产权意识,无疑作了一次重要的启蒙和示范。

1903 年,为了制止上海知县及其差役皂隶的各种侵扰勒索,工部局董事会颁发布告,使市民了解到他们合法的私有经营和私产权受到法律保护,完全可以拒绝官府的侵犯和干扰。

但是私有经济和私产权自古以来就存在,并且也得到法律的保护。那么现在的上海重新公布这样的法律文告,它们之间又有什么根本的区别和不同呢?它们的根本区别,恰恰就在于它们是两种本质不同的私有体制及个体权利,在于私产权最终是服从于律法背后的权力,还是服从于独立于权力的法律。比如,"在封建社会,有土地买卖。在资产阶级社会,也有土地买卖。其买卖的形式都体现着法权的形式。前者以形式的不平等(超经济的)为依据;后者以形式的平等(商品形态)为依据。"[42]与西方先行的资本主义制度、资产阶级革命及其私产权形态相比,中国私有经济发展"遭遇的最大阻碍乃私人财产权缺乏司法的保障,因之纵有外放分工办法,也不能在历史上发生同样的作用";"在这种限制之下,所谓中国的'商品经济'及'金融经济',与'实物经济'与'自然经济'实在分画不出明显界限,也无从与欧洲现代经济史里产生此种名目时相提并论。"[43]

对于将中国封建时期的私产存在和近代资本主义的私产权混为一谈的思路,历史学家黄仁宇的看法则是:"资本家或其代言人务必取得立法权,于是法律上的条文才能保障所存积的资本。也要有司法的协助,才能根据立法精神将企业继续展开扩大。以上诸项使资本主义的发展成为一种组织和一种运动。倘非如此,纵然在特殊情形下,某人'田连郡县',某家'积资钜万',孤立之财富无从引导群众参加,更不可能改造社会。而称此等例外及昙花一现之事迹为资本主义,只有淆乱听闻,纵收宣传之功效,亦不能在历史上站得住脚。"[44]

近代上海市民社会的商业伦理,固然不无扭曲,然而它们毕竟已经开始形成资本主义生产关系最本质的一些特征,并且由此发育出资产阶级文明及其工商业文化。它们最基本的一个内涵,就是近现代私产权的物质基础及其个体本位的初步形成;私有产权和个体权益的近代意识,也开始通过各种社会实践构成上海市民的世俗观念。

随后,上海的私有经济在法理依据和权力干涉中的更为敏感的

---

[42] 侯外庐:《中国思想通史》第4卷上册第17页,人民出版社1995年版。

[43] 黄仁宇:《资本主义与二十一世纪》第20、21页,北京三联书店2002年版。

[44] 黄仁宇:《资本主义与二十一世纪》第22页,北京三联书店2002年版。

一次冲突,就发生在 1908 年光绪皇帝和慈禧太后先后去世以后。当时上海地方的最高长官"道台"要求关闭租界内所有的戏院和其他华人娱乐场所,以示全民哀痛。然而这些私人企业在"得体合理"地歇业三天以后,就又自行开始粉墨登场、歌舞升平了。其实早在 1875 年 1 月的时候,类似的事情和冲突就已经发生。那一天,会审公堂前忽然涌来了几百位演艺界个体户,他们抬着戏院的招牌,以他们特有的洪音、拖腔、尖嗓齐声呐喊:"大老爷冤枉!"艺人们喊冤的原因,是因为日前同治皇帝驾崩,地方官府颁令禁戏三个月,这直接影响了艺人们的生计。抗议的结果是经会审公堂的英国官员的协调,准许 27 天后各戏院照常开戏。

这样的事情,只有在当时的上海才会发生。上海真是成了一个"无法无天"的地方。

(1)"上海地方等级已乱"

当时,上海的租界当局曾经针对李鸿章寓所的迎送鸣炮和左宗棠出入时由卫兵喝令路人回避的事情,进行了坚决的阻挠与干涉。租界当局这么做,完全有可能是为了在自己的势力范围内,刻意挫煞中国官员的官仪惯例,从而明白无误地确立自己的权力地位。但是它在行动过程中为自己提供的公开依据和支持,无论如何还是某种法治的以及是市民社会的个体价值理念——保护市民日常生活的合法权益不受侵扰。对于当时上海的普通市民百姓来说,他们在面对高官大员时居然还能具有这样的权利,以及通过这些事件在体制与文化上获得如此的崭新认知,无疑都是具有某种开天辟地的意义的。

因为利益的驱使,私有产权一旦嗅到这种政治变化,就会十分敏感而快速地行动起来。与此形成对比的,则自然就是旧有权力体制的权威、尊严和严肃性,开始遭到消解;而"上海地方等级已乱"的情形,也就很快在日常生活中反映出来。

比如中国封建体制中的等级序列、贵贱尊卑,表现于社会生活的各个层面,甚至也表现在严格的服饰规定上。但是上海的民众却开始逾越规矩,目无纲纪了。1884 年前后随《申报》附送的《吴友如画宝·风俗志图说》中就曾说到:"古者贵贱有章,衣服有别,无敢或紊者。羔裘豹袖者,望而知为大夫,褐宽博者,望而知为贱役。"而在《清会典》中也明确规定:庶民男女衣服不得僭用金绣,许用丝绫罗绸娟素纱;妇人金首饰一件,耳环一件,其他只用银翠,不准制造异样金线装饰;逾制者即被视为混淆贵贱,以下犯上至有叛逆嫌疑,将受到法律惩处。但是开埠以后,清朝政府的行政管制能力在上海租界大为削弱,对生活方式自由选择的理念逐渐进入人心,于是打破传统祖制,"市民乱穿衣"亦即"服饰逾制"的情况,也就在上海逐渐蔚成风气。以至一些思想守旧的人士不免对上海的这种世风痛心疾首:"洋泾浜负贩之子,猝有厚获,即御狐貉,炫耀过市,真所谓'彼其之子,不称其服'也。厮养走卒,稍足自赡,即作横乡曲。衙署隶役,不著黑衣,近直与缙绅交际,酒食游戏征逐,恬不为怪,此风不知何时可革。"[45]"今则几至无人不绸,无人不缎,且优伶娼妓之服金绣者,亦几视为寻常。向之若辈所禁服者,今反自若辈开其先,而良家男女效之,士夫效之,……非但取材各异,杂色莫名,而且式样不同,争奇斗胜,不今不古,非中非西。若任此狂澜而不挽,恐不独为身之灾,抑将为国之患"。[46]

这种服饰越制的消费观念和消费行为,不仅仅在于时尚和经济意义;本质上,是在近代上海的急遽变革中,一切旧有的规矩和限制都已开始名存实亡。除了衣饰之外,车具、器物的使用规格也已经不再仅仅取决于官阶身份;一切似乎都可以用金钱购买。也许在权力体制所决定的级别待遇之外,由财富持有和消费能力所构成的贫富差距和另一种形式的序列级别,也是历来如此;但是这时上海的情形所大为不同的是,由私产权所造就的序列级别已经显示了对权力的失敬,甚至是不遑他让,分庭抗礼,以至还可能招摇其上了。因此,如果说孟子所说的"说大人而藐之,勿视其巍巍然",曾经是封建时代一

---

⑤ 王韬:《瀛壖杂志》第 10 页。
⑥ 《申报》1901 年 5 月 5 日。

些特立独行的士人的一种人格表现,那么近代上海市民基于物权性
质的变化,对于官场规则的敬而远之、不卑不亢,甚至是轻慢不敬,就
开始演化为一种市民的性格倾向了。

上海地方的"等级已乱",当然也引起了一些人的忧虑,比如吴趼
人就说:"上海地方,久已没有王法。"本来的农业文明及其权力体制
所建构的正是一个对社会人群做出权位、序列、等级和名分划分的高
度等级化的社会,正所谓"天有十日,人有十等。下所以事上,上所以
共神也。故王臣公,公臣大夫,大夫臣士,士臣皂,皂臣舆,舆臣僚,僚
臣仆,仆臣台。马有圉,牛有牧,以待百事。"⑰而人们特别是各级官
员对于这种结构之所以"各竞于其职,孜孜莫敢怠",除了身家性命、
社会地位之外,又正是因为财富分配的官本位体制,是"以官阶之高
下",来规定"禄俸之多寡",也就是级别待遇的。

因此,当生产资料和社会分配根本性地掌握在政府权力的手中
时,即使历史变革的契机已经出现,专制体制也总是能够持续地维持
其顽强的生命力。这首先就是因为集权体制下的高度等级化社会,
必然产生这样一种机制:在官本位的晋级阶梯上出人头地,以及由此
而获得的个人价值体现,始终是许多人包括社会精英的内在向往与
人生目标,诚所谓"明主之为官职爵禄也,可以进贤材,劝有功也";⑱
"爵授有德,则大臣兴义";⑲"厚其爵禄以尽其能"。⑳因此对于许多
人而言,人生的首要选择当然就是做官和从政,晋级攀援。

更为重要的,则是由权位级别与利益分配的机制所构成的核心
凝聚力。对于一个庞大的权力与利益集团来说,维护权力体制和维
护自身利益是高度一致的。权位级别与物质利益的对位挂钩,构成
了统治集团基本的意志驱动和价值目标。也因此,对于国家统治者
来说,不同的等级权位以及它们背后不同的利禄功名,正是驾驭臣

---

⑰《左传·桓公二年》。
⑱《管子·明法解》。
⑲《管子·问》。
⑳《韩非子·六反》。

民、激励效忠、奖掖进取,以及以有序的权力结构保持社会稳定的基本手段。商鞅在他的立法中,就制定了"明尊卑爵秩等级,各以差次名田宅、臣妾。衣服以家次,有功者显荣,无功者虽富无所芬华"的原则。[51]生老病死都有规格等级的悬殊区别,"度爵而制服,重禄而用财。饮食有量,衣服有制,宫室有度,六畜人徒有数,舟车陈器有禁。修生则有轩冕服位谷禄田宅之分,死则有棺椁纹衾圹垄之度"。[52]当年吕不韦与他父亲关于投资政治、辅佐君主、以至封侯问爵,可获利"无数"的对话,至今可成借鉴。权位级别实在是有着它根本的物质诱惑的。在这种情况下,所谓对于事业的理想信仰以及各种冠冕堂皇的名义,固然可以在一种非常时期和一些个别人员中构成主观的动力支持,然而在更多的时候,它们常常是自欺和欺人而已。

如此的权力地位与财富配置的形态,也就不可避免地造就了某种前倨后恭以及奴化加傲慢的双重人格。梁启超就因此说过:"乡曲小民,视官吏为天帝,望衙署如宫阙,奉缙绅如神明。昔西报尝有戏言,谓在德国为俾斯士麦,不如在中国做一知县;在英国为格兰斯顿,不如在中国做一县丞。非过言也。然则官吏之所以骄横暴戾,日甚一日者,未始不由民间骄纵之而养成之也。且天下惟能焰人者,为能骄人;亦惟能骄人者,为能焰人。州县之视百姓,则奴隶矣;及其对道府以上,则自居于奴隶也。监司道府之视州县,则奴隶矣;及其对督抚,则自居于奴隶也。督抚视司道以下,皆奴隶矣;及其对君后,则自居于奴隶也。"[53]

然而,在经济权力社会化的历史演变中,社会分配的官本位体制终究开始遭到了某种颠覆。这种情形首先在近代上海出现。

资本形态的自由市场经济,使上海民众很快接受了这样的信息:这就是自己的一切,包括个人努力、个人能力以及个人的责任和权

---

[51]《史记·商君列传》。

[52]《管子·立政》。

[53] 梁启超:《中国积弱溯源论》,见《告诉你一个真实的中国》第68—69页,敦煌文艺出版社1997年版。

利,将极大地摆脱由来已久的诸如门第、祖荫、家世甚至权位等等社会关系。如果封建时代的致贵致富在相当的概率上需要依助于政治权力以及家世渊源的话,那么在近代上海,"资本权力"则至少开始与政治权力一起发挥着双重的杠杆作用。比如在任何的追逐财富的过程中,第一桶金的掘得都是最关键的,而在近代上海的资本主义体制中,普通人掘得第一桶金的机会要比封建体制中多得多。上海在近代开埠以后,因此而制造了各种各样的"淘金梦"。

这种私有制变迁的历史意义同时也就表现为:在机遇、发展和金钱面前的至少是形式上的平等,开始建立,并且具有了法律的名义。上海民谚中的"英雄不问出身","风水轮流转","天无一日雨,人无一世穷",也许与历史上的"王侯将相,宁有种乎"可以属于一种意识同构;但是它们本质区别又在于:在近代上海的市民社会中,一种普遍主义的机会均等和成就准则,至少在制度文化上已经开始确立,而传统的以权力谱系为坐标的等级观念,则受到了明显的削弱。

当然,尽管这种历史变革时期的"平民的机遇",同样会在实际运作中遭受诸多的不公和限制,但此中的情形应该正如哈耶克所说,"在竞争的社会里,穷人的机会比富人的机会所受到的限制要多得多……在竞争制度下,穷人致富的可能性比拥有遗产的人致富的可能性要小得多,但前者不但是可能致富,而且他只有在竞争的制度下,才可能单靠自由而不靠有势力者的恩惠获得成功,只有在竞争制度下,才没有任何人能够阻挠他谋求致富的努力。"⑤④

当时上海这座新兴的城市所鼓励的,正是打破传统的社会角色和名分定位,从而唤发和释放社会民众的更大能量。于是,对于这个城市的每个人包括平民来说,新的社会形态使他们可能通过努力奋斗、积极进取、创业竞争,甚至是巧取豪夺,来实现有利于自己的社会财富的重新分配和社会角色的重新安排和换位。

虽然大多数市民终究无法致贵致富而只能碌碌无为,但是新兴

---

⑤④ 哈耶克:《通往奴役之路》第 100 页,中国社会科学出版社 1997 年版。

的社会价值体系和观念,毕竟极大地激发了社会的活力。同时,尽管历史上出身寒门而显富显贵者不乏其例,但是近代上海频频涌现的平民发迹的例子,却是带着社会体制变革、价值多元和社会等级秩序重构的历史印记的。这些人物的发迹,自然凭藉了各自的机缘,当然也不乏是凭藉了投机的手段,但是他们的共同点,都是底层贫民出身。而人们对于这些人物故事的特别关注和赞赏,实质上也是寄寓了对于历史发展和社会关系变革的内在期待的。

黄浦滩的早期建设者、曾任英国太古轮船公司总理、轮船招商局总办的大买办郑观应,其父为塾师,家境贫寒,16岁初试未中,即单身赴上海谋生、习商。

大名鼎鼎的盛宣怀,曾经只是在李鸿章幕下做一点文书杂务的事情,初到上海时,因为外乡人口音,也照例受到过人们的嘲笑。

当年闻名沪上的虞洽卿曾经担任全国工商协会会长、上海总商会会长、公共租界工部局华董,但是人们更为津津乐道和记忆传播的,仍然是他以一介贫寒学徒而成功发迹的经历,以及他如何出身贫苦,6岁丧父,靠母亲为人做针线活度日,稍微懂事后,每天到海边捡拾贝类蚌蛤补贴家用,15岁经人介绍到上海当学徒,然后靠着机遇和努力,成为上海滩一介大亨的传奇过程。

以五金、火油起家,涉足轮船和军工产品,商号钱庄遍及整个中国,并且创办了中国第一家银行的叶澄衷,曾经是在黄浦江上摇橹为生的贫苦少年。叶澄衷出生在贫苦农家,也是在6岁的时候,父亲去世。11岁入油坊当学徒,年工资只有一块银元,另外给油一担。14岁到上海学裁缝,后到杂货店当学徒,再到黄浦江上摇舢舨谋生。然而,一次拾金不昧的机遇,帮助他逐步走上了事业成功的道路。

先后涉足保险、电力、交通纺织等领域,担任过中国通商银行总董,上海总商会会长的朱葆三,13岁从定海到上海"学生意",他想学习英语,可是到夜校上课每月要学费3元,而他当时每月的"月规钱"却只有5角钱。然而这个勤奋工作和刻苦学习"殊于常儿"的十几岁的贫苦孩子,终于在上海滩一步步迈出了他人生的坚实脚步。

创办上海闻名的大中华橡胶厂和"双钱牌"元宝套鞋的余芝卿，幼年父母因病双亡，由务农的姐姐抚养。稍长时就帮着在田间锄草放牛。13岁随姐夫到上海"学生意"。

在上海营造厂中极具知名度的"新仁记营造厂"的老板何绍庭，在父亲去世后，自小曾随母亲讨饭度日，15岁时到上海当学徒。

"味精大王"吴蕴初是一个嘉定教书先生的儿子，13岁时违抗祖父之命只身来到上海求学谋生。

上海"金笔女皇"汤蒂因14岁站柜台，因为家境窘寒，生计无着，十六岁时，差点被迫做了人家的小老婆。

甚至显赫一时的上海闻人杜月笙，十多岁时也只是一个水果摊的学徒，靠着帮人削水果为生。

这些人物故事及其社会现象的标志性意义在于：在权力体制基础上建立起来的等级序列及其社会结构和伦理模式，在开埠以后的上海已经被打破。代之以起的，是市场经济和个体本位的社会规则及其近现代理念。在新的竞争社会中，"成为租界居民的华人，不论原来的籍贯、出身、教养、职业、财产、信仰等等，差别有多大，但自踏入这个'国中之国'起，便似乎都消失了。衡量的尺度，只要本人的钱袋大小和能力强弱。尽管多数人只能为苟活而挣扎，但幸运之神似乎随时都会照应每个市民，使店伙变成巨富，穷士变成大班，小工变成老板，乃至使瘪三变成大亨，在机会面前人人平等。"[55]

（2）从权力资本到资本权力

在政治权力成为最终支配和主宰的时候，资本也就被迫地归属于权力，并且最终成为权力的资本。

但是当权力的悬剑开始解除时，资本也就不再顺从听命，而是会凭借自己的力量，索取法律保障下的真正独立自主的权利，并且进而对国家权力提出自身的要求，甚至是进行某种干预。这种事态所说

---

[55] 朱维铮：《晚清上海文化：一组短论》，见《上海研究论丛》，上海社会科学院出版社1993年版。

明的是:资本的权力从此刻开始形成。而以资本的权力取代权力的资本,正是资本主义的核心命题,当然也是一个历史的命题。

1900 年 6 月,策源于上海的对于朝廷的一次公开抗命,就特别具有这种历史意味。

从 1889 年到 1900 年,义和团运动在中国北方兴起,并引发了大量的骚乱和杀戮。当此之时,无力抗御列强而丧权辱国的清朝政府,却企图借助"扶清灭洋"的义和团打击洋人势力。于是,朝廷将一道"招募成团,借御外侮"的密诏发往上海,指示上海地方政府配合义和团运动,发动群众,对洋人"大张挞伐,一决雌雄",以"剪彼凶焰,扬我国威"。接着,军机大臣荣禄又发来明旨,要求上海对外宣战,焚烧教堂,杀戮教士教民。这样的中央号令,与上海社会与民族资本的利益,显然是完全背离的。但是,皇命可违吗?

历史的关键时刻这一次推出的人物,是盛宣怀。盛宣怀时任朝廷派驻上海的命官,接到朝廷的宣战谕旨,他随即判断:"一国与各国战,断无此理。"接着他电令辖下的各大城市电报局,对于宣战谕旨"不准传抄,如有泄漏,惟该局员是问";又致电两江总督刘坤一,两广总督李鸿章,湖广总督张之洞,在请他们"万勿声张"的同时,提出了自己的主张:"北事不久必坏,留东南三大帅以救社稷苍生,似非从权不可,若一拘泥,不仅东南同毁,挽回全局亦难。"在获得他们的赞同以后,盛宣怀终于与驻上海的各国领事在上海公审会堂举行会议,当天就谈判议定了《东南保护约款》和《保护上海城厢内外章程》,其中约定:"上海租界准归各国保护,长江内地均属督抚保护,两不相扰,以保全商民人命产业为主。"这就是中国近代史上著名的"东南互保"。它之所以著名,既是因为它以地方的势力明目张胆地违抗了朝廷的谕旨,更是在于这次抗命所具有的特殊的历史内涵。

在历史上,中央权力发生危机和地方势力抗命,总是互为因果,时有发生,比如周代的五霸,汉末的军阀混战,唐代的藩镇割据,等等。这些抗拒朝廷的事件,总体上都是以中央权力的削弱和地方军事和政治力量的膨胀而引起的。然而对于这一次的盛宣怀等人来说,"东南互保"固然可以援引"将在外君命有所不受"的古例,但是别具历史意味的是,"东南互保"所主要策动和依靠的,却是上海地方特别是上海民间资本的势力。

当时,上海的报刊舆论连篇累牍,代表上海各界发表了大量的文章、声明,谴责义和团乱国,要求保护社会安定。毫无疑问,如果没有上海地方的这种舆论反映,特别是如果没有上海业已形成气候的经济自主格局与"资本的权力",盛宣怀等人的抗命就将失去它们的社会基础和支持。而居于沪上多年的盛宣怀本人,也正独揽着轮船、银行、铁路、邮政、煤矿、纺织等经济命脉,"也只有这样的人才敢嘲笑西太后神圣而庄严的向列强宣战的谕旨"。

然而耐人寻味的是,盛宣怀固然曾以上海的资本势力为依恃,并且以此构成了"东南互保"的主要社会力量,从而名垂沪上,但是在代表君主体制的本质上,他和李鸿章们又是一致的。他们扶植和支持上海的华商,归根结底是为了改进现行的政治乃至经济体制,维护他们自身的利益,本质上他们并不赞成民族资本游离于政治体制、私有资本的发展导致与朝政分庭抗礼。因此,在盛宣怀把持垄断铁路、银行、钢铁、煤矿、轮船、电报等经济命脉,立场与重心经常偏向于"国家所有制",也就是致力于壮大"权力资本"的时候,他又终于与上海的资产阶级发生了根本的冲突;上海的资产阶级也就终于要从"东南互保"中的精诚合作而变为"非诛盛宣怀不足以谢天下"了。

就历史的进程来说,资本权力在上海开始形成,对传统的权力体制及权力资本的挑战和对抗,虽然还没有表现为直接问鼎现行政权的倾向,但是它们已经在不动声色地抽离着权力体制的统治基石。这种历史现象及其价值取向的根本属性,却显然是与社会发展和日常民生趋于一致的。这种历史意志的展现,也为近现代的上海市民社会,奠定了最为重要的价值基础。

除了对朝廷王命的公然抗拒外,上海市民社会随着私产权性质的内在变异和资本权力的日益形成,对上海的租界当局,也同样表现出了公开的并且是越益强硬的维权抗争。

　　开埠之后,上海租界不断扩大,其中除法租界自有公董局之外,公共租界的行政管理机构就是工部局董事会。工部局和公董局的独特性在于,它们既是一个议会决策的机构,同时又是一个实施市政建设、治安税收、公共卫生的行政权力机构。一方面,租界当局秉承了西方现代体制,推动了上海的开放和私产权保护;另一方面,就租界半殖民性质的权力结构本身而言,它在很长时期内又是排斥中国民众在其中拥有自己的代表的。这种状况自然造就了对于华人的诸多不公,甚至工部局董事会始终不准许华人进入由洋人建造的黄浦公园、兆丰(中山)公园和虹口公园。这种情况在以后能够得到改变,并不是因为洋人董事们的民主意识忽然觉醒,而是在根本上取决于上海民族资本力量的发展壮大。上海市民在社会事务中的发言权,正是来自于他们自己的资本权力。

　　在上海民族资本的权力开始形成以后,工部局董事会在租界治安、防疫以及在诸如1910年前后的"黎黄氏案"、"四明公所事件"等各种社会事件中,就不得不与上海总商会合作共处。到了20世纪20年代前后,工部局董事会已经有了"华人顾问委员会",而这个以绅商业主为主的委员会一开始的一个具有标志意义的议程,就是要求向所有的上海市民开放上海的公园。

　　1927年,为抗议工部局增收房税,一些市民遂以"上海租界纳税人"的名义,致函工部局:增收房税的决定出自于"称为文明人主持之贵工部局",实在令人遗憾。现在,纳税华人的觉悟,非但不是八十年前可比,而且也不是数年前可比了。"国家观念,权利观念已有长足之进步"。因此他们以集体会议和表决的方式,拒绝工部局的增税决定。

　　1928年2月24日,经过长期的谈判抗争,上海市民的代表终于在上海租界行政权力的组成上,与工部局董事会摊牌。"关于虞洽卿先生(上海总商会会长)就董事会华人代表权问题进行的谈判,总董称他根据自己的期限范围已提议,如果准许董事会增设的三个职位由华人代表担任……但是一些比较激进的(华人)分子坚持他们的要

167

求,要董事会在明年提议把在董事会的华人代表人数增加到6名。总董拒绝同意这个提议。"在事关董事会日后表决效果的华人董事的人数名额上,双方始终争执不下。这时,虞洽卿代表上海工商界坚持己见;接着,他用作最后摊牌的也正是经济的手段。虞洽卿告诉工部局的外国董事们:如果事情仍然得不到合理的解决,那么工部局董事会将在华人业主的税捐问题上"陷入困境"。耐人寻味的是,当时上海滩的许多大亨包括虞洽卿的发迹,都不同程度依仗于租界的体制格局和洋人势力。但是在民族资本一旦形成气候并且要求自身权益保障的时候,他们要向租界行政当局提出权力分享的要求,也就是历史使然了。结果,正是在这种经济宣战的"要挟"之下,董事会现有董事们才不得不审时度势地在这种资本的权力面前屈服和让步,"这个问题解决得越迟缓,就越可能使董事会在增收工部局税捐中陷入困境,为此他(董事会总董)提议批准他接受虞洽卿先生的要求。"⑤⑥

从权力的资本到资本的权力,事情正如哈耶克所说:"只是由于生产资料掌握在许多独立行动的人的手里,才没有人有控制我们的全权,我们才能够以个人身份来决定我们要做的事情。如果所有的生产资料都落到一个人手里,不管它在名义上是属于整个'社会',或是属于独裁者,谁有这个管理权,谁就有权管制我们"。⑤⑦同时也诚如所说:"如果国家垄断了一切财富和权力,那么,社会平等的目标就成了让个人绝对服从于一个全权的实体(社会)的律令。在这里每个人的平等是在特权基础上的平等,领取配额机会的平等,在这种社会现实中,领取配额的额度和机会,不仅不平等,而且等级鲜明、森严。"⑤⑧

20世纪20年代中期,蒋介石统军北伐。当时在他还不能以武力挟持国家和社会的情况下,他向上海商会寻求经济支持时,就曾遭

---

⑤⑥《上海工部局董事会会议记录》第24卷第494页,上海古籍出版社2001年11月版。

⑤⑦ 哈耶克:《通往奴役之路》第101页,中国社会科学出版社1997年版。

⑤⑧ 刘军宁:《保守主义》第57页,中国社会科学出版社1998年版。

到上海商会的拒绝。此后，上海工商界与"国民政府"又进行过多次尖锐的抗争。1927年3月，以江浙财团为核心的上海商业联合会在上海成立，虽然这个资本团体明确支持蒋介石政权，但是它也仍然以经济主体的身份向蒋介石提出了合作的条件，这就是国民政府必须给商界以一系列明确的维护承诺。此后，蒋介石要求上海商界与银行业购买国民政府的"库券"，上海工商界人士对此冷淡回避，而商业联合会则提出，他们可以购买政府库券，但是承募人和商人却要监督这笔款项的使用。1927年12月，全国各省总商会代表大会在上海召开，蒋介石、戴季陶、孔祥熙等国民党要员亲临会场。会上，蒋介石要求"商会放弃自主活动，完全听命于国民党及政府的指导，不得脱离官方为其铺设的政治轨道。"但是在这样的原则问题上，上海总商会会长冯少山代表上海工商界提出，要坚守工商业经济的主体性，"所有全国税收除关税、盐税担保内外公债外，其余捐税，宜统交社会保管。"并且公开而一针见血地指责国民党政府的有关做法，是"无理谩骂，藉党专制。"1928年，上海总商会等80多个团体还致电国民政府，反对它的强征暴敛，其后又公开发表《反对特种消费税宣言》，"呼吁停办，誓死力争。"是年年底还为此召开了群情激愤、纷纷谴责国民政府的上海工商业界会议。当然，这种资本公然与政权谈条件、提要求、做对抗的情形，很快就因为政治权力越益趋向专制而成为历史的绝唱。

虽然在各种政治力量错综复杂的上海社会，初步形成因而还相当脆弱的资本权力在与政治强权的抗争中，未必都能获得如愿的结果，甚至未必能够坚持始终。比如冯少山在公然对抗国民政府以后，就不得不逃避国民党的通缉追捕。但是，私产权的性质变异以及资本权力的形成，毕竟已经在一个特定的历史时期和一个特定的社会体制中初步形成；而它们的社会实践，也为我们提供了历史的启示和经验——这就是经济权力的社会化最终将导致政治权力的社会化；正是个人自由、私产权以及资本权力，才构成了宪政体制的、权力制衡的现代民主制度的物质基础。

当然,任何权力都意味着压迫。资本的权力也将造成新一轮的贫富差距、社会不公和剥削压迫,并且就此产生新的社会问题。但是,相对于专制体制及其权力资本,资本的权力虽然可能成为一种强制的工具,然而它在私人手中时,已经不再是绝对主宰的和完整的权力,也不再是能够支配个人的全部生活的权力。同时,私产权和资本权力的确立,本身需要诉诸立法与法律,而资产阶级革命所推崇的法律的普适性和独立性,既对封建集权的趋向形成了制约,也对自身的权力至少形成了某种形式上的制约。

三、近代人权的女权标志

傅立叶有一句名言:"在任何社会中,妇女解放的程度是衡量普遍解放的天然尺度";列宁也说过:"从一切解放运动的经验来看,革命的成败取决于妇女参加解放运动的程度"。因此,毫无疑问,女性解放和女权状况,将成为近现代政治状况的一面镜子,也将成为上海市民社会及其个体本位的一个敏感和重要的考察标志。

在开埠30年的时候,上海滩上发生过一起"杨月楼案"。它之所以轰动一时,就是因为在封建礼教意识和近代自由观念的交锋中,一个在以往也许没有人会大惊小怪的事件,却在这个时候被凸显成为一个十分敏感的个体权益以及是女性权益的社会问题。

年轻英俊的京剧演员杨月楼在上海演出时,一个富商的女儿韦阿宝对他一见钟情。在乳母的撮合之下,阿宝主动与杨月楼私下约会并表达了以身相许、愿成眷属的愿望,进而还议定了媒约婚书,拟择吉日娶亲成婚。但是这样的自由恋爱以及女子自论婚嫁,在封建伦理和礼法中既属伤风败俗,而杨月楼的"戏子"身份更是遭至韦家族人坚决反对。面对家族的否决阻挠,韦阿宝避过族人,准备与杨月楼私下成亲完婚。韦氏族人遂以"拐盗罪名"将杨月楼告上了会审公堂。而会审公堂的中方谳员认为,此案不涉及华洋纠纷,纯属中国民事案件,应由上海县衙门审理。1873年岁末,杨月楼、韦阿宝即被解往上海县衙门,由县太爷发落。

"当天晚上,上海县令叶廷春开始审理杨月楼案。这位大清官员以对一桩所谓风流案件表现出来的高度效率、热情、细致与严正,将杨月楼、韦阿宝这一对追求自由幸福的俊男丽女,带入人间地狱。叶县令听完韦氏族长一番绘声绘色的控诉后,对奉传到堂的杨月楼一句未问,便劈头宣布重打二百脚胫。苦刑过后,杨月楼只得唯唯诺诺地招起供来,……至传讯到阿宝时。叶县令面对俊俏姑娘缓了缓口气说:你身为良家女子,与戏子结亲有辱身份,本县令你速离异另嫁如何? 这位忠于爱情的姑娘面对县令仍口口声声:嫁鸡随鸡,死亦杨家之鬼。叶县令大怒,命差役重打她二百嘴巴,娇嫩的姑娘顿时被抽打得满脸鲜血红肿"。接着,叶县令又再次严刑拷打杨月楼,"庭讯中叶县令喝令差役用粗绳捆住杨的拇指,将他高吊在横梁上,再用天平架重压其脖颈,同时命差役重打杨一百脚踝子,直至昏死过去。"⑤⑨

以后杨月楼在经受松江府太守、江苏省按察使等各级政府官员的数次提审中,次次翻供,大呼冤枉,但又一次次地被重刑打回。

然而"杨月楼案"毕竟是发生在业已开埠的上海。是时的上海社会,一面是顽冥不化,一面已是风气初开。于是在案件审理过程中,一场有关道德伦理和婚姻自由的讨论,就绝无仅有地在租界的媒体舆论中展开了。当时《申报》的一篇文章就这样指出:"杨韦男女双方均有媒约婚书为凭,以通奸论处也值商榷,县令如此施以重刑,不知遵循大清哪条法律,太惨人目。"然而恰恰是这个案子及其讨论涉及到了价值观念和社会体制的根本问题,因此当时还有报章披露:有顽固的封建卫道者甚至向县令许诺,若将杨月楼处死,便以 2 万两白银酬谢。

案子的结果是:杨月楼被判发配 4 000 里以外的边远充军,而韦阿宝则是被强行许配给了一个 70 多岁的老头。

一场由自由恋爱酿成的"案件",就这样以极为悲惨的结局收场

---

⑤⑨《开埠——中国南京路一百五十年》,见《昆仑》1996 年第 3 期第 108 页。

了。当时上海县县令的判案,既是遵循了有如"父母控子,即照所控办理,不必审讯"的清朝法律原则(《清律例》卷二八),同时也表明了当个人自由包括女性权利一旦与封建社会的规则有所抵触,即予以坚决压制的原则立场。杨月楼、韦阿宝案的本质,正如马克思所说:"专制制度的唯一原则就是轻视人类,使人不成其为人。"⑩

但是杨月楼和韦阿宝的自由恋爱及其悲剧之所以产生了轰动效应,实际上又正说明,在当时的上海,这个事件其实并没有结束;它反而可能加速触发了人们对个人自由和女性权利的思考和觉醒,它也许是以一次惨烈的牺牲而激起了社会的集体意识,同时也揭开了近现代人权和女权变革的帷幕。

几乎就如杨月楼、韦阿宝的冤情不泯,半个世纪以后,它又在上海滩上托演了一件简直就是一模一样、如出一辙的事件。然而当时上海的文化与体制环境,终究为男女主人公的终成眷属提供了必要的社会条件。

当时,上海一个大户人家的爱女、十八妙龄的裘丽琳主动看上了名闻艺界和上海滩的京剧演员周信芳。艺名"麒麟童"的周信芳时年不到 30 岁,从艺已经 20 多年。两人自由恋爱的事情遂而成为上海滩小报竟相报导的花边新闻。但是纵然"麒麟童"的名声再大,在"上流"社会看来,他终究不过是一个"戏子"。正是因为有着鄙薄艺人如当年鄙薄杨月楼的社会成见和诸如"婊子无情,戏子无义"之类的说法,当时的上海"大人家"是绝对不会允许自家的女儿嫁与戏子的。于是,裘家对最为宠爱的小女儿"三小姐"严加训斥,强行看管,不许出门。裘丽琳的兄长在当时上海的黑道、白道中,亦非等闲之辈。他甚至邀请了 20 多位小报记者入赴"鸿门宴",一边施以红包,一边令道中人物环伺左右。恩威并施之下,果然煞住了小报炒作周、裘相恋的风头。

但是未料裘三小姐对周信芳一往情深、死心塌地,她乘着家人看管稍息之际,穿着睡衣拖鞋伺机逃出家门,然后坐上黄包车去见周信

⑩《马克思恩格斯全集》第 1 卷第 411 页。

芳。两人商议后,连忙去往苏州躲避。到了苏州以后,他们找了僻静之处先让裘丽琳安顿下来,然后周信芳当天又再赶赴上海登台演戏。其时,裘家已经带着人员和手枪直扑周信芳家,扑空以后又到火车站查询。不料一位站务员恰巧是一位京剧票友,所以认得周信芳,于是不经间透露了两人的行踪。可是一干人等再扑苏州,却在各家旅社内找不到周、裘二人。裘家显然不会善罢甘休。

在事态和形势相当严重的情况下,使事情发生根本转折的契机,是裘丽琳在这样的危机与胁迫之下,走上了现代法律的道路。不久,上海一家大报登出了某著名律师受聘于裘丽琳小姐担任其法律顾问的启事,启事的大致内容是:本律师的当事人已经成年,依法享有法律规定之公民权利,任何人无权限制其人身自由和侵犯其合法权益,否则本律师将依法提起诉讼,云云。于是这件事情顿时成为社会舆论关注的焦点。在女儿的坚决态度和社会舆论的压力下,以及在法律的保护之下,裘家不得不作出让步,而有情人也终于美满结合。

周、裘自由恋爱的结果,最终没有落到当年杨、韦的悲惨结局,其中根本的原因,就是在于上海的社会形态业已发生了由封建礼法、权力断案到个体权益、法律维权的重大变化。而在既定的社会历史条件下,裘丽琳就有可能意识到自己的人身权利,并运用这种法定权利作为保护自己的最后手段。同时,在独立自主和女性解放业已形成社会价值观和社会通行准则的背景下,市民社会的舆论,也就可能对周、裘的自由恋爱,提供了具有充分正当性的支持和保护。

在这两个案子之间展现的,当然不是遽然跨越的景象,而是伴随着上海市民社会和个体本位的历史进程,亦步亦趋地经过了女性解放的辛苦历程。

近代上海的女权意识的特别敏感因而也是首要的表现,仍然还是女性的自主婚恋。因为在中国的传统礼法中,这是确定女性社会地位的核心环节。一般来说,女子的婚嫁须由父母之命、媒妁之言所决定;一旦嫁入夫家,也就确定了她嫁鸡随鸡,嫁狗随狗,从一而终的命运。她们只有被夫家"休出"的可能,没有对既定婚姻的任何自主权。"妇人,从人者也,幼从父兄,嫁从夫,夫死从子";"信,妇德也,一与之齐,终身不改,故夫死不嫁。"这样的封建礼教到了近代以后,就开始遭到越来越多的批评,比如"中国礼教,有'夫死不嫁'[61]之义。男子之事二主,女子之事二夫,遂共目为失节,为七辱。礼又于寡妇夜哭有戒[62],友寡妇之子有戒[63]。国人遂以家庭名誉之故,强制其子媳孀居。不自由之名节,至凄惨之生涯,年年岁岁,使许多年富有为之妇女,身体精神俱呈异态者,乃孔子礼教之赐也。"[64]

然而在上海,因为个体权利和个人自由的意识逐步增强,以及社会风气的逐渐开放,上海女性的婚姻自主相对于当时中国内地的情况来说,就构成了一种新的社会景象。甚至女性在婚姻离异的自主性上,在全国也是比率最高的。"从史料来看,妇女喜新厌旧、向法庭起诉要求离异均可自由定夺。据《上海市社会局业务报告》记载,1929年上海共发生离婚案645件,即每十万人中有23.82件离婚案。1930年离婚案上升到853件,其中男方主动提出的为177件,占20.75%,女方提出的为138件,占16.18%。而从1932年—1934年3年中上海法院判决的187件离婚案来看,女方主动者为146件,占78%,比例大为上升。这种现象的背后,既有对包办婚姻与旧式家庭生活的反叛与报复,也有对个性不甘被轻忽,尝试新生活的强烈欲望,而支撑其间的正是独立自主的时代精神在起作用。"[65]

正是应和了这种社会形态的流变,易卜生的《玩偶之家》以及"娜拉出走",就在当时的上海风靡一时,成了青年男女追求个性解放的精神依托。这种思想风潮的实质,正是对封建体制、集体本位及其压迫个人自由的专制倾向,表达了反叛的意志。正如胡适在谈及易卜

---

[61] 见《郊特牲》。
[62] 见《坊记》。
[63] 见《坊记》及《曲礼》。
[64] 陈独秀:《孔子之道与现代生活》,见《陈独秀文章选编》,北京三联书店1984年版。
[65] 忻平:《从上海发现历史》263页,上海人民出版社1996年12月版。

生及其《玩偶之家》时所说的："社会最爱专制,往往用强力摧折个人的个性,压制个人自由独立的精神……社会最大的罪恶莫过于摧残个人的个性,不使他自由发展。"⑥⑥

上海社会的女性自主婚恋,看起来只是随着社会形态的变化而产生的,但是实际上,近代上海的女权构成恰恰已经在本质上摆脱了对于外部力量的依从,而是建立在自身的教育启蒙,特别是建立在女性参与工作、从而赢得独立的经济权利的基础之上的。

上海开埠以后,随着西方文化的浸染,首先是一些西方传教士在上海开设了教会女学班,它们专门招收中国女童入学。上海见之于记载的最早的女塾,是1850年美国传教士裨治文夫人设立的裨文女塾。次年又有美国女传教士在虹口设立文纪女校。1861年,清心女中也开办出来。这些女校先是讲授圣经和中国的"四书",练习认字,然后又教习一些纺织、缝纫、烹饪等现代女子家政。到了19世纪70年代以后,女子有权利上学读书的意识,以及兴办女学,就在上海市民的价值评判中,形成了基本的共识。当时,梁启超就在上海的《时务报》上发表文章,极力提倡女子教育,"兴国智民,应以女学始"。于是女校女学也构成了上海市民女权意识中的一个具有标志意义的内容。"1891年,时任上海电报局总办的著名绅商经元善发起筹设女学堂,得到多位官绅的响应支持,开始召集会议,订立章程。因事关女界,还由几位官绅夫人出面,邀请热心女学的中国官绅女眷及西国驻沪领事夫人、律师夫人、教会修女等中西女界人士共122人,集会商议女学之事,开创了上海,乃至全中国女界集会议事的一大盛举。"⑥⑦这也就是上海近代史、同时也应该是中国文化史上极具影响的"裙钗大会"。当时《点石斋画报》曾誉之为:"诚我华二千年来绝无仅有之盛会。"在这个基础上,上海女校的学生开始学习各种现代知识,逐步走向了男女同学同校的办学模式。

---

⑥⑥ 胡适:《易卜生主义》,见《胡适文存》一集第455—468页,黄山书社1996年版。
⑥⑦ 李长莉:《晚清上海社会的变迁》第481页,天津人民出版社2002年8月版。

与此同时,在开埠二三十年后,上海就破天荒地出现了各色女工。她们先是在茶栈、丝栈做工,其后成为缫丝厂和纺织厂的工人主体。据统计,1882 年至 1894 年,上海有外商丝厂 4 家,华商丝厂 8 家,共有工人 9 600 人,其中女工占 90%。再以后,上海女性越来越多地进入到各种行业工作,比如被各类机器制造厂局雇佣,以及为各类"写字间"所聘用,成为正式的职业女性。30 年代时,她们甚至开始被警局招聘而成为女警。

使用女工,对于雇主而言,固然有降低劳动力成本从而获取更大利润的原因,因而也就存在着更多的剥削事实。但是对于当时上海的广大女性市民来说,出家门去当工人或职员,首先就能够挣得收入谋生自给、以敷家用,于是"一闻有人招雇女工,遂觉本人以兴,全家相庆,举国若狂,利之所在,人争趋之。于是相与连袂随裾,或行逐对以去。……呼朋引类,无论小家碧玉、半老徐娘,均各有鼓舞,踊跃之心,说项钻求,惟恐不能入选。"⑱于是,在当时的上海,带着饭盒步行、或者是乘坐独轮车、再以后也有乘坐电车到工厂或公司"上班"的女性,就成为一种独特的社会现象。对于这些上海女性自身来说,她们之所以能够坦然进入工厂、企业,走向社会,就是因为她们意识到,作为近代社会的上海市民,做工为业,是她们理所当然的人身权利。更为重要的是,到工厂、企业做工,从而获得自己的经济收入,正是女性走出家庭及夫权羁绊与束缚,获得独立自主的社会权利、实现自身价值的决定性的举动。

上海女性的工作权利以及由此而获得的经济能力,反过来构成了她们与当时内地女性所截然不同的独立人格和权利意识的物质基础。兴女学、开女工之后,上海女性参与社会活动和文化娱乐等等,也就成为近代上海女权意识和女性解放的重要现象。

上海开埠以后,随着工商业经济的快速发展,文化娱乐业也迅速得以繁荣,茶馆、戏院、夜总会等等,日渐增多。其中就有演绎了许多

⑱《申报》1888 年 4 月 1 日。

历史故事、记载了许多上海逸事的知名娱乐场所,比如青莲阁、一洞天茶馆,兰心、国泰、巴黎、大光明大戏院,跑马厅,天蟾舞台,共舞台,百乐门,大都会,大世界,仙乐斯,等等。这些娱乐场所一开始都只是男人光顾和消遣的地方,但是以后渐渐地就有女性出入其间了。很快地,女子公开而大模大样地出入于公共娱乐场所,就成为上海社会生活中的一种独特的以及是"惊世骇俗"的景观。"妇人女子原宜深藏闺阁,不令轻见男子之面,所以别内外而防淫欲,意至深也。乃上海地方妇女之蹀躞街头者不知凡几,途间或遇相识之人,欢然道故,寒暄笑语,视为固然。若行所无事者,甚至茶轩酒肆,杯酒谈心,握手无罚,目贻不禁。……此风日甚一日,莫能禁止。"[69]"上海为通商总汇,租界尤繁盛之区,商贾云集,习俗侈靡,茶坊烟馆,鳞次栉比。……以致妇女引类呼朋,趋之若鹜。男女杂处,昼夜嬉游。……相习成风,毫不为怪。"[70]上海的女性之所以可以公然地出入娱乐场所,自然不只是男女平等意识,也是市民社会既定的自主权利下的社会现象,诚所谓"看戏一举,原属赏心乐事,本当男女同乐,良贱共观";若是于此坚持男女有别,则是"未昭平允。"[71]这种男女同乐的景象,当时也确实只有在上海才会普遍出现。

　　相对当时整个中国的情况,上海女性能够比较早、同时始终能够比较多地获得自主意识和自主权利,是与上海社会形态的变革和个体本位的观念形成,有着密切关系的。甚至在婚恋、女学、女工和娱乐之外,许多女性正是在上海才开始了她们投身革命和政治的生涯,比如秋瑾也只有在居住于上海的时候,才有可能出版她的《中国女报》,以及公开发表她的《勉女权》的新歌。

　　近代上海的女性解放和女权实践,当然也不断地遭遇到了传统意识的重重阻挠。但是,在社会形态发生整体性变革的历史条件下,

---

⑥⑨《申报》1872 年 6 月 4 日。

⑦⓪《申报》1885 年 8 月 6 日。

⑦①《申报》1874 年 1 月 13 日。

女性解放和女性权利终于开始成为近代上海市民社会的既定内涵和重要标志。在中国近代史和新文化运动当中,女权问题正是社会民主乃至政治变革的一个重要号召和目标。

上海的新女性现象,在从政治家的主张走入到社会民间的实践中,向当时的世人做出了极为重要的示范。

四、上海的"义""利"之辩

以诸如"食色性也"的自然人性,人们的物质要求在近代社会获得了前所未有的正当性,并且名正言顺率先进入了近代上海的市民生活。然而它们必然导致的,就是"义利"之辩,亦即"工具理性"与"价值理性"的某种抵牾和关系重构。

人类的生存,既有物质需求也有精神需求,既有理智又需要情感,既须重视科学计量又需要宗教情怀。前者表达着世俗"利"的理念,后者体现的则是超越性的"义"的内涵;前者关注的是物质得失、效率收益、成功几率、生存发展、市场经济,后者则关注于道德原则、信仰信念,以及世界与人类的意义、精神与灵魂的安顿;前者就是所谓的"工具理性",而兼顾了宗教精神、人文理想、伦理道德和文明礼仪的后者,则是所谓的"价值理性"。它们在当代的"马斯洛原理"中,也就构成了所谓人类的"低级需要"和"高级需要"。

显而易见,利与义以及工具理性和价值理性,它们对于人类社会都不可或缺,也不可偏废。然而事实上,两者的关系又始终是处于对抗消长、互相压制的状态。正如韦伯所说:现代文明的全部成就和问题,都来源于工具合理性和价值合理性的紧张和对立。

而在近代上海的社会形态急遽转型、市民社会的价值观念迅速发生变化的情形下,两者之间的冲突也就变得更其尖锐。

但是这种冲突背后的社会与历史要求,不是互相取代,而是在新的历史条件下重新界定各自的内涵,重新协调两者之间的关系,以及重新确立它们的时代规范。

1. "人须先活着,爱才有所附丽"

不论是个人还是社会,以实践检验的方式去追求生活资料和物质效益,并且以科学论证、实证逻辑包括考核计量的思维方式,来规范自己的主体行为,是一种自然的、经验的乃至是本能的生命行为。人们总是以适当的行为,用心用力地去获取预期中最佳的物质性目的。韦伯说:"当目的、手段和与之伴随的后果一起被合理性地加以考虑和估量时,行动就是工具合理性的。这包括合理性地考虑针对目的而选择的手段、目的对伴随结果的关系,最后是合理性地考虑各种不同可能目的的相对重要性。"⑫这种"工具合理性行动",就构成了人类得以生存和社会得以发展的生产力构成原理。

但是,物质利益及其人性的自然欲望,并不能构成全部的世界。对于具有思想活动和精神需求的人类而言,为物质利益和自身欲望而采取合理的手段与步骤,固然与它们的实际效益构成正比,但是人类欲望的本身却又是非理性的。此外,人类之所以能够成为人类,就是因为他们有着对于未知世界的神往,有着超然的道德、灵魂维系,有着对理想信仰的追求。这样的精神内容既不是温饱享乐也不是荣华富贵可以取代的,它们在满足人类精神需求的同时,又对人类的物质欲望形成了至关重要的自我克制和制约。

然而在这样的结构形态下,人类的精神追求就以意义昭示和道德规范的特性,占据了人类社会"上层建筑"的位置,并且自然就对"经济基础"形成了居高临下的俯视态势。上帝、灵魂、圣贤、信仰、理想、意识形态等等同时又以它们的崇高地位,以及它们对世俗及分散个体的集体感召和向心作用,形成了强大的精神统慑力量。

在这种情况下,一旦"义"、"利"之间发生冲突,那么那些物欲私念及其经济活动,就会历史性地处于某种话语权缺失的状态。虽然它们"兢兢业业"地支撑着世俗民生,但却"不足挂齿"、缺乏令

⑫ 韦伯:《经济与社会》第26页,北京商务印书馆1998年版。

人尊敬的高尚名分，甚至还可能受到精神话语的轻慢、睥睨和压制。即使是骄奢靡费、声色犬马成为王公贵族的生活方式并且形成社会风气，但是在"存天理，灭人欲"之类礼教理学的意识形态，以及在欧洲中世纪的宗教教义之下，它们也仍然只能"行"之于世，而难以"名"之于世。

当然，在分散的小农经济社会，社会需要道德规范，国家需要高度集权，而价值理性空前强大的地位和声势，其对于当时的社会凝聚和稳定，也许有着它们历史构成的原因以至具有某种历史的合理性。而诸如孟子批驳杨朱的"贵生"、"重己"时所说的"杨子取为我，拔一毛而利天下，不为也"，也就除了一般的品格质疑的意义之外，更具有了某种思想批判的历史意义。

但是毫无疑问，随着生产力发展和生产关系的历史变革，更为完整的人生以及人性之中的物欲私念，终将要伴随着"天赋人权"和"自然法则"的意识觉醒，而历史地提出"正名"的要求。

欧洲的"文艺复兴"在宣告了中世纪"黑暗"时代结束的同时，也宣告了一个"人文主义"新纪元的来临。随之而来的宗教改革，更将经济生活中的世俗理性、资本主义精神与宗教信仰结合起来，从而公开宣称："尽其所能去追求财富是上帝规定的义务。"由此，经济物欲及其工具理性在从自然状态而成为历史要求的同时，第一次赢得了它们在思想认识中的应有地位及话语权。

在庶几相同的历史进程中，中国也在 16 世纪出现过诸如反对纲常名教、宣扬私心利欲的李贽及其学说，随后出现过黄宗羲和他初萌的民主思想。但是因为缺乏历史的积淀，它们终究未能在中国触发诸如文艺复兴和宗教改革这样的社会思想运动。

也正因为如此，近代上海在世俗物欲、追逐利益和发展经济上所展现的正当性，就具有了划时代的意义。

"上海是个新生的商业都市，……比北京少得多的传统因素正在不断地瓦解之中。处于儿童期或青春期的上海人缺少的不是对物质的回避态度，恰恰是无法满足的焦渴……而焦渴源于求富。……上海是个鼓励人们拼命发财的地方。"[73]这种社会形态的转变,首先就在于自然人性所获得的价值认定。随着资本主义市场经济的魔盒打开,随着工具理性开始成为公开的社会行为原则,物质欲望和追逐利益的动力就前所未有地激发了世俗社会的人的主观能动性和创造力,近现代文明也就在这个基础上,被源源不断地创造出来,它们最终将构成近现代历史发展的有力杠杆。

作为一种历史的现象,在价值理性的"话语霸权"下,物欲私念及其工具理性只能长期背负"俗"名甚至是"恶"名,从而"名不正言不顺",只能处于某种"重实利、亏名节"的状态。到了"现实关怀"的近代上海,朴素的唯物主义和生存发展原则,逐渐成为市民社会的核心价值之一;而譬如鲁迅先生在《伤逝》中评述子君与涓生爱情悲剧所说的"人须先活着,爱才有所附丽",就完全可以成为市民社会的至理名言和公开宣言。工具理性终于在普世实践之外,率先在市民社会中以普世价值的形象,摆脱了在价值理性面前长期屈辱的地位,并历史性地在思想学理和社会认知中,得到公开的肯定。

更为重要的是,长期以来形成的重义轻利的倾向,以及以价值理性实行的精神统治,在近代上海遭遇到了世俗功利原则和科学精神的挑战和某种颠覆,它的实质意义在于:物权的法理基础以及由此产生的个人权利和世俗理性,开始对传统的义、利关系模式及其强制性的精神统治,形成消解;而打破精神枷锁和思想牢笼,"从来就没有什么救世主,也没有神仙皇帝;要创造人类的幸福,全靠我们自己",就将构成个体本位最重要的历史定义。

对未经自我判断与选择的精神教义的疏离,其最终造就的,又将是对权力体制的消解。

2. "君神合一"之历史批判

价值理性在近代上海市民社会遭遇的最大挑战,也许就是它在存在方式上陷入的困扰。这个问题的症结,在于它历史形成的权力

---

[73] 忻平:《从上海发现历史》第273页,上海人民出版社1996年版。

属性及其"政治神学"。

在西方历史上,人们为自身的精神需求,找到了一种相对独立的宗教模式。虽然在历史上,屡次发生过政、教合一,甚至是宗教战争和强迫皈依的事情,但是政教分离、各司其职、各得其所和并行不悖,在多数国家终成历史定局。国家政权和国家法律在对社会实施管理的同时,当然有着自己的价值规范、政治理念,但是,这种思想与精神形态,只是代表国家统治和政党利益的意识形态,而不能代表整个社会的精神世界、普世的道德原则和超越性的人文价值,也不再具有人类精神需求的终极意义。这种情形正如马克思和韦伯都曾指出的:社会有三个层面:一是物质生产和经济诉求的层面;二是政治、法律及体制建设的层面;还有一个就是精神需求、宗教信仰、理想信念的层面。而这第三个层面的内涵,恰恰超越了国家意识形态而独立存在,并由宗教情怀构成其存在的形式与载体。当国家权力包括法律明确地不具有精神世界和价值理性的绝对职能以后,它们就不再能够凭藉政治威权强行取得价值理性及其道德形态的解释权,进而不再能够以国家权力替社会民众规定一个信仰,一个思想和一种教义。即使是近代以后西方社会不断涌现的各种现代性思潮和学说,它们在为人类社会探寻合理方向时尽管殚精竭虑,但是它们也都并不试图以上帝的名义,为人类社会代理有关终极关怀和精神寄托的职能。

中国的情况就有所不同了。对于中国广袤分散的农业社会,有效的社会整合除了集权统治之外,精神的向心凝聚甚至更为重要。但是在中国历史上,却自始至终没有形成一个强势的宗教,来作为价值理性的策源地和客观载体,来作为人们精神与灵魂的维系。博大精深的儒学长期以来作为中华文化的主体,确实相当部分地对应了人们价值理性的精神需求,但是儒家学说侧重的,却是现实的人文关怀和积极入世的姿态。

因此,在缺乏专职的精神对象物的状态下,君神合一的模式就在中国社会形成。"天子"、"圣主"既是国家权力的最高执掌者,又是民众的精神偶像和全社会的精神教主。这种君神合一的体制,对中国的农业封建社会的稳定,曾经发挥过相当重要的作用。

为了确立和强化这种君权神授和君神合一的社会意识,历史上层出不穷地出现了诸多的造神行动。历代的中国皇帝,几乎无一例外地都有着自己的"异数天象","自三代之兴,各据祯祥:涂山之兆从,而夏启世;飞燕之卜顺,故殷兴;百谷之筮吉,故周王。"[74]最为不济的,也有神灵降梦和托梦之类。造神的常规运作,就是通过君主的起居行动、服饰饮食、颜色图案的专用,以及在涉及君主的谐音同名上的避讳等等,来营造君主遥不可及、高不可攀的距离感和神秘感。皇帝出行时繁复浩大的礼法仪式,因此也就具有了心理和精神威慑的特别作用。黄仁宇在他的《万历十五年》就曾这样写道:"既然登上皇帝的宝座,他就必须对各种礼仪照章办理……他曾经祭天地、祀祖庙、庆元旦、赏端阳。……皇帝的御座设在午门城楼上,他端坐其上,瞰视着下面花岗石广场上发生的一切。……他的天语纶音为近旁的高级武官二人传达下去,二人传四人,而后传八人、十六人、三十二人相次联声传喝,最后大汉将军三百二十人以最大的肺活量齐声高喝'拿去',声震屋瓦,旁观者无不为之动容。"

君主而兼有君权和神权,遂成为中国的历史传统。但是在拥有了精神符号之外,皇帝和他的官僚团队毕竟不能有如宗教那样,对社会的价值理性进行专业操作。因此统一思想、凝聚精神和道德规范的政治神学工作,又必须相当程度地借重于儒学以至是部分地借助于佛教。事实上,儒学和佛教对于社会民众的人格理想、道德规范和心性寄托,也始终发挥了重要的作用。

君神合一的体制一经确立,那么它的一个原则前提就是,在精神世界定于一尊的,只能是当朝的最高统治者,任何的学说教派原则上都必须得到这个帝王的核准、钦定和指教,方可通行与传播,方可拥有某些相对的独立性,这就是所谓的"教无圣不弘"。历史上发生的焚书坑儒、罢黜百家、乌台诗案、篡改经书、文字大狱等等,都从反面

---

[74] 《史记·龟策列传》。

验证了这个道理。佛教或者其他教派,本身也都没有在中国形成教派政治势力,它们始终需要在政权的监控与政权的合作中方能生存。一旦这种关系发生问题,那么类似"宗教迫害"的事件,就会随之发生。比如唐武宗时期的大规模"灭佛",清朝雍正的全面禁绝天主教;乾隆年代对民间"叫魂"行为的乱捕滥杀等等,就是如此。

历史形成的君神合一及其价值理性,在一定的历史时期内可能对社会的整合与稳定产生积极作用,但是权力与神明的一体化也会形成某种内在的悖论。随着历史的演进以及进入一个崇尚科学理性、"世界祛除巫魅"的近代市民社会的时代,这种悖论也将越益演变成为社会性的矛盾和冲突。正如伏尔泰所说:"教士与帝国一致的制度,是最可怕的制度。"

对于政治权力与价值理性合为一体的根本谬误,韦伯曾经说过:"政治不是,也永远不可能是一种以道德为基础的职业";因为权力统治有着自己最为切实的政治利益,它在本质上不具备人类精神的超越性职能。在权力形态的价值理性以各种"超然"假象的天命神灵、敬神拜佛、圣人之说、盛世气象和精神规范宣导天下的时候,它们实际上却有着极强的政治功利。它们是以人心统摄,以思想精神控制,为一个传统农业社会的稳定,根本上更是为了现行的权力统治及其政治利益而服务的。反过来,历史上的许多造反起义、改朝换代,不论是陈胜吴广、汉高祖刘邦、黄巾军瓦岗寨,还是太平天国,也无不需要炮制各种各样的"天意"故事,从而在造反得天下的鼓动之外,又能给予人们以精神的依附归宿。说到底,政治神学的功能,就是要人们在归顺于权势的同时,将自己的精神灵魂托付给那个被制造的神乎其神的现在式神明。

到了近代,随着君主制的衰落,君权神授的思想体系也随之瓦解。但是权力神明亦即道德代言的意识惯性,却仍然可能随时发酵。比如在罗伯斯庇尔看来,"共和国的灵魂是道德"。而对于这个"道德"的威权解说则是"高尚的奉献,将所有的私人利益融化于普遍利益"。对于激进主义思潮的"革命道德",章太炎也曾将之界定为"知耻"、"重厚"、"耿介"、"必信",而革命党人为此须将"功名利禄"和"妻子儿女"乃至个人生死置之度外,"不执一己为我","一切以利益众生为念";"我们今日要实行革命,提倡民权,若夹杂一点富贵利禄的心,就像微虫霉菌可以残害全身";"头目脑髓都可施舍与人,在道德上最为有益。"⑦这种"革命道德"若作为"党人"、"组织"的思想和行为要求,固然无可非议。但是若以"革命的道德"为普世价值,并且以此建立一种社会性的道德规范,则显然大为错谬。更关键的问题是:威权主义者认为他们当然有权为社会制定并解说"道德"。遗憾的是,以权力意志将所谓"党人"的"道德"、"主义"向全民推行的做法,却在近代以后蔚然成风,以至贻害无穷。

　　这种在作君掌权之外又兼作神明的双重统治,从权力特别是集权统治的心理上来说具有极大的迷醉效应,而在现实施政中它们往往又显得十分重要。当现实的统治不能兑现它对民众的物质承诺,甚至不能基本解决社会民生和发展,也就是政权因执政能力的衰败而遭遇合法性危机的时候,它的另一个精神统治的职能就可以替换上场。只要这个政权把握着神的旨意,也就是把握着价值理性的话语权,它就能在相当程度上继续保有它的合法性。它的这个合法性逻辑甚至就是:价值理性、理想境界、精神教义既然是具有超越性意义并且是至高无上的"绝对价值",那么世俗的物质要求诸如桑田恒产、衣帛食肉,就是粗鄙不堪、拜金主义和唯生产力论的。在这样的"理想信念"之下,人类生存的基本物质要求反而因此丧失了它们的正当性,甚至沦为龌龊和罪恶。于是,为了一个崇高的目的、一个最高的道德,一切的现实苦难和局部的不道德和不公正都可能是合理的、必须的,以至是可以合法存在的。在这种情形之下,生产力发展的历史要求,就会在一个既定的时空内受到阻碍,整个社会也会迷失和消耗在所谓价值理性、思想精神以至是政治泡沫的空转、角逐之中。

---

⑦《章太炎全集》第 273、323 页,上海人民出版社 1985 年版。

也许，正是这种权力与神明的双重统治结构，构成了中国封建社会超稳定形态的另一个主要原因。

更值得关注的是，政治神学及其价值理性本身有着某种神灵以至是巫魅的原始来源，有着超越性的精神激越能量。当它们附加于至尊至上的权力统治并且以价值理性与其政治利益合二为一时，国家和社会因为在失去权力本身的制衡以后，再复丧失了思想精神上的间离与制衡，它们发展的偶然性概率也就因此而大为提高，而真正的"理性"则就相应削弱了。当然，在"圣主"、"明君"的权力神明之下，国家和社会因为控制力加强因而能够获得"稳定"。但是一旦国家社会随着最高统治者的精神指向趋于错谬，那么它们就可能因此而陷入严重的灾难。往往正是在这种时候，精神的力量会被无限放大；当全体民众为一个特别的以至是错谬的精神目的、一种特别的教义主张所鼓舞所亢奋所疯狂，整个社会只讲政治、不讲经济，只有价值理性、鄙视工具理想的时候，那么也就是列车朝着一个臆断妄测以至是不无梦魇的理念目标加速度狂奔的时候，它的危险性自然也就不言而喻了。历史已经反复证明，当国家和社会陷入某种精神狂欢时，国家和社会就会因此而趋入可怕的歧途。因此权力形态的价值理性就先天存在着一种可能："越是试图去建立一个人间天堂，结果越是会把人间变得更像地狱。"

但是，建立在近现代经济基础和现代性觉悟上的上海市民社会，对于权力形态的价值理性——首先不是在内涵上，而是在存在方式上——终于形成了历史的反拨。在价值理性的现代确认上，"韦伯的名言是：个人必须自己裁决，孰是魔鬼，孰是神圣。这个选择不可能从外在获得，惟一的依赖就是个人自己。哈贝马斯称其为决策主义立场。把价值看作纯粹主观性的领域，事实上体现了一个重要的立场，反对任何形式的价值强制，没有人有权利把价值转化为一种暴力凌驾于每一个个体之上，迫使其接受，必须让每一个个人有选择价值的权力。这毫无疑问地是抗拒任何形式的思想专制所必须的底线原则。"⑯这就从根本上指认了价值理性在存在方式上的现代属性。

显然，近代上海市民并不是不能为了真理、理想和价值理性，比如民主自由、爱国主义，而全身心地向往、追求、付出乃至献身。但是他们反对的是这样一种定律：不论是谁，只要他凭借着权力而手握精神教义的法器，就可以为人民制定道德、规定信仰，并由此营造精神的枷锁；不论权力形态的价值理性究竟如何，它都可以对工具理性进行理所当然的压制，从而剥夺人们追求物欲和财富的权利。

与此同时，上海的市民社会也就开始以历史的与感性的经验，以平民社会现实的、当下的、务实的、实用的利益原则，也就是以功利主义和工具理性的哲学，同传统模式的价值理性形成了意识上的对立。在摆脱精神枷锁和盲目崇拜的同时，一种新型的"义利观"，很快构成了晚清上海市民社会价值观变革的起点。到了 19 世纪末 20 世纪初，"求利"、"致富"以及开宗明义的物质立场，已经在上海市民生活中成为公开的准则。它们一时间造就的区别也是明显的。"在北京和许多城市，老百姓的心态大致相同，但诸如平等、自由、正义之类价值理想的感召力总是存在的，哪怕它并不会带来眼前的实惠。而上海人却很难为这种抽象的价值和理想而激动。"⑰

价值理性和工具理性的这种格局颠覆说明，当传统的价值理性开始与权力形态中有所剥离的时候，近代上海市民的生活准则就开始有如欧美的"自由平民"——"求近而舍远，求现实舍抽象，求有限舍无限，求已验之物舍未验之物，求便利舍至善，求足舍滥，求俗世的笑声舍天堂的快乐。"⑱也因此，就近现代的市民社会而言，它宁可要一个单纯行政的、注重工具性效率的政府，而不要一个精神教义的、道德宣示的、思想引导的政府。

---

⑯ 哈佛燕京学社、三联书店主编：《儒家与自由主义》第 93 页，北京三联书店 2001年版。

⑰ 杨东平：《城市季风》第 473 页，东方出版社 1994 年版。

⑱ 刘军宁：《保守主义》第 201 页，中国社会科学出版社 1998 年版。

3."有教堂的市场经济"

无庸讳言,对于近代上海的市民社会而言,价值理性曾经处在了一个空前失范的状态。这一方面是因为它的传统结构遭到破坏,另一方面则是新的精神主体尚未完整地形成。这种情形,必然导致资本原始积累时期的新的义、利失衡;于是事态又趋向于另一个极端。

近代上海的资本社会及其商业伦理和市场竞争,前所未有地释放并助长了人们的物质欲望和世俗功利。唯利唯己、精明有序、商业精神,遂成为近代上海市民社会的新的价值坐标。然而物欲私念在失去精神道德的约束和节制,并借助工具理性大行其道的时候,逐利拜金、见利忘义、为富不仁、道德沦丧、社会腐败等等,也就成为了一种世风。于是,当时上海对于广大的内地而言,在其"化外之地"的概念中,自然就包含了争名逐利、人情浇薄、精明而欠灵魂、失缺内心敬畏的内容。

了无羁绊的工具理性,终究会导致情感与精神的平面化。因此,近代上海的市民社会在取得各种历史变革的成果,包括在打破传统义、利关系的同时,又不可避免地遭遇了道德的困扰和忧患。事实上,减弱了终极关怀和道德激情的物质化的平庸,正是市民社会的一个常规的负面问题。这种情形正如当代思想家哈维尔在捷克斯洛伐克的政治体制发生变革以后,把失去绝对价值和永恒意义的困惑,看作是 20 世纪人类的"荒诞剧"一样。当然也正因为如此,造就近现代文明全部成就和问题的工具合理性和价值合理性的紧张和对立,就在近代上海市民社会表现得更加鲜明和尖锐。

人们固然需要重新确立物质和欲望的地位,但是这并不意味着世界就不再具有以及人类就不再需要终极的意义;近现代社会的发展必须注重工具理性,但是这也并不意味着个人和世界就不再需要以至可以削弱价值理性。

其实与许多事物一样,没有约束和制衡的工具理性,同样会走向失控和对人的异化。甚至当工具理性备受青睐而无所顾忌的时候,人们会发现,它在从传统形态的精神教义中挣脱出来以后,又可能导致人们的思想行为循入常规化、程式化以及是实质非理性的窠臼。对于这种情形,韦伯也表达了他的忧虑。过去,他曾对工具理性十分推崇,认为它是世界走向现代的最有效的方式和途径。但是到了晚年,他最忧虑的问题却是普世的工具理性的建立所可能导致的自由与意义的全面丧失。于是他对意义的如何复兴,表现了特别的关怀。如果社会把一切都变成了专注于手段、功能和效率的工具理性关系,那么处于这种关系中的人物,将"是被剥夺了个人主体性、意志自由和创造性,只听凭法则、规律支配的纯粹'经济人',……从文化发展的角度看,遵照这种行动模式生活的人,将是一些'没有精神的专家和不懂感情的享乐者'。他们将是一些文化发展上的侏儒。近代资本主义是人们追逐工具合理性的结果,它极大地促成社会生活领域的分工和专业化,把人们的文化追求和情感经济化和客体化,从文化发展的角度上看,近代资本主义及其工具合理性的行动模式对人的本性自由,不啻是一座'铁的牢笼'。"⑦

　　因为价值理性在市场经济中的某种失落,整个社会在按照利益与效率规则精于测算、强化考核的时候,以至人们的想象和创造机能最终遭遇遏制的时候,人们也许就会意识到,即使在经济建设和对物质世界的把握中,价值理性也有着使人们打破常规、信条和程序的藩篱,破除单一和僵化,激发创造性、革命性和社会原动力的实质合理性的一面。

　　因此,即便是推崇市场经济中"看不见的上帝之手"的亚当·斯密,他在大学开设的课程却是"道德哲学"或者可以译之为"精神科学"。他甚至说过:"这些重要的道德准则是造物主的指令和戒律,造物主最终会报偿那些顺从的人,而惩罚那些违反本分的人。"⑧

　　于是,有人就将具有精神信念的市场经济称之为"有教堂的市场

---

⑦　苏国勋:《理性化及其限制——韦伯思想引论》第18、19页,上海人民出版社1988年版。

⑧　亚当·斯密:《道德情操论》第199页,商务印书馆2004年版。

经济"。也许它与秉持着传统儒学的某些中国徽商和晋商的模式,恰有许多不谋而合之处。而人们推崇的"儒商"风范,就是义与利、以及是价值理性和工具理性在既定历史条件下的一种融合努力与融合示范。

当然,价值理性的本质意义并不是完全在于制衡"经济功利主义",而是在于人的完整存在。在韦伯等人看来,科学与宗教不是绝然对立的,科学的目的在于使人获得自我意识和认清事物之间的现实关系;宗教则与人的灵魂拯救、精神追求相关。一方面,物欲私念、个人的经济权利、社会生产力基础,需要在民主宪政中获得法理地位,以及获得历史的话语权;另一方面,道德原则、精神信念、理想信仰和灵魂关怀,则是人类世界的甚至是更为重要的另一半。而当社会出现信仰危机、精神迷失、终极价值缺席的状况下,这个问题将更为突出。

近代资本主义和市场经济兴起以后,许多思想家和政治家,都曾经努力为建立新的价值理性以及建构新的价值平衡与和谐,思考出路,然而这个问题显然要比确认工具理性以及发展国民经济困难得多,由于历史条件限制,它对于上海的市民社会乃至是整个中国社会,会更加地"任重而道远"。当时章太炎看到了这个问题,曾经提出用佛教来作为中国的宗教,以解决中国人的精神与灵魂依托。这个提议之不尽适当是显而易见的,但是章太炎毕竟认真地思考了这个问题。而在迄今为止的政治与经济潮流中,又有几人做过章太炎式的思考呢?

显然,在上海乃至是中国的历史进程中,这个问题终将在去伪存真之中,不断地、越益频繁和醒目地对我们进行逼问。

第四章　由市民而社会

在民主理念的历史形成中,人性的"自然法则"赋予了个体本位和个人自由以终极意味的正当性;而物质生产的发展要求,也赋予了它们以历史的合理性。人类的个体性存在,就此获得重新认知并获得重建。近代意义的市民社会,开始走出集体本位和集权政治的旧世界。

但是,人类同时又终究是一种社会性的存在。人们总是要以某些约定,来构建共同的生活;人们也必须以共同的需求,来处理他们的社会事务,包括以公约方式,以使不同的个体形成某些集体的关切和记忆,并且形成某些普世的价值。

因此面对近代自由主义的思潮,一些思想家和政治家开始忧虑:个人自由和社会的高度分殊化,将可能导致只有多元诉求而无社会的凝聚,只要个人或集团的利益而不顾国家民族的利益。事情的结果,将是整个社会各自为政,莫衷一是,一盘散沙。古希腊因为放任自由而导致国家民族涣散松弛甚至解体,早已是历史的镜鉴。

但是另一方面的忧虑又是:倡导个人自由固然会使流弊频生,共同体的以及是社会的整合,对于人类生存又必不可少,那么历史的钟摆是否又必须摆回到集体本位、以至最终是集权主义的体制一边呢?

对于人类社会的这个悖论,近现代历史上最伟大的政治工程,就是在建立自由、人权的社会体制的同时,也重建了社会整合的纽带,从而对社会公约和自我治理,对公共领域、公共价值以至公共权力,做出了思想阐释和制度安排。

在这样一种由"市民"而"社会"的过程中,开埠以后的上海特别是上海租界在个人自由与社会参与、个人权利与社会责任的结合上,自觉不自觉地进行了一系列社会实践和实验。尽管在复杂而又特殊的社会体制中,它们还相当地粗浅和纷乱,但是它们仍然有可能给予我们以某种历史的经验与启示。

一、法律的公约机制

近代市民的本质概念,就是摆脱对权力依附和强制的政治隶属,获得自由的意志和独立自主的权利。但是,在个体定义及其私人领域获得新的价值认定以后,人们又必须在此基础上建构新的社会关系,进入新的社会整合。

这首先是因为,在必然的社会性存在中,市民阶层作为授权的主体,他们本身不能够单独保护自己。在政治集权的时代结束之后,市民社会仍然需要委托一个新的社会权力形式——建立在民主宪政基础之上的独立的法律体制,来保护自己的权利和利益。而当每一个市民个体的自由权利得到保护时,也就表示他们"个人的边界"获得了界定和区隔。同时这也就意味着,要使个人权利和自由不被侵犯,那么任何个人都不可越界去侵犯他人的合法权益。然而这种个人的边界,不可能依靠个人本身的能力和自律,而是需要通过外部的力量来予以维护。于是社会的秩序要求,就产生了公约基础上的公权意志。近现代的法律,也就因此形成。洛克在阐述自由的同时,提出国家必须以正式的法律来统治、透明地执行业已公示的法律、法律面前人人平等等等,其实是要在为个人自由和个人权利提供保护的同时,为它们设定法律限制。在这个意义上,没有近现代的法律,也就没有市民的人权和自由。诚如康德所说:"如果一个人不需要服从任何人,只服从法律,那么,他就是自由的。"

1. 没有秩序就没有自由

随着上海开埠,在四乡移民转变成为近代意义的市民的过程中,生活方式与思想观念的嬗变,极为重要以至是首要的表现形式,就是权利与制约、自由与限制的经验变化。

近代上海市民有了女子上学、使用缝纫机自行车的自由,而在当时的广州、长沙等地,这些事物在出现以后都曾遭到过严重的攻击和阻挠;但是另一方面,上海人却又没有了随地便溺、乱扔垃圾、攀折树枝的自由。上海人固然开始有了自主婚姻和"文明结婚"的权利,但是他们却又没有了以卖身契而使他人成为婢女的权利。上海人破天荒地有了结党集社、办报出刊、议论朝政、批评政府、鼓吹政治改革,包括指谪租界当局的自由,但是他们却没有了在公共场所大声喧哗、聚众扰市的自由。

社会形态的这种蜕变,并不是通过刻意的思想改造,而是经由具体的生活实践,潜移默化地发生的。更为重要的是,它们被纳入到了法治的形态和法律的规范之中。因此,对于处在城市化和市民化过程中的许多普通上海民众来说,在各种专制权力和封建礼教开始消解和脱落、个人的自由权利得以彰现的时候,他们的另一种鲜明的感觉也许就是:过去许多习以为常的生活习性,在这里受到了约束,甚至是"法律"的约束。

随着上海租界的建立和不断扩张,租界当局从一开始就以西方城市的管理规则,将一系列有关公共秩序、公共卫生、公共绿化的城市规则,不断地、具体而详细地制定出来,并被明确地逐一昭告于众,同时加以严格执行。

上海开埠以后不久,工部局就制定了租界内生活垃圾的处置办法,甚至严格规定了垃圾集中外运时应该注意的事项。"在码头的前端张挂一幅大的告示,警告苦力们如果他们把垃圾倒在码头外面,他们就要受到处罚,并在码头附近委派一名身佩徽章的苦力站岗,严格执行规定。如果这种办法行之有效的话,其他码头也可仿效这样做。任何苦力如在早晨6点到8点这一段时间以外的其他任何时间准备把垃圾倒在码头外面,就必须要他再把垃圾拿回去。""1863 年 1 月 14 日,卫生稽查员豪斯先生出席董事会,他接到董事会几条关于乱堆垃圾的指令,董事会命令他为清除租界内的粪便和垃圾订立一些合约。几名华人因乱倒垃圾被带到董事会并受到警告,他们如重犯这种过错将受惩罚。"①

当时上海的马路通行马车,因此也就时常有人牵着马走在租界的马路上,这样就常常发生妨碍行人和造成对行人特别是妇女孩童伤害的危险,于是工部局特此布告,从早上 9 时以后,不准马夫牵马通过租界的马路。

在一次工部局董事会会议上,"宣读了一些华人申诉附近地区喧闹声的来信。命令捕房巡官采取措施查明被指控的几家房子是否影响该地区的宁静。"此后,由李鸿章的寓所鸣炮和左宗棠武装人员进入租界而引发的冲突,名义上也都是因为它们违背了不得惊扰市民、影响地区宁静的城市规定而发生的。

1869 年,工部局在《上海洋泾浜北首租界章程》中规定:"凡有人将各项货物、盖房材料囤积在公路上致将行人走道拦阻者",均予议罚;"凡各式房屋,有门前天窗、沿街洋台、各式天篷、台阶、石坡、门窗、墙壁、栏杆、篱笆或各项招牌,……与行人致有一切违碍不便之处,均可由公局饬令全行搬开。"它规定在租界内兴建或翻新房屋,必须先修筑污水排泄沟,选料禁用篷、蒿、竹、木等易燃建材,施工时不得阻碍道路,沿街住房必须装水漏(不使瓦面、檐前雨水淋及行人)。

中国的第一个交通规则也是在上海租界开始实施的:"轿子往来必由大路,不许从旁路(人行道)行走";小车应走"大路与旁路相近之路(内车道)";车如欲超出前面车轿,"必须赶从右边过去";"凡街道上跑马以及马车往来,巡捕必得照应,不准过速"。

此外,上海租界内规定不准随地大小便,不准在公共场所赤膊洗澡,不准在马路上随意设摊,挑粪桶过街必须盖上桶盖,等等等等。

---

① 《工部局董事会会议记录》第 1 卷第 588、669 页,上海古籍出版社 2002 年 1 月版。

当然,租界也为此修建了公共厕所、菜场商场、甚至公墓火葬场。于是,在今日南京东路新雅酒店、当年"铁房子小菜场"的地方,菜贩一旦违章将菜摊摆到马路上,就很可能被巡捕捉进捕房罚钱。而因为当众洗澡或大小便,很有一些人就会惊奇地发现自己因此而站在会审公堂之上了。

但是许许多多的规矩在制定、颁布了以后,那些在生活细节上随意散漫惯了的民众仍多以以往的经验,以为如此的生活小节,本属"个人自由",官府不会深究。于是,很多的陋习仍然"牢不可破","门口常堆垃圾,路口时有便施"之类的事情时有发生。这时巡捕们就忙了起来,他们要对违规者按照规定进行处罚。1872 年,居民王阿宝等十余人,违反挑粪过街须加桶盖的规定,经巡捕劝阻不听,被拿送司法机构拘留一天。甚至美国副领事的车夫违章停车,并对捕房传讯抗传不到,也被解送司法机构处以罚款。1906 年这一年里,约有1 000 余人因为违反垃圾卫生禁令而受罚。门前不洁者,通常罚款 5元。随地大小便者,处关押或罚款 20 文。

开埠以后的上海租界,规矩越来越多。它甚至规定人们不能公然倒提鸡鸭。1872 年 11 月 26 日上海租界颁布条例,要求鸡鸭铺户在贩卖鸡鸭时,不得缚足倒挂,只准装置篮筐内,因为倒挂鸡鸭,"其形象甚觉苦楚",不合人道。尽管这对于当时许多的上海人来说,实在是有点匪夷所思。

租界的菜场甚至还规定,在一年之中野生鸟禽繁育季节,不得捕猎射杀和出售野生家禽,以维护它们的繁衍生息。

城市民众的市民化过程,既与个人的权利与自由,也与社会的文明规则同时构成正比。在这里,法律作为社会公器的道德内涵就是:当社会生产关系和生活方式发生了变化以后,各种公共秩序和行为规则,恰恰是从人们公共的、也是他们切身的利益甚至是从完整实现个体自由的需要出发并形成的。

自由与秩序一体,没有秩序就没有自由。

正是这种现代个体本位和自由理念,催生了规范人们行为的现代社会秩序观念以及现代法律。

从这个意义上来说,接受法律规范、遵守城市规则、崇尚现代文明就不再仅仅只是一个道德的概念,而更是一个历史的概念了。因此,开埠以后的上海法律所显现的重要职能或者是展现的趋势,就是以一种公权意志及其强制规范的姿态,对市民社会进行的某种新的整合。而上海市民对于各种新兴的城市规则和法律规范,从开始的厌烦不适、不可思议、莫名其妙,开始转变为逐步认可、赞同,进而自觉遵从,从而有机地融入到近代都市建构之中。在这种近代文明的形成过程中,上海市民的公共意识和文明习惯,甚至逐渐转化为一种文化性格。

2. 公信与聚合

法律制度自古就已经建立。中国的历朝历代都制定过各种各样甚至是不无详尽的刑律与律法。秦代有《秦律》,汉代有《九章律》,隋文帝制《开皇律》,隋炀帝制《大业律》,唐高祖修《武德律》,唐太宗修《贞观律》,明太祖洪武年间有著名的《大明律》,清朝则有《大清律》。同时历朝历代也都设立有诸如"衙门"、"刑部"、"大理寺"等各级司法执行机构。

但是只有当法律不再是权力的工具和附庸,而成为社会的公约产物时,它的公共性才能够真正形成。

法律得以在公共性基础上发挥有机的社会整合和凝聚作用,是近现代民主宪政和个人自由权利得到确立,公共领域得以重构的历史现象。法律在因此而具有了公信度以后,社会个人遂可能将它作为信托和依靠的对象,并服从和认同它的社会整合职能。

近代上海租界的法律当然远非完善,但是它们在公信建设及社会整合上,业已与传统的"衙门做法"形成了越益鲜明的对比,并且产生了不同以往的社会效能和影响。

(1) 以体制建构公信

在近代上海市民社会的整合与联结上,传统国家权力的作用开始弱化,而法律则在超越它们机械的诉讼判案的职能以外,又成为一个重要的建构社会公共性和公信度的角色。而近现代法律的这种社会性职能,根本上是取决于法律独立于行政权力的体制安排。

1854 年 7 月,在英美驻沪领事的主持下,英美租界的外籍侨民选出 7 人组成了市政委员会——"工部局",以对租界执行自治管理。1865 年 3 月,扩大了的工部局董事会召开修改《土地章程》的特别会议,各国领事参与了会议,并认可工部局成为上海租界自治权力机构。然而与此同时,如何制约工部局的权力扩张和滥用,也成为驻沪领事团慎重考虑的问题。因此,设立领事公堂就是基于司法权独立于行政权、并对行政权进行监督的体制考虑。

当时的英国领事温思达因此指出:"由于工部局有权在每一个法庭上作为原告起诉,个人在必要时应该也有权控告工部局,因此制定某些约束工部局的条文是十分必要的。"②美国领事克宁翰则就建立独立于工部局的领事公堂的设置说:"我们所需要的是司法公正。"③

当然,对西方模式的、特别是半殖民地状态下的上海租界司法的独立性和法律的公正性,可以表示怀疑并且可以举出某些相反的例证;但是,一种近现代法律的体制,毕竟已经制度性地、公开地建立起来。

因此,在当时的上海,除了个人的人身自由和经济权利之外,人们在言论、结社等方面的政治权利,显然都能在法律的名义下,获得更多的合法性并且得到相对保护。戊戌变法失败以后,康有为、黄遵宪等人在上海租界躲过清朝政府的缉捕,以及章太炎等人在《苏报》案中得以开脱——这些事件的背后也许存在着各种政治因素,但是它们所凭藉的,毕竟都是"法律"。

当时在上海滩上接踵不断地发生、其中包括许多引起社会关注

② 上海市档案馆藏档:U1—0B—304,第 42 页,转引自马长林主编:《租界里的上海》第 217 页,上海社会科学出版社 2003 年 10 月版。

③ 上海市档案馆藏档:Municipal Report, 1868, p. 112. 转引自马长林主编:《租界里的上海》第 217 页,上海社会科学出版社 2003 年 10 月版。

的司法事件,给予上海市民以切实认知与经验的就是:从根本上决定法律公正以至使之成为社会公器的,正是独立于行政权力甚至是独立于国家权力的法律制度。

1875年4月4日,华人自己经营的第一家新式轮船航运企业——上海轮船招商局所属的"福星轮",被英国怡和洋行的"澳顺"轮撞沉在上海至天津的黄海海面上。在直接交涉没有结果的情况下,上海轮船招商局和死者家属遂对英籍澳顺轮提出了赔偿诉讼。在法庭上,原告和被告的律师提出了各自的证据和控辩,法官对此做了仔细调查,听取了各方的证词。整个过程没有中国衙门审案的那种官府仪式和人治模式,但程序却十分明晰合理。死者家属均可入座旁听,男女老少都鸦雀无声;他们同时又似乎是以代表的身份,亲身经历了一次现代司法的实践。最后经过诸多波折,法庭判决招商局和死者家属获胜。这次司法事件之所以在近代上海的社会变革中具有相当的意义,就是因为它在程序和结果的公正性上,已经与两年之前同样轰动一时的"杨月楼案"的权力司法,大相径庭。更为重要的是,它是一个洋人判决洋人败诉的案子。

在司法体制的规范下,除了华人对洋人的官司可以胜诉之外,个人和民间群体也能够通过法律而向国家或者是地方行政权力争取自身的合法权利,这种基本的公信度印象,终究增加了近代上海的法律体制可能成为市民信托和社会凝聚的概率。

1911年,工部局以租界自来水厂享有专利为由,阻止隶属于华界的闸北水电公司在租界的某些路面铺设水管。闸北水电公司遂向领事公堂起诉工部局。通过立案调查,诉讼辩论,此案的判决结果虽然表面上是双方各有胜负,但是工部局最终失去了其控制的自来水公司对租界供水的独占权,处于事实上的败诉。

对于这种源自于英国古典自由主义的法律体制,托克维尔曾经说过:在英国,它的司法弊病,比如司法的拖延、昂贵、不便、程式化等等,毛病很多;但是英国从古典社会就开始有一个发明,这就是一个人的地位无论多么低下,无论他起诉的对象地位多么尊贵,他都可以在英国的法庭上获得正义。而这种情形根本上是源自于法律高于和先于国家，以及法律在国王或政府的权力之外的存在。在这样的法律体制下，即使当议会成为权力的枢纽以后，法律同样又在国会之外独立存在。

　　法律因为这种独立体制，而自成逻辑地产生公正性及其公信效应。严复在英国留学期间，经常旁听法庭和议会的辩论。以后他回到上海这样写道：从法庭上他感觉到英国社会每天都在张扬公理；英国之所以富强，就是公理不断得到伸张的结果。

　　尽管这种独立的司法体制和法律公器的形象在近代上海还刚刚起步，但是它对于漫长历史以及对于当时整个中国的司法形状，却形成了鲜明的对比，给社会民众造成了截然不同的印象。韦伯曾经指出：因为中国的政治制度是属于"父系家长和世袭统治"的，因此它便同任何正式的法律的发展"格格不入"。这种"格格不入"也许就是从最高统治者以及各级官员对司法的干预和法外特权开始的。

　　西汉的张释之在做司法官——廷尉的时候，汉文帝一次出行过桥，突然有人从桥下走出，触犯了"惊驾"之罪。于是文帝把此人交给张释之处置。张在审案后得知，此人原在桥上，听见皇帝驾到厉行戒严，急忙躲到了桥下。等了许久，以为皇帝车驾已过，就走了出来，不料还是"惊了驾"。廷尉根据律法处以罚款。汉文帝很不满意，对张释之说："幸亏我的马温和，不然我就可能受伤的。"因此要求严办此人。张释之说："律法规定对于惊驾就是罚金。如果陛下当时把他杀了，也就杀了；既然陛下把他交给了廷尉，那么廷尉只能按照律法处理。"文帝想了一阵，总算认可了廷尉的做法，因而博得了美名，而张释之则更是成了有名的"直臣"。但是即使是这个传为美谈的"司法公正"的历史事件却还是同时确认，不论是在审案之前还是之后，皇帝有着超越法律而生杀予夺的绝对权力；而一旦皇帝以至各级官员常规形态地行使凌驾于法律之上的权力时，法律的公正性也就不存在了。

　　明初的时候，朱元璋召集几位大儒参照唐朝的法律，一条一条加以修订,然后朱元璋又一条一条予以品评,最后立为天下法《大明律》。但是皇帝本人对此并不遵行,他自己又另外编撰了一套个人色彩浓重的严刑苛法《大诰》,作为《大明律》的补充,以及成为法律中的法律。然而即便如此,不管《大明律》也好,《大诰》也好,它们也绝对是为权力体制和皇帝意志所用的。

于是,在权力司法的情况下,应当依"法"而"律"的案件,在更多的情况下是被称作为"官司"、也就是需要由"官"来"司"的。

当权力可以超越案情本身的事实真相和是非曲直的时候,当街喊冤,拦轿告状,上访京城的事件也就时常发生,这是因为败诉的一方如果坚信自己蒙冤受屈,那么他们唯一能够做的,就是希望更高一级的官员可以凭藉权力改变先前的判决。杨乃武小白菜冤案平反,扬三姐告状查明冤情等等,都曾演绎过这样的情形。

当然,在权力司法的时代,"法律公正"同样也反映了社会的普遍要求和期待,并且也可能一般意义地、或者是因为出现了"青天"人物比如包拯、海瑞而存在。但是,它们却最终无法从制度建设上得到保证,它们的公权意志和社会公信自然也无法长久地、持续地建立。特别是在民众与权力、庶民与贵胄的利益冲突上,司法的公正经常就会变得含混不清甚至是黑白颠倒。而司法一旦遭遇到皇亲国戚,除了偶然的以至传为千古美谈的例外,在绝大多数情况下,司法的评判标准就不再是公正而是权位了。在司法本质上依附权力的情况下,即便是有着"青天"之称的海瑞,其断案的某种标准也只是凭藉着权力司法的主观性、模糊性和随意性的:"凡讼之可疑者,与其屈兄,宁屈其弟;与其屈叔伯,宁屈其侄;与其屈贫民,宁屈富民;与其屈愚直,宁屈刁顽。事在争产业,与其屈小民,宁屈乡宦,以救弊也。事在争言貌,与其屈乡宦,宁屈小民,以存体也。"④在以权代法、以及在缺乏科学举证的情况下,海瑞的断案原则,虽具难能可贵的民本理念,但是它们显然也会有失于客观公正。

---

④《海瑞集》第117页,北京中华书局出版社1962年版。

近现代的法律精神,正是首先在制度上建立了它们独立守恒的社会公权意志,然后才能以单一尺度、机械普适、程序既定、公开可知、排斥主观的特性,而建构起法律对于社会的公信度的。

著名的杨月楼案曾经是近代上海权力司法的一个例证。但是,近代上海特别是租界地区的司法制度很快就伴随着社会形态的变革而发生了某些趋向于现代性的变革,并且逐渐成为市民个体融入社会的保障和桥梁。

(2)"不通人情"的人情

开埠以后,上海租界各种各样的公共规则和法纪法规,越见繁密,以至令许多城市的新市民"不厌其烦"。比如1876年,租界事涉居民日常起居的禁例就有20多条,其中某一条的某一项,竟然还有"地毯款"。它是这样规定的:"自西历5月1号至(第二年)4月30日,则每晨7点钟以后不准在路上抖拍地毯;自10月1日至4月30日,则每晨抖拍地毯之时刻限至8点钟为止。如欲在马路场内抖拍地毯者,可赴工部局打样房领取执照。"又某条某项的"燃放爆竹款"这样规定:"租界居民无论在于马路僻径及公地均不准燃放爆竹,如欲燃放或于家中天井焚化冥锭,应预向巡捕房领取执照,惟火铳或自燃之爆竹则一概禁用。"如此等等,不一而足。

近现代法律条款的这种越见繁密的趋势,首先是源自于这样一个规律:个人的自由越是发展,法律就应该越加完备和严密。法律日常针对的,是人性中不可回避的私欲和"恶";特别是在摆脱了威权统治、个人的权利和自由得到伸张的情形下,这种人性的弱点也就有了更多的释放和暴露的空间。鉴于对人性的洞察,人们为了自我保护而设计了种种方法来遏制自身的弱点,法制就是其中最重要的方法。为了能够在一个日益纷繁复杂的社会中准确有效地限制各种各样的纠葛罪错,法纪法规就不能不越益趋向于完备和严密。在上海进入近代市场经济和商品社会、人性私欲得到充分的释放,而密集的社会交换所产生的纠纷冲突需要排解鉴别、大量的是非善恶需要公断的时候,法律需要越趋严密的社会需求,也就得到了相当的印证。

但是近现代法律的这种不厌其烦,一丝不苟的形态结构,其更重要的内涵,则是在于它需要因此而尽可能地排除人为介入的可能空间。

近现代市民对于社会的全部信赖,以及社会关系的良性协调,在很大程度上是建立在法律的公正性上的。在方法论上,最大限度地保持这种公正的一个切实有效的方法,就是以刻板、细密、一视同仁、冷冰冰"不近人情"的规则条款,来作为裁量定夺的基本依据。

在近现代的法理原则中,法律既针对人性之恶却又并不预设对象,因此它就必须突现和强化自身的常规化和非人格化的程序特点,并以此来一视同仁地规范人们特别是权力持有者的行为。在这样的操作逻辑之下,这种规则越机械,越刻板,越冷冰冰地没有人情的温度,那么它们就越可能做到公正。因为法律一旦被制定得尽量详细,足够明确,它就越可能减少法官的自由裁量权,以及减少人治、吏治及其错案冤案的概率。

由此体现的法律的公正,将最终营造社会群体的公共规则及社会的人性温度。

对于如此繁复的规则以及它们所产生的社会效应,当年《申报》(1874年7月20日)的一篇文章就反映了越来越多的市民认同:"或者人谓此种事极细致,何至受罚?不知租界地方十分洁净,其人既居租界,必知租界规矩,岂容其任意糟蹋,毫不经心乎?"而这种情形所反映的,正是近现代的法律法治所构建的社会公共性和聚合力,得到了逐步的体现和确认。

但是,以法制恶,以及"以小人之道"还治于小人之身,这在古今中外的法律形式上,基本一致,正所谓"夏有乱政,而作《禹刑》;商有乱政,而作《汤刑》;周有乱政,而作《九刑》";同时法律的峻严繁密也是自古即然,正如古人所说:"少目之网不可以得鱼,三章之法不可以为治。故令不得不加,法不得不多"。然而在传统社会中,这种"律法繁密"却也遭到民间社会的抵触和批判,以至它们在社会公共性和社会整合上,往往适得其反。老子就曾说过"法令滋彰,盗贼多有";汉初陆贾认为"法逾滋而奸逾炽",而秦国迅速灭亡的主要原因就是"举措太众,刑罚太极";贾谊也认为"繁刑严诛"、"多忌讳之禁"是导致秦亡的重要原因;杜甫在《述古三首》中批评:"秦时任商鞅,法令如牛毛";顾炎武在《日知录》中说"法令者,败坏人材之具,以防奸宄而得之者什三,以沮豪杰而失之者常什七矣"。因为历史情形的相似性,古罗马的历史学家塔西陀也曾说过:"国家愈糟,法网愈密"。孟德斯鸠则在《论法的精神》指出"当一个民族有良好风俗的时候,法律就是简单的。"

那么形成这种区别和分歧的原因是什么呢?

在集权主义的历史时期,社会的稳定主要依靠集权模式的权力体制。在一元化的权力结构下,社会的整合和凝聚不需要凭藉体制之外的社会公约形式,法律也只是权力属下的社会治理的日常工具。在统治和被统治的二元政治定位下,人性之恶的问题就主要地被归纳为权力体制对于社会民众的单向审视和管制,却并不具有对权力的监督和限制的职能。"法"只是权力体制以驭民守制来维护社会治安和稳定的派出机构。

当法律缺乏社会公约的机制而只是权力的驭民工具,法治的"网"与"鱼"的比喻对应正是权力与民众的关系,法律也因此不可能在体制上根本确立公正性的时候,繁密的法律,其对于权贵只是形同虚设,而对于百姓则就是"苛政猛于虎"了。于是这种针对平民百姓的法网细密,就自然会引起民众的本能排斥和民本立场的学者哲人的激烈批判。法律处于对权力的依附状态,也就决定了它们不能从根本上做到法律面前人人平等,这个时候越是苛严的刑法,也就越难以具有公共性内涵和社会聚合能力。

而在近现代法律的思维中,侵犯他人利益的"人性之恶",与具有侵夺、伤害能力的权力结为一体的时候,那么它们就可能对个人和社会造成更大的危害,因此近现代法律的一个主要的着眼点,就是制止非法扩张的私欲与权力合谋所形成的"大恶"。然而此时司法程序中的"人情"因素,往往又只为权力关系所拥有。在这种情况下,法治繁密的情形恰恰可能维护法律的基础平等和公正机制,在伦理上是倾向于保护多数人也就是普通平民的。因此它们也就能够在社会民众中形成一种信赖、认同与聚合的效能。

3. 法律的"群众性"

近现代法律的基本出发点,是出自于对人性的考察。但是对于人性之"恶"的认识,在崇尚礼义道德、预设人性固善的传统文化中,并不占据重要的地位。因此传统社会在将人的精神品德的培育改造,主要导向于"德政"和"礼教"的思想教育的同时,也就没有使严格、系统的法治观念,常识性以及常设化地构成为社会民众的意识。

于是在中国传统社会中,法律与法治的观念也就总是处于比较边缘和比较淡薄的状态。"刑期于无形"的说法,就是在古人看来,能够淡化诉讼和刑律,将是比较理想的情况。孔子就曾说过"齐之以刑则民无耻";"听讼,吾犹人也;必也,使无讼也"。(遵从司法,我与别人一样;但是治世的道理,应使天下不起诉讼)在这种思想观念下,上过几次衙门公堂的人,常常会被视为"喜讼刁民",而代人撰写诉状以及以后代理诉讼的律师,则常被称之为"讼棍"。

但是在近代上海的社会转型和司法制度的嬗变中,市民通过一系列切身的社会实践,从而对于法律的观念发生了根本的变化。法律不仅仅可能成为市民作为自由人的权益保护屏障,更是他们协调社会关系的重要枢纽。

(1)"沪人健讼"

近代以后,上海迅速成为一个前所未有的思想开放和经济发达的城市,人性的释放和各种人际关系的出现,就对社会的公共秩序、公共价值提出了新的要求。通过社会体制的变革及其法律制度的建立,来保护人们的正当权益,以及保障城市有序健康的发展,就成为近现代社会的一个基本要求。

近代以后在上海发生的一系列重大的司法事件,它们之所以能够醒目地载入上海的史册,就是因为它们在法律的现代性上所具有的示范意义。同时它们之所以能够如此鲜明地进入了上海市民社会的集体记忆,也就是因为它们使人们前所未有地意识到:法律是保护个体权益和自由的最坚实可靠的屏障,人们需要学会用法律来保护自己;城市的合理规则和社会契约关系,也需要法律维系。

　　既定的法律体制及其实践启蒙,使有关人际纠纷和矛盾经由司法解决的意识,在上海市民中普遍而迅速地建立起来。特别是经过了晚清和民初时期的实践检验和观念碰撞以后,近现代的法律意识开始在上海市民的生活中构成了一种日常的内容,"打官司"这个概念的普及表明了人们越来越懂得用法律来保护自己。当时大量的民事案件,涉及到了经济财产、民用设施、刑事诉讼等等各个类别。于是,"沪人健讼"遂成为近代上海市民社会的一个鲜明的行为特征;近代上海的法律建设和法治意识,也构成为上海市民社会的一种特殊文化现象。然而对于这种情形,"不能仅仅狭义地理解为上海人有打官司的癖好,'沪人健讼'说从一个侧面反映了上海人已知道运用法律武器来保护自己的权益。法律意识的强化显然是上海人独立自主人格的一种表现。"⑤

　　至于上海市民越来越多地将法律引入生活的原因,当时即有人著文指出,这是因为上海人"历经英人熏蒸陶育",虽然在知识与文明程度上还参差不齐,但是他们"服从法律的习惯已较胜于内地"。而从当时中国的普遍情况来看,人们对于近现代的司法、法律意识以及法律程序,大多还是处在懵懂无知的状态,"执以问之普通国民,瞠目不知所对者,十必八九也。"在近现代司法制度逐步建立、现代法律观念逐步形成以后,上海市民的法律意识的确已经与内地的情况大为不同。"昔租界居民虽妇人孺子亦均知命盗斗殴应向捕房控告,钱债人事应向会商公廨控告。于刑、民性质,颇能辨别了解。"这说明沪上居民不仅"习有法律知识,"更重要的是已"习有法律习惯"了。即以1930 年上海受理的民事诉讼被予以调解和审理案件为例,它们就分别占到了江苏省(上海当时属江苏)的 72.6% 和 70% 左右,并占到全

---

⑤　忻平:《从上海发现历史》第 64、262 页,上海人民出版社 1996 年版。

国的 1/7 强。

(2) 从"讼棍"到"律师"

在近代上海,从"讼棍"到"律师"的称谓变化,也反映了上海市民对于近现代司法的观念转变。

在传统的思想观念中,缠入官司案件、刑律诉讼,总是不太光彩因而总是会受到情感的排斥和拒绝。在中国的官方和民间,也始终存在着"厌讼"的意识倾向。明代清官海瑞在一次给皇帝的奏折中就说到:江南纯安这个地方的诉讼比较多,是世风日下、人心不古所造成的,因而主张必须给予严正的教化和整顿。当然他并没有意识到这是当地商品经济相对发达,人们权利义务观念有所增强的表现,也不会意识到这是在社会秩序和社会公共性诉求中的一种必然现象。

在这种观念意识之下,代人撰写诉状以及帮人打官司的人,就常常遭人不齿,以至常被人鄙之为"讼棍"。"我们古典社会没有律师只是有讼棍,以前常常说'绍兴师爷',以为师爷是浙江的特产,后来据说这说法不确切,别的地方也出产师爷,但不管怎么样,讼棍这种职业是存在的,各地的小知识分子,利用自己的粗通文墨来包揽词讼,帮助要打官司的人书写诉状,同时还跟官员沟通。有人认为,官员们也很依赖这些讼棍,但是这种重要性并没有受到尊重,相反,他们被认为是社会的沉渣,他们在官方的话语中永远是道德品行低下的人。因为老百姓打官司需要依靠他们,这样在经济上就要付出,所以老百姓也不喜欢他们,付出很多,结果不确定,充满了'投资'风险。"⑥这种情形发展到了清代,甚至还曾出现过要严拿"讼棍"的政府文告。

但是上海在进入了近代社会以后,近现代司法及其实践逐渐渗透到市民的观念意识中,而法律法治也就成为了社会生活的日常事态。在这种情况下,现代意义的法庭诉讼,包括律师制度,也就随着现代司法的建立,而成为司法程序中平常而又合理的现象。因此,律

---

⑥ 贺卫方:《司法改革与中国未来》,见《中国问题》第 275—276 页,中国工人出版社 2002 年版。

师职业的正当性和重要性,也就率先在上海市民当中获得了重新认识。甚至有鉴于专职律师对现行法律的专业知识和熟悉情况,上海的许多纠纷和刑案的当事人,都越来越倾向并且习惯于聘请律师、甚至是聘请外籍律师来为自己的权益进行辩护。在当时"福星轮"案的申诉和法庭抗辩中,中方船主和死者家属就聘请了英国律师德莱蒙特和伊姆士作为他们的代理。事实证明,这样的选择对于这场官司的最后胜诉,无疑是一个至关重要的因素。而在《苏报》案中,尽管章太炎、邹容等人本身都十分擅长于言辞论辩,但是在事涉法律的问题上,他们同样聘请了更具专业知识的英国律师埃利和洛夫特斯·琼斯。果然在法庭上,这两位律师据理力争,有力地驳斥了清朝政府对章、邹等人的指控,甚至在一开始的时候,他们就指出原告主体身份不明确的漏洞。从《工部局董事会会议记录》中可以了解到,这两位律师相当恪尽职守,为章太炎等人不被清朝政府引渡,不被租界当局定罪,以及为他们尽早获得无罪释放,至少从法律层面上发挥了十分积极的作用。

当时上海的这种情形,正如记载中所说:"外国人涉讼,两造均请讼师上堂,彼此争辩,理屈者则俯首无辞,然后官为断结。如中外涉讼,华人亦请外国讼师。小事在会审公堂,大事在我国按察司处审理。讼师之名,中国所禁,外国反信而用之,亦可见立法不同矣。"⑦

此后,聘请律师处理事务、解决纠纷、出庭诉讼的做法,就在上海蔚成风气。比如轰动上海滩的周信芳和富家小姐裘丽琳的自由恋爱,在受到严重阻挠和胁迫情况下,就是由当事人委托上海某大律师以法律的名义予以"维权"和保护的。

与此同时,律师的职业也就在上海市民的心目越益受到尊重;而知名律师、大律师则逐渐成为社会名流,跻身于社会的上层。他们在社会名誉和社会地位上,与传统的"讼棍"含义,当然已经是不可同日而语了。

---

⑦ 葛元煦:《沪游杂记》第 2 卷《外国讼师》,上海古籍出版社 1989 年版。

二、"持续的、治本的爱国主义"

国家对于个人，无疑构成了最为重要的社会关系。正因为如此，近代上海市民的个体本位，在面对国家、民族的"大是大非"问题上，经常会遭到敏感而尖锐的质疑和挑战。然而近代上海的市民社会，恰恰是以自己的态度和立场，率先而敏锐地反映了个人与国家关系的历史变革。

在大多数人的理念状态中，个人必须服从和融入国家。但是在客观上，个人与国家在利益的持有、限制和出让中，又是一对天然的矛盾体。在个体本位的意识影响下，个人终于得以改变以往在面对国家时只能无条件服从和被无条件剥夺的状况。个人主体的身份，使人们在与国家的关系上，具有了自我判断和维护个人尊严及利益的权利。在近代自由和民主价值的历史意义上，个人能否真正成为自己的主人，一个重要的鉴别标准，就是他对于"国家"能否具有和保持自己的主体地位。这种个人主体意识的萌芽和生成，使得近代上海市民第一次从社会民众的层面，以个体本位和个人主体的原则对国家利益绝对高于一切的教义，有所保留和质疑，对于国家权力有所抵制，甚至对于国家有所"背弃"，从而由此在个人与国家的关系上，进行了形态的重构。

当然上海市民的这种意识和观念，首先是建立在对国家概念的区隔之上的。

毋庸讳言，国家经常是一个与现行政体相复合的实体概念。因此，"国家"就有着不同政治体制和社会形态的客观区别。

鸦片战争以后，大清王朝的"国家"与民间社会在根本利益和情感归属上日见疏离，国家与社会的各种联结纽带相继断裂。及至到了 1905 年，科举制度在国家政策的左支右绌中终被废止，大批士人经由科举求仕的进身途径遂告阻断，士人在国家意识和认同上的重要的枢纽功能，以及在民间社会与国家之间动态化与制度化的沟通机制,也随之出现断裂。士人阶层在因此分解以后,带着强烈的失落以至是对国家的怨愤流散到民间社会的各个领域,其中不乏有许多人来到上海另寻出路。与此同时,政权体制中的文化人文素质与精神的提挈,也由此而更趋涣散。于是,封建政治末世状态的黑暗腐败,就进一步加深了国家与个人在利益和情感上的悖离。

因此,即使是对于国家以至对于"爱国主义",近代上海市民已经开始形成个人主体的意识及理性思辨。这里的一个历史的概念就是:即使是对于国家的命题,一切没有自主选择的行为,在道德评判和历史评判上都是没有价值的。

但是在另一方面,血脉、种族和文化的本质关联,以及它们背后终极的利益关系,又决定了国家是一个能够超越政体属性和个人利益的抽象概念。个人最本质的社会性存在,就是在于他们对于国家和民族的认同。因此国家民族在道德上的抽象性和崇高性,决定了人们在感情和心理上对于国家的归属和凝聚,更决定了在非常情况比如是在近代中国丧权辱国、民族危亡以及在效力于某一社会理想的形势下,民众将会无条件地为国家所征召、所奋斗,甚至不惜为之流血牺牲。

近代上海市民的理性与期待,既表现在他们对国家政治属性的判别,以及努力要使它从统治者的股掌之中变为"民主"的因此也是人民自主向心与报效的对象;同时也表现在他们对于国家权益、民族尊严的无私而强烈的民族主义和爱国主义情操,并且通过这些行动表现了来自于市民群众的国家伦理、社会责任和社会团结。

但是,由于特殊的历史境遇,激发于晚清和民初的中国民众包括上海市民社会的民族激情和爱国感召,最终并没有能够与个人主体和自由权利的现代民主的核心价值,形成有机的结合,而是在发展当中被相当程度地导向了国家主义的窠臼。

1. 赤子之痛

1915 年,日本政府对中国提出了"二十一条要求",胁迫中国接受日本继承德国在山东享有的一切权利,并予扩大;接受日本对旅顺、大连的租期延长要求；中国政府须聘用日本人为政治、财经、军事顾问；等等。在北洋政府与日本政府的交涉谈判中，全国掀起了反日运动，上海市民在这场爱国运动中表现得尤为激烈和突出。"从2月中旬起在上海等地开始出现新成立的爱国组织，如上海2月中下旬成立的'中华国民请愿会'和'国民对日同志会'等。后来类似组织在上海成立日多，有人总结为'人民日立一会'。于是许多小团体又联合成立'各团联合会'。"⑧随后，上海商人以"爱国华人一分子"的名义投书《字林西报》，提议全体国民每人以产业的十分之一，存入中国银行，以集聚的经济力量对日本展开经济斗争。其钱款的用途一为建造兵工厂，二为强化陆海军，三为振兴国内工业。《申报》对此进行了全面的报导。

"救国储金"发起以后，得到了上海市民热烈的响应，其超越个人利益和政治分歧的情状正如章太炎所说，这是"以国粹激动种姓"。这期间特别是上海中下阶层的市民，表现出了强烈的爱国热情，一些积极组织并参与救国储金运动的社会团体的领导人，很多都是名不见经传的中小业主。上海的中下层民众在这次爱国运动中，用自己的实际行动表达了自己的立场和态度。当时的救国储金在很短时间内就累积到了很高的数额，其中很大的比率正是来自于上海市民的作为。

但是，在半年不到的时间里，救国储金运动就由蓬勃兴起而遽入衰途；与之同时发生的，竟然是上海市民对这一事件表现出来的"淡忘"和"漠然"。

那么，究竟是什么原因造成了这种变化呢？胡适当时所说的"群众的运动总是不能持久的"，固然是一个重要的方面，但是根本的原因，却是当时的"国家"也就是北洋政府对民众爱国行动予以压制、予以打击的结果。

虽然在理性辨析中，现行的政府与全民的国家，存在着概念上的

---

⑧　罗志田：《乱世潜流：民族主义和民国政治》第62页，上海古籍出版社2001年版。

区别。但是在国家内部和国际社会上具有国家身份、以及实际行使着国家权力的,却仍然是现行的政府。尽管这种政府的、也是"国家"的决定,经常与民众的国家观念和国家诉求相悖离,然而"国家"的立场和"国家"的命运,终究还是会以现行政府的意志为转移。

"二十一条事件"开始发生的时候,袁世凯及其北洋政府也曾利用过国人的爱国呼声,以及听任各省地方当局发表过一些措辞激烈的"通电",以作为对日交涉的筹码。但是在他称帝的企图能够获得日本政府以"二十一条"作为交换条件而给予支持的时候,袁世凯就准备接受"二十一条"了。随即,袁世凯下令各地军政长官对于此等国家大事,"勿许妄发通电"。各级政府机构的态度,即随之发生转变,"莫谈国是"的警训随而贴满茶楼酒馆。当时举国一致包括上海市民的爱国热忱和国家认同,最终在被自己的"国家"所破坏、舍弃、压制、打击的时候,自然也就在噬心自知的悲愤无奈中瓦解了。正是在这种情形下,事情才如章太炎当时所说的"人心始去"。

事实上,这种情形使得近代上海市民在国家问题上屡屡陷入深切的痛苦。梁启超因此说:中国人固然有他们的国家,但是他们在参政权利,在议论国是和决定国家的发展,以及在自身的生命财产受到国家法律的保障等等方面,还不如当时业已沦亡的波兰和印度。所以中国人实在是"求国之所以可爱者而不可得"。

近代以后,上海市民对于国家的集体认同和激情迸发,此起彼伏,但是它们却总是会遭遇到现行国家政体的阻断和打压。在许多情况下,当"国家"在现行政府的政治需要和民族的利益和情感中分别存在时,民众的爱国热情和行动往往就会与政治权力的需要发生抵触。首先,民众对于国家民族的本质诉求,是抵御外侮,振兴富强;而对于集权体制的国家统治者来说,他们首要的、核心的目标,则是维护自身的权力统治。其中的轻重缓急,正如1862年1月恭亲王在一份奏折中所说的:对于大清,太平军是"心服之患",侵吞中国北方领土的沙俄只不过是"肘腋之忧",而以武力胁迫中国通商贸易的英国更是"肢体之患"。又比如在1920年年末的时候,正值中国军队与白俄军队开战于外蒙古的库伦,但是此刻的中央政府却指令军队南下开往江苏与上海。当时的上海人士就质问:"今者库伦待援孔亟,果欲为第九师谋驻防之地,似应向库伦而行,不应向江苏而行。江苏无边患,来此合干?"然而其中的原因就在于争内权重于靖边患,而"民国以来,上海所以纷扰,不过有兵工厂耳。"⑨

当社会民众以体制外的群体集聚与价值诉求,表达他们的爱国情怀的时候,这些行动更会因为触犯现行的政治体制及其威权,而遭到压制和打击。因此,近代以来上海市民的爱国行动在时常受到租界当局的弹压之外,几乎又无一例外地遭到了本国政府的更为严重的阻挠和镇压。

在晚清、北洋和国民政府时期,民众与政府在国家观念上经常性的反向诉求,以及他们自发的爱国行动一再受到"国家"打压的情形,几乎已经成为国人以及是上海市民的历史经验。

1894年,甲午海战的爆发和战败,以及《马关条约》的签订,激起了中国民众和上海市民强烈的爱国激情和国家认同。"我君可欺,而我民不可欺;我君可玩,而我民不可玩"!⑩ 当时许多官员也纷纷上奏,反对割让台湾,一时间"章满察院,衣冠塞途"。正在北京参加会试的康有为联络了全国18省的1 300多位举子联名"公车上书",要求朝廷"下诏鼓天下之气,迁都定天下之本,练兵强天下之势,变法成天下之治。"国人的爱国忧愤正如谭嗣同所书:"世间无物抵春愁,合向苍冥一哭休。四万万人齐下泪,天涯何处是神州。"⑪但是,朝廷最终仍然是违背了民心民意,以国家的身份签订了《马关条约》。

1897年11月,德国出兵强占胶州湾,康有为为此第五次上书光绪皇帝。然而民间人士的爱国主张,却被统治集团视为异端,工部尚书因此拒绝代呈康有为的上书。但是这份上书却在当时上海的报纸

---

⑨《申报》1921年2月27日。

⑩《申报》1895年7月15日。

⑪《谭嗣同全集》第488页,北京三联书店1954年版。

上得以登载并且得到了市民的强烈呼应。光绪皇帝为摆脱政治危机,同时为夺取朝廷决策权力,开始倾向于支持变法要求,但是朝廷竟以制度为由,阻挠光绪召见康有为等人,这在实质上,就是要阻挠民间的爱国行动获得政治上的合法性。

1903年10月,正当沙俄政府停止同中国谈判,出兵强占沈阳,上海市民发起反俄运动时,清朝政府却制造了《苏报》案,因此而使上海的爱国行动"整体力量有所削弱。"⑫因为从当时政治权力、亦即政府国家的角度看来,上海民间社会的这种自发自主的爱国行动,"不过借俄约为名,阴实是自立会党借端惑众,以显国会权力能把持国家政事,蓄谋甚深甚险。"⑬

清朝覆亡以后,中国国号由"大清"改为"民国",但是因为专制集权的体制性质没有发生根本的变化,因此由巴黎和会的丧权辱国条款而激起的"五四"爱国运动,同样受到了北洋军阀政府的一再镇压。

而在国民党政府将"民国"变成了"党国"、甚至在泰山顶上树碑以"党权高于一切"的时候,它公开表达的,就是国家只是一党之私,只为统治权力所有的事实。因此它对于上海市民社会的爱国意识和爱国行动的打击迫害,甚至超过了晚清和北洋政府。在抗日战争爆发以后,上海市民的国家认同和爱国主义再次强烈激发,人们自觉自发的抗日爱国行动风起云涌,然而国民党政府对之采取的压制、迫害甚至是杀戮,已成尽人皆知的历史。

因此,民族矛盾和国家冲突的态势,往往在很大程度上取决于国内政治的态势。而民众与政府在国家观念上的抵牾,也常常就在这个时刻表现得尤为尖锐和鲜明。

其实,在"二十一条"事件中的"救国储金"虎头蛇尾、不了了之,以及上海市民意气消沉的时候,梁启超就曾说过:"国与民之休戚既相一致,则民之爱国,其天性也",然而现实的情况却是:"人民与国家

---

⑫ 熊月之等:《上海通史》第3卷第250页,上海人民出版社1999年版。
⑬ 张之洞:《致江宁刘制台、上海盛大臣》,载《张文襄公电稿》卷45。

休戚漠不相关"。人民的冷漠,实在是因为他们与政府对于国家的态度"道不同不相与谋"所致。"国民而致于不爱其国,则必执国命者厝其国于不可爱之地而已。"民众对于国家问题的消沉和冷漠,正是"政府素以国民为易欺"而长期"颠倒卖弄国民情感"的必然结果。

当然,历史地来看,在军事失败、国力悬殊、炮舰挟持的形势下,某些屈辱的外交决定在当事者比如李鸿章说来,实属情势所迫。而朝野的清议和民众的激愤也的确并不总是能够合理地反映或决定国家的外交政策的。然而问题是,这种忍让屈辱的外交政策之所以无法取得民众的理解、认可,更无法通过沟通而凝聚民众卧薪尝胆的集体意识,是因为它们无法面对社会民众的质询——因为国力衰弱本质上正是政权衰败的必然结果。因此政府在国家冲突中"审时度势"的退让,既是为了在被动之中委曲求全,更是为了避免事态扩大而导致内部政治危机的延伸——因为国家的失败和民族受辱,总是导致体制变革、甚至造成政权更替的契机。于是对于现行政权来说,它对于民众的爱国反应首先必定就是心存防范,并且进而采取封锁和压制的做法,而决不会主动认可民众在丧权辱国以后,经由爱国行动而触发的对于现行体制的反思。

当然,比如当义和团运动明确地以"扶清灭洋"的"爱国"主张,拥护清朝政府特别是慈禧太后的统治时,它就非但没有遭到政府的剪除,反而是得到了相当的宽容以至是纵容。慈禧太后封义和团为"义民",对于义和团杀戮洋人、焚烧教堂表示还"处处留有余地",以及几乎所有的义和团都以"御封"、"皇封"的名义而号称"奉旨练团"等等,都说明义和团的行动在一定程度上甚至是为朝廷暗中所支持和掌控的。

然而,体现了近代上海市民社会主体性的国家观念和爱国行动,终究多与政府和"国家"政策相抵牾,因而总是处于"国家"施加的挫折和磨难之中。历史的经验,也就使得上海市民不得不在一定程度上,对于"国家"的态度变得理性审慎,以至变得冷漠隔阂起来。

2. "我爱咱们的国呀！可谁爱我呀?!"

在中国社会的主流意识包括百姓特别是士人的传统意识中,对国家的忠诚和对民族的情感,总是至高无上,压倒任何个人私念的。追求国家的强盛统一,则是人们最为重要的政治理想和情结。忧国忧民、以身许国也构成了国人和中国知识分子的人格理想。"待从头,收拾旧山河,朝天阙","死去原知万事空,但悲不见九州同。王师北定中原日,家祭无忘告乃翁";"位卑未敢忘忧国","苟利国家生死以",这种超越个人生死的宏大爱国情怀和一代一代慷慨激昂报效国家的人物故事,总是以无比的精神和人格的光辉,照耀在人们的心中。而中国由 19 世纪中叶开始的积弱积贫、丧权辱国和百年以后的抗日救亡,更是一再地激发起了中国人民救国图存的意识,激发了民众与知识分子的殉国殉道精神。就连自由主义知识分子胡适也曾经说道,"一个人本分内第一件要事,便是爱国";"一国之中,人人都晓得爱国,这一国自然强大";"祖国强了,便人人都可以吐气扬眉","人人不受人欺","牵带得那祖国也给人家瞧得起了"。⑭

但是,近代的上海市民在这样一个重大原则问题上,却似乎不再是那样地毫无疑义,也不再是那样地义无返顾,而是表现出了相当的游移与思量。即以"二十一条事件"为例,上海市民的爱国激情迅速降温,甚至接着在行动上也表现出了某种对于国家的"背弃",其重于一己之私而缺乏国家民族大义的小市民"国民性",似乎就因此显现出来。

于是,关于国人、特别是关于上海市民的这种冷漠表现的批判性思考,就在上海展开。"中国人有爱国心否耶?"著名的上海绅商张謇的对此不无悲观:"岂中国人爱国热心或有或无或多或少如是之不齐与?"中国人"于国,知其关联身家者,千不得一;知其关联而真实爱之者,万不得一。"⑮对于国人和市民在国耻国难面前的"异常沉静",上

---

⑭ 胡适:《爱国》,载《竞业旬刊》第 34 期。
⑮《申报》1915 年 5 月 23 日、24 日。

海报人戈公振也沉痛地说:"必待他人之挟迫欺侮而后知觉。其自觉已末矣。虽然,犹未为晚也。苟于挟迫欺侮之后仍不自觉,则是终无挽救之时矣!"⑯时任《申报》和《时报》总主笔的陈景韩也感慨道:"中国之所以弱者,自私自利自暴自弃自怠自惰而已矣!"⑰当时还有人载文指出:"我们之所以弱,其大原因何在? 在不能合群也。不能合群之故何在? 在重私利逞意气自破团体也。"⑱甚至当时的日本人也著文说到:一般中国人对"政治之良否是非……绝不闻问,彼等但屈从强有势力者已。"对此,陈独秀表示不能"强颜不承认",于是也就越加痛感"此真堪痛哭也!"⑲"中国人民简直是一盘散沙,一堆蠢物,人人怀着狭隘的个人主义,完全没有公共心,坏的更是贪贿卖国,盗公肥私,这种人早已实行不了爱国主义,似不必再进以高论了。"⑳

　　所有这些批评,所指涉的只重个人私利,了无国家民族血性的市民禀性、乃至是某种国民性,固然都是一种客观现象。但是另一方面,上海市民在近代以后所不断表现的强烈的国家观念和爱国热情,却又都是无可否认的客观事实。这种反差的情形也许说明,从整体上看,上海市民对于个人主体和国家认同的关系,正在发生观念和行为的变化;同时以整体而论,不管是市民群体的本身,还是来自外部的评判体系,也都应该对这种观念乃至行为的变化,在思想认识上进行重新调整。

　　在权力体制和传统文化的社会意识中,个人既然要依附于国家,那么他对国家的遵从就应该是绝对的和无条件的。但是在近代兴起的民主思潮中,个体本位和个人主体的意识得以觉醒和凸现,甚至国家、民族的概念,对于市民社会来说,已经不再是绝对的和无条件的了。

---

⑯《时报》1915 年 5 月 22 日。

⑰《申报》1915 年 5 月 12 日。

⑱《申报》1915 年 5 月 16 日。

⑲《青年杂志》1915 年 11 月第 1 卷 3 号。

⑳《独秀文存》第 2 卷第 125 页,安徽人民出版社 1987 年版。

　　实际上,国家和民族的概念既有超越现实政治关系,因而构成绝对律令的一面;同时国家又有着与现行政体合为一体的一面。当国家在现实状态中与政体重叠,也就是国家的构成并不是依据社会个体的总和,而只是依据于权力的体制和结构的时候,那么国家与个人就可能是处于两个利益不同的甚至是经常对立的实体概念。谭嗣同因此指出:"天下为君主囊橐中之私产,不始今日,固数千年以来矣。"㉑梁启超也说过:中国历来"曰唐虞夏商周也,曰秦汉魏晋也,曰宋齐梁陈隋唐也,曰宋元明清也,皆朝名也,而非国名也。盖数千年来,不闻有国家,但闻有朝廷。"㉒正是在这样的社会现实下,反映那个时代生活的话剧《茶馆》中的台词"我爱咱们的国呀! 可谁爱我呀",或许就构成了当时上海市民真实的心境写照,和更具理性色彩的评判。

　　在这种情况下,一些知识分子也开始对国家的概念进行了区隔与辨析,他们指出:国家与政府、政权乃至政党,其实是属于两个不同的概念。章士钊说:要将国家和政府加以区别;我们当然爱我们的国家,但是我们决不爱现行的这个政府,"今兹之所招厌于国民而吐弃之者,政府耳。于国家无与也";我们当然应该爱国家,但是决不能因此而使"恶政府并享吾爱也。"而对于清末民初的社会民众对于国家的隔膜冷漠,当时的著名记者黄远生就曾指出其原因就在于人们在国家观上的主体性失落,他说:中国的问题,在于一种"公毒",即"无系统、无实质、无个性、无差别"的"思想界的笼统";尤其是"根本不认有个人之人格与自由。必使一切人没入于家族、没入于宗法社会";而最终则是"没入国家"。㉓在个人与国家的关系中,章士钊又曾提出:"读书明理、号称社会中坚之人,人人不忘其我。"一旦这种"自我"被专制威权压制和剥夺,那么"国家"也就会在民众心目中自行"解

　　㉑　谭嗣同:《仁学》,见《谭嗣同全集》(下)第 341 页,北京中华书局 1981 年增订本。

　　㉒　梁启超:《中国积弱溯源论》,见《告诉你一个真实的中国》,敦煌文艺出版社 1997 年版,第 66 页。

　　㉓　黄远生:《国人之公毒》,载《远生遗著》第 1 卷第 108 页,商务印书馆 1927 年版。

散"。"章(士钊)氏本卢梭的《民约论》精神,认为既然中国人民对国家之一切法已不能行公民复决之权,则人民委托政府统治的契约既已解除,即章氏所谓'国家解散'也。解散之后,'人人即复其自由,即重谋所以建国之道。'而建设之道即人人'尽其自我'。章氏分析说,暴政得以行,即因人人忘其在我。'故今之人辄怨政府之暴喜,哀吾民之无自由矣。不知自由本有代价,非能如明珠之无因而至前也'。人人失其我的结果就是'通国无一独立之人;到处无一敢言之报'。"㉔

除去这样的一般规律,近代上海市民对于国家观念的相对淡薄和疏离,又还有着他们自身特殊的社会与历史原因。

近代以来上海社会政治和经济的巨大变化和发展,使它成为一块民众自主汇聚的热土。但是显而易见的是,这些社会变革和历史进步,却并不是通过国家而获得;恰恰相反,它们是在相当程度地摆脱了国家的专制体制,以及相当程度地隔断了人们对于国家的依附以后而获得的。

因此,实践的检验,孕育了上海市民对于清朝政府和民国政府"印鉴"之下的国家的潜在疏离。也因此,各种各样的人们在上海这个新兴的都市里,不管有没有、或者是怎样地改变了他们的生活境遇和生活方式,他们对于这个国家,却不会心存太多的感激。在国家实际上是由统治者全权控制,而民众只是它管制、剥夺和压迫的对象时,人们甚至对它越来越失去了感情和信心。实际上,当移民从内地、以及从华界大量地迁徙到奉行着治外法权、以及是为"国中之国"、"化外之地"的上海租界时,也就某种程度地意味着他们对于国家、其实是对于现行政治体制的某种背离。

另一方面,开埠以后,上海遽然进入了市场经济和商品社会,优胜劣汰、适者生存的激烈竞争,检验着人们的个人能力。无论是办厂开店,还是充当各业雇员,抑或是靠体力劳动谋生,人们要在上海立

㉔ 罗志田:《乱世潜流:民族主义和民国政治》第 93 页,上海古籍出版社 2001 年版。

足和发展,传统的社会关系已经失去了它们的效能,不再具有最终的决定意义。真正具有决定作用的,是个人的努力和能力。因此,在近代上海资本主义的资本原始积累时期,严峻的生存竞争及个体自主和个体责任的外部环境,已经相当程度地在客观上消除了人们对于社会共同体的各种依附意识,强化了他们的个体意识。与这种社会形态相适应,将个人的物质利益与生存发展放在首要的地位,而把社会和国家的概念放在个人权益的基础上加以考量,也就天经地义地成为上海市民在一般情况下的价值判断方式。

这种价值评判的历史内涵在于:个人才是政治和社会的核心与价值的起点。不论是人的权利,还是人的责任义务,它们所联系和关注的首先都是具体的、活生生的个人。只有在个人观念及其公民身份得到确立的前提下,一种与时俱进的国家观念才会在社会个体中得以建立并得到切实的确认。梁启超为此说过:"国也者,积民而在。国家之主人为谁? 即一国之民是也。"人们首先要成为自己的主人,然后才能成为国家的主人。"欲国耻之一洒,其在我辈之自新。我辈革面,然后国事始有所寄……然后可以宁于内而谋于外。"㉕胡适也曾经这样阐释过个人主体和国家、民族认同之间的关系:"现在有人对我说,为了国家的自由你必须牺牲个人自由,我的回答则是:争取个人的自由就是争取国家的自由,解放个性就是解放民族。"㉖

个人主体的意识在觉醒与生成以后,它与国家、民族的集体意识的关系,就时常会根据时势的变异,处于游移摆动的状态之中。社会的公共价值,市民的社会责任,以至是民众对于国家的认同,固然都具有终极指向和崇高的精神意义。但是,当政府及国家的决策、行径与民众的利益、意愿背道而驰,进而以专制的权力,对个人权益进行压迫和剥夺时,人心的钟摆就自然地要朝着个人的方位摆动。

㉕ 梁启超:《痛定罪言》,见《饮冰室合集》第四册第 9 页,中华书局 1989 年影印版。
㉖ 引自《思想的声音·在北大听讲座》第 1 辑第 320 页,中国城市出版社 2000 年出版。

因此,作为一种社会心理现象,上海市民经常会以相对明确的个人主体意识,以及以世俗理性的价值判断,对那些国家主义的鼓动,有所思量,有所保留,有所背离,就成为了近代上海市民社会的一种思想特征。

3. 对国家的自主认同

1901 年上海各界人士在张园举行反对俄国侵占中国东三省的集会,当时已经有演说者将批判的矛头公开指向了朝廷和政府:"中国之败坏一至如此,推其原故,实由居官者无爱国之心,但求保一己之富贵,互相推诿,将一切重大要紧之事任其废置。"㉗这说明,上海市民已经开始能够将国家、民族政府和民众等不同概念,加以区分和区隔,从而使自己的爱国情怀,越益清晰地落实在市民社会的自主判断上。

当国家与民众之间形成了切实的利益关联,个人对于国家得以切实确立主体性身份而不是被排斥在国家事务之外,那么,国家才会真正转化、落实为个体意志,也才能成为人们自觉、持续而切实的义务和责任,以至成为超越个人利益、使人为之"无条件"应召、奋斗、甚至流血牺牲的对象。这就像陈独秀那样,对于一个专制腐败的国家国体,"国不足爱,国亡不足惧";而对于一个民主进步概念下的国家,陈独秀则提出要树立一种"持续的、治本的爱国主义。"

在这样的前提下,逐步清晰的国家、民族的近现代概念,也就增强了上海市民在新的价值坐标中对于国家、民族的归属感和认同感。

因此,近代上海个体本位的意识倾向固然造成了某种价值多元、社会分殊和人心离散的局面,但是实际上它又通过各种新的形式,特别是对于国家、民族的自我确认和自我凝聚,建立了新的社会整合。近代以后上海滩上接踵不断的爱国运动,也就成了以这种公共价值而建立公共领域、促成社会团结与凝聚的最好实践和示范。

近代以后,上海市民层出不穷的爱国运动和他们的团结与组织

㉗《中外日报》1901 年 3 月 27 日。

机能,自始至终处于一种有机互动的状态。1874 年以及 20 年以后的两次"四明公所事件",就是广大上海民众以自身的国民意识和民族自尊,团结在反抗列强和爱国主义旗帜下的群体性抗争。发生在 1905 年"黎黄氏案"事件与之庶几相同,上海市民在争国家主权,争民族尊严的自觉意识下,团结一致,共同进退,申张了自己的意志。

在"拒俄运动"中,上海市民的群体行动,就是更为纯粹地为他们自觉的国民身份以及爱国主义和民族尊严所感召。当时上海的绅商和市民还自发组织起来,采取行动阻止俄国银行在上海筹资,阻挠俄国舰船在上海筹办煤炭、净水、菜蔬。而上海的反美爱国运动的鲜明特点就在于,参加运动的人员有了更为广大的社会性,他们之中不仅有知识分子、民族工商业者,还有许多下层的工人、手工业者甚至近郊的农民,几乎涉及到社会各个角落的各色人员,在一个爱国主义的切实认知中,他们凝聚为一体。

上海自开埠以后,市民群众接连不断地组织发起了各种规模的爱国主义运动,比如 1915 年 3 万多市民在上海租界集会抗议日本对中国提出的"二十一条";1919 年"五·四运动"期间的大规模的集会、演讲和罢工罢市。五·四罢市期间,租界华界的巡捕军警沿街挨户强迫商店开市,店家被迫开门后,说没货可卖,等军警巡捕一走,重新关门,可见当时上海市民在爱国意识和集体行动中,人心之齐和行动一致。此后在"五卅运动"、"济南事件"、"九一八"事件、"一·二八"抗战和"八一三"抗战中,上海市民无不是团结一致、同仇敌忾,将个人的力量最大限度地聚合到一处,凝聚成为全力支持和声援爱国运动和前线抗战的强大社会资源。近代以后上海市民社会的民族情感和爱国主义,诚如梁启超当时对于上海民众踊跃认购救国储金时所感慨的:"盖世界之爱国者莫中国人若矣。"

这些市民群体性的爱国行动,除了它们本身所直接产生的影响之外,它们对国人的震动、警醒和激励,也是无庸置疑的。当时的美国驻华记者克劳这样写道:上海的这些的爱国运动,已经大大推进了中国过去所缺乏的民族自觉意识。

在上海的爱国运动及其社会团结与市民凝聚中,特别需要提出的,是发挥了核心和表率作用的上海绅商和民族资产阶级。

也许在实践与经验中,对于"个体存在根本取决于对国家民族的归属"有着更为深切的体会和认识,上海绅商对历次爱国运动中的集体伦理和群体意识,一般都有着较为鲜明的自觉立场和态度。正是有了上海绅商诸如唐廷枢、叶澄衷、朱葆三、虞洽卿、张謇、沈缦运等等人物有声有色的组织、领导和领衔参与,上海市民的爱国运动才更具特色,更具魅力;也更加显示出了它们的时代特征。

在四明公所案、黎黄氏案等许多华洋纠纷和市民爱国运动中,上海滩商界大亨虞洽卿就发挥过许多积极的作用。即使是在中国共产党领导的"五卅运动"中,上海总商会也发动市民群众参加罢市,进行抵制日货和募捐的活动。接着与六国公使调查团进行主要谈判的,也是上海总商会及其会长虞洽卿,谈判的蓝本也由上海工会组织所提出的"17 条"而转入到由上海总商会有所更改的"13 条"。

"1926 年 5 月 20 日晨。南京路上走出一行人,58 位统一着西装,佩带刻有中日两国国旗与握手图案徽章的中国商业代表团成员,在浓眉、深眼窝、有着典型浙东人清秀形容的上海总商会会长虞洽卿率领下,从杨树浦码头登上海丸轮。代表团应日本商会联合会之邀请赴日参观大阪电气博览会,这是中日关系史上亘古未有的新鲜事。代表团中上海工商界代表 44 人,占 77%,其中半数以上是上海总商会的会董和会员,全国其他地区代表仅 14 人。日本朝野对代表团百般讨好,各名城参观点到处飘扬着中国国旗,社会名流躬自迎送,旅车费不断有官方、团体或个人赠送,尤其代表团抵达东京车站,日本元老、政府高级官员和各界名流 1 000 余人,黑压压一批列队欢迎,规格碰顶如同接待显要国宾。尔后继续升级,连内阁总理也专门接见。……日本朝野特别是商人暗喜——日货倾销中国十拿九稳矣!"但是虞洽卿及代表团却对此保持了清醒:"一年前的今天'五卅运动'在沪爆发,5 月的这一天是中华国耻纪念日;还有日强加于华的'二十一条';以及洋货来沪只交 5%关税,而华货进日本及其控制下的韩国要收 100％的苛税。"因此当大阪商业会议所会头稻田烟胜郎致欢迎词时断言,中国工商业要发展必须依赖日本经济援助,虞洽卿在致谢辞只言片语不予迎合,而是自我陈述道:"为取消日本对华不平等条约,'一息尚存,义无返顾'。他脱口而出五个问题:(1)本国境内可容他国陆海军自由上岸否? 则曰军权为国家之保障,不可也! (2)本国境内可容领事裁判权否? 则曰司法独立为一国之神圣,更不可也! (3)本国境内可容他国租界否? 则曰领土主权为立国要素,是万不可也! (4)本国内河可容他国自由行驶否? 则曰航权攸关交通主权,绝不可也! (5)关税可受人束缚否? 则曰高耸主权绝对自由也!"㉘对这种鲜明的爱国立场和态度,代表团及虞洽卿自觉是代表了中国民众的集体意志。因此当北洋政府驻日本公使出面转圜,大谈中日经济需要提携的时候,虞洽卿则当即奉告日方:这个政府已经不能代表人民! 最后,这个有史以来最大的中国商业代表团,终究连一笔生意都没有谈成。也因此,当日军以后占领上海时,虞洽卿等人只能离沪出走了。

1927 年 5 月,北伐军进入济南,随即与日本在济南的驻军发生军事冲突,是为"济南事件"。事件发生后,上海总商会随即团结起来、一致行动,并通电全国,要求南北双方即使在国内政治上存在分歧,对外也应当"表示一致"。现在国难当头,必须"停息内争,集合全力,以御外侮"。上海总商会激于民族爱国大义,推崇社会团结的号召,很快得到了北平总商会的响应。

近代以后,上海绅商除了在历次的爱国集会、演讲、罢工、罢市中担当主角以外,甚至在每一次抵制洋货的行动中,也多表现出了顾全大局、义不容辞的态度。发动全体上海市民抵制洋货,从理论上看可能会有助于民族工商业及其产品的发展,但是在实际上,当时上海的经济模式,业已使上海的工商界与外国资本和商品建立了长期以来的千丝万缕的联系,因此抵制洋货往往会使许多上海工商产业蒙受

㉘ 程童一等:《开埠——中国南京路一百五十年》,载《昆仑》1996 年第 3 期第 90 页。

经济损失。但是为了国家民族的利益,许多工商界人士仍然能够服从社会,统一行动,积极参与并且承担组织的责任。

更具历史意义的是,近代上海绅商作为市民社会的核心力量,由他们参与的所有社会运动,包括民族爱国运动,都在内容和方向上,对当时的政治团体和党派保持了市民价值的独立性。

历史的事实一再说明:即使是具有个人主义和自由主义鲜明倾向的近代上海市民社会,并没有、也不会简单地排斥社会的公共价值、公共意志和群体行动,特别是在有关国家认同和民族大义的事件上,他们恰恰是积极参与和团结行动的。

但是,从他们的价值立场来说,他们希望在这样的社会整合中,个人的主体性能够得到确认和尊重;而国家观念和国家认同,也只有真正以社会的自主公约而不是强制命令,才能形成其真正坚实的基础。

4. "国家主义"的窠臼

随着数千年"朝廷即天下"的国家意识开始瓦解,上海市民社会的民主意识及国家观念也得以产生和形成。但是,特殊的中国近代历史的潮流,使权力意志和集权主义的"国家主义"观念,同时也在传统国家概念颓败的废墟上,有力和有效地建构起来。

在历史的演进以及在这样两种国家观念的角逐中,市民社会的民主国家观最终退下阵来;而国家主义的思潮,则构成了近现代中国历史上国家观的主要选择和方向。这也最终显示了市民社会在自身思想建设中的历史局限,以及因为相对薄弱的思想基础而决定了它政治上的软弱无力。

近代以后的丧权辱国、内忧外患和民族危亡的现实,使得强国雪耻、纾难救亡成为最有力的民族感召,也成为知识分子和社会精英的使命和责任。这样的历史条件和社会氛围,自然导致了国家主义思潮的形成,以至导致了其立论的正当性。国家主义的核心诉求,就是以国家的名义,统一全体民众的思想认识,整合全国的力量,调动所有的资源包括收缴个人的自由权利,消除权力制衡的机制,然后就此建立集中有效的国家政治领导,由它们以强权的意志和手段,在最短的时间内最具效率地建设一个强大的国家。

近代以后的救亡图存、民族振兴的集体焦虑,遂使国家主义的意识成为知识精英的共识,也成为各种政治人物和组织的共同主张。严复就认为,自由的重心应由个人转移到国家,使个人全力遵从于一个集权国家的理念,从而将个人自由及"民智民德民力"定位为达到国家富强目的的"手段",甚至为了国家建设而需要对个人自由加以限制。梁启超在 1903 年之前曾经盛赞自由、民主,但是他在思想上也有与严复一致的地方。在他后期的"开明专制论"和"新民说"中,个人固然必须从封建专制的体制中争得自由权利,但是这并不是目的本身,而只是创造一个强大国家的必要手段或者说是基础条件。解放个体是为一个新型的集权国家效力,而不是以解放的个体作为民主国家的社会本质与基础。在孙中山的思想深处,其实也是确定了国家主体和个人服从的政治关系的。孙中山认为,中国当前迫切需要的是国家自由,而决非个人的自由,为了使国家得以完全自由,个人的自由非但不能扩大,还必须严加限制,"今天,自由这个名词究竟怎样运用呢? 如果用到个人,就成一片散沙。万不可再用到个人上去。要用到国家上去。个人不可太自由,国家要得完全自由。"欧洲国家固然以争个人自由而赢来了民权的发达,但是中国由于原来的自由太多,则早已成为国家和民族发展的祸害。[29]"我们革命党,向来以三民主义去革命,不以革命去争自由"。[30]于是某种以大众为号召而实际是精英政治和集权政治的国家意识,就在中国近现代历史,逐渐形成了一种主流意识和主导话语。

当然,在国家命运处于非常形势的情况下,国家的强权意志,就可能成为一种历史的优先选择。由强国愿望而导致对国家强权的推崇,在某些特定的历史阶段,比如战争时期以及资本原始积累时期,

---

[29] 邵德门主编:《孙中山政治学说研究》第 55 页,东北师范大学出版社 1992 版。
[30] 陈茹玄著:《中国宪法史》第 214 页,文海出版社 1986 年版。

也会具有历史的合理性以至是正当性,它们甚至也可能在特定的历史阶段中成为"强国"的一种快捷的途径。正是这种历史的合理性,促使近现代中国的党派和政见虽然"主义"不同,但却在"国家主义"的问题上,基本趋于一致,并且竭力以此作为自己的政治资源。

虽然在市民社会的价值谱系中,难以找到国家主义的对应位置;但是,国难当头的忧患和救国图强的强烈愿望,使上海市民也在一定程度上激发了对于强权国家的憧憬和激情投入。甚至可能在许多情况下,他们能够暂时放下或者搁置自由理性与国家主义的内在分歧,而为一个强权的、集中的,也是崭新的国家理想效力。

但是,任何特殊的历史情景,都不能从根本上改变个人和国家之间本质的紧张关系。哲学家卡尔·波普尔因此这样说过:"国家尽管是必要的,但却必定是一种始终存在的危险或者是一种罪恶。"所以,如果没有必要,国家的权力不仅不应增加,而且要用"自由的剃刀"把多余的部分剃除掉。如果缺乏思想的洞察和体制上的预设,那么国家主义就会由此而形成定势——"对国家能力的强调高于对国家能力的制度约束的强调;对国家强制作用的强调高于对国家合法性的强调;对国家提取民间财富能力的强调高于对民间监督国家支配财富方式的强调。个人的积极性和首倡精神是微不足道的,只有国家能力和使命是至高无上的。在经济事务方面,此种观念往往把国家摆在经济发展的中锋位置上,把发展经济的重担交给了国家,而不是民间和个人。在国家能力问题上,积极的政治观一再表现出一种理想主义,乃至浪漫主义的思维:只要赋予国家以足够的能力,只要个人把其权力和自由毫无保留地让渡给国家,只要所有臣民的步调与国家一致、一切行动听指挥,只要地方政府无条件地服从中央政府的决定,国家就无所不能,包括变人间为天堂。"[31]

但是,即使在政治体制已经改换为"共和"的情况下,只要个人自由、社会民主无法在宪政体制、多元政治和法律保障中真正获得主体

---

[31] 刘军宁:《保守主义》第 90 页,中国社会科学出版社 1998 年版。

的地位,而只能屈从于集体和国家的威权之下,那么这个国家就有可能再度将人们带入到集权和专制的危险之中。

1912年的时候,追随孙中山的蒋介石就表达过一个在当时颇有代表性的观点:效法德国和日本的治国模式,限制个人的自由和权利,把个人的命运和力量托付给国家以至是军事强人,由其以集权、强制来促进国家的强盛。

当时的德国和日本的确以国家主义的、甚至是极权主义的方式,在资本主义和列强的世界中后来居上。但是它们在为世人瞩目的同时,也留下了极其重要的悬念。其一是:与西方实行民主宪政和崇尚自由的国家相比,德、日两国奉行的极权主义、消灭民主和权力制衡的强国方略,终究会把国家带向何方? 这个问题已经由当时以及由以后的历史作出了解答。其二是:即使是效法德国、日本,国家主义和极权主义可能在中国得以形成,社会民主和个人自由也因此而被牺牲,但是中国是否就能够因此而如德国、日本一样,建设起经济、科技、军事以至是政治上的强国大国? 其实这个问题也已经由当时和此后的历史给出了答案。

然而,人们在反抗现行的专制体制的同时,却没有能够对崇尚集体本位和集体意志的国家主义,给予应有的警惕。

在国家主义的推行与实践过程中,一种与现代民主政治与个人自由权利背道而驰的现象,即所谓“卡里斯马”型的政治强人的出现概率,就会大大增强。这就是在社会危机和国家动荡的时世中,以天纵的聪明和个人魅力而迎合并引导了社会的心理需求,从而形成的“英雄、领袖、先知、救星、救世主”;他们以“国家忧患”、“历史使命”、“时代召唤”来凝聚民众意识,同时也以强权以至是极端的方式和手段来整合民众。

最早的革命传道者卢梭,曾经相当透彻地道出了“卡里斯马”的本质涵义:“人民并不永远都是明智的……需要一种神明,才能为人类制定良好的法律”;“立法者是非凡的人物”,他们与群众的关系,“就像是一个牧人对他的羊群具有优越性那样”;“如果说,能够按照人的本身的状态去驱动人们是高明的话,那么,能够按照需要他们成为的样子去驱使人们,则更高一筹。最高的权威是能穿透人们内心的权威"。㉜

但是"卡里斯马"的统治,与法理型政治的尖锐对立,就是它的独断人治。与此相联系的,就是压制民主机制和个人自由的强大而集中的国家权力。这样的国家形态,也就是所谓的"卡里斯马共同体"。也许卡里斯马型的人物及其统治可能会成为历史前进的杠杆,但是它们的历史风险和代价也许会更高。至少,它们的存在,将极大程度地意味着个体的消失。因为它们通常只关心权力而非灵魂;只关心以民族解放的口号来动员民众,而不会去关心人的真正解放;只关心共同体以及他们的权力统治而并不会以政治的多元参与从而有效切实地落实民生福祉。而倡国魂、革国政、谋强国的社会要求,一旦到了这样的强权者的手中,往往也就变成了专制统治的思想工具。这个时候的国家和爱国概念,已经被强权者所挟持。

一旦国家至上的神圣性和崇高感被强权政治及其权力话语所垄断、被主流意识形态制造成为群众激情的时候,任何关于国家的理性思辨,都会被强行推入到"置私利于国家之上"、"不爱国家"的被动境地。正是在国家主义的社会语境中,上海市民社会的个体本位、个人自由的价值理念也一定程度地被遮蔽,或者是一定程度地迷茫和失落了。

当年李大钊在北大的一次讲课中,曾经敏锐地提出:"有人疑虑社会主义实行后,国家与社会权利逐渐增加,个人自由易受其干涉,遂致束缚。此亦误解。然过度时代的社会主义,确是束缚个人主义的自由,因少数资本主义者之自由当然受束缚,不过对于大多数人的自由确是增加。故社会主义是保护自由,增加自由者,使农工等等人均多得自由。"㉝当然,承诺自由的前提,是以个人自由和民主权利作

㉜ 卢梭:《社会契约论》第 39、53、73 页,商务印书馆 1980 年版。

㉝《李大钊文集》(下)第 375 页,河北教育出版社 1999 年版。

为国家宪政的基础;也就是说,对于自由的承诺,最终将落实于政治体制的建设。

事实上,当我们为了一个平等分配的理想社会,为了一个繁荣富强的国家目标,而把自己应有的权利全部让渡给国家,并由它来为我们做出选择、决定一切的时候,我们自己以及我们的国家将有可能一起走上历史的歧路。

在对现实的国家观念和国家认同上,上海的市民社会曾经努力将它们与个人主体、民主权利联结为一体,并且因此也曾与现行的封建、专制的国家体制离经叛道。但是在对于未来意指的国家主义取向上,上海市民的价值理念,却因为失之于把握,而变得有些彷徨迷茫以至无所适从。

这,终究造成了历史的教训。

三、个体本位与社会伦理

近代上海市民社会的个体本位、个人自由与权利,以某种现代性的伦理与道德,为民主社会建构着思想的基础。然而这场社会意识形态的变革之所以深刻,恰恰在于它造就传统伦理与道德解构的同时,又在社会责任、社会义务上,形成了新的观念与言说。

这些社会性的命题,是在历史自身的发展中,获得求证的。

近代上海市民社会在个体本位的确立过程中,就以政府税收、社群组织、慈善事业等等,构成了个人主义与社会责任的新型结合,和新型的社会责任伦理。

1. "纳税人"意识

社会组成的成本,公共事业的支出,集体行为的用度,使课捐纳税成为自古皆然的道理。"闯王来了不纳粮"之类,仅仅是鼓舞和蛊惑人心的口号而已。但是对于社会民众而言,历史性的区别是在于:在集权体制的时期,百姓通常只有向官府交粮纳税的义务,却无法因此而获得相应的社会权利。然而近代上海市民除了在更趋明确的纳税义务之时,又率先以"纳税人"的意识,明确并公开提出了相应的社会权利。"纳税人"遂成为近代上海市民新型的也是最为重要的社会参与方式和社会性身份。

(1)"不出代议士,不纳租税"

1854年7月,上海租界工部局刚刚成立的时候,英租界外国侨民的固定人数大约为300人,这样的人数规模显然无法担负起新成立的市政机构工部局的开支。那么相关的费用从何而来?毫无疑问,作为市政机构及其市政建设和社会管理的经费,将主要来自开辟税源。于是工部局董事会开会决定向涌入租界的华人征税。刚刚开始的税种有巡捕税、地税、码头税、执照税等等。与此同时,上海租界又阻挡了中国地方政府向租界华人征税。上海开埠以后,作为"治外法权"核心内容的租界税收政策,开始推行。

以1898年公共租界的税收情况为例,华人向工部局缴纳的各种捐税,已经占到工部局当年财税总收入的一半以上。

然而随之而来的,则是上海市民以纳税人的自觉身份和意识,为争取自身权益所进行的斗争。

在上海市民的这种抗争过程中,抗捐抗税的传统方式,仍然构成了一种常见的内容。比如由于税收过于苛重,遂而导致了1897年的小车夫群起罢工。在上海市民中,诸如小车及人力车夫这些底层民众的收入本来就相当微薄,一般车夫每月的收入在扣除车租车捐后,仅余两千七八百文,只能勉强维持温饱。但是租界的课税机构"纳税人会"不能体恤底层民众的困苦,又拟增加车捐,于是就引发了小车夫反抗工部局增加捐税的群体抗争,最后迫使工部局做出让步,暂缓加税。而这次群体抗争甚至导致了当时工部局董事的全体辞职。

近代上海市民除了对纳税捐税本身要求公正合理之外,他们真正展现纳税人现代意识的,则是通过纳税而产生的权利要求。在权力政治开始让位于公民自治以及民主政治的近现代意义上,纳税对于个人固然是一种法定的社会义务,但是它同时又以对等交换原则,通过赎买形式而赋予"买方"也就是纳税人以某种天经地义的社会权利。

于是,既然华人市民开始纳税,并且华人市民的纳税逐渐成为租界财政的主体,那么华人市民的相关权利要求,也就逐步形成并不断提升。其中最为关键与敏感的,就是要求在租界的议事及行政机构工部局和公董局当中,设立华人董事。

在 1905 年 12 月的大闹公堂案即黎黄氏案之后,上海绅商举行聚会,首次提出在工部局内应设华人董事,以处理租界内有关华人的事务。这个要求的实质内涵就是:既为纳税人,上海市民就有权在政府的决策机构中,拥有自己利益及其代议的代表。这是国人第一次以纳税人的自觉身份,公开表达自己社会参与及其参政意识的举动。当时工部局急于在社会动乱中恢复租界秩序,遂由总董安徒生与华人代表进行会谈,结果同意以一种变通的方式于 1906 年 2 月成立“上海租界华商公议会”,使之“成一公认的承转机关,中国居民之合理的不满意见经其转达工部局”。

但是上海租界的政体特性就在于,一方面,西方近现代民主制度的体制、常识和思想,包括纳税人的权利意识,在上海得到了一定的传播——1864 年,英美等国家的公使在北京专门就上海租界的问题召开各国公使会议,并且决议改组上海租界的五原则,其中第五项原则就规定:“市政制度中,须有中国代表,凡一切有关中国居民利益之措施,须先咨询,得其同意。”然而另一方面,上海租界的“治外法权”的半殖民地性质,以及权力先天的独享倾向,又使得上海租界当局立场顽固,迟迟不肯向华人释出权力。就在公堂会审案得以平息、局势稳定以后,“上海租界华商公议会”又被当时以洋人为主的公共租界“纳税人年会”给否决了。

于是,上海市民作为纳税人而提出的权利主张及社会参与的要求,就成为近代上海市民社会的持续目标。虽然上海纳税华人长期被排斥在租界的行政机构之外,但是切身的利益关联,使他们的自主性合作组织以至某种间接的“代议士”机制,开始形成。这些组织与机制的社会参与度和社会影响力,则以一种必然的趋势与日俱增。

因此对于上海租界的各种公共事务包括各种社会事件,租界当局不得不越来越多地与上海的绅商亦即纳税人组织会商合作。上海的华人纳税人,也因此越来越多地参与到了社会的公共事务中。到了20世纪20年代前后,工部局董事会终于设立了"华人顾问委员会",以正式代表上海市民和纳税人,在工部局董事会提出意见和建议。

然而在工部局董事会中成为正式董事并且拥有一定席位的问题上,双方仍然相持不下。中方代表最后的谈判王牌,就是"不出代议士,不纳租税"。在时势业已发生变化,上海纳税人的捐税业已根本决定租界经济命脉的情况下,工部局董事会终于不得不在这种资本的力量以及华人纳税人的集体意志面前,屈服和让步。

接着,作为租界行政有关决议机构的"纳税人会议",也发生了组织结构上的根本变化。按照有关章程,在公共租界内不论中西方人士,只要纳税达到一定金额,就可以以相应的社会义务兑现相应的社会权利,从而具有出席纳税人会议的资格。纳税人会议将由选出的9名参事予以领导。工部局原则上只是租界行政的执行机关,在每年春季的纳税人年会上,工部局要在会议上提出预算方案,如果纳税人会议予以批准,预算才能获得通过,然后到下一年度再向纳税人会议提交决算报告。到1930年的时候,在2 677位具有出席纳税人年会资格的人士中,华人已经占到了多数;这也就是说,上海租界的行政事务与社会管理,正是经由纳税人的社会权利与参与机制,而从洋人手中逐渐转移到了华人的手中。

(2)"为市政目的而自行纳税"

当然,纳税人的权利与纳税人的义务,是一种同构关系。在近代"纳税人"的概念中,通过纳税义务而承担社会责任,正是它的一个重要内容。在近代上海市民中颇具认同的"为市政目的而自行纳税"的观念,就相当典型地反映了市民个体对于社会责任和社会参与的意识。

近代上海的迅速崛起以及人口的迅速汇聚,对市政建设和社会公共事业提出了迫切的要求,同时也对城市的行政当局提出了迫切而直接的要求。然而,"有关在道路上设路标的费用以及在大多数情况下有关道路本身的费用,都不可能由每一个单独的使用者来支付。砍伐森林、某种耕作方法、或工厂的烟尘和噪音等某些有害的后果,也不能仅限于财产所有者,或者仅限于因取得议定的补偿而甘受损害的那些人。在这种情况下,我们必须寻求不用价格机制来进行调节的办法。……这些任务实际上都为国家提供了广阔的和无可置疑的活动领域。"㉞这样的"活动领域"也就是政府承接人民的委托,以及运用人民的纳税,来进行的市政和公益建设。

当然,城市的道路交通,水电煤气,环境绿化,等等,对于它的行政当局来说是属责无旁贷;但是所有这些市政项目的实施建设,最终主要是依靠由市民个体的纳税聚合起来的社会财政。这种关系,就又一次建构了个人对社会公共事业的参与及责任机制。在这样的社会性认同以及在相对严密的近代税收和财政制度下,上海市民对于建立在民众税金基础上日新月异的市政建设和各种公共事业,又反过来形成了某种对于自我的确认。

1857年,法租界公董局通过"租地人会议"的提案,成立了"道路管理委员会",此后法租界内修筑道路的一切费用,明确将"由租界内全体租地人按其产业价值纳税支付。"但是法租界的税收在开始的时候还相当无序,既定的税收也显然无法维持公董局的行政开支和已经开始着手进行的市政工程项目。于是公董局董事会决定采取两项措施,以求扭转这种入不敷出的局面:一是公董局与上海地方政府谈判,以租界管理与市政自治的理由,阻止中国官府的税务机构在法租界向华人征收各种捐税,从而将法租界的税收为公董局所集中掌握;二是公董局在法租界内设立了许多新的捐税项目,比如要求鸦片商、食品商、木材商和煤炭商等缴纳所得税。通过这些措施,公董局得以改变了法租界的财政局面。此后,随着法租界的大规模开发,市政建设和管理的费用也相应地大幅提高,公董局又不断地开辟了新的税源。

㉞ 哈耶克:《通往奴役之路》第42、43页,中国社会科学出版社1997年版。

由于当时法租界内的外侨相对较少,外侨中的商业洋行也比较少,因此法租界的市政建设和公董局财政支出的绝大部分,自然就只能是由纳税华人市民来承担。正是由于华人市民交纳的税金,法租界内的道路建设很快取得了显著的成效,并且初步形成了干道网络,法租界的面貌因此大为改观。到 1900 年,法租界"已有一个宽阔的、铺设得很好的道路系统,这个道路系统通往大片生意与建筑的地段。"其中尤具象征意义的,也许就要算是 1900 年开工,1901 年通车的宝昌路、亦即以后更名的霞飞路、也就是今天的淮海路了。在这条全长 5 500 米的道路上,"两旁种着整齐的树木,洁净的街道到了春夏之交,绿荫如幕,每至夕阳西沉,一对一对的中西男女,挽着手儿,并着肩儿低头徐步"。

一位知名的法国人士在 10 年后的 1869 年再次考察了上海以后说:"回忆过去,我想起了十年前的上海法租界,我很奇怪,在这块冲积地上,有害的疫气使人住在那里既不舒服又有危险,怎么在如此短的时间内,竟然像施了魔法般地出现了一座美丽的城市,它的雄伟的建筑和各种设施树堪与欧洲相比,这座城市将近有四万名各种国籍的居民,在我们的旗帜的保护下过着安全、平静和清洁卫生的生活。"㉟

可以确定的是,对上海的每一处市政道路的建设,不论是法国还是英国,都未曾从它们的本国政府那里取得哪怕是一分钱的支持;上海完全是在它的市民税金的基础上建设起来的。

当然,租界的市政业绩,与当时上海租界当局的合理规划、审计监督,以及与财政能够可靠、科学和有效地被用之于市政建设和社会公用事业,也是分不开的。

上海开埠以后不久,英租界也很快就成立了"道路码头委员会",它由三名具有"公益精神的西人"组成,专门负责捐税征收和道路、码

㉟ [法]梅朋、傅立舵著,倪静兰译:《上海法租界史》第 437 页,上海译文出版社 1983 年版。

头的规划建设。租界每年召开的纳税人大会的一项重要内容,就是听取该委员会对过去一年的收支与建设报告,并且核准下一年的计划。上海近代的路政模式,也就是发轫于此。1865 年,英租界即建成了由 26 条道路组成的干道网络。公共租界及工部局成立以后,"三人委员会"改为"工务委员会",但是它接受纳税人委托并向纳税人负责的市政及道路建设的模式却没有改变。据统计,到 1911 年,工部局管理下的道路总长已达 110 英里,比 1893 年增长了 2.6 倍。这些市政和道路给予上海市民的感觉,正是所谓的"楼台鳞次接云衢,六街处处如平砥"。

为了保持道路的洁净,工部局雇人打扫界内主要街道,最初每周三次。60 年代中期以后,由于界内人口日多,街道的打扫次数也逐渐增加。1874 年开始,英界内主要街道每天打扫两次,星期天也不例外。到 1886 年,界内小弄的打扫也改为一天一次。同时,租界一方面禁止随地便溺,一方面早在 1864 年就在界内设立公共厕所和小便池。到 1884 年时,公共租界内已有公厕 14 处,小便池 177 处,成为真正的"便民工程"。

1866 年,租界内的道路已经普遍使用煤气灯照明。1882 年起,又逐渐改用电气路灯,到 80 年代末,电气路灯"愈推愈广"。当时的《沪北竹枝词》即如此记载了民众的感受:"西域移来不夜城,自来火较月光明。居人不信金吾禁,路上徘徊听五更。"上海被人称之为"不夜城",也就由此而来。

为了保证租界下水道的经久耐用,自 1866 年起,工部局陆续从英国订购了陶制排水管道,用以代替原来的砖沟。到 70 年代,英租界内系统的排水管道已基本完成。1891 年工部局又在武昌路铺设了上海第一条水泥混凝土阴沟。此后,界内道路排水系统就多使用水泥混凝土了。

19 世纪 60 年代中期以后,工部局将兴建上海城市的供水系统提上日程。为此他们派人提取了黄浦江和邻近河、湖的水样并送到伦敦检验,然后在此基础上提出了供水方案。值得注意的是,以后这个供水方案也是在获得纳税人特别会议的批准以后,才付诸实施的。

为了使上海南北向的交通畅行无阻,英租界工部局与法租界公董局合作,对洋泾浜上的桥梁进行全面的更新和重建。1866年重建外洋泾桥,后又相继更新了山东路桥、福建路桥、江西路桥,使上海的南北交通大为改观,大大方便了市民的出行。1869年,着眼于桥梁的经久耐用,工部局和公董局再次合作,实施以铁桥替代木桥的计划,70年代早期以后,新式铁桥陆续出现于洋泾浜上。

在当时的上海,北市租界的征税要比南市华界高出许多,甚至租界的房价也要比华界的普遍高出三四倍,然而正是上海市民的这些税金,又经过科学管理而被合理运用于市政建设,上海租界的道路、电力、供水等一应公用设施,才很快使这座城市改变了面貌。上海这座近代都市,真正是从上海市民的"手中"建设起来的。在这个都市中发挥主导作用的租界及其吸引力,就在一般意义上使上海市民"人皆乐于舍溅而就贵";至于那些一直以来的"居洋场者",就更加"不惯居城"了。

对于上海市民来说,在这种选择倾向的背后,除了看重居处的舒适、方便和有序之外,也许还有着更为深层的原因。这就是市民个体通过纳税所形成的赎买关系,有机地融入了城市道路、桥梁、照明、供水甚至是公厕和行道树的建设和栽种之中,并且对纳税人的义务和权利,产生了某种自觉。这种自觉意识的内在逻辑就在于,它既确认了纳税人个人主体的身份,同时也确认了个人对于社会参与的必要性和合理性。

近现代意义上的个人纳税,最为生动地反映了个体存在的社会联系与集体形式中的个体存在。上海市民的纳税意识以及社会建设的效率,构成了市民社会的特征之一。

2. 市民社团的作用和意义

在市民社会初始形成、传统的政治威权趋于解构、社会保障同时处于转型的情况下,一种独特的民众自助性质的市民社团,就应运而生了。晚清和民初时期的上海,各种社会团体,包括各色行业公会,同人组织,同乡会,帮派组织,政党组织等等,因此纷纷形成,并且呈现出相当活跃的状态。这种情形正如时人所说:"沪上人文荟萃,开化最早,故会亦最多,凡学界商界各团体,往往联合同志,设立章程,以谋种种公益之发达,诚足嘉也。"㊱

(1)"团结就是力量"

本质上旨在寻求个体自我保护的民间行会组织,自古就有。但是近代市民社团首先是在数量上有了极大的发展。"自1843年至1911年近70年时间里,上海城厢内外新建成或改组的会馆公所至少在10所以上,其数量远远超过了前近代上海200年间所建会馆会所的总和,也超过了极盛时苏州的会馆公所的总和"。㊲

市民社团在近代上海大量产生的现象,本质上是由近代意义的个体权益意识,以及由社会转型中社会保障系统的某种失范而促成的。在个人与国家两者之间形成一种"中介力量",将能维护市民的权益,有助于约束国家权力,防止权力的滥用,"法国之所以长期受害于威权传统,是因为行政上的中央集权把社会原子化了,即在社会中铲除了作为中介组织的等级和结社,因而在没有市民社会的情形下使个人直接地暴露于国家的权力,这样,个人就形不成民间的力量,也就难以对国家的权力构成有效的牵制……保守主义视社群为调和、解决自由与权威之间的紧张关系的途径。社群的必要来自于人们的本性。……社群是一个自由社会中人们自愿结合的产物,尤其是那些人为建立的社群是衡量一个社会中自由是多与寡的重要尺度。"㊳

这就是说,"中介组织"亦既民间社团的历史意义在于:当人们摆脱了政治隶属和权力依附,而个体自由和个体权利又必须获得社会保护的时候,市民个体就可能通过"有机团结"而使自己的权益以群

㊱《上海指南》卷四,商务印书馆宣统元年版。

㊲ 熊月之等:《上海通史》第五卷第331页,上海人民出版社1999年版。

㊳ 刘军宁:《保守主义》第172、173页,中国社会科学出版社1998年版。

体的姿态及集体力量的形式出现。这种社会聚合及其社团形式,常常成为市民个体的保护者,成为他们参与社会以及善尽社会责任的召集者,或者说是代理人。

19世纪80年代,上海的市民社团首先以会馆、公所的名义而成立起来。到90年代,上海正式成立的社团达到14家,而在20世纪的头十年,它们已经达到了33家。随着移民人口的增加和城市经济的发展,以及社会分工进一步细化,各种寻求同业权益的团体进而相继成立,并且出现了某种规模化的趋势。"值得注意的是,在1900年以后,比较小规模的会馆、公所逐渐被较大的团体整合和重组。例如经营五金、颜料、火油、洋杂货、洋酒食品、钟表、西洋木器、玻璃、铜锡九种进口商品的业主们,曾有过各自的组织,但在1908年共同成立了洋货九业公所。又比如,从19世纪下半叶开始,上海的宁波籍居民人数增加,社会势力扩大,他们按照所从事的各个行业组成了互相扶助的团体。"㉟上海总商会的前身"上海商业会议公所"在1902年的时候就已拥有汇业、钱业、丝业、茶业、五金洋货业等30家同业团体,6家同乡团体,7家近代企业,从而成为一个基本能够代表全体上海商人的组织。以后的上海总商会就是在此基础上成立,并且具有了更大的规模和代表性。而与租界当局相应对,代表租界内华人利益的"华商公议会",也在20世纪初在上海成立。

此外,在清末时期,上海的手工业工匠就成立了相互扶助的组织。进入20世纪20年代以后,在中国共产党的领导下,人们开始在此基础上成立并发展了工会组织。经过1925年"五卅"运动的锻炼以后,上海的工会成员已达到了空前规模的82万人。

在1911年辛亥革命及其上海的"9·13"起义中,同盟会、光复会和由上海市民组成了商团组织成为三支主要的武装力量。同盟会、光复会属于"会党"性质的组织,而上海的市民商团则是典型的民间

㉟ 〔日〕小浜正子著,葛涛译:《近代上海的公共性与国家》第28页,《上海史研究译丛》第一辑,上海古籍出版社2003年版。

社团。以李平书等人为召集人的这个组织的关注焦点,也是相当市民化的。在武装起义一开始的时候它就发布告示:"上海巨埠,保护华洋。免受兵火,独立主张。凡我商民,切勿恐慌。照常营业,痞棍宜防。如有闹事,军法照行。本军府示,各各传扬。"这种安民告示,自然赢得了广大市民的响应和服膺。在起义过程中,"各商团分区出动,维护治安。凡监狱改过所、硝磺局等要地,防守尤严,救火会亦全体戒备,社会秩序稳定"。一个典型的例证就是,在起义的民军占领城厢的时候,南市城厢新舞台里演戏如常,观众看戏亦如此,似不知本城正有战争发生。正是因为上海市民的社团组织发挥了维护社会稳定的积极作用,因此在武装起义发动和结束的整个过程中,上海市中心各处没有发生混乱。这同时也说明,上海的市民个体,经由它们的社团组织而表达自己意志、同时获得保护的机制,已经初步形成。

市民个体对于社团的参与,固然是"为了一个共同的目标,走到一起来了";但是市民社会的价值观又决定了这种社会参与,在本质上是"自由人的自由联合"。这就使得市民社团在概念上与各色政党和政治组织形成了区别。近代以来的政党组织在政治目标上虽然多指向社会民主,但是在夺取政权的斗争中,它们内部需要建立起绝对的权威,实行高度的统一,甚至实施强制乃至是专制的组织体制。而市民化的社团即使可能像辛亥革命时那样拥戴革命,甚至可能为了宏大的社会目标而暂时放弃个体自由,但是个体自由的意志却终究是它们的本质属性。因此在上海的新型市民社团中,结社章程中的民主机制与程序,就显得至关重要。

在这种应和了市民价值观的社团运作上,上海的商会组织也许具有一定的代表性。比如对于旨在推翻袁世凯北洋政府的"二次革命",上海市民及工商阶层就曾以民间社团的特点而表现得意见纷纭、莫衷一是,然而接下来它们同样是以具有民间社团特征的、也是最简单最基本的民主形式——投票表决,来决定了上海工商阶层的基本选择的。当然,这种民间社团及其民主机制的特点同时又在于:在一个松散的组织结构内,民主表决的结果显示了多数人的意志、并且将影响更多人的选择,但是它却也无法具有令行禁止、绝对服从的威权和律令效力。

另一方面,从理论的意义、包括从相当部分的社会实践的意义上来看,市民社团的民主机制,与传统的同乡会和当时的帮派组织,以及与它们相对狭隘的利益诉求和相对封建形态的组织形式,形成了根本的区别。比如倡导不缠足的"天足会",呼吁禁吸鸦片的"振武宗社",以及各种改良团体,各种商会、工会、劝学会,等等,就因此而在民间社团的形态上,与传统的民间结社方式,形成了某种历史的转型。

有鉴于此,近代上海的市民社团,就以它们主体上的合法性和开放性形象,历史地发挥了社会整合和个体代言的作用。

(2) 民间团体的异生物——黑社会

在近代上海的民间组织上,不能不说到蔓延和盛行一时的"黑社会"现象。毫无疑问,帮会和黑社会也是一种社会的"民间组织"。

作为一个遍及中外古今的社会规律,每在统治权力的松动和空罅之处,以及在社会控制有所弱化的时候,民间社团的一种异化形态,也就是用威权形式以建立"保护"伞、以及非法攫取利益的帮会及黑社会组织,就会滋生和蔓延。因此,从晚清民初一直到20世纪30年代,帮会和黑社会就在上海泛滥一时。它们在当时的社会生活、鸦片交易、地方事务、甚至是政治斗争中,演绎了大量的极端性事件,并且以其有组织犯罪的常规形态,"在民间充当了一种权威组织"。

然而历史首先看到的,也许就是帮会和黑社会在上海蔓延扩展的特殊原因。

其一,晚清上海的帮会从历史渊源上,是起源于明末清初兴起于长江流域和江浙地区的"青帮"和"洪门"(红帮)的、志在"反清复明"的民间组织。当既定的政治意涵消退以后,它们遂逐渐演化成比较单纯的自助谋利的团体。上海开埠以后,大量的游民和手工业者来到了上海。鉴于当时权力对峙及社会控制的有所松弛,同时也由于这些个体劳动者亟待寻求帮助、依靠,一些同乡会以及一种本身就具有传统意识的帮会,就在上海这块新兴的地区获得了形成与发展的社会基础。

其二,除了权力控制有所弱化的原因之外,上海地区的黑社会势力甚至在开始的时候还得到了权力的某种支持。比如在法租界初设以后,租界内的治安秩序悉由从法国征募的巡捕承担,这些人本身的素质多成问题,加上对上海的市风民情毫不熟悉,以至于对一些地痞流氓的偷盗滋事束手无策。当时的法租界缺乏工业,稳定的税源主要依靠于烟、赌、娼的税收。1865 年法租界烟、赌、娼的营业执照收入占到整个税收的 46.6%,直至 1906 年,花捐赌税一直是法租界当局重要的财政收入。然而法租界当局发现,将花捐烟税承包给有能量的地痞流氓,委之以职权,既能够如期收到捐税,又能够有效维护市面安靖。于是,一个名叫"黄金荣"的人物就应运而生了。诸如此类的租界权力和黑社会互为依存的关系亦即"黄金荣现象",也开始形成。此后的反清革命,也借重过青帮、洪帮的人脉关系。而蒋介石在北伐以及在"四一二事变"中,也都倚重并与上海的黑社会势力达成过某种交易。

于是,帮会和黑社会就在近代上海的某一个时期泛滥一时,并形成了一种独特的社会现象。

但是,尽管黑社会性质的民间团体曾在上海猖獗一时,但是它作为市民社会的一个"异生物",终究只能成为历史进程中的一个短暂的过渡现象。

这首先是因为,帮会和黑社会固然是民间社会的一种自发组织,并且也在对平民的济贫纾困以及在诸如"有难同当,有福同享"的宗旨上,产生过一些正面的感召;但是对于近代市民社会民主开放和个体自由的根本价值立场,它又是以封建宗法的组织方式、有组织犯罪和社会破坏,而站在了对立面的位置上。这里的悖论甚至在于:当市民个人为了反抗权力和争取个体自由而加入到这类民间社团时,他们是否又会在赢得某种权益保护、获得融入社会的管道的同时,又重新陷入到新的集体强权之中,从而重新丧失个体本位和个人主体的价值立场? 因此,在自由权利、公正公义的社会体系尚未牢固形成之际,帮会和黑社会可能会成为民间社团的一种选择;但是毫无疑问,随着市民社会的民主进程以及市民社团不断趋于成熟,"黑社会"将最终为社会民众所唾弃,从而失去它最根本的社会基础,走向式微。

其次,在社会的法治系统尚未健全以至是有所失范的情况下,可能会给予黑社会以某种活动空间,某种权力机构甚至会有如"黄金荣现象"那样对黑社会现象予以利用并给予某种姑息。但是一旦权力控制及其法治状况得到加强,良性社会的责任要求就会促使当权者"翻脸不认人",从而对黑社会活动采取严厉的打击和整肃。黄金荣曾在法租界巡捕房任职,同时经营鸦片交易,控制黑社会。但是此后,在报纸抨击和多方指控之下,巴黎当局召回是时驻上海总领事葛格霖,就上海法租界的流氓活动和烟赌情况进行质询,随即又将巡捕房总监撤职并调回法国,并重新进行了人事安排。接着,法租界就开始严禁烟赌,大杀流氓气焰,黄金荣也不得不由此收敛了锋芒。

再次,在近代中国的政治斗争中,帮会和黑社会曾经成为各方政治力量予以利用的势力。但是在本质上,帮会和黑社会的体制外的组织形态,最终必定为政治权力特别是专制权力所不容。1928年,蒋介石业已在上海坐稳。当时国民党市政府派员检查全市包括租界的戏馆,一开始遭到了掌控法租界戏馆的黄金荣的拒绝,"租界上的事情,市政府管不着!"但是没过多久,法国总领事亲自知会黄金荣:法租界内的戏馆须接受中国官员的检查。这个信号的意义显然在于:新的政治权威已经开始瞩目于传统的黑社会势力范围了;政治格局的变化,也使得租界当局不得不就此予以合作。同样,上海黑社会的头面人物杜月笙曾与蒋介石有过相当的合作和交情,甚至被委以"少将参议",但是在蒋介石真正成为"党和国家"的领袖时,杜月笙就立刻受到了冷落与约束。

对于黑社会的这种宿命,倒是上海黑社会"三大亨"之一的张啸林看得明白。"我敢保证,不出三年,黄浦滩要变成一个新世界,赌与土,恐怕要给他们连根铲除";他甚至对杜月笙说:"连你连我,在新浪潮来了的时候,那是命中注定要被淘汰的。"⑩

　　帮会和黑社会作为民间团体而要寻求持续发展,最终不得不进行一些根本的变异,这包括在组织规则及其边界上的模糊化,以及在活动内容和方式上的合法化。实际上这个时候,它们帮会和黑社会的性质已经消失,它们的团体形式也大都消亡或者改头换面了。

3. 慈善事业的社会功能

　　个体本位以及自由市场经济所面临的一个重要历史课题,就是它们在成为自由价值和民主社会的杠杆以后,又造成了社会的贫富差距以至是另一种形式的社会不公和部分个人的权利丧失。

　　当然,这里的根本问题是:社会的分配是应该遵循社会生产与财富创造的指标,还是应该遵循每一个人的自然权利。

　　实际上,从整体意义而言,贫富的差距就如同性格的差距,有着它们的合理的内涵——不同的能力与努力,以及不同的活力和创造,构成了近现代社会分配的伦理基础。保证平等的权利,而不是保证平等结果,一定程度的贫富乃至是人性的差距;以及由此产生的竞争活力,正是自由制度和市场经济的题中之义,而不是它的悖论。

　　但是,当市场经济、自由竞争和资本权力成为社会基本准则的时候,贫富差距和社会弱势群体的问题,又会变得日益突出和尖锐起来。近代上海租界的自由市场经济,不是出自人为的设计,而是取决于资本原始积累时期的历史选择,也是取决于租界半殖民体制的政治选择。上海租界以个人自由与权利的体制形态,追求的是社会财富的增长与城市的繁荣。在这样的历史条件下,人的自然权利将不能成为社会分配的基础。上海社会的贫富遂迅速凸现并且成为一种趋势。然而在贫富差距超过了社会的警戒指数,一些弱者基本的温饱、教育、医疗、司法权利失去保障,体制将造成弱者世袭贫穷的时候,社会又将承受巨大的道德压力和政治危机。

　　当然在这里,根本的解决取决于政府的职能,比如它以税收的杠

---

⑩　韦君谷:《杜月笙全传》第二册第74—75页,台湾传记文学出版社1988年版。

杆调节社会差距、构建社会的保障系统。但是事实上,这种贫富差距及其弱势群体,相当程度地为租界当局所罔顾。

然而对于一个新兴的市民社会来说,它必然会在政府应有的社会职能之外,唤发出某种自我平衡的机制。于是,致力于社会公益和公共道德的慈善事业,就在上海市民社会中产生并且开展起来。

当时上海以各种"善堂"名义而发轫的慈善事业,就相当具有代表性地反映了这样一种社会现象。虽然这种对于贫弱者的经济与物质补偿不是"第一次"的权利分配,而是"第二次"的权利与道德分配,因此也许有人会对这种"公正的补偿"嗤之以鼻,但是它们仍然是建构上海市民社会责任、社会参与以及社会聚合的又一种重要形式。

19世纪下半叶,上海的慈善活动首先是由天主教、基督教的教会和传教士们开展起来的。这些教会来到上海以后,也和它们在其他地方一样,很快就开始着手于医院、孤儿院和学校的开办。"早在上海开埠的第二年,即1844年,新教教会就开始免费为华人看病。后于1846年设立了仁济医院。此外,同仁医院于1868年开设于虹口,西门妇孺医院于1885年设立于南市。天主教会方面也不甘落后,徐家汇天主教堂于1869年附设了徐家汇圣母院育婴堂,收益弃婴。"[41]

在这些慈善活动的示范,以及在公共道德的驱使下,从20世纪开始,上海华人举办的慈善事业,也广泛开展起来。比如在1905年的时候,上海的士绅们就创立了"勤生院"以收容和教化贫民。1912年夏,在南市南门外的施粥所旧址建成了贫民习艺所,以救济并教导贫民在上海的工业社会中谋生。

进入民国以后,上海的慈善团体日益增多,并逐渐脱离了与政府行政机构的隶属关系,从而突现了它们民间行为的特质。当时的"上海慈善团"作为民国初期上海慈善事业的中心,十分活跃。它通过每

---

　　[41]〔日〕小浜正子:《近代上海的公共性与国家》第51—54页,《上海史研究译丛》第一辑,上海古籍出版社2003年版。

年发行的《征信录》,向市民公开活动内容以及会计情况,表明自身的
慈善信念、行为方式,意在激发更多市民的社会公德、责任和参与意
识。与此同时,上海滩上单一的慈善活动,则更是难以统计。比如在
1928 年末至 1929 年初的冬天,上海的 20 余家团体就自行组织向贫
民开展"施米"活动,在那次活动中共发放一升的米票 70 157 张,二
升米票 90 724 张,一共合米 27 万 5 千多斤。这对当时人口仅 300
万的上海来说,它的社会影响和社会意义,是相当令人鼓舞的。又比
如上海的慈善义诊活动,据 1929 年 6 至 8 月间的一次统计,实施义
诊送药的慈善团体和医院一共 23 家,免费诊疗病人 233 213 人,平
均每天 2 582 人。

　　这些慈善活动的意义,既在于它的济贫扶困的实际效果,更在于
市民的社会意识的形成。对这些慈善活动给予支持,并积极参与的
主体,正是上海市民。从这些慈善活动的经济来源来看,有一部分是
各个慈善团体早先接受的土地、房屋等产业的生息生财,以及组织义
卖义演的所得。上海的市民个人和社会团体的捐助,则构成了慈善
经费的源源不断的和主要的来源。比如在 1916 年对上海孤儿院的
一次捐助,捐助人员既有绅商也有妇孺学童,多者有捐助数百上千元
的,也有少者"小洋 2 角","小洋 5 角"的。有关文章记载中还包括诸
如"第二师范附属小学学生小洋 58 角","王淑贞女士饼干三磅"
等等。

　　近代上海的市民社会激励和崇尚个人奋斗、个人竞争和个人进
取,甚至由此形成了强烈的个体本位和自我权益意识。但是与此同
时,扶贫济困的慈善活动,又使相当部分的上海市民以社会良知、公
共道德和社会责任的意识,表达了对于弱者的关怀,以及融于社会群
体的姿态。特别重要的是,这种公共意识和社会参与,无疑对个体本
位和个人主义形成了有机而合理的制衡。特别是这些慈善活动超越
实用和超越功利的属性,使得它们能够以心灵道德的内涵,而对上海
市民的社会整合,提供相当深刻和有力的支持。

　　同时,虽然近代上海大量的社会慈善活动都是有召集、有组织

的,但是人们的参与却是完全建立在自主选择和自主决定的基础之上。这种个体自主的捐助贫弱者的行为,才真正决定了它们的道德美感和情感升华的意义。"只有当我们对我们自己的利害关系负责并且有牺牲它们的自由时,我们的决定才有道德价值。我们没有权利以他人的利益为代价来博取自己无私的美名,而我们要是在没有选择自由的情况之下做到了无私,在道德上也不足以称道。如果社会成员每做一件好事都是别人使他去做的话,他们是没有权利受到赞赏的。"㊷

当然,更值得赞赏的,正是市民群众通过慈善行为而表现出来的社会关怀和社会参与。

㊷ 哈耶克:《通往奴役之路》第 200 页,中国社会科学出版社 1997 年版。

第五章　市民社会的体制诉求

出色的上海市情小说家张爱玲曾经以她对市民习性的体察，说上海的市民百姓通常并不关心时政大局，而只是"各人就近求得自己的平安"。这的确是上海市民世俗民生与性情的一种写真。

但是另一方面，近代以来上海市民对于社会时局的关切、投入，甚至由此激发的政治热情，又构成了上海市民真实民情的另一面。

这样两种情形的内在联系也许就在于：一家一姓的福祉平安以及由商品社会、世俗功利所造就的个体利益及其保全意识，总是小民百姓最基本的诉求；但是，这种个体的诉求却终究无法离开社会政治的具体形态而自行构成。"桃花源"固然是好，然而桃花源毕竟是"寻向所志，不复得路"。

对于这样一种社会关系，业已启蒙和觉醒的民权和民主意识，使他们不再将一家一姓之福祉平安，无奈、盲目地全数托付给国家；甚至正是为了一己之得失，他们作为社会的普通民众，开始自主关注以及自主参与到社会政治形态的构建。这种关注和参与，成为提升市民素质和促其趋于成熟的重要途径。

因此，自觉的社会政治意识，就构成了近代市民的最基本的属性和特征，而不是他们可予放弃的权利。历史已经并且将持续证明：个人的自由和权利固然是近代市民社会的核心价值，但是这种价值实现的致命障碍，却是疏隔于社会时政的民众自身。

在这个历史过程中,近代上海市民的民主启蒙以及他们对于社会政治的关注和参与,又相当程度地集中在了对于社会体制的变革诉求上。

在整个近代社会体制的变革特别是在反对"建储"、君主立宪、共和民主等等重大的历史事件中,上海的市民社会都扮演了相当重要的角色。虽然在历史的演变中,上海市民社会的某些体制理念及其努力,最终没有成为历史的主流,但是它们仍然可能在今天构成历史的反思,构成某种历史的镜鉴。

一、反对"己亥建储"

1899 年与 1900 年的世纪相交之际,上海绅商、学人和民众发起了反对"己亥建储"的行动。它以群体民众的形式,第一次反映了上海市民对于政治体制的集体自觉。

戊戌变法失败以后,主张变法从而赢得维新派拥戴,甚至因此获有中国的彼得大帝和明治天皇之期待的光绪被囚禁于瀛台。但是光绪还是名义上的皇帝,因此维新派仍然不遗余力地进行着各种保皇活动。即以上海地方而论,时任江苏粮道的罗嘉杰就曾向朝廷密报:"康党"正在上海联络各国领事,意欲逼太后归政。这样的政治形势,让日趋老迈的慈禧太后倍感政治威胁,因此急欲图谋废立之策。于是先就有光绪病重,将不久于人世的传言自宫中传出。然而这样的政治试探却遭遇到了强烈的反弹。英国公使窦纳乐当时即指出:如果光绪于此时去世,将为各国所不谅解,后果将异常严重。两江总督刘坤一也劝奕劻不要轻举妄动,否则"人情危惧,强邻环视,难免借起兵端"。

事隔一年,慈禧太后又将"帝久病不能君天下"而需废立之意,知会地方大臣。刘坤一遂与张之洞合疏谏争。虽然这是遵照了有关的组织程序表达意见,但是张之洞仍然中途反悔,撤回了谏疏上的署名;但是刘坤一"君臣之义已定,中外之口难防"的谏言还是引起了政坛震动。李鸿章于此也劝告朝廷不可操切行事。慈禧太后最后只得再次罢议。

但是不久荣禄又向慈禧献计，请"立大阿哥"，也就是请立"储君"，然后让光绪禅让帝位，以"徐篡大统"。虽然此议违反清廷"永不建储"的祖制，但是慈禧废立心切，仍予采纳，并且一意孤行。在逼迫光绪下诏退位以后，慈禧太后召开御前会议，宣布1900年1月31日光绪行让位礼，改元"保庆"。这起事件史称"己亥建储"。

事件发生以后，引起了强烈的政治反响和社会动荡。首先，慈禧太后命人运动各国公使祝贺"建储"，但是各国公使不但不从命，反而称绝不承认新皇帝。"我英（英国公使语）认定光绪二字，他非所知。"日本公使也知会中国政府：朝廷建储如果只是确立皇子，他们将不发表意见；如果是为了废除光绪，他们将予干涉。同时各国公使商议共同行动，要求在元旦之日觐见光绪皇帝。洋人列强一再插手朝政，令慈禧"恨之刺骨"。因此尽管诸多列强国家与中国建有外交关系，她仍借义和团起事之际，忽然向它们发出驱逐诏书，并予宣战，"战争"遂在使馆聚集地的北京东交民巷开始并持续。然而结果却是八国联军攻入北京，慈禧出逃，中国政府签下"辛丑条约"并对各开战国给予巨额战争赔款。

由己亥建储而到辛丑条约，这是国人始料不及也是令国人切齿痛心的。

但是就己亥建储本身而言，在它起端、发生的时候，上海社会即以和平请愿的方式，发起过予以反对的群体性行动，从而揭开了近代上海市民对于体制关切和参与的重要一幕。

当时在上海掌管着多项产业、并任上海电报局总办的经元善为朝廷建储之事，致电时在北京的盛宣怀，希望他能向朝廷转达上海各界人士强烈反对建储的意见。然而盛宣怀的回电却是退缩回避，"大厦将倾，非一木能支"。于是经元善联络发动上海的各界人士1 231人，联合署名发出保皇通电："昨日卑局奉到二十四日电旨，沪上人心沸腾，探闻各国有调兵干预之说，务求王爷、中堂大人公忠体国，奏请皇上力疾临御,勿存退位之思,上以慰皇太后之忧勤,下以弭中外之反侧。宗社幸甚,天下幸甚。"

通电发出第二天,上海各界人士又再聚会讨论了反对慈禧太后建储的具体办法,接着他们发表声明,呼吁全国工商界阻止建储;如果朝廷一意孤行,"则请我诸工商通行罢市"。

上海社会的通电反对建储,引起了国内外的强烈震动。各地阻止建储的大量通电、公牍,由此纷纷发往北京,从而对慈禧太后和皇室权臣形成了巨大的压力。

事后,朝廷对经元善发布了通缉令,并命令浙江巡抚对经元善在上虞老家的家产予以查抄。经元善在1900年2月中旬由郑观应安排摆脱了清廷的缉捕,辗转逃到澳门。两广总督李鸿章遵朝廷指令,以经元善"亏空款项"为由,派人赴澳门,要求澳葡当局将经元善引渡回内地。最后经元善客死他乡。

这次反对建储的事件,其令人瞩目的,正是它所展现的民间的体制自觉及其历史意义。

社会民间力量的组织及其行动,自古自秦以后多所有。上海市民以和平方式反对建储的直接政治行为,可让人形成联想和比较的,则是晚明天启年间的东林党及其与宦官专权的顽强抗争。然而时代毕竟不同,两者间所呈现的不同历史要求和内容,恰恰耐人寻味。

首先,两者在政治内涵上,展现了某种区别。作为政治抗争的主体,东林党人是一个以学者、名士,也就是知识分子加部分官员组成的群体,他们以东林书院为舆论中心,"讲习之余,往往讽议朝政,裁量人物";同时他们又以标榜道德、崇尚气节为荣,对儒家文化倡导的政治与道德理想极为执著。而在1900年署名反对建储的1 200多名上海人士中,除了少数学者、名士和政治家外,他们基本上呈现为一个具有上海特色的绅商群体。社会角色的不同,也反映了他们在政治诉求及其运作轨迹上有所不同。东林党人主张开放言路、朝政清明,政争的核心则是反对魏忠贤为首的统治集团,并与之争夺政治的话语权。相对而言,这仍然是一个传统内容和传统方式的政治命题。那么,由众多商人业主组成的、在传统的政治模式中多属边缘群体的这批上海人士,为什么在 1900 年的时候,要如此鲜明和强烈地表达他们反对建储的政治立场呢?因为,他们所根本关切的,是戊戌变法以后中国在维新和守旧之间的去从;而这样的去从,又直接影响和决定着对于上海绅商来说最为敏感的新兴自由经济的命运——这样的政治命题,显然就具有了相当的时代特征。这次反对建储的事件不是发生在政治中心的北京,而是发生在上海,它一方面说明,戊戌变法失败以后,维新力量的集结地已经转移到朝廷威权难以充分施展的上海;另一方面更为重要的是,在这种政治力量的外部转移中,上海的市民社会对于政治体制的去从,也因本身的利益关联,激发了内在的驱动,从而形成了更为敏锐和切实的关切和主动参与。其实与康有为有所不同,对于当时上海的民众而言,在这场建储与反建储、废皇与保皇的抗争中,光绪皇帝个人的命运究竟如何,并不是他们真正悉心牵挂的;只是光绪业已成为体制革新的象征,而慈禧、荣禄等人则是封建专制及其顽固势力的代表。以绅商群体为代表的上海市民阶层的政争姿态,显然也不在于争夺政治的话语权,而只是为了影响体制进程,以及由此寻求政治代言。

其次,沪人的反对建储与东林党的党争在组织形式上的不同,更具历史意味。当年东林党人批评朝政的职业政治的形态,促成了他们在组织上的持续向心和凝聚;而阉党及其势力对于他们的嫉视、迫害以及由此造成的政治斗争的黑暗与残酷,又迫使东林党人不得不在半公开的状况下进行活动,这在客观上使他们积累起了丰富的组织经验。东林党甚至因此而成为后世"会党"的最初原型。但是近代上海联署反对建储的一千多人,只是临时聚议,并不具有任何的团体组织形态。其中除了少数知名人士之外,大多数人均属名不见经传的中小业主及普通市民,加之一千多人在当时上海居民人数中构成的不小的比重,因此他们反而在上海市民中形成了相当的代表性。然而这种非组织形态的市民群体行动,并且又是"胆大包天"地公开反对懿旨、直议皇帝人选,反映了一种怎样的历史现象呢?这说明,某种民权和民主意识的社会启蒙,已经开始取得成果。事实上,19世纪60年代,有关民权民主的意识就开始在上海得到传播。而它们正构成了当时严复所谓"开民智"、"鼓民力"、"新民德"的重要内涵,也正如梁启超当时所说:"可以参与一国政事,是国民全体对于政府所争得之自由也";而革新国民思想,培育公民精神,乃为"今日中国第一急务"。

也许正是从反对建储开始,中国社会第一次以普通市民为主体,展现了民间社会对于政治体制的自主关切和自主参与。

二、君主立宪运动

进入20世纪以后,日趋内外交困、穷途末路的晚清统治,进一步陷入了体制危机,体制变革的要求随之日渐形成为社会的共识。在这种情况下,"君主立宪"开始成为当时中国最主要的政治议题。清朝政府在"审时度势"之下也宣布并开始了"预备立宪"。

君主立宪作为体制变革的一种可能,很快成为上海民间社会在近代历史上最为重要的政治行动。对于上海的商人和庶民来说,国家体制从君主专制转移到君权虚位的内阁制以及议会政治的君主立宪,其宪政民主的内涵与数年前的反对建储、拥戴光绪相比,显然有了本质的变化;上海市民在这次体制变革的努力中,显然也展示了他们民主意识的历史性递进,在君主立宪的运动中,上海的市民社会再一次以个人身份和群众社团的形式,形成了广泛的民间联系,从而也更加凸现了运动主体的非政党组织的市民社会的特征。

1. 体制变革的上海舆论

在从"变法维新"到"君主立宪"的政局演变中,舆论的兴起和思想的传播始终构成一个关键的要素。戊戌变法失败以后,有关君主立宪的政见政论中心,转移并集中到了上海。

其实,有关国家宪政的意识,早在19世纪60年代就开始在上海出现。以后便逐渐进入到了上海士人与绅商的认知之中。中国近代新式教育的创始人张焕纶,在1878年的时候就于上海提出过君主立宪的主张。

与戊戌变法时期北京的政见政论多处于同人或"会党"间的传播不同,上海地方对于政治体制的论述和比较,很早就通过市民社会必具的条件——独立的报纸——而形成了社会的舆论。这在当时的中国,几乎成为一种独特的现象。

《申报》和《万国公报》等等报纸一经问世,有关中西政治制度的比较以及倡言中国体制变革的文章,就不断地刊载于它们的版面上。"其中,《万国公报》上林乐知的《译民主国与各国章程及公议堂解》(1875年)、《中西关系论略》(1875年),沈毓桂的《论泰西国政》(1890年),李提摩太的《天下五洲各大国志愿》(1892年),《申报》上的《论泰西国势》(1878年)、《君民一体论》(1888年)、《论西国自由之理相爱之情》(1887年)、《论宜通民情》(1887年)、《中西会议情形不同说》(1887年)等,为比较重要者"。[1]

经过戊戌变法以后,有关君主立宪的政见,又借由报纸文章而成为上海舆论的一个政治焦点。这些文章的基本主旨就是:西方富强,强在立宪;中国贫弱,弱在专制。在有关论述中,立宪国家的主要原则,又在于行政、立法、司法的三权分立。"即其中之最要者言之,不过分行权柄而已。其权柄之所必分者,欲行之有利而不相悖,有益而不相害耳。约举其目,盖有三焉,一曰行权,二曰掌律,三曰议法。"[2]

至于君主立宪的民主机制,这些文章则论述道:"泰西以民为主,亦有君与民共为主者。而中国自数千年,皆以君为主,一人端拱于上,而兆民听命于下。……泰西惟民主、君民共为主,故治乱之故系于君身者轻。国家无事,奉文守法之君足以治之而有余,即或大步艰

---

① 熊月之主编:《上海通史》第3卷第163页,上海人民出版社1999年版。
② 林乐知:《译民主国与各国章程及公议堂解》,《万国公报》(1875年)第340卷。

难,国家多故,而分任其责,一国之人皆共休戚焉,预安危焉,强邻暴敌亦惮众之成城不敢为之过甚。泰西之强,盖以此也。"③"西国之所谓自由者,谓君与民近,其势不相悬殊,上与下通,其情不至隔阂,国中有大事,必集官绅而讨论,而庶民亦得参清议焉。君曰可而民尽曰否,不得行也。民尽曰可,而君独曰否,亦不得行也。盖所谓国事者,君与庶民共之者也。虽有暴君在上,毋得私虐一民。民有罪,君不得曲法以宥之。盖法者,天之所定,人心之公义,非君一人所能予夺其间,故亦毋得私庇一民。"④

到了甲午战争前一年的 1893 年,先后在英商宝顺洋行、太古轮船公司当买办,后又担任过上海机器织布局、上海电报局、轮船招商局总办的郑观应,也在《盛世危言》一书中指出:要救中国,就必须参照西方的政治制度,立宪法、开议院,实行"君民共主";"苟欲安内攘外,君国子民,持公法以永保太平之局,其必自设立议院始矣"!作为一介商人,郑观应见解的深刻之处还在于,他批评洋务派只重借鉴西方的坚船利炮而罔顾西方的政治体制,是"遗其体而求其用"。甲午战争的败绩,正映证了郑氏所言不妄。甲午战争以后,光绪皇帝曾命将《盛世危言》印刷 2 000 部,分发给臣僚阅读。越来越多的人业已看清:国家民族的现代化进程,是不可能在维持专制体制的情况下,通过诸如"洋务运动"之类的举措,而获得成功的。

在舆论的影响之下,有关君主立宪的思想就逐步进入了上海市民的认知。

比如从 1886 年到 1894 年,上海的格致书院连续 8 年举办了学生作文的"考课比赛",8 年中获得超等、特等、一等奖的学生就有 1 878 人。这些人在生前身后大都无甚功名,然而这也恰恰反映了他们的思想观念与普通市民的密切联系。在大量参赛的青年学生的作文当中,除了赞成与鼓吹中国应该兴办现代工商业之外,另外一个不

---

③《论宜通民情》,《申报》1887 年 5 月 1 日。

④《论西国自由之理相爱之情》,《申报》1887 年 10 月 2 日。

约而同的主题,就是鼓吹宪政体制下的议院制度。在作文中,他们相当一致地指出:中国要富强,必须改君主专制为君民共主的立宪制度。对于当时思想界可能出现的疑虑和非难,比如一旦君权旁落,中国社会即会群黔无首,以至于倒行逆施;又比如中国幅员广大、民智未开,近代民主和议会政治不适应中国国体,等等,这些青年学生还在作文中从 10 个方面对它们进行了逐一的批驳。

人们还认识到,宪政体制的民主内涵与君主权位的专制特征,存在着尖锐的对立,而怎样解决这对矛盾,则考验着人们的政治智慧。然而英国的光荣革命和日本的明治维新,业已为我们提供了"君主立宪"的某种借鉴和实践范本;这两个与近代中国关系最为密切的国家,正是由此以最具历史理性的方式,解决了它们在历史进程中的体制转换的难题,进而迈入了现代化强国的历程。

这些对于君主立宪的讨论和识见,说明当时因为广泛接触西方文化包括西方国家的制度文化,有关君主立宪的思想很早就已经在上海的市民社会中形成了一定影响和认识。

2. "中国国会"和"预备立宪公会"

伴随着 20 世纪的开元,君主立宪终于被提上了国家政治的议事日程。

当时,戊戌变法失败以及"变法"二字在朝野中成为禁忌。但是严重颓败的国家形势以及由此激发的体制改革的历史要求,又使得"人人欲避顽固之名",于是"新政"和"维新"的词语就在《辛丑条约》之后流行起来。当时从中央到地方,从官方到民间,逐渐形成了上下呼应的体制改革的政治思潮和政治力量。

1900 年,一些居于上海的知名人士唐才常、容闳、严复、章太炎、文廷式、叶瀚、狄楚青、沈荩、马相伯等等,在上海成立了中国第一个议会政治的雏形——"中国国会"。章太炎说,当时许多人正是为"国会民权"的新说所吸引,而"乘兴来会"的。"中国国会"之所以能够在上海成立并召开,显然也是与上海市民社会开始摒弃君权专制、主张宪政民主的社会舆论与认识有关。"各地绅商、知识分子云集沪滨。

上海成为持不同政见者的聚集地。这些人饱经忧患,忧国伤时,正是'中国国会'能够召开的重要的社会基础。上海人受西学熏陶远较他处为深,对国会、选举、民权、自由等名词并不陌生,这是'中国国会'能在上海召开的文化因素。"⑤

对于君主立宪的宪政民主的实质和上海刚刚成立的"中国国会",统治阶层的态度是矛盾的。一方面,"民主万不可设,民权万不可重,议院万不可变通"。⑥朝廷重臣张之洞也指责道:"在沪又习闻民权之说,遂以变本加厉之心,迫而为行险侥幸之计"。但是与此同时,包括张之洞在内的权臣又曾经对"中国国会"网开一面。这说明,政治形势和整个政治力量的对比业已发生的重大变化,已经促成了统治高层的态度游移和改变,他们甚至开始考虑接受君主立宪的议题并将之纳入现行体制内,从而将君主立宪的政治主导权把握在自己的手里。在这个问题上,慈禧太后甚至比许多顽固派还要来得"清醒"。当时,鸦片战争和《南京条约》、甲午战争和《辛丑条约》所造成的中国有史以来最为严重的丧权辱国,都在动摇着国本和清朝统治的执政基础。各地兴起的反清革命,也对清朝皇族的统治构成了极大的威胁。审时度势之下,君主立宪的模式,就变得相对容易接受了。另一方面,也许就如慈禧当年力排保守势力的反对而给予"洋务运动"以支持一样,这种政治开放的姿态未尝不是以退为进,进而重新巩固清朝皇族统治和她本人权威的一种办法。因此,慈禧太后对于某些变法新政以至是君主立宪,竟在某种程度上与诸多立宪派"殊途同归"地表示了相当允让以至适度允行的态度。事实上,这应该也是慈禧早就有的政治思路。光绪当时颁布的旨在变法的"明定国是诏",如果没有慈禧的认可,如此的大事也是不可能实际进行的。甚至在变法开始时,慈禧对康有为似乎也无恶感,当时她还曾为康有为奏折中表现出来的报国热忱和胆识所感动,随后她还命总署大臣向

⑤ 熊月之主编:《上海通史》第 3 卷第 195 页,上海人民出版社 1999 年版。
⑥ 苏舆:《翼教丛编》第 3 卷第 14 页,上海书店出版社 2002 年版。

康有为"详询补救之方,变法条理"。即使因帝后权争而镇压了戊戌变法以后,慈禧仍然能够力排众议,颁布了"预约变法"的上谕,办洋务、办学校、废科举、派游学、改刑律、变官制等一系列新政出台,其变法的广度和深度,与戊戌变法中的有关主张相比都并不逊色。

但是毫无疑问,以慈禧太后的"清醒"和以她为首统治集团的某些开放姿态,充其量只会接受有限的变法新政。他们的政治底线是绝不容许"换了我大清的馕子";他们根本寻求的,是"永续我大清江山"。

然而另一方面,变法新政以及君主立宪却也在按照国人的意志而演进。

1904 年,上海绅商张謇和张之洞的幕僚赵凤昌在上海印制了日本明治宪法的译本送交给慈禧太后,希望朝廷能够以此作为中国立宪的蓝本。

1905 年,日俄战争结束,日本是立宪国,俄国是专制国,结果是小国得胜,大国战败。这对于曾经经历甲午战败,如今却仍然奉行君主专制的中国再度引起震动。正是在这种形势之下,是年 7 月 2 日,直隶总督袁世凯,两江总督周馥,湖广总督张之洞等人联名奏请自十二年之后实行立宪,并请即派亲贵大臣赴各国考察立宪政治。两广总督岑春煊、湖南巡抚端方入朝时,也反复建议实行君主立宪,以改良国政。在政治形势和地方督抚的压力下,清朝政府终于被迫走上了拟议立宪之路。当然,慈禧太后及其朝廷权贵对于宪政之议,不会倾心相许;他们对于君主立宪议题的主要策略就是虚应故事,"今日宣布立宪,不过明示宗旨为立宪之预备,至于实行之期,原可宽立年限。"

但是君主立宪的问题毕竟开始提到了议事日程。1905 年,清朝政府派载泽、端方等五大臣出国考察宪政。1906 夏秋之交出洋考察宪政的大臣先后回国。他们将在国外请梁启超、杨度等人草拟的有关宪政的报告上复朝廷。接着清朝的王公大臣集会商议立宪事宜,经过论争,以醇亲王载泽、庆亲王奕劻、袁世凯等人为首的立宪主张左右了会议,并于 7 月 10 日上殿面奏,请行立宪。13 日,清廷颁发上谕,宣示"预备立宪"。这份谕旨虽宣布"仿行宪政",但又称"目前规制未备,民智未开,若操切从事,徒饰空文",因此"先将官制分别议定,次第更张,并将各项法律,详慎厘订,而又广兴教育,清理财政,整顿武备,普设巡警,使绅民明悉国政,以预备立宪基础";"俟数年后规模粗具,查看情形,参用各国成法,妥议立宪实行期限,再行宣布天下。"谕旨发出后,顽固官僚因为君主立宪可望遥遥无期而松了一口气,而主张立宪的人士特别是上海的市民社会,则藉立宪主张的合法性而开始了公开推动立宪的社会运动。

"预备立宪"的上谕颁布以后,上海拥护立宪的人们"奔走相庆,破涕为笑"。上海租界和华界的总工程局、总商会、华商体操会、南市商业体操会、洋货商业会馆、商学补习会、锡金商会、商学公会等等纷纷召开了庆贺会。接着,上海文化教育界人士创立了"宪政研究会",在他们为此创刊的《宪政杂志》上,发表了该会的宗旨:"考查政俗,研究得失,以俟实行立宪后,代表国民赞助政府"。该会主要成员有袁希涛、沈恩孚、黄炎培、狄楚青、陈冷、雷量、史量才。11 月初,上海各界人士又共同成立了"预备立宪公会",宪政研究会的多数成员随即都转入了该会。这些集会和结社,都相当程度地反映了上海市民的广泛参与。

在预备立宪公会中,除了一些具有声望地位的学者、绅商如张謇、郑孝胥、汤寿潜、张元济、李平书、严复、章太炎、黄炎培、史量才、许鼎霖、夏曾佑、王清穆、周晋镳、王一亭、徐润、虞洽卿、曾铸、荣宗敬、荣德生等等组成了核心和主导力量外,他们当中还有许多普通的学人、官员、职员、教师以及许多中小工商业者。这再一次显示了上海市民社会的代表性及其群体行动的特征。"清末的立宪运动主要是由立宪派来推动的。立宪派主要由四种人士构成:官(员)、学(者)、商(人),再加上普通民众。要论立宪的最强大的动力当然来自商界。官员中的立宪派由于所处权位的关系能对立宪要求表示或暗或明的同情,就已是十分难能可贵的了。学界则由于戊戌维新失败的缘故较难以发挥号召力,其领袖人物康梁等人由于亡命海外,对国内开展立宪运动则心有余而力不足。唯有商界在官员和学界的匡助之下,为立宪奔走呐喊,不遗余力。"⑦

在当时全国陆续兴起的相关社团中,上海预备立宪公会无疑是规模最大,影响最广的。同时,从上海预备立宪公会确定的两大任务——宣传立宪,参与请愿中,也可以看到它发动民众、融入社会的努力。立宪公会成立以后,专门出版了两种刊物,一种是供上层人士阅览参考,并且作为立宪公会的主要文本;另外一种则是以白话文和通俗内容,以向广大普通市民进行有关立宪的传播和宣传的出版物。这些书籍问世以后除了在上海获得畅销之外,还远销内地和边省,比如宣传君主立宪的《公民必读初编》《公民必读二编》就分别发行了27版和16版,单是广西一省就订购了10万部。

对于君主立宪,人们业已看到:"虽然在极短的时间里,不能希冀中国发生翻天覆地的变化,但只要普通官员和地方缙绅从我做起,从手边之手做起,九层之台,起于累土,经过若干年的努力,一定能够为维新大业打下坚实的基础。"⑧

有鉴于这样的社会舆情和市民基础,由当时避居在日本的康有为、梁启超发起成立的立宪团体"政闻社",也于1907年移师上海。

3. 和平立宪还是体制革命

然而,在戊戌变法失败以后,在对国家出路的追寻中,君主立宪并不是一个唯一的方向,也没有呈现为一个清晰的历史断代形态;共和体制及其反清革命的主张,几乎是与君主立宪的政见同时形成的。"革命党"在经过数年的酝酿、行动和死难之后,终于于1905年在上海成立了以"光复汉族,还我山河,以身许国,功成身退"为誓词的光复会;嗣后,以"驱除鞑虏,恢复中华,创立民国,平均地权"为纲领的

---

⑦　刘军宁:《中国商人的宪政情怀》,见《共和、民主、宪政》上海三联出版社1998年版。

⑧　《汪康年:从民权论到文化保守主义》第12页,上海古籍出版社2001年版。

同盟会也在日本东京成立——它们就此形成了中国最初的政党组织形态。

而"革命党"与"立宪派"的并存以及它们在政治主张上的根本区别，就不可避免地造成了两派之间的对立和论战。

当时，立宪派以及梁启超主笔的《新民丛刊》与革命派的《民报》进行的论战，就几乎成为了两派分歧与争端的标志。其中比如汪康年以"绝不主张激烈之行动，以为天下大器，破坏滋易，建设实难"的主张而公开发表的《革命驳议》一文，就产生了强烈的反响。而革命派对立宪派的攻讦批驳就更加激烈了。比如《民报》在1906年的第三号上发表题为《民报与新民丛报辩驳之纲领》的号外，列出了双方在十二个问题上的根本分歧，其中主要的几项如："《民报》主共和，《新民丛报》主专制"；"《民报》以政府恶劣，故望国民以革命，《新民丛报》以国民恶劣，故望政府以专制"；"《民报》以为革命所以求共和，《新民丛报》以为革命反以得专制"；"《民报》鉴于世界前途，知社会问题必须解决，故提倡社会主义（实指民生主义），《新民丛报》以为社会主义不过煽动乞丐流民之具"，如此等等。

当这些争端和论战集中在上海进行的时候，上海的市民阶层又何去何从呢？

应该说，当时上海的民众对于立宪派和革命派都有相当的响应和支持，互相交织影响，难以整齐划一。但是无庸置疑，在两派并存并且论战时，上海市民一开始是比较多地倾向于和平立宪的立场的。这除了是因为他们的思想认识还相当程度地囿守于历史"循序而进"的局限，更是因为市民社会的价值观与和平立宪，有着许多的内在联系。

（1）规避流血的市民性格

在风起云涌的中国近现代历史中，上海市民不乏激情澎湃的情怀和武装革命的身姿。但是毫无疑问，在大多数的情况下，流血的暴力革命并不是上海市民的首要选择；恰恰相反，上海的市民社会对于近代中国风潮叠起的频仍战乱和激进政治，往往较为审慎，甚至退避三舍。

因此,虽然上海市民鲜明和强烈的变革维新的觉悟,使他们成为近代以来最具有"革命性"的群体;然而在"革命"通常等同于激进和暴力的情况下,上海的民众又恰恰是最缺乏革命性的。

在 1853 年的上海小刀会起义中,参与起事的人员其实主要是广东和福建的船民以及一部分南洋华侨,上海市民却极少参与。在战事甫开之际,市民群众则是纷纷逃往租界避祸。1860 年,太平军逼近上海,上海民众对于太平军的认识,相当程度上也许正如马克思在1862 年 6 月的《中国纪事》一文所写的:"除了改朝换代以外,他们没有给自己提出任何任务。他们没有任何口号。他们给予民众的惊慌比给予老统治者们的惊慌还要厉害。他们的全部使命好像仅仅是用丑恶万状的破坏来与停滞腐朽对立。"为规避战祸,上海的绅商市民甚至把拥有坚船利炮的英法租界当局视为保护者,首当其冲的南汇、川沙一带的士绅 31 人致书英国驻华海军司令何伯及代理领事麦华驼等,要求纾难解困,予以保护。

辛亥革命前夕,上海的工商界仍然派出代表赴北京向清朝政府陈说厉害,希望朝廷立即推行政治体制的改革,以图在革命爆发之前为和平的政治演变进行最后的努力。辛亥革命以后,在革命党与袁世凯的北洋政府的南北对峙中,上海成为策动反袁的"二次"、"三次革命"的重镇,但是,曾经义无返顾地参与过"9·13 武装起义"的上海市民及其工商阶层,一年以后在对于"二次革命"的态度上,却表现得相当地游移和审慎。其间虽然也有一些商人和市民团体表示支持"二次革命",但是在上海总商会为此进行的投票表决中,多数人给予了否决,"上海系中国商场,既非战场,制造局系民国公共之产,无南北争持之必要。无论何方先启衅端,是与人民为敌,人民即视为私党。"⑨

这样一种行为选择及市民性格,最终当然是取决于它们的价值

---

⑨《上海总商会致南北两军反战公函》,《民立报》1913 年 7 月 22 日。

立场,也就是由社会的物质生产和生活方式所决定的。

当时,在人们居留或者是来到上海以后,上海在一般情况下、或者说是不同程度地都能够给予民众以更多的生活指望。相对稳定的社会环境和生活环境,既使得中小资产者和各界人士获得了发展的机遇,也使得普通民众衣食有着、养家糊口的基本生活要求在相对意义上提高了获得的概率。同时,充满活力的和形形色色的生活方式,各种经济产业的兴起和扩张,以及个体本位的社会形态的逐步确立,毕竟也为城市居民提供了谋生和发展的更多机会和希望。在这种情况下,人们借助稳定、安全的环境而维护自身生存发展的主观愿望,就成为人生的第一要义,生活的意义和生命的价值就得到了更多的珍惜。

既定的社会发展和生存环境,也就为市民由感性经验而趋从于实用理性和稳健品格,提供了社会物质条件。当每个人都考虑着自己现实利益的时候,一种集体的理性就出现了。"如果说由商业精神所承载的企业精神、工商业精神构成了'海派'咄咄逼人的气焰和锋芒,那么中等阶层在衣食有着、但求稳定,依靠努力和勤勉慢慢往上爬的现实生活中所形成的各种品质和观念,结构着海派人格稳健的基础。""在激烈尖锐的政治斗争和社会矛盾中,'在商言商,在学言学','生产救国'.'实业救国'一直是上海主导性的社会舆论。"⑩

甚至以后在北伐战争逼近上海的时候,上海市民社会也为力避战乱进行了一系列努力。上海商联会召开紧急会议,提出划上海为"特别区",不论何党何派,均不予军队驻扎,同时组织市民会议管理市政,召开国民会议,解决国是,避免战祸殃及上海。随即,上海四百余团体的五万多名代表不顾上海防守司令李宝章颁布的戒严条例,在南市公共体育场举行市民大会,拒绝奉鲁军南下,督促三省军事当局服从民意,划上海为特别市,由商、工、学各界组织自治政府。

"上海人对政治排拒和疏离的倾向,间接地也表现在上海虽然有

---

⑩ 杨东平:《城市季风》第 165、166 页,东方出版社 1994 年版。

全国最大的产业工人队伍,但二十年代源自上海的五卅运动,在规模和持续时间上均不足与相继的省港大罢工相比;上海始终没有像广州、武汉那样真正成为政治中心。在上海第三次武装起义失败后,中共上海区委书记罗亦农不无埋怨地称,'上海完全是投机的社会,上海民众尚无流血夺取政权之培养'。学生运动的情况也许更为典型。在五四运动中,便有要求学生'以求学达其爱国目的',不赞成以学校为政治运动中心的呼声。二十年代广大无党派青年学生多以'爱国不忘读书,读书不忘爱国'的信条对待社会政治运动,且'奉行惟谨'。在民族危亡的特定情境中,他们也能冲出书斋,卷入社会运动。但一俟这一特定情境消失,便很快复归'读书'之原位。这使得二十年代初中共在上海高校的建党活动很不理想……研究表明,大革命时期上海学生运动的骨干和主体力量几乎全部是外乡学生……相反,以资产阶级、中产阶级子女为主的复旦学生,大多赞成'循序而不为国家生事'的学生政治运动;反对'以毁坏为时法,以泄愤为目的'的'学生政治暴动'。担心子女卷入政治荒废学业的中上层市民,则纷纷将子女送入不过问政治的教会学校、名牌国立和私立大学。我们固然可以称其为政治上的摇摆性、不彻底性;可以从中看到有产市民循规蹈矩的胆怯性格。"⑪

在社会整体地造就了温和、稳健和理性的城市文化性格以后,上海人哪怕是在日常生活中遭遇到激烈争端,也相对地多会诉诸于公理和法律,以及多会采取经常为内地同胞多所鄙夷的"动口不动手"和回避退让的态度,而多半不会呈一时之性,好勇斗狠,不计后果。"事实上在我看来,用一个词可以把典型的中国人所给你们留下的印象归纳出来,这就是'温良'。我所谓的温良,绝不意味着懦弱或是软弱的服从。正如前不久麦嘉温博士所言:中国人的温良,不是精神颓废的、被阉割的驯良。这种温良意味着没有冷酷、过激、粗野和暴力。"⑫

---

⑪　杨东平:《城市季风》第 166、167 页,东方出版社 1994 年版。

⑫　辜鸿铭:《中国人的精神》第 30 页,海南出版社 1996 年版。

因此,在以既定的城市市民性格而面对专制体制向近代民主体制转换的历史契机中,上海市民的一个最为"优先"、最为"合理"的选择,自然就是"不革命,不流血"的和平演变及其君主立宪了。

(2)"广义革命"论

在立宪派和革命派的分歧与争端中,稳健而温和的上海市民的性格倾向,常常被后者视为是明哲保身、害怕牺牲和拒绝革命的庸人性格与市侩品格,"夫至今日而言建设、言平和,殆亦畏死之美名词耳"。

那么,趋向于稳健和温和的市民性格,是否又真的会在社会的变革当中,导致因循与保守呢?

情况恰恰相反。近代以后的上海,在天时、地利、人和的历史与政治条件下,对社会变革展现了前所未有的强烈愿望和承受能力。当时的上海在推进近代司法、摒弃科举制度、创办新式教育、抨击宗法伦理、提倡男女平等、发展工商经济、开放报刊舆论、维护言论自由、制衡权力干预等等方面,其社会体制、思想观念和生活方式的变革幅度,非但不保守,甚至就其"革命性"而言,几乎是"莫此为甚"的。同时,当时上海的社会变革实践,也正回应了严复"其时未至,其俗未成,其民不足以自治"的保守主张。

近代上海的社会变革令世人瞩目,而沪人的性格又多所稳健、温和以至是"胆怯";那么在这样的两者之间,又存在着怎样的内在联系呢?

在这里,上海市民的一个基本的价值判断和坐标就是,社会的变革尽可以深入、广泛和加速,但是这样的变革却未必是武器的和流血的;这就如同不战而屈人之兵,是为"善之善者"的道理,不流血的同时又是深入、广泛、快速的变革,乃是变革本身以至是市民社会的理想选择。相反,以变革的目的而诉诸于流血和暴力,其结果则恰恰可能适得其反。

那么这种理想的变革模式的思想认识基础又是什么呢?

实际上,进入近代以后,"革命"这个词汇就从西方传入到了中国。随而"革命"在中国社会中形成了"有序变革"和"暴力颠复"这样两种不同的理解。梁启超当时就说过："革命之义有广狭。其最广义，则社会上一切无形有形之事物所生之大变动者皆是也。其次广义，则政治上之异动与此划然成一新时代者，无论以和平得之以铁血得之皆是也。其狭义在专以武力向于中央政府者是也。"⑬而其时章太炎所说的"革命军起，革命党消"，梁启超所说的"西人恒有言曰：'后膛枪出而革命迹绝'"等等，也都分别表达了"广义革命"和"狭义革命"的内涵区别。

毫无疑问，近代上海的社会变革与发展实践，在相当程度上遵循了"社会上一切无形有形之事物所生之大变动"的"最广义革命"的路线。而"广义革命"也由此构成了上海市民对于社会变革的思想逻辑。

近代上海社会变革的客观实践及其"广义革命论"思想意识，自然也就进一步影响并决定了人们的主观选择。根据统计，从1897年12月到1913年4月，在上海张园这一个地方举行的强烈呼吁各种社会变革的集会就有39起，发起者与参加者几乎包括了市民社会的各个阶层；这些集会除了体现着对所有市民的公开、开放和参与机制之外，它们的一个主要特征，就是在表达社会变革和民主进步的要求时，采取以及主张的，都是和平的与程序化的请愿、演说，以至罢工、罢市、罢学的抗争方式，而不是号召以武装斗争的方式，来促使和推动社会体制的变革的。

当然，广义革命并非由人们的一厢情愿就能够成为一种现实可能，它由历史催生，从而就具备了某些时代的特征。

首先，与"狭义"亦即暴力革命的严格组织结构及其强力的意志召唤不同，持续、渐进、广泛的"广义革命"恰恰需要诉诸于民间的自觉认同，以至需要建立在某种市民自治的意识基础上。"我们主张的民众运动、社会改造，和过去及现在各派政党绝对断绝关系。……真

---

⑬《中国历史上革命之研究》，载《新民丛刊》1904年第46—48合号。

的民主政治,必会把政权分配到全体人民。""我们政治的民治主义的解释是:是由人民直接议定宪法,用宪法规定权限,用代表制照宪法的规定执行民意,换一句话说:就是打破治者和被治者的阶级,人民自身同时是治者也是被治者;老实说:就是消极的不要被动的管治,积极的实行自动的人民自治;必须到了这个地步,才算真正民治。"⑭因此,只有近代市民社会的实用理性,以及它摆脱了人身和人格依附的松散自主、舆论联结、社团形式和自治诉求的结构形态,才能够与广义革命相得益彰,并为之提供历史的可能。

其次,广义革命的基本形态,是渐进式和积累式的变革。因此,与传统的狭义及暴力革命的躁进方式不同,近代上海市民社会开始有可能以稳健、温和的性格,对重大的变革营造必要的耐心和有效的策略。实际上,广义革命的社会变革要求及其方式,有些类式于以后形成经验理论的"费边式战略"以及"基马尔"式的变革——费边式战略就是将社会改革的方案化整为零,逐项推行,并且每次都着意在对立的顽固阵营中分化瓦解,从而保证每一次局部的改革都能获得基本多数的支持。基马尔的改革总是先易后难,从而利用逐步胜利后形成的信心和威望,来支持下一步更为艰巨的改革措施;基马尔在推行某一项改革措施时,经常暗示"到此为止",从而在化解敌对冲突的同时掌握主动。近代上海的市民社会正是在自身形成的过程中,能够经常遵循这种"近代模式",而不断取得社会变革的成功。

(3) 一个历史的契机

当体制变革及其"改朝换代"的集体意志及行动,由传统的农村转到了近代城市,参与主体也由过去的农民转变为城市市民的时候,它们的目标也就从"替天行道"、"均贫富"、"分田地"的层面,转移到了更具现代性觉悟的诸如"民权"、"民主"、"自由"等更高的社会政治要求。恰恰是在这个过程当中,君主立宪将前所未有地为体制和政体的转换,提供一个和平演变的历史契机。

---

⑭《新青年》第7卷第1号。

　　当然，对于由君主专制到君主立宪的和平过渡，只有近代的民主觉悟，以及民间包括市民社会的政治力量集结，才能为之提供历史的条件。

　　自古以来，权力总是先天地具有集权与专制的倾向。在长期的封建农业社会中，这样的政权形态及其体制架构被不断予以巩固和加强。它在几千年的经营当中，形成了一个上自君主朝廷、下至里闾阡陌的严密而有效的政权统治系统。它是一个自上而下而又横向牵连和钳制的巨大网络，相互紧紧地咬合成为一个整体的"组织"。这个系统以功名利禄以至身家性命，建立起了逐级的权威与支配关系，也就是韦伯所说的"专制的与内在的控制"。这样的权力系统，逐渐形成了弥漫于专制体制中的那种出于畏惧和利益而逐级从命以至谄媚、而对社会监管竭尽职能的官场逻辑。同时，一种绝无仅有的社会组织——保甲制度，又将政权统治的神经末梢，深入到了社会最底层的每一个小农和庶民家庭，从而对一家一户的平民百姓进行了严格的编制，然后最终将它们纳入到"编户齐民"的大一统中央集权的体制之中。这个权力系统由此构成的，就是一个严密而稳固的乃至是超稳固的权力形态。

　　正因为如此，甚至在整个社会肌体已经相当败坏，既定政权已经丧失民心，整个社会舆情也已经怨声载道的情况下，只要维持住这个权力的结构系统，那么既定的政权也就仍然能够在相当长的时期中继续存在和运转。即使这个权力结构的某个环节出现了问题，比如列朝列代经常发生的藩臣谋反，从而建立了脱离中央集权的自行"组织"，那么它们在大多数情况下也会遭遇失败；因为它们终究难以与中央权力的网络系统相抗衡。谋反者最终会遭到来自上下左右的围剿，即使是同类手足、同情同心者，也会在既定网络系统的号令连动中，采取一致的行动。

　　也因此，如果这个权力系统遭遇到了事关根本大计的问鼎政权体制的企图，那么可想而知，它会在外部的压力之下形成怎样的内聚。尽管这个政权在面对各种民生问题时可能麻木不仁、反应迟钝，但是在面对政治挑战,比如在发现体制外的"组织"行为时,它又会异常敏锐,反应迅速。乾隆年间,因为某种"叫魂"的民间祛邪行为被讹传讹信为似有串联结党的嫌疑,遂而引发一场由皇帝亲自严加督办、雷厉风行的大规模查缉、酷刑和杀戮,就是一例。

然而历史的悖论就在于,这样的体制尽管可能在早期充满活力,在中期也可能适时进行政策的调整和改革,但是它们又终究不能解决因社会矛盾的累积而产生的体制变革的要求,而社会的矛盾也就失去了在重大政治改革中得以调整和纾解的机制。

当社会矛盾终于无法获得抒发宣泄,并且在压抑和积蓄中终于激化成巨大的危机能量时,暴力革命就成为它们唯一的释放契机,继而就必然地要造成惨烈壮观的"泄洪"的情景。于是天翻地覆、大破大立的改朝换代,就成了历史的周期现象,以至于由此形成某种习惯性的思维。

这同时也就决定了,变革既然不可能在妥协中产生,那么双方的暴力对决就将不可避免。而在"你死我活"成为双方共同信念情况下,每一次斗争都会空前激烈、残酷,极具破坏性。而暴力革命在为摧毁旧秩序而最大程度地发动群众时,又必然要造就某种"无法无天"的氛围,因此这样的"革命"就总是最能吸引叛逆无羁的社会边缘人的投入。于是,"革命"就成了"人民"的"盛大节日";而从破坏的能量和程度来说,他们正是最具有"革命性"的群体。

因此,"揭竿而起"、"造反起事"一旦发生,它们也许会造就社会的浴火重生;然而不言而喻的是,在攻城掠地、反复厮杀、尸骨遍野的全面对抗中,即使改朝换代的目的最终能够达到,那么它们也可能会在玉石俱焚、焦土一片中,完成历史的交接。这样的暴力革命将不可避免地要造成社会经济的极大破坏。而战争和杀戮的最大受害者,又总是平民百姓。在历史进入到近代以后,国人对暴力革命开始多有反思。比如康有为对于法国大革命,就在向光绪皇帝递交的《进呈法国革命记序》中说道:"流血遍全国,巴黎百日而伏尸百二十九万,……暴骨如莽,奔走流离,散逃异国,城市为墟,而革变频然,迄无安息,旋入回渊,不知所极。"⑮

在近代历史上造成上海市民规避激进和暴力的直接原因,就是他们对于战乱中生灵涂炭、家破人亡、流离失所,有着强烈的集体记忆。作为上海市民的一个主要组成部分,上海的很大一部分移民,就是在太平天国运动以及近代以来的各次战乱中,逃难来到上海,或者避入租界的。即使是最为切近的 1853 年到 1854 年的上海小刀会起义,也为上海留下了极大的破坏和创痛。原来上海县城有 20 多万人,生活也算是安稳平和,可是在小刀会攻入县城到失败弃城的时期内,城里只剩二三万人。"仅在一个星期前,东郊还是一个商业繁盛、居民熙熙攘攘、肩摩踵接的地区。那里的欢笑声以及呼喊声犹在我等行人的耳中缭绕;而今却成了一片废墟。直到最近这里原有数以千计的房屋和忙忙碌碌的居民,现在横遭破坏,仅剩下一些废墟颓垣,砖堆瓦砾而已。"⑯"17 个月中,大战不断,小战无数,炮轰,雷炸,火烧,枪杀,刀砍,腥风血雨,城破人亡……当然绝大部分是逃难出去了,但死亡的也不会是一个很小的数字。城破前几天,粮食断绝,起义军杀牛马为食,民间百姓则罗雀掘鼠,将鸟、狗、猫、昆虫及沟中的蟛蜞都吃光了,再吃草根、树皮、鞋底皮,甚至出现人吃人的惨况。据估计,在粮路断绝以后,城里饿死的人约 200 名。城破以后,被清军滥杀的有 2 000 人。"⑰

在这样的历史经验下,上海的市民社会对于近代以来此起彼伏的狂飙激进、武装斗争和暴力革命,就相对较多地表现了它冷静、审慎与规避的态度。他们从切身的体验、现实的比较和历史的反思中意识到,也许只有温和稳健的变革和程序化的演进,社会才能最终获得真正积极、有效的进步,也才能真正在国家和民族利益上,显示最为合理的价值取向。

---

⑮ 中国史学会主编:《中国近代史资料丛刊》第 3 册第 7 页,上海人民出版社 1957 年版。

⑯ 《北华捷报》1853 年 12 月 17 日,转引自《上海通史》第 3 卷第 59 页。

⑰ 熊月之主编:《上海通史》第 3 卷第 59、61 页,上海人民出版社 1999 年版。

因此,对于当时立宪派和革命派的不同政治主张,上海的商人和庶民特别是在一开始的时候,就以比较现实的和经验主义的立场,形成了自己的基本倾向——中国的救赎和宪政治国,固然已是在所难免;但是若以体制革命的方式,与绵延了数千年的君主专制和仍然执掌着庞大国家机器的清朝统治展开全面对决式的冲突,那么它们所造成的流血、破坏的代价和社会成本,也许是整个社会难以承受,至少可能是上海的市民社会所不愿意承受的。

而君主立宪的和平演变,则不失为是一个明智的历史选择。事实上,英国、日本都正是循此途径而迅速成为强国,并因此而对中国实施了最多的恃强凌弱行径的。

那么,在中国的历史进程中,能不能把握这样的契机呢?

(4) 忧虑之一:播下龙种,收获跳蚤

当然,暴力革命也有着它的历史合理性,比如它可能成为历史的清道夫——当社会肌体已经沉疴难起,不进行暴力革命就不能切除社会病灶,从而结束混乱、解放生产力,那么即使流血死亡、秩序破坏的代价再大,暴力革命都是值得、必要和不可避免的。

但是到了近代以后,任何社会变革包括暴力革命在内的最大的合理性依据,毫无疑问地就是建立民主体制的先决预期。

然而恰恰是在这种情况下,人们的忧虑产生了。

暴力革命和武装斗争既可能是秉持了强大的民主感召的华盛顿、林肯式的,也可能是以民主的名义而导致暴力专政的雅各宾党人式的。《法国革命论》的作者柏克当然反对路易十六的封建专制统治,但是他所以抨击作为法国革命者的雅各宾党人,是"因为这场革命的目的是在于建立一个专横的权力。而且为了确立这种专横的权力,革命家们不惜打碎已有的法兰西文明传统。柏克看到了这样的革命与黩武及滥用暴力之间的密切关系。"⑱负于盛誉的雅各宾首领罗伯斯庇尔的行动原则正是:"革命政府就是要以自由的暴政来对抗

---

⑱ 刘军宁:《保守主义》第10页,中国社会科学出版社1998年版。

专制。"

人们为了建立民主体制而投身于暴力、流血和群体性的革命,这样的革命,既有可能如美国的独立战争、南非的反种族隔离、韩国的光州起义那样,修成民主的正果,但是它们也有可能走向民主初衷的反面——发动革命的目的是建立民主体制,到手的结果却仍然是专制体制的覆辙;播下民主的龙种,收获专制的跳蚤——它之所以会为人们所忧虑,是因为这样的悖论在暴力革命中有着更大的发生概率,以至有着某种内在的规律。

激进主义、暴力革命以及由此形成的你死我活的武力对抗和斗争,其必然造就的,就是敌对阵营都必须在它们各自内部进行有效的组织和高度的集中,从而才能应付非常时期空前激烈的争夺和对抗。在这种激烈残酷的争夺对抗中,软弱涣散和乌合之众的队伍得到的只能是失败甚至是死无葬身之地的结果。谁能够以非常的手段建立起坚强的政治权威,以及更具效率地形成队伍的内聚和统一,谁就能形成更强的战斗力,从而占有最终胜出的更大机会。因此在这种极端的非常时期和战时体制中,对于一场真正志在成功的武装革命来说,所有的个人和团体,都必须无条件地服从以"革命"和"人民"为名义的权威意志;任何的自行其是、自作主张、散漫离心和所谓的民主意识,都将被无情地消灭。这正如革命的先哲关于大海航行中必须形成绝对权威的比喻一样,集中的权力形态,严格的统一意志,严厉的组织纪律,甚至是铁血无情的整肃手段,都是暴力革命所必须遵循的原则。

1920 年,在回答西班牙工人代表关于革命政权将怎样兑现人民的自由时,列宁指出:"我们从来都不讲自由,而只讲无产阶级专政!"农民和小资产阶级,他们要么服从,要么成为我们的敌人。

于是,一种原始形态的权力崇拜和集权政论,往往也就由此而产生。

然而一切正如托克维尔所说:民主扩展个人自由的范围,而集权政治却对其加以限制;民主尽可能赋予每一个人以价值,而集权政治却使每一个人成为一个工具、一个数字。在这种情形之下,事情又如同"第二十二军规":在一个威权体制中,"人民"将享有各种各样的民主权利,但是当某一个具体个人实际提出这样的要求时,他就已经不再是"人民",而是"人民"的敌人了。

那么,究竟该这样认定这个耳熟能详的"人民"呢? 在这个问题上,法国大革命的领袖罗伯斯庇尔就曾以坦率的气概,愤怒地驳斥政治对手的攻击:"你们竟敢控诉我企图诱惑人民,引导人民走入歧途,我怎么能够! 我既不是人民的反对者,也不是人民的制裁者,还不是人民的辩护者";那么罗伯斯庇尔所要说明的是什么呢? 接着他就高昂地说道:"我自己就是人民!"⑲毫无疑问,罗伯斯庇尔说出的正是集权政治的某种通行原理。

甚至在激进革命的征战杀戮和整肃斗争中,那些看起来完全过度的、令人感到完全没有必要甚至是不可思议的残酷和恐怖所以始终存在并且得到鼓励,它们除了表面上的人性邪恶的原因之外,也就应该可以从暴力威慑、队伍内在震慑及凝聚的需要,以及从政治威权的树立中,去寻找原因了。

与此同时,暴力革命所造成的战争、动乱、伤害和恐怖,必然相当程度地摧毁人与人之间稳定的社会关系。于是在人人自危的情况下,为了生存和重新获得安全感,大量的个人就不得不依附、服从于某一个政治集团、党派及其军事武装;而这种依附并得到保护的代价,就是要把个人的权利出让给既定的高度集权的政治军事权威。到了这个时候,民间社会的自治结构、价值体系以及可能对权力形成制衡的社会自主力量,也就必然地被严重削弱甚至被彻底瓦解。

当然,民主的感召到了这个时候往往只是徒有其表,而对政治态势失去了实际的控制。事情终于在此刻发生了异化。

因此,不论最终是哪一方获胜,在暴力战争中形成的这种特殊的权力形态及其组织结构,在通常情况下都必然会将权力崇拜推向极

---

⑲《罗伯斯庇尔全集》第 6 卷第 285 页,巴黎 1950 年版。

致;同时也必然会将战时的集权形态,扩张成为对和平时期的整个社会的控制。特别是在耗费了巨大的牺牲和流血代价而赢得政权以后,哪怕是在感性意识上,新的统治集团也绝对不会轻意释出手中的权力,而与社会乃至别人分享。

社会的变革既然期待由暴力革命"彻底地"、"根本地"、"最后地"、"一揽子地"实现,那么这个"革命"自然也就必须承担起解决社会一切领域的所有问题的责任。革命在打倒"上帝"以后,开始把自己变成为一个新的全能的"上帝"——一个统一规划的美好的社会愿景,一种专断却又号称是公正的社会分配,以及一切强制规定的社会事务,必须由一个集中的权力机构来予以执行和完成。这种情形实际上正如罗素所说过的:按照一个单一的计划来组织社会生活的那种愿望,本身基本上就是来自一种权力的要求。

到了这个时候,社会结构就已经形成了完全无法对等的两极状态——因为暴力革命而形成的十分强大并且是高度集权的政治权威,和一个因为战乱而极度疲软以至瘫痪的民间社会。在这种情况下,后者又只能再一次把一切拱手交给一个集权的政府。因为是时的民间社会已经完全不具备分享权力以及对新政权进行哪怕是"约法三章"之类制衡的资本和实力了。于是,民主政治和社会变革就失去了它们自身的主体性,而成为集权政治及其领袖人物手中可以任意钦定和发挥的东西。而对于一个新的集权体制来说,"传统的价值体系,在思维结构与价值取向上,具有强烈的专制导向的暗示性。它暗示着权力的集中运作与权力崇拜。其次,权威主义总是强调'家长式'的权力个人化与集中运作对于保证严重效率的必要性,这必然是以排斥对权力运作的监督为前提的。其结果,便很容易出现权力者的政治腐败。"[20]

激进主义最终将产生强权和腐败,而不会产生民主和正义——遗憾的是,上海市民社会的这种历史经验以及它们背后的现代价值

---

[20]　萧功秦:《萧功秦集》第 47 页,黑龙江教育出版社 1995 年版。

理念,却终于在近代以后被激进主义的思潮所淹没。

正是对于暴力革命的这种比率很高的、不以人们主观意志为转移的"事与愿违""适得其反"的历史情形的认知与评估,使许多人特别是当时上海的庶民与商人,对激进革命持有相当保留乃至是反对的态度。他们甚至发现,在整体上趋于保守的比如严复、王国维等人的思想论述中,往往不乏合理准确的内容。严复就认为:为了社会的稳定发展,甚至不妨保持原有的君主体制。即使在他以最猛烈的方式来抨击传统专制制度的许多论述中,他也始终不认为在中国应该立即取消君主政治。王国维也同样认为,历史的胜算取决于社会的稳定发展而不是取决于一个新的凭借暴力上台的专制威权。因此在社会的政治关系上,他主张格局延续,反对人为争夺,"盖天下之大利莫如定,其大害莫如争,任天者定,任人者争,定之于天,争乃不生……"㉑

(5) 忧虑之二:文化的毁弃

一定的政治主张也就是一定的文化主张。在由封建转变为宪政的体制革命中,与之相伴随的,就是文化的革命。托克维尔曾经说过:法国革命的目的不仅是要攻击一切现存权力,变革旧政府,它同时是希望摧毁各种传统,更新风俗习惯,从而企图以进步的思想来荡涤人们头脑中所有的旧思想。

因此,作为近代激进主义思潮题中之义的一个基本内容,就是彻底的价值批判。也就是说,在体制革命的同时,激进主义竭力主张以革命的方式对社会进行全面、彻底的改造。它的思想依据,就是旧有政治体制及其思想文化、价值观念乃至是传统习俗,已经完全成为历史进步的障碍,因此必须与之实行彻底的决裂,并且予以彻底铲除。

而反过来,这种情形又证明了革命的必要性和必然性——只有在打碎旧有体制的社会结构、社会秩序的同时,创造出全新的思想文化和全新的价值观念,那么打破一个旧世界,建立一个新世界的理想

㉑ 王国维:《殷周制度论》,见《观堂集林》,河北教育出版社,2001年版。

才能完整实现。

于是在近代以来的历史上，没有一场革命不是用这种革命思想及其对传统价值的彻底批判来证明其合理性，也没有一个革命的政治组织或政党不是用文化革命的口号来感召群众的。

政治激进主义与文化激进主义属于一个同一体。激进论者对激进的文化革命总是充满激情和信心，他们相信，只有在洁白的纸上，才能画出最新最美的图画。姑且不论这样的主张在内容上合理与否，它至少是建立于这样的思想预设之上的：精神领域的思想文化和价值观念是可以、或者是可能呈现为一种断代结构，是可以随着主观意愿或者是权力意志而予以"一刀切"的；人们也是可以通过思想文化的彻底改造，在思想上和价值观上改头换面、脱胎换骨的。也因此，世界是可以唯意志的。人们在全面改造客观世界的同时，能够全面地改造自己的主观世界。旧有的文化、思想、价值观将随着彻底的体制革命和思想改造，被洗刷干净。接着出现的，就是普遍的、相同的、当然主要是被统治者认为是正确的思想和人格，将被国家和社会的"机器"批量制造和生产出来。

然而正是这样的思想倾向，造就了晚清时期立宪派和革命派的又一个重要分歧和主要论争。

作为立宪派的一个重要的思想逻辑是：文化的内涵大大超越于政治意识形态，君主立宪不仅仅只是出于对政体的和平变革考虑，它同时也是在体制变局中得以维系文化传承、不至使传统文化遭致断裂和毁灭性破坏的一种体制安排。严复、梁启超等人正是在这样的意义上，不断强调中国不可行废主立宪，应该行君主立宪。"大凡一国存立，必以其国性为之基，国性国各不同，而皆成于特别之教化。往往经数千年之渐摩浸渍，而后大著。"一旦"旧之声明文物，斩然无余，"其结果必然就会"犹练形家所谓夺舍驱壳，形体依然，而灵魂大异。"[22]

---

[22] 严复：《读经当积极提倡》，《严复集》第 330 页，中华书局出版社 1986 年版。

　　然而问题的复杂性在于,由于长期以来封建专制和传统文化的禁锢,以及现实的清朝政府对国家民族的一误再误,随而就在当时的中国社会特别是知识界中,造就了一种矫枉过正、不无偏激的文化批判思潮,进而为激进革命提供了思想舆论的基础。甚至比如梁启超,他在根本上是质疑、反对激进革命以及是秉持"立宪派"立场的,但是他激进的价值批判,以及对不流血之改革的怀疑,却又曾在当时产生了相当的影响。"然则救危亡求进步之道将奈何? 曰,必取数千年横暴混浊之政体,破碎而齑粉之,使数千万如虎如狼如蝗如螟如蜮如蛆之官吏失其社鼠城狐之凭藉,然后能涤荡肠胃以上于进步之途也! 必取数千年腐败柔媚之学说,廓清而辞辟之,使数百万如蠹鱼如鹦鹉如水母如畜犬之学子毋得摇笔弄舌舞文嚼字,为民贼之后援,然后能一新耳目以行进步之实也! 而其所以大此目的之方法有二:一曰无血之破坏,二曰有血之破坏。……中国如能为无血之破坏乎? 吾馨香而祝之。中国得不为有血之破坏乎? 吾衰缞而哀之。"[23]胡适以后曾对此反思道:"我们在那个时代读这样的文字,没有一个人不受他的震荡感动的。他在那个时代主张最激烈,态度最鲜明,感人的力量也最深刻。他很明白的提出一个革命的口号:'破坏亦破坏,不破坏亦破坏'。后来他虽然不坚持这个态度了,而许多少年人冲上前去,可不肯缩回来了。"[24]

　　而胡适在五四新文化运动中,也曾经有过相当激烈的文化批判和"全盘西化"的言论,比如他说:在他看到的文化现象中,"处处都保持中国旧有种种罪孽的特征,太多了,太深了,所以无论什么良法美意,到了中国都成了逾淮之桔,失去了原有的良法美意。政治的形态,从娘子关到五羊城,从东海之滨到峨嵋山脚,何处不是中国旧有的把戏? ……思想的内容与形式,从读经祀孔,国术国

---

　　[23] 梁启超:《新民说·论进步》,夏晓虹主编:《梁启超文选(上册)》北京改革出版社1991年版。

　　[24] 胡适:《四十自述》,《中国现代作家自述》,中国华侨出版社出版1994年版。

医,到满街的性史、满墙的春药,满纸的洋八股,何处不是'中国的特征'?"㉕因此对于中国文化,必须进行彻底的现代性改造,"只有全盘接受这个新世界的新文明,全盘接受了,旧文化的'惰性'自然会受他成为一个折衷调和的中国本位的新文化。"㉖

　　对于传统文化积重难返的弊病,某些矫枉过正的批判,也许符合某种历史的策略。然而此刻梁启超还是批评胡适"时髦气未免太重些,有时投合社会浅薄心理,顺嘴说句把俏皮话! 我还记得《胡适文存》里头有一篇说什么'打倒孔家店'的话,我以为这种闲言语以少讲为是"。㉗对于这种文化批判的激进倾向,严复当时也曾指出:"大抵吾人通病,在睹旧法之敝,以为一从夫新,如西人所为,既可以得无敝之法。"㉘

　　然而当胡适在以后感到"五四运动是一场不幸的政治干扰"㉙并且投入到整理国故、研究国学之中时,他又遭到了新一代学人诸如钱玄同等人的严厉批评了。

　　当时的上海,虽然正经历着社会形态、生活方式和思想观念的巨大变革,并且以实践和理论的结合,相当广阔和深入地开展了对于传统文化的批判与扬弃,但是市民社会的理性精神和温和稳健的变革倾向,又使它对于激进的价值批判,同样采取了相对审慎、冷静和疏离的态度。感性的经验与理性的思辨都告诉人们,社会生活特别是精神形态的东西,不可能也不应该被一次性和整体性地予以更换;思想、文化包括人性,也不可能依据革命家的设计和规定,被纳入到一个整齐划一的模式之中。传统中当然存在着大量需要被近现代社会生活所扬弃的内容;但是在传统的内部也必定凝聚着先辈的深邃智慧和经验积累,它们不可能在一场激进的文化革命中被完全抛弃和

　　㉕《试评所谓"中国本位的文化建设"》,载《独立评论》1935 年 3 月第 145 号。
　　㉖《编辑后记》,载《独立评论》1935 年 3 月第 142 号。
　　㉗《饮冰室文集》第 38 卷第 54 页,中华书局 1989 年版。
　　㉘《严复集》第 3 册第 680 页,中华书局 1986 年版。
　　㉙引自王元化:《清园夜读》第 52 页。

消灭。任何社会变革都不可能是无缘之水、无本之木,新生事物总是要从传统中脱胎而来,甚至带有旧有的胎迹和血脉。正如牛顿所说:现代的人不论怎么聪明,都是站历史的肩膀上;也正如严复所说:传统中自有"不可磨灭者存";"非新无以为进,非旧无以为守。"因此,虽然当时上海的社会变革让人刮目相看,但是上海的市民社会始终没有以强制的、彻底决裂的方式,对一切传统价值发动一场"革命";相反,它在事物的内在联系上,仍然保持着对于传统文化的千丝万缕的有机关系。

另一方面,上海的市民社会与"文化革命"在本质上的抵触是因为,商人和庶民需要的是一个世俗社会,而文化革命指引的却是一个至善至美的理想社会。

一个世俗的社会是形形色色、形态杂除以至是流弊频生的社会,市民在认同和参与社会的改良趋善的同时,也会对现实生活和人性中的杂色和不良现象"处之坦然"。因为同样是感性的经验和理性的认知告诉他们,在市民社会的常规生态中,丑陋和污秽当然需要不断地予以清理;但是另一方面,水至清则无鱼。而一个号称要清洗所有杂质微生物的、除恶务净的彻底的文化革命行动,既然是不可能的,那么它一旦实行起来,就反而会是十分可怕的。因为除了一个唯一正确的思想及行为规范之外,其他所有的文化形态都可能被视为旧时代的污泥浊水,而遭到无情的荡涤和铲除。正如柏克所说:传统当然不是尽善尽美的,但是全盘取代传统的新生事物可能危害更大。

然而在激进主义及其文化革命论者看来,现实越是苦难黑暗和弊端丛生,人们就越是应该把希望寄托于一个未来的至善至美的理想社会。但是,虽然大破大立的思维以及建设理想社会的主张总是很激动人心,它们却并不是建立在历史发展的客观规律之上,而是以想象和推断、完全将它建立在了主观臆测上的——似乎只要给人们以革命精神的武装,就能够焕发他们无穷无尽的力量;只要人们获得革命的感召,一切人间奇迹都可以创造;接着,整个世界将按照人们的美好意愿而被任意组织和改造。

　　以唯物主义的观点看,在客观现实的世界面前,人的主观能动性终究是有限的,它不可能具有无限的社会超越能力。"文人总是在不断地编造关于这个世界的种种新奇的理论,致力于寻找至善的理论,至善的社会,总是试图超越现有理论和现实的一切癖疵和污点,向往至纯的真空境界。但他们对这个世界的体验却极其贫乏。从认识上看,关于政治的智慧需要长期而多样的政治体验,即使是最精致的理论也代替不了这种体验。道德的问题也不是抽象的,而是具体的、复杂的。为这些问题寻找答案需要了解纷纭复杂的社会生活";"激进主义常常用群众的洗脑和灌输来实现与传统的决裂。事实证明,用洗脑的方法也不足以使人们告别传统,因为传统保存在人们的记忆、习俗、甚至本能之中,传统溶化在人们的血液里。再说洗净后的脑子也许更容易被污辱,更容易被空洞的理想、险恶的邪说所蛊惑"。㉚"所谓完美主义,是和自由主义讨论的问题背道而驰的,而很多专制的观念却和完美主义连在一起;我想这是自由主义对社会主义批评的重要因素,认为通过人的理性,通过'社会工程',通过人为的运动可以设计社会、设计历史、设计未来,这种'理性的傲慢',会导致极大的悲剧。"㉛

　　因此,激进主义的文化革命在以理想社会为期许与承诺的同时,会埋下隐患。也就是说,它们在以文化革命的亦即思想彻底改造的方式,指引社会趋向至善至美的时候,其过程和结果都会是灾难性的。

　　除此之外,市民社会与文化激进主义的格格不入之处还在于,在既定的市民社会的价值观念中,公说公有理,婆说婆有理;此亦一是非,彼亦一是非,也就是多元的价值立场和观点所形成的相互间的参照和制约,正构成了市民社会的思想文化生态。而多元价值所形成的差别与比较,也正是人类社会竞争与发展的原始动力。同时,多元

　　㉚ 刘军宁:《保守主义》第 54、第 203 页,中国社会科学出版社 1998 年版。
　　㉛ 哈佛燕京学社、三联书店主编:《儒家与自由主义》第 67 页,三联书店 2001 年版。

价值观也将为近现代社会的自主选择,以及为民主体制的成长,提供空间。因此,多元价值体系包括传统的价值理念,可以在批判、借鉴、扬弃中转化和消长,却不能在一场激进的政治斗争中予以摧毁和重组。

原来上海市民社会与革命知识分子相一致的一个重要方面,就是反对君主专制的文化一元论。但是现在,文化激进主义所做的,恰恰是要将"一元论"重新请回来。于是"彻底摧毁"传统价值观念的暴力方式,反而只能导致重新回到旧的价值形态;思想文化界的革命越是激烈,同样越容易造就革命本来所标榜要推翻的文化集权与文化专制。事实业已证明,由文化激进主义而导致的文化集权与文化专制,将为思想政治以专制强权的形态破坏多元价值,以至是粗暴地进入私人领域,诸如对个人爱好、恋爱婚姻、亲情友情、甚至情绪性格横加干涉与管束,提供理论与方法的依据。

4."天意难回,人事宜尽"

立宪派和革命派的思想分歧曾经在上海热烈地展开,并且似乎可能走入历史的深处。然而就在这个时候,这场争论很快随着社会政治焦点的转移而被边缘化。上海的市民阶层曾经做出了最后的努力,但是因为政治形势的根本变化,晚清中国的"君主立宪",终于走向了它的历史终结。

上海曾是最早觉悟到宪政体制及其君主立宪、并且为之进行了十余年的舆论传播和社会行动的地方。然而随着时势的推移,有关君主立宪的政治条件和思想资源,终于在临近辛亥革命的最后几年里流失殆尽。

这首先是因为,朝廷和统治集团对于君主立宪始终采取着以他们主导的所谓"按部就班"实际上就是拖延滞阻的策略,而力主君主立宪的上海"政闻社",还遭到了朝廷当局的取缔。同时朝廷又于1908年核准了所谓的"九年筹备立宪清单",也就是说,要等到1917年,中国才可能实行君主立宪。然而在1908年的时候,慈禧太后已经73岁,一般而言,至少在她的有生之年,是不会因为君主立宪的真正实施而使她遭遇大权旁落的处境了。甚至在统治集团的企冀当中，在"九年筹备"的预留期内，也未必不会出现君权专制再复强大的转寰机遇。

九年的预留的确是够充分的了，事实上，慈禧在当年就去世了。慈禧太后也许不失为一位精明的政治家，但是她毕竟不是明治天皇。明治维新在日本获得了成功，而中国的戊戌变法却因为种种偶然的和必然的原因而遭致失败。这在根本上也许是由于中国的封建专制和保守意识太过强大和顽固了。"为什么中国不能产生资本主义？因为她志不在此。她不仅不能产生，而且一向无意于产生。到鸦片战争战败后她仍不愿放弃中国本位。"[32]所谓的"中国本位"，也就是绵延了数千年的封建专制的体制。

眼下的君主立宪的形势，也就因此而变得越来越前景堪虞了。

与此同时，则是在变法、新政的主张之后崛起的体制革命的意识和情绪，不断地高涨起来。

其实从近代以来，在亲历了国家的政治腐败、积弱积贫、丧权辱国，以及国人的报国无门之后，激愤之情早已在国人特别是在知识分子中间油然而生。尤其是当邻国日本的"明治维新"取得成功，而中国的"戊戌变法"却因为种种原因而遭受挫折和最终遭致失败以后，深深的失望就直接导致了激进主义思潮的蔓延和高涨，并且由此开启了中国近、现代激进主义的先河。谭嗣同在许多同时代的维新志士热衷于变法改良和谋划新政的时候，就表示了对中国政治的绝望，以及自己的激进主张："网罗重重……初当冲决利禄之网罗，次冲决俗学若考据、若词章之网罗，次冲决全球群学之网罗，次冲决君主之网罗，次冲决伦常之网罗，次冲决天之网罗……终将冲决佛法之网罗"。

在光复会和同盟会与1905前后相继成立以后，革命风潮日甚一日。越来越多的人们对于君主立宪的主张，开始由期许而失去耐心，

[32] 黄仁宇：《资本主义与二十一世纪》第26页，三联书店2002年版。

开始不再抱有幻想。人们似乎有理由看清:把体制变革的希望寄托于体制之内,最终只会使希望落空;与统治集团合作以至是受制于统治集团的政治改革,不论从时间上还是从实质内容上,都无法解决中国刻不容缓的民族危机与国家现代化的问题。于是革命的主张和共和体制的思想,就在全国范围内得到迅速的传播和认同;即使在上海,革命的声势也越益形成一个更具能量的政治磁场。"章炳麟和康有为对西方的革命都深怀恐惧,而极力贬斥,但他们都把这样的革命看作难以抗拒的世界性风潮,并认为中国如不及时改革,就难免这种革命。"③

在这种"逼人"的形势下,上海的立宪派人士与清朝统治集团进行了一次摊牌,以期为君主立宪寻求政治突破的最后机会。

1910 年 6 月,上海的银行家沈缦云作为上海商务总会的代表,赴北京向都察院递交了请求速开国会的代奏书。接着,沈缦云来到位居机枢的军机大臣庆亲王奕劻的府前。庆王府是一个有名的贪府,当时连《泰晤士报》都曾经报道说,"每一个跨入府门的人,都必须递门包"。这个规矩对于沈缦云自然也不例外。然而这种情形恰恰与当时的政治形势形成了鲜明的对照和强烈的讽刺,它说明,庆亲王及其北京的统治集团并没有意识到形势的严重性,也没有把沈缦云之流放在对等的政治谈判的位置上。但是在这个时候,这位上海的银行家却坚决不以奉送红包的举动来亵渎自己的政治使命,他没有准备红包,只带着一份请愿书。可悲的是,沈缦云因此被拒之于门外。但是沈缦云却坚定而固执地伫立于门前,坚决不肯离去。最后他总算被庆亲王着人延入。

接着,就是沈缦云就与庆亲王奕劻的一场对话。

奕劻:你来这儿,是为了请开国会吗?

沈缦云:是的。

---

③ 陈建华:《"革命"的现代性:中国革命话语考》第 11 页,上海古籍出版社 2000 年版。

奕：请开国会，谈何容易。日本宣布立宪以后，一直等了二十余年，才正式开始得以实行。难道我国百姓接受新政的程度，比日本还要高吗？

沈：日本当时因为对于立宪制度的利弊得失，还没有完全的参照和把握，所以对于立宪的施行，有过较多的迟疑和斟酌。现在，中国已经看到了日本在实行君主立宪之后所取得的成功。既然君主立宪有利无害，为什么我们还要如此拖延迟疑呢？

奕：你们也不看看各个国家实行立宪的历史过程，这样的事情难道是可以用一个呈报、一份奏请，就能够为之所动，就能够办到的吗？

沈：民众支持用不革命、不流血的方式来实行立宪；对我国民众的这种政治文明的觉悟，切不可错失把握。

奕：国会能不能尽快开设，朝廷自有权衡，并不会为民众的所言所愿而左右。

沈：然而各个国家立宪制度的建立，无不都是建立在民众要求的基础之上的。

奕：奢谈民众民意，此种风气不可助长也不可学，我对这种风气和做法最不以为然。

最后，首席军机大臣庆亲王奕劻甚至粗暴地打断了这位上海银行家的申辩，举杯示送。

沈缦云在步出庆王府的时候，不由喟然长叹："釜水将沸，游鱼未知，天意难回，人事宜尽。"锅里的水很快就要沸腾了，而锅里的鱼却还浑然不知，这正是庆亲王及其统治集团对于形势严重隔膜，以及仍然妄自倨傲的真实写照。而"天意难回，人事宜尽"，就是对君主立宪在中国的无可挽回的态势所发出的由衷感慨。

历史终于不再以持续的耐心而给予君主立宪以新的机会。中国近代政治的主潮由此转向激进革命的路径。

由此产生的历史感慨和意涵，也许并不只属于立宪派和他们的拥趸。当年戊戌变法的最终失败，就曾经给上海的市民社会带来由衷的失望，正如以后胡适所说的："使戊戌变法不致推翻，则二十年之新政,或已致中国于富强。即不能至此,亦决无庚子之奇辱,可无疑也。袁氏之卖康、梁,其罪真不可胜诛矣。二十年来之精神财力人才,都消耗于互相打消之内讧,皆戊戌失败之有以致之也。"[34]然而以上海市民社会的价值立场及其历史观念而言,这一次君主立宪运动的最终失败,又何尝不是一次更重大的历史挫折呢?

三、走向共和

1910 年 11 月,尽管清朝政府将预备立宪的时间从 9 年缩短到了 5 年,但是历史的主动权已经易手,体制革命也已经成为人们对现行政治彻底绝望、走投无路和别无选择的结果。即以作为立宪派的民间代表沈缦云来说,在他游说庆亲王推动立宪的努力遭遇失败以后,他终于感到用议会政治的方式最终无法解开中国政治的死结。于是回到上海以后,他就参加了同盟会,并且参与、组织了一个军事训练性质的反清准武装组织——中国国民总会。

其实有如沈缦云的思想与立场转变,始终都在发生。甚至孙中山的反清革命的思想,也经历了一个由温和而激进的变化。1894 年春,孙中山到上海,与王韬、郑观应等人会面,他们在温和变革的思想立场上,"见解颇多相通之处"。六月,孙中山至天津,投书李鸿章,希望以符合程序的方法实现变法维新,但是却遭到李鸿章的轻慢与漠视。在孙中山到达檀香山时,中国陆海军已在甲午海战中失败。孙中山遂招集华侨志士创立了中国最早的资产阶级革命团体"兴中会","堂堂华夏,不齿于邻邦,……瓜分豆剖,实堪虞于目前",这一切皆由于"庸奴误国",所以必须"振兴中华"。1896 年孙中山在伦敦被清朝政府绑架又幸而脱险,他的决绝心情,就在《伦敦蒙难记》中得以表露:"中国人民,无一不被困于黑暗之中。"严复曾与孙中山在伦敦有过一次对话,严说:中国是老大帝国,困境重重;如行革命,则像垂

危的病人服虎狼之剂,会加速其死亡;因此温和的改良是否更可取？尽管孙中山认为严复所言有部分道理,但是此时他的基本立场已经是"俟河之清,人寿几何"了。

形势的变化,甚至促使容闳这样的人也倾向了革命。容闳曾在曾国藩的赏识、拔擢和支持下,于1865年在上海创办了中国第一家近代工业企业江南制造局,成为朝廷洋务运动最重要的实际操办者之一。1898年容闳参加变法维新活动,戊戌政变失败后,他被迫逃出北京。1900年,容闳与唐才常等人在上海发起成立了"中国国会",并当选为会长。唐才常随后被清朝政府捕杀,容闳逃往海外。其间容闳与孙中山在去往日本轮船上相遇,两人一见如故,彻夜长谈,纵论谋求强国富民之道。从此,容闳就积极支持孙中山的革命主张并参与谋划推翻清朝政府了。

形势当然也改变了上海市民的政治选择。他们曾经规避过革命,然而现在他们却开始倾向于革命,并且整体性地认同于共和体制了。事情正如蔡元培所说:"盖当时一般志士,鉴于满清政治之不良,国势日蹙,有如人之罹重病,恐其淹久而至于不可救药,必觅良方以救之,故群起而谋革命。革命者,即治病之方药也。"[35]

在名士与庶民的思想立场的集体转变中,"革命"就开始在上海的市民社会中产生了越益强烈的感召,"遇到章炳麟先生的演说,总是大声疾呼革命革命;除了听见对他的鼓掌声音以外,一到散会的时候,就有许多人像蚂蚁附着盐鱼一样,向他致敬致亲,象征了当时对革命的欢迎。"[36]

此后章太炎在上海发表的《驳康有为论革命书》中所言:"流血成河,死人如麻,为立宪所无可幸免者";邹容也在《革命军》中所称:"革命者,天演之公例也;革命者,世界之公理也。"——这些呼吁和声音,

---

[35] 《在爱国女学校之演说》,《蔡元培全集》第3卷第7页,浙江教育出版社1998年版。

[36] 马叙伦:《我在六十岁以前》,岳麓书社1998版。

也都在上海市民中引起了强烈的反响。

1911年的武昌起义,更给了上海的立宪派以强烈的震动,并且促使他们展开了紧张的活动。赵凤昌、沈恩孚、杨廷栋、雷奋、史量才、狄楚青、李平书、袁希涛等等立宪派的重要人物经常聚集在《时报》馆楼上和赵凤昌的住宅中讨论时局与立场。在这个过程中,他们的态度发生了明显的转变,由鼓吹君主立宪及其议会政治,变为赞成革命以及赞成共和体制。接着,他们中间的许多人加入了同盟会。在辛亥革命中,由这些人物为核心的上海商团武装进而成了攻克清军大本营江南制造局的主力之一。

对于上海的这种变化,当时英国银行驻华代表在致伦敦的报告中就曾经这样写道:"上海倒向革命一边产生了很大的精神影响。南京将随之而起,这里的华人认为这是意料之中的必然的结局,这样一来,大清帝国在江南不再有丝毫权力了。"③⑦

1. 市民参与的辛亥革命

光复会和同盟会成立以后,上海也就成为它们谋划起义、筹措武器经费的主要地点。而体制革命的主张也在政治形势的变化中,得到了上海市民越来越多的赞同和支持,上海遂逐渐成为革命活动的中心。而这个时候的"革命",已经成为武装斗争的专门用语。"怎样叫做革命? 革命就是造反。有人问我革命就是造反,这句话如今是通行的了。"对于"革命"的约定俗成的激进暴力的概念,时人指出:"在由于实际历史上武装暴动或起义而引起的政治争议中,'革命'专指暴力颠覆;到十九世纪后期此词与 evolution(渐进、进化)的意义相对,后者指由和平与宪政手段而带来新社会秩序。革命即所谓导致一个全新社会秩序的想法被社会主义运动大大地加强了。"③⑧

革命即起,舆论先行。1910年10月,于右任、沈缦云、王一亭等

---

③⑦ 《英国银团驻京代表关于辛亥革命的报告》,载《档案与历史》1986年第3期。

③⑧ 陈建华:《"革命"的现代性——中国革命话语考论》第110页,上海古籍出版社2000年版。

人在上海创办了《民立报》,报纸公开斥责清朝政府为"冥顽不仁之政府"、"倒行逆施之政府"、"万无可恃之政府","革命党者,万恶政府下之产儿"。并由此公开支持上海和各地反对君主专制的武装革命。武昌起义爆发后,《民立报》及时报道各地响应起义的情况,成为报道各地革命消息的权威报纸。它刊载的《中国革命宣言书》,揭露清朝封建体制的种种黑暗,号召人们同仇敌忾,奋起革命,"同指北廷,挞彼元凶"。上海的《民立报》遂成为当时最具影响,发行量最高的报纸,《民立报》馆也一时成了公开的革命机关。

　　1911 年 10 月 10 日武昌起义爆发,上海地方政府加强了防范,华界各处兵丁巡查警戒,同时上海官府分别照会公共租界和法租界,要求它们协助盘查,防止革命党人聚众纠集、运送枪械军火。官方还到处贴出告示,声称湖北兵变,不日就会平定,其他各地都安稳如常,要市民不要听信谣言。

　　武汉战事已开,上海一方面出现了某些可以预知的恐慌,比如银行出现了挤兑,一些市民躲回家乡避难,或者像当年太平军进犯和小刀会起事时那样进入租界避祸。然而与以往截然不同的是,上海的市民社会这一次却也表现出了更多的政治主体性和极大的政治激情。对于武昌起义,许多市民群情振奋。"当时上海的报馆均设于望平街一带,每晚出号外,报道当日消息,并在报馆门口张贴。市民群众每日聚集在报馆门外,探听消息,人山人海,万头攒动,见有民军胜利消息,都拍手欢呼,见有失利消息,则认为报馆采访有误,群情愤激,甚至将报馆玻璃窗打碎。后来报馆方面停止在门口张贴军事消息,仅印发号外数种,市民踊跃争购,每日供不应求,片刻即罄,可见人心一斑。"[39]

　　此刻,以武装暴动推翻清朝统治,业已获得了上海市民的基本认同和响应。而武昌起义就像动员令,将上海的各种反清革命力量都

---

[39]《辛亥革命七十周年——文史资料纪念专辑》第 220 页出版社,上海人民出版社1981 版。

动员了起来。当时,有三支武装力量都在积极行动。它们除了分别隶属于同盟会和光复会以外,就是以上海绅商为核心、以市民群众为主体的另一支"商团"武装了。

11月3日(阴历9月13日),上海的革命武装力量以南市救火总会钟楼鸣钟9响,继以鸣钟13响为信号,发动了"9·13起义"。当时,市区的军警纷纷反正或被击溃,其余则退守集中到江南制造局。

在攻打清军大本营江南制造局并且死伤累累的战斗中,起义军敢死队"得到不少市民的支持,并积极要求参加敢死队,其中包括许多江南制造局的工人,号称'不下千数百人'。"⑩在激烈的战斗中,加入敢死队并且熟悉制造局内情的制造局工人拆墙翻身入内,然后很快将步枪库打开,接着又打开了子弹库。于是,许多赶来参战又手无枪械的市民,都领到了步枪子弹,从而使起义军的战斗力大为增强。

除了工人、商贩之外,在前来参加战斗的各色市民群众中,甚至还有一些是舞台上的演员。江南制造局那边战火正烈时,市区戏院仍然以"上海的方式"照常演出,然而一些演员在演完节目以后,脱下戏装赶赴制造局那边参加战斗。这些情形所反映的,恰恰是这次革命所具有的市民社会的属性,以及反映了近代上海市民独特的行事风格。

江南制造局很快被攻克了。在这一次武装起义中,上海市民义无返顾,不畏牺牲,敢于浴血的作为,也从另一个侧面反映了他们的另一种精神和人格。而在此后的20年代中期,一些上海工人和学生在游行中惨死于孙传芳军队的屠刀,嗣后上海民众也由和平示威与罢工转向了武装暴动,并且在牺牲了300多人以后,最终赢得了武装起义的胜利。

上海的"9·13"起义,产生了全局性的震撼。它所产生的影响和作用,诚如孙中山所说:"时响应之最有力而影响于全国最大者,厥为

---

⑩《革命逸史》第5集第264页,中华书局1981版。

上海。"㊶英国的《泰晤士报》当时也断言:上海的武装起义及其革命成功,表明了"清政府在东南之命运已绝。"

2. 政治妥协下的共和体制

在上海的"9·13"起义中,由于战斗局限在江南制造局一隅,因此上海县城、华界和租界均未发生大的战斗。当时的上海城乡的社会秩序仍然相当稳定,商店照常开业,人流照旧熙攘往来。起义成功以及上海树起革命旗帜以后,"群众鼓掌欢呼,声隆如雷";当天夜里,各商团即分区出防,维护起社会治安。

在全国范围内,武昌起义的局部一战以后,各省纷纷起而响应,宣布独立,从而也避免了战火的燃起。

这样的局面的确是会让人们特别是会让上海市民额手称幸的。

当然,使这场体制革命避免了国家全面性战争的更为主要的因素,是袁世凯的"按兵不动"。

当时的袁世凯因为控制北洋军队而有尾大不掉之势,以至引起朝廷新贵的忌恨因而被摄政王载沣开缺回籍,甚至有说载沣欲为哥哥光绪报仇而动议诛杀袁某。但是袁世凯与北洋军队的渊源关系,却无法消解。武昌兵变之后,朝廷即命袁世凯为湖广总督,督办"剿抚"事宜,袁世凯推托不受。朝廷只得又任袁世凯为钦差大臣,统领海陆各军,随后又任袁世凯为内阁总理大臣。以北洋军队为实力后盾,袁世凯终于东山再起。11月1日,袁世凯指挥的冯国璋部攻入汉口,11月27日,北洋军队又攻陷了汉阳,武昌处于危急之中。然而就在这个时候,袁世凯命令北洋军队停止进攻。接着,袁氏提出了"和平了结"的主张。起义的革命阵营迫于袁世凯的重兵与军事压力,也接受了南北和谈的建议。

于是在上海发动起义一个半月以后的12月18日,"南北和谈"在上海大马路(今南京路)的公共租界市政厅举行。双方首先议决停火,接着北方代表唐绍仪提出了袁世凯的君主立宪也就是所谓"虚君

㊶《孙中山选集》第208页,人民出版社1956年出版。

共和"的政体主张。对于当时的袁世凯,有一种说法是:这个主张"并非如有人所说的那样是把它作为同革命方面讨价还价的、'意固别有所在'的筹码,而是确实认为这个方案'实为经常之计',适用于国情,也比较稳妥。"[42]然而当时的形势是,"东南各省,主张共和已成一往莫遏之势。"南方代表伍廷芳因此提出了议和的底线:"今日人心倾向共和,若非承认共和,别无议和之法。"经过反复多次的磋谈折冲,孙中山终于明确提出了议和以至政治妥协的方案:如果清朝皇帝和皇室退位,袁世凯公开表示赞成共和,自己当即辞去临时大总统一职,并推袁为总统。

袁世凯接受了这个方案,并授意段祺瑞率北洋将领 50 人联名奏请清廷立定共和政体,接着又发表通电声称:"共和国体,原以致君于尧舜,拯民于水火。乃因二三王公迭次阻挠,以至恩旨不颁,万民受困。……瑞等不忍宇内有此败类也,……谨率全军将士入京,与王公剖陈利害。"言下之意,如果皇帝皇室再不退位的话,北洋军队就要大举入京以武力说话了。

朝廷皇室将国家的全体主力作战军队的指挥权交给袁世凯,要他镇压全国的反清革命。但是袁世凯拥兵自重,反过头来进行逼宫。在这种情形之下,1912 年 2 月 12 日,清帝溥仪宣布退位,清王朝的封建君主统治就此寿终正寝。

第二天,袁世凯通电声明"赞成共和",孙中山旋即向临时参议院辞去临时大总统职并推荐袁世凯为临时大总统。1912 年 2 月 15 日南京临时参议院"选举"袁世凯为临时大总统。

一场因为体制革命和政权转换而可能引发的整体性战争,就此得以偃息。也许正如柏克所说"妥协是政治的灵魂",一个南北政治和军事集团一致拥戴的"共和国"终于在妥协中诞生。

这个结果对于立宪派和许多上海市民来说,他们当时力主君主立宪以避免大规模战乱的想法,看起来似乎是对形势的估计过于保

---

[42] 熊月之主编:《上海通史》第 7 卷第 42 页,上海人民出版社 1999 年版。

守了。其实,当时的清朝统治已经分崩离析、日薄西山。1908年光绪与西太后相继去世以后,朝政大权落入载沣、载涛、良弼、荫昌、载振等满族新生代亲贵的手里,这些人上台以后即颁行了两项政策,一是将汉人官僚手中的权力,收归于满人之手,其标志性的举措就是将袁世凯开缺回籍,这在开罪了袁世凯集团的同时,也令许多汉人官吏多有兔死狐悲之感;二是将地方权利收归中央,其重大的措施就是收回了地方的"路矿权"。这些政策在慈禧太后的变法新政之后,形成了历史的倒退,造成了整个统治集团内部的人心离散以至众叛亲离。同时这些朝政新贵本身的纨绔气多于其才干,而他们任用的各级满族亲贵更是等而下之甚至是不乏草包了。1911年春天,孙中山和黄兴发动的广州起义虽然失败,革命力量也四处失散,但是这时的政权内部也已经是风声鹤唳,清朝君主统治的丧钟已经被敲响了。到了秋天,一群并无组织领导的武昌士兵因为一些偶然的触动突然发动兵变,枪声一响,湖广总督瑞澄立刻挖墙逃出总督府,攀上停在长江上的军舰逃走了。整个清朝统治的政权和官僚体制,也就在未曾大动干戈的几十天里,就土崩瓦解了。

革命的方式以及革命性的结果,也可能规避大规模的血火劫难,这是让人多少感到意外,也是让人感到由衷庆幸的。

南北议和,是袁世凯的北洋军队和以孙中山为代表的革命力量互相制衡与共存的结果,袁世凯掌握了北洋重兵,革命党则把握了历史的话语权及其政治资源。而在议和中形成的《中华民国临时约法》,则肇始了中国的共和体制和议会政治。

然而共和体制的一应政治模式不能停留在文本上,而必须在实践运作中得以确认、巩固和完备,这恰恰是历史本身、也应该是上海市民社会所殷切期待的事情。在这样的政治努力中,有着坚定民主理想和宪政修养的宋教仁,则成为一位杰出的政治家。按照柏克的说法,一个真正的政治家首先关注的,就是平衡政治力量的机制;在考虑授予政治权力的同时,必须考虑怎样才能把有益的制约落到实处。

武昌起义成功以后,在准备成立新政府并讨论政体时,宋教仁就毫不隐瞒自己的观点,坚决主张实行内阁制,即总统由民选产生,而总理则由议会内部多数党的党首出任,由此而在国家权力上构成某种制衡机制。南北议和以后,宋教仁又坚持以确立议会制度和政党政治为国家的根本大计。1912 年 8 月,经孙中山同意,宋教仁联合五党组成了国民党。在改组国民党的宣言中,宋教仁清晰地表明了他对于民主宪政及其政党政治的基本想法——政党宜两大对峙,希望自党发达,也希望反对党发达,以致能旗鼓相当。只有在这种政党政治及其权力制衡的格局下,民主才可能获得生长的环境。虽然这比之 1804 年美国宪法"第十二修正案"维护反对党的合法性晚了一百多年,但是它却是开了中国政党政治和民主宪政的先声。同时,宋教仁仍然竭力主张实行责任内阁制,从而用可靠的制度来限制袁世凯的权力,使他不至于脱离共和的轨道。此后他又到天津密访此刻在政治上靠拢袁世凯的梁启超,提出两党轮流执政的政治理念。而国家的立法、行政、司法"三权分立",也是宋教仁不断予以阐释的基本内容。

宋教仁的两党乃至多党的"共和"政治及其权力制衡的思想,既与当时上海市民社会的政治意识相吻合,也为越来越多的人士所认同。比如章士钊以后就曾说过:"为政有本,本何在?曰在有容。何谓有容?曰不好同恶异"。"政党之德,首在听反对党之意见流行","一国之政论,必待异党相督,而后有执中之美"。"二党之为用也,其一之所以以宜存,即以其一之有所不及,而其所以利国,即在此相攻而不相得,乃有以制用事者之威力,使之常循理而惺惺"。[43]此后胡适也说:"反对党派的自由",是"近代民主政治制度的生死关头"。

按照他们的观点,只要这种"二党为用"、"三权分立"的政治原理遭遇破坏,民主宪政就无从谈起,这也正如哈耶克所说的:"哪里存在

---

[43] 章士钊:《政本》,《章士钊全集》第 3 卷第 7 页,文汇出版社 2000 年 2 月。

着一个凌驾一切的共同目标,哪里就没有任何一般的道德或规则的容身之地".④

与南北议和及其共和体制相辅相成,政党政治和议会政治终于以 1912 年底到 1913 年初的众议员和参议员选举,而形成了一个重要的成果和标志。其间,作为政党选举的题中之义,宋教仁是时在湖南、湖北、安徽、江苏、浙江、上海各地发表演说,批评现政时弊,宣传国民党的政见,同时阐释民主宪政的政治理念。这些演说大受欢迎,"倾倒一时"。

看起来,共和体制的民主宪政基础及其政治格局,终于在中国初步开局。

3. "共和"的哀痛

但是,就在人们对辛亥革命、南北议和,以及对民主政治的开局由衷庆幸的同时,一种专权专制的暗流已经潜行,并且最终改变了中国历史的进程,又一次开启了创巨痛深的民族历程。

当然这一切,与袁世凯这个人物紧密相关。

其实,有关端倪早就显现了。南北议和与《临时约法》都明确约定,中华民国定都南京。1912 年 2 月,以蔡元培为首的使团赴北京迎请袁世凯南下就职。然而这个时候袁世凯所盘算的,不是共和民主的政治大局,而是不能离开自己的老巢地盘,而进住到革命党的势力范围。于是袁世凯竟然导演了一出北京"兵变"戏码。兵变平息后,袁世凯即送使团返程,并且让使团成员和孙中山明白,北洋重兵所在的北京,一旦少了袁世凯的约束,就会大乱,所以袁世凯去不了南京,只能在北京就职。孙中山无奈只得同意袁世凯在北京就职。3月 10 日,袁世凯在北京就任中华民国临时大总统。

同样是手握重兵,乔治·华盛顿 1787 年率军赢得了独立战争以后,有人劝其就势将国家攫为己有,然而华盛顿所做的是:即刻在费城主持召开了为期四个月的制宪会议,从而确定了国家政权的道义

---

④ 哈耶克:《通往奴役之路》第 143 页,中国社会科学出版社 1997 年版。

来源、民主属性和制衡机制。可惜的是，当时的中国没有能够出现一位自己的"华盛顿"。掌握北洋军队的袁世凯也许是一代枭雄和一个老谋深算的政客，但是以他的格局却绝不是一个眼界开阔、胸襟宏伟、有志于开创历史的政治家。他没有宋教仁的政治境界，当然更无华盛顿的政治襟怀。而以袁世凯的经历和经验，却又大致构成了他的两个倾向，其一是他长期作为君主体制内的朝廷重臣，传统的专制意识可以说是潜移默化、根深蒂固。其二是他在多次政治风浪中建立起的信条就是："处今之世，非强不立"，袁世凯最为注重的就是手里的刀把子和枪杆子，一味信奉的就是强权乃至是强人政治。当这样两种品质融于一身时，它们将会导致什么结果，也就大致可以确定了。这种情形正如当时英国《泰晤士报》驻北京记者莫理循所说的："只要他（袁世凯）活着就想当独裁者，不论政府是君主立宪制还是共和制的。"

也因此，政党政治以及选举行动中常规的权力制衡和对政府的批评，在袁世凯看来就只能是"左又是捣乱，右又是捣乱"了。对于国会选举的不利结果，袁世凯自然不会轻易就范。在此之前，袁世凯就对宋教仁做了大量的工作。袁送给宋的西服，尺寸非常精确，裁剪十分合体，足见袁为了笼络宋教仁，很是用心。接着袁世凯又送给宋教仁交通银行的五十万元支票一本，可是宋教仁却悉数奉还。袁世凯还想请宋教仁出任北洋政府的总理，也为宋拒绝。宋教仁的好朋友谭人凤曾经说过："国民党中人物，袁之最忌者惟宋教仁。"

1913年3月国会选举结束以后，袁世凯宣布国会开幕典礼定于4月8日在北京举行，当选的国会议员因此陆续北上。由于袁世凯多次相邀共商国事，宋教仁决定在20日这天离开上海前往北京。就在火车站准备上车之际，宋教仁被刺杀了。

4月13日，上海各界共2万多人参加了在张园举行的宋教仁追悼大会。对于许多上海市民而言，一种国家忧患的阴影伴随着悲痛，在此时此刻一起涌上了他们的心头，因为随着这颗政治明星的陨落，他们由衷赞成的两党政治和议会政治也许将因此而变得晦黯和脆弱。

中国终究未能如欧美国家那样由共和乃至是宪政体制的一朝建立,而迈入近现代民主国家,也就由此而铸定。

宋教仁的被暗杀,导致了国民党和袁世凯北洋政府的公开决裂。孙中山、黄兴等人在上海多次讨论反制行动包括策动"二次革命",甚至还派出了刺客赴北京暗杀袁世凯。这样的情势,又使袁世凯更有了压制、打击南方革命党的理由。袁世凯遂以政府和临时总统的名义发布了"除暴安良令",罢免了南方数省由革命党人担任的都督职务,随后又调动北洋军队大举南下,而其中最强大的海军,就直抵上海。

以上海商界为主的各界人士通过会议表决而采取的基本立场是:坚决反对北洋舰队开进上海;同时与一年以前投入辛亥革命不同,这一次他们也不支持国民党以武力公开反抗"合法的"的共和政府。

1913年7月,二次革命爆发。但是自南京临时政府解散以后,革命党的军政力量就已经受到了相当的削弱和消解。在上海发动讨袁军事行动,很快受挫。二个月以后,二次革命在全国范围失败。北洋军队藉此扫荡了南方革命党的势力,而许多革命党人也四下流散,孙中山、黄兴等人再度流亡海外。至此,民主宪政最为重要的政治平衡以及两党制的基础,也就荡然无存,民主政治的道义力量,自然也被严重削弱。

看起来,不同政治力量在辛亥革命中没有发生的全面对抗,并没有获得真正的消解与融合,它们只是延时释放而已,而由此形成的武力对决,将一直延续到北伐战争。

1913年10月6日,国会选举正式总统。早上,国会两院议员们刚进入会场,外面即被换了便装的军警包围。经过数轮选举,都没有结果。但是不把袁世凯选为正式总统,议员们无法出门。到了晚上十点,滴水未进,饥渴难挨的议员们总算把袁世凯选成了总统。

这样的"选举"也许本来就是多余的。

1915 年 12 月袁世凯宣布恢复帝制,建立中华帝国,而自己则成了"洪宪"皇帝。1916 年 3 月 22 日,在内外交困中,袁世凯被迫宣布撤销帝制,恢复民国。1916 年 6 月 6 日,袁世凯死于北京。

袁世凯死了,但是由他造成的有共和之名、无民主之实的"共和专制",却已经遗患深远。

然而袁世凯和北洋军阀在与革命党人兵戎相见以后,检讨自己的经验教训,它们竟然是民国初立时的"误于优容",以及对革命党在移交权力前制定的"束缚驰骤之约法,不得不勉遵之"。于是等到军阀专政时,就马上是一片白色恐怖了。"一旦决裂,将假面悉行抉去,虐刘乱党,至于净尽","近且灭议会,禁党派,废自治机关,用纯乎政府系之议员以修订大法,一载以还,清议绝灭,正气消亡,游探满街,道路以目,新闻之中,至数十日不著议论。"这样的情形,诚如严复所说:"(君主)专制末流,固为可痛,则以为共和当佳,而孰知其害乃过于专制。"㊺也正如陈独秀所说:"吾人于共和政体下,备受专制政治之痛苦。"㊻

其实,托克维尔也早就说过:某些"共和"并非像大家所想的那样是多数的统治,而只是利用多数而得势的少数乃至是几个人的统治。袁世凯在他称帝之前,仍然秉持着"共和"和"人民"的名义,但是他最终追寻的却是独裁和专制。于是章士钊在他的晚年说:"今之论士,语涉辛亥革命,往往过于夸张,估计成功二字,溢量太不知何许。"㊼

耐人寻味的是,革命党人对于这段历史的经验教训,竟然也是"误于优容","吾党之第一失者,在与袁世凯言和,其次则在南京政府之引用旧官僚,以致本党藩篱……顾今后吾党如或成功,非尽所有旧势力摧陷而廓清之,使无遗孽,不足自保。"在革命党的意识里,议会政治和两党共治的道路已然决断,唯有通过武器和武力才能从北洋

㊺ 严复:《与熊纯如书》第 680 页,《严复集》第 3 册,中华书局 1986 年版。
㊻ 陈独秀:《吾人最后之觉悟》,见《独秀文存》第 55 页,安徽人民出版社 1987 年版。
㊼ 章士钊:《孙黄遗札密诠》(1962 年),《章士钊全集》第 8 卷第 341 页,文汇出版社 2000 年版。

军阀手里夺取政权,而中国的出路最终还是在于一党专制和政治集权。于是既定的政治现实,使得越来越多的人们,主要是知识分子,在辛亥革命之后又一次地认同和选择了激进革命的道路。而激进和激烈的政治倾向,也很快演变为近现代中国政治的主要形态。在由此而肇端的北伐战争中,一些"尚武"的"长衫同志"比如吴稚晖,就明确提出了"一切权力归武装同志"及其党同伐异的主张。

用武力抗击北洋军阀,也许是必然的和正确的选择,但是如果因此而形成由"革命的武力"而趋于一党专制和政治集权的思想意识,则就可堪忧虑了。

其实,宋教仁的死,已经成为中国民主宪政终结的标志,而宋教仁竭力倡导的政党与议会政治,也已就此成为绝唱。

事实上,国民党此后也就在党同伐异和一党专制上越走越远,"未能于利益不同之点,极力为之调融,且挟其成见出其全力,以强人同己,使天下人尽出己党而后快"。这种情形又直接导致了曾任上海"讨袁军"要职的蒋介石的"一个主义,一个政党,一个领袖"的政见和有关"清党"的行动。

四、一 些 反 思

此后中国社会的腥风血雨,国家民族的浩劫灾难,都对上海市民社会的历史观念,唤起了再一次的反思。

从反对己亥建储、君主立宪运动到走向共和,构成上海市民社会体制诉求之内在驱动的,正是民主启蒙、民主觉悟和民主政治的理想及其感召。与此同时,民主政治也成为检验体制变革的历史尺度。

因此特别值得记取的历史经验就是:在体制变革的过程与最终成败中,民主力量的建设和强弱,终究是一个最为关键的因素。

1. 思想理论准备不足

毫无疑问,中国的封建传统久远而深厚,而近代以来的民主意识在中国兴起的时间又相对较短,民主思想的启蒙、积累及其形成的社会基础,也相对较弱。因此在中国近代体制变革的社会诉求中,有关民主思想和理论的准备还有所不足。

同时,近代中国的民族危机和救亡主题,也从各个方面分散了对于民主的深入与专注的思考和论述。因此在当时中国的思想知识界以及在上海的市民社会中,都没有能够就此形成一个完整思想体系。继而在整个体制变革的诉求过程中,虽然"民主"业已成为一种向往和号召,但是在与旧势力的抗衡争夺中,社会改革的力量却始终没有在自身内部建立起坚强的民主意志和强大的民主感召。

因此,虽然当时的中国特别是上海,已经广泛引进了各种西方的先进观念,但是在对民主理念的引进和探究中,我们至少没有对洛克的人权之"自然法则"与私产权基础,及其权力制衡的自由主义思想,进行全面的介绍和研读。我们也没有对柏克的议会政治和政党政治理论,以及他以个体权益而对法国大革命的系统反思,做出认真的思考和评估。自然我们也没有对托克维尔对民主制度的合法性、对平民或民主的自由主义以及民主制度的所有阐述,进行过系统的研究和借鉴。

当然,这些西方的民主思想和理论,不一定能够完全适用于当时中国的社会政治,但是就民主思想和民主政治的建设而言,它们将无疑能够在思想理论上、提供某些普世价值、深刻见解及其历史经验,从而为建构我们自己的民主思想体系,提供有益的参照和帮助,为我们的体制变革提供更为坚实和充分的思想基础和理论准备。

民主思想与理论上的准备不足,以及未能建构坚强的民主意志和强大的民主感召,其对于民主政治未能最后致胜,构成了或多或少的原因。

而这样的缺失,也许是中国近代以来最为重要的缺失。

2. 对市民社会的认识盲点

近代上海市民社会对于民主政治和体制变革的自觉诉求,与当时的知识阶层和许多社会精英趋于一致,两者在反对建储、君主立宪和拥护共和的行动中,始终有着合作呼应和联合行动。但是,这种合作与联动基本上还是处于一般的群众启蒙和群众运动的层面,而没有对近代"市民社会"特定的历史内涵,有所发现和阐释。黄仁宇曾经说:"过去的中国近百年历史,过于注重上层结构,很少涉及低层。譬如说民国初年的立宪运动和政党,他们本身对社会是一种外来的异物。领导人不乏高尚的理想,他们后面却无支持的选民,满腹经纶也无从化为具体的方案,以透入民间,所以一遇军阀呈凶,就无能为力,而他们在历史上的意义也因此而消失了。"㊽这种情形,也一定程度地存在于当时的上海社会。

对于这样的历史情形,知识分子及其社会精英也许需要承担更多的反思责任。因为市民的觉悟总是以个体的形式存在,而知识分子则对历史与社会有着整体总结、概括和传播指导的职能。

然而知识分子对于市民社会的认识空缺,显然又是受制于当时的历史局限。

首先,发轫于近代上海的市民社会,并不是在自身的经济基础和生产方式上形成,而是在由世界列强以上海为"飞地"而培植的市场经济基础上,逐步形成起来的。因此人们对历史发展中市民阶层与市民社会的形成及其内涵,基本付之阙如。

同时,由上海的治外法权和租界形态的"国中之国"所引起的民族情感的抵触,也使得上海市民社会的许多现代性内涵,下意识地受到了知识分子的漠视。上海市民社会的世俗功利、利己原则和商业伦理,更阻碍了知识分子对它的历史意义做出历史的评判。

于是对于知识分子和社会精英来说,体制变革固然需要社会基础,民主运动也总是能够在上海得到更多的民众支持,但是在两者的关系模式上,他们还是一定程度地、不自觉地囿守于传统的"为民做主"、"代表民意"的"民本"意识,而没有充分认识到,近代市民社会的历史意义,恰恰是将民主价值本质地建立在了世俗伦理中,从而第一次地构建起了民众的政治主体性。

㊽　黄仁宇:《资本主义与二十一世纪》第454页,北京三联书店1997年版。

在这种情况下,近代中国的体制变革和民主运动,就失去了在新的历史形态上、对社会能量进行发掘整合的机会;从而也未能以这种民间的自觉,适时构建成历史的经验。

3. 民主随"集体强权"而走样

以历史的规定性而言,近代历史中兴起的民主,需要建立在人们对个人权利及其社会权利的觉悟之上。因此,市场经济、社会分工和自由秩序以及市民社会的形成,将在民主的历史进程中,构成一个"个体本位"的重要历史阶段。这种情形正如马克思所概括的:现代人首先是一个"独立的个人"、"利己的市民"和"法人化的公民"⑭也就是说,只有在市民社会及其个人民主即个人自由权利的基础上,才能够进一步产生公民的概念。作为国家公民的公共意识、社会责任和国家关怀,亦即近代意义上的社会民主,也必须建立在人们自由权利的法理基础之上。因此,人们首先需要成为一个拥有自由权利的市民,然后才可能成为一个在公共领域履行权利义务并做出自主选择的公民。从某种意义上来说,正是近代工业文明所造就的市民精神,以及传承于基督教文明的个体觉悟,而非工厂、学校、通信、技术等等,才造就了西方世界的富强。此中的联系诚所谓是"一人独立,方能一国独立"。

然而在近代中国的民主进程和体制变革的诉求中,相对疏于民主的思想理论建设的同时,却是频繁的社会运动。这种运动的群体以及行动的特征,又在一定程度上削弱了对于思想理论的关注,并且一定程度上削弱了以个体本位为特质的对于民主的社会自觉。

于是,在近代中国的民主运动中经常出现的一种现象就是:作为民主原点的个人变得越来越不重要甚至微不足道,而集体的意志以及国家理念,则变得越来越强大。于是在实际行动中,个人因为孤立而渺小,即使他们有着明确的民主信念,但是他们却只能在抽象的民

---

⑭ 马克思:《论犹太人问题》,《马克思恩格斯全集》第一卷第443页,中央编译局1985年版。

主号召下,依附听命于新的集体或者是新的国家。

但是这种以民主的名义而形成的集体强权,可能在压制个人自由意志的同时,使民主的初衷开始走样,甚至最终为专制政治重新提供社会结构上的准备。

4. 民主随政权争夺而异化

毫无疑问,近代中国走向共和以后,民主运动和体制变革就始终联系着激烈的政权争夺而展开。

以当时的理论而言,只要以革命的方式建立起共和体制或者完成政权更替,那么社会民主也就会随之而来。然而,革命不会必然导致更不能代替民主宪政。辛亥革命后,中国宪法的频繁废立;革命虽告成功,宪政却仍在混沌之中。这说明,革命并不能自动解决宪政问题。同时,两者的根本抵牾又在于:宪政的目的在于限制政权,即如当时立宪派所认识的"宪法之为物,即君权削减,民权增殖之表示";然而革命的目的则在于夺取政权。因此激进革命越彻底,就越可能造就一个完全超越于法律之上的全新权力,以至破坏对政府权力的任何限制。

于是在各派政治势力仍然在以共和民主作为口号的时候,其实已经是以夺取政权为其实质的乃至是终极的目的,而真正的民主价值和民主宪政,已遭旁落。

如果在这种情况下,民间社会又尚未建立坚强的民主意志和强大的民主感召,那么民主的历史进程就不可避免地要随着政权争夺而发生专制趋向的异化了。

这种社会政治的异化,甚至会直接体现在具体的人物命运和人物立场的变化之中。

在辛亥革命之前,国势衰败、政治黑暗、丧权辱国、维新变法遭遇失败的现实,强烈地刺激了知识分子对于国家民族的忧患意识,使他们相继走上了追求共和民主的道路。但是在国家衰败、没落的异族统治和激越的民族主义情感,统统汇入到激进革命,以及形成"集体激情组织"的时候,他们却并没有意识到共和民主中的异化潜流。

等到政权易手以后,许多人才在新的当政者铲除异己、舆论专制和政治迫害上,由衷地感觉到民主信念的沦落。辛亥革命以后,曾为袁世凯器重的著名记者黄远生因此与袁决绝,成为"反袁同志",他醒悟到:要改革国家,则必须改造社会,而欲改造社会,最终必须"改造个人"。结果,黄远生遭到暗杀,死于非命。

另有一些学人知识分子曾经热烈地响应民主,但是在争夺政权的"民主"异化以及在权力炙手可热、威权逼人的时候,他们也随之而由衷地服膺膜拜于权力和专制。知识分子的民主使命对于他们来说开始成为假象;在他们将所谓民主理想兑换成金钱和地位的时候,他们能够对新的专制政治处之坦然。他们在权力体制中"飞黄腾达,没有感受到强烈的不合和异议,这些人可称为诺诺之人"。㊿

还有一些政治人物同样在时代的浪潮中,高倡过共和民主,但是在他们的意识深处,却渗透了专制集权的价值导向。于是对于民主进程的专制异化,他们得心应手。同时以他们知识分子的专长,他们对继续秉持民主信念的人们,就做出了最犀利和最为有效的打击,甚至无所不用其极。

在 20 世纪行将结束的时候,余英时曾经说:21 世纪将是中国知识分子"赎罪"的时代。当然,更为妥帖的说法也许是:21 世纪将是中国知识分子对于历史进行整体反思的时代。

㊿ 萨义德:《知识分子论》第 48 页,北京三联书店 2002 年版。

第六章　独立的报纸舆论

当自由市场经济和私有产权不再需要仰仗权力的鼻息,个人不再对权力存有由衷的恐惧,市民社会也就开始浮出历史的水面。

既定的历史逻辑,催生了近代上海市民社会的形成,而其中最为重要的现象之一,就是独立的报纸媒体的产生和发展。近代报纸的独立品性,以及由此维系的新闻、舆论和思想,又促成了市民社会的发展,并且成为它最重要的支柱。

事实上,近代上海的诸多报纸及舆论,既是市民社会的联结纽带,又对市民社会价值理念的构建,发挥了独特而又不可或缺的作用。

一、报纸的先天属性

中国最早的纸质媒体,可能是一种有关官场人事和政情的"邸报",晚清时期的宫廷邸报还包含了一些相当丰富的历史内容。但是这种类似于政府机关情况通报和高级内参的邸报,当然不是近现代社会传播意义上的报纸。

真正进入大众传播的报纸,只能是在人们生活方式和社会关系的近代演变及其历史要求中,才能诞生。

1. 报纸原是"新闻纸"

当人们还处于自给自足的小农经济以及村社共同体的时候,外部的世界对于他们的生存需求来说,没有多少必然的关联,因而也就不是至关重要、必不可少和必然能够产生关注效应的。在这样的历史条件下,"不知有汉,无论魏晋"、与世隔绝的桃花源,就可以成为一种理想的生活境界。甚至在现实生活当中,报纸广播及其对于外部世界的信息传播,其在偏远落后的村野乡郊所遭遇的淡漠疏离,除了因为经济和技术上的障碍之外,其实也还存在着生活的乃至是心理上的需求隔膜。

但是,在生产方式的社会化循环和近现代的商品交换决定了人们的全部生活,也就是说当几乎所有的生活资料已经不再是自给自足,以及不再能够通过简单的交换而获得时,人们关注和了解外部世界的愿望,就由他们的生存需求及其社会联系而根本性地形成。同样的道理,由于身处于近现代商品交换的社会关系中,人们自身的状况、意愿乃至是价值观念,也需要尽可能地传播给他者和外界。正是在这种信息传播的社会需求上,某种既定的载体与方式——报纸,也就历史性地应运而生了。

近代上海在社会分工、生产和生活方式都发生了根本变化以后,城市市民的生活乃至整个社会,都必然进入到近代的商品交换及其社会循环之中。在庞杂多元、分化组合的社会生态中,甚至每个人的衣食住行,都会牵涉到几乎是无数的社会关系。这就从物质基础上决定了人们对于外部世界的联系和关注,也将随之而迅速增强和扩大。因此,城市居民对于时事消息和"新闻"的关注,总是要大大超过山野乡民。而"报纸"这个前所未有的事物,就以一个近代工业社会和城市生活的公众"信使"的职责,在上海产生并得到迅速发展。正如梁启超当时所说的,报纸的作用正在于"有助耳目喉舌之用"。

另一方面,近代上海迅速而全面地融入于世界,世界的经济、政治、文化也无不对上海的市民社会形成各种直接的关联和间接的影响;上海市民对于自己所处方位的"意识半径",也因此而获得延伸和扩展。

上海开埠以后不久,由租界英人创办的《北华捷报》就在上海发行面世,成为上海报纸的发端。该报为周报,刊有中外新闻、言论和英国驻沪外交、商务机关的文告,也刊载广告、行情和船期等商业性材料。作为报纸的职能,它在 1860 年曾以独家的战地报道,即时向人们传送了太平军进攻上海的真实情景:"8 月 20 日即星期一晨,……敌军沿着城墙外面的每条小路前进,每人执旗一面,全都排成印度式纵列,行军时队伍严整,并且镇静坚定,他们毫不踌躇地进入枪炮射程之内,……我们看到叛军向跑马场推进,在前进半英里后,他们在坟墓高地与小山顶上竖起他们的旗帜……此时,炮火开始发射。在几个钟点之内,叛军就如石人一样,屹立不动,而且不回一枪。"①

《北华捷报》后转为《字林西报》。与《北华捷报》相比,《字林西报》更关注于时事与外交等方面的时政新闻,同时也较重视发表言论,它经常就中外关系、中国政局等问题发表看法,有较浓的政治色彩,被称之为中国的"泰晤士报"。

1861 年,《上海新报》在上海租界创办,内容有新闻、论说、商业信息、商业广告。它的定位主要是商业性报导,各种商业信息都被放在报纸的首位。在其创刊时的《本报谨启》中称:"因上海地方五方杂处,各商贾者或以言语莫辨,或以音信无闻,以致买卖常有阻滞";因此出版报纸的目的是:"贵乎信息流通","可免经手辗转宕延,以及架买空盘之误"。这份上海滩的早期报纸由洋人担任主笔,同时也开始聘任华人为"助笔";华人由此第一次进入了近代报纸的操作。

1868 年,洋人又在上海创办了《中国教会新报》,1874 年改为《万国公报》。这份报纸虽然是由教会人士创办,但是它却用心传播着近代自然科学和社会科学方面的内容。当时许多中国人都是通过《万国公报》上译载和撰写的文章,了解到声、光、化、电等西方最新的自然科学和西方先进的经济、政治、教育方面的学说的。一些维新派人士包括康有为、梁启超等人,曾经都是《万国公报》的热心读者。《万国公报》除广泛介绍西方新学外,也比较注重反映、报导中外时局的

---

① 参见程童一等:《开埠——中国南京路一百五十年》,见《昆仑》1996 年第 3 期。

变化,介绍正在发生的世界大事。1894 年中日甲午战争爆发后,《万国公报》立即对战况进行系统的报道和分析,刊载各国对此发布的声明。同时,中国近代许多重要人物都曾在《万国公报》上发表过文章,孙中山的第一篇重要政论文章、长达七千字的《上李傅相书》,便是发表在 1894 年 10 月和 11 月出版的《万国公报》上。到 1906 年的时候,《万国公报》已经"每年售出数盈四五万","几于四海风行",创下了中国早期报刊发行的最高纪录。

1872 年 4 月,英国商人美查在上海创办了在中国报业史上具有里程碑意义的《申报》。这是中国的第一份日报,由于它的版面多,信息量大,影响广,以至当时的上海市民会将所有的报纸习称为"申报纸"。《申报》的一个划时代的举措,就是聘请了华人担任主笔;而中国第一批真正意义上的"报人",也由此产生。特别重要的是,这些报人几乎从一开始就领略了近现代报纸媒体的某些本质属性——"这些中国文士不仅个个腹有诗书,胸有才情,可令妙笔生花,而且他们熟悉中国情况,又了解中国人的心理,因美查很少直接干涉笔务,他们可以较多地站在中国人的立场上说话,不象以前的中文报纸多为外国教士的口吻。同时他们又依仗报馆地处租界,西人为馆主,中国官方不能辖制的便利,比较自由地发表言论。同时,该报作为商业性报纸,为扩大销量,文字内容也注意迎合读者的口味,贴近人们的生活,注意报道真实,议论公允,既反映人们的真实看法,也留意照顾不同意见,同时注意文笔通俗,清新可读,还常刊登读者来稿。由于以上诸种因素,使该报刊行后便很受人们的欢迎。……该报创刊后不久,其销售量就超过了《上海新报》,一年后,在上海设立的零售报点就已有六处,很快就成为在全国发行量最大、流传最广、最为著名的中文报纸。"②

报纸作为传播信息的"新闻纸",日益成为市民社会也是时代发

---

② 李长莉:《晚清上海社会的变迁——生活与伦理的近代化》第 33 页—34 页,天津人民出版社 2002 年版。

展的要求。正如王韬在主持《循环日报》时为它们定立的主旨:"广见闻、通上下、俾利弊、灼然无或雍蔽贯,有裨国计民生者也"。③甚至光绪也以其变法新政的思路,于 1898 年时在一份有关上海报纸事宜的奏折上批道:"报馆之设,所以宣国是而通民情,必应为倡办。""各报特例,自应以指陈利害、开扩见闻为主,中外时事,均许据实昌言,不必意存忌讳。"④

由于当时上海所具备的特殊历史条件,使得近代报纸在上海得到了得天独厚的发展。"据 1890 年 5 月范约翰在上海发表的《中文报刊年表》记载,从 1815 年到 1890 年 5 月为止,中国共有各类'新闻纸'76 种,其中上海占了 33 种,约占43.4%"⑤另据 1931 年 8 月编制的《全国日报销售统计表》统计,销量在 3.5 万份以上的全国最大的六家报纸,就有排列在前的四家在上海发行。在当时,"全国报纸,以上海为最先发达,故即在今天,亦以上海报纸最有声光。北京称上海报为南报,而广东及香港南洋群岛称上海报纸为沪报。凡是未经上海报纸登载者,不得作为证实,此上海报纸足以自负者也。"⑥

甚至世界上第一座广播电台 1920 年 11 月在美国匹兹堡开播两年以后,美国人奥斯邦就在上海建立了中国第一座无线广播电台并且开始播音。广播电台一出现,就以一种前所未有的传播方式而为社会所接受。电台广播在上午主要播出汇兑时价、钱庄兑换和小菜上市价格等等,晚间则主要播出重要新闻、商情时事。

近代上海报业的另一个重要变化,就是报纸从开始多由洋人创办、掌握,逐渐转变为由国人主办、创办和经营。比如《申报》就在 1912 年,由 30 余岁的商人兼报馆主笔史量才买下并开始经营。

③ 参见卓南生:《中国近代报业发展史,1815—1874》(增订本)第 203 页,中国社科文献出版社 2002 年版。
④ 孙家鼐:《改上海时务报为官报摺》,见张静庐辑注《中国出版史补编》第 56 页,北京中华书局 1957 年版。
⑤ 熊月之主编:《上海通史》第 5 卷第 388 页,上海人民出版社 1999 年版。
⑥ 戈公振:《中国报学史》第 349 页,香港太平书局 1964 年版。

当时上海的一些报纸,信息量大,传播也很快,这就使它们能够对上海社会以及中外时事,进行相对及时、全面和客观真实的报导。"以申报为例,1887年《申报》已在北京、天津、南京、武昌、广州、香港、长沙、重庆、济南、营口、保定、烟台、九江、宁波、温州等全国32个地区驻有'访员'(记者)。为获取信息,《申报》不惜重金聘请北京及各衙门中人撰写访稿,还向外商觅取机要文件,次第披露。1872年4月31日至12月31日,《申报》所编发的892条消息的信息源空间分布是这样的:上海本埠消息374条,占总数的41.9%;国内其他地区消息266条,占总数的29.9%;国外消息252条,占总数的28.2%。"⑦而"国外通讯,务求系统全面、及时简洁"的要求,正是被《申报》作为民众知情原则而予以确定的。其他比如,"《时报》当时已与全国及海外60多家报刊建立了交换关系,从而扩大了该报的消息源。《新闻报》为抢先刊登国外消息,还专门设立了国际电讯收报房,专收我国通讯社的电报,使收到的国际电讯第二天就可见报。上海《字林西报》则利用各地教会组织,约其为该报的访事员,即使在甘、新、川、滇等省也有定期的通讯联系。除了路透社以外,该报订用了美、法、德、意等国通讯社的通讯稿,并在世界各地组织特约通讯,成为上海的国外消息总汇。值得一提的是,1872年,世界上最大的通讯机构——英国路透社在上海建立了远东路透分社,并向《字林西报》发稿,使上海报界可以很快得到世界各国的消息。"⑧

在这种情形下,上海、全国乃至世界上正在发生的事情,不管是市情国事,还是美国选举、欧洲战争、地中海的动荡、非洲大陆的饥荒,都会很快地为上海市民所了解,并且让他们对于这些事情形成自己的看法和立场。当年英国商人为了鸦片输入而凭借洋枪洋炮攻入广州,上海民众对此没有什么反映,在某种意义上,这不是因为当时的上海民众缺乏国家意识和爱国情感,而是他们完全不知道发生在

---

⑦ 熊月之主编:《上海通史》第5卷第401页,上海人民出版社1999年版。

⑧ 熊月之主编:《上海通史》第5卷第402页,上海人民出版社1999年版。

千里之外的事情。然而当沙俄侵占东北三省，以及美国虐待华工时，上海市民就采取了连续不断的抗争行动，因为这时候他们已经通过报纸传播，差不多是同步地了解了正在发生的事情。甚至甲午战败后有关《马关条约》的签署情况，人们也是首先从上海的报纸上了解到的，正如康有为在《公车上书》中所说："阅《上海新报》，天下震动。"

2. 民主启蒙的工具

列宁说过："新闻自由是一切自由中最坚强的堡垒"。对于近代的市民社会来说，报纸既是信息传播、了解和融入世界的工具，同时也是极为重要的民主理念的践行工具。《法国大革命》一书的作者柏克因此说："舆论的作用是与滥用权力的人数成反比的"。

因此报纸舆论的重要职责，或者说现实社会对它的主要期待，就是它能奉行对于施政权力的日常监督、质疑、批评和建言，从而推动政府的执政效应不断得到改进，推动社会体制的变革与转型。

也因此，对社会和政府进行批评的立场，就始终是报纸特别是一些政论性报纸的日常形态和本质属性。

当然，并不是每一份报纸都必须选择批评。但是，在民主的理念中，没有任何人具有剥夺报纸进行批评的权利。于是，在所谓的三权分立之外，报纸舆论又在欧美国家获得了"第四权"的称谓。而开放报禁，也成为当时中国维新变革的重要诉求之一。甚至光绪为表示他变法的决心，也在有关变法维新的"明定国是诏"中，提出了"准许自由开设报馆"的条款。

在这种情况下，我们也才真正了解美国独立宣言的起草人杰斐逊为什么会说："我宁愿生活在有报纸而没有政府的国家里，而不愿生活在有政府而没有报纸的国家中"。

(1) "恪守报馆为发表舆论之天职"

正如《苏报》的办报宗旨——"恪守报馆为发表舆论之天职"——秉持独立的政治和舆论立场，对现行国家政策提出批评，对政治体制改革发表建言和看法，是当时上海报纸的一个重要特征。甚至被视为租界当局喉舌的《字林西报》，也并不完全听命于租界当局以及只反映"官方"的观点,其立场观点反而经常与英国政府和租界当局相违背,即如在对华的鸦片贸易上,《字林西报》就始终表示了强烈的反对态度。

1896 年 8 月由黄遵宪、梁启超、汪康年等人在上海创办的《时务报》,更是一张专业的,以鼓吹维新变法、抨击君主专制为主旨的政论报纸。正因为《时务报》敏锐地反映了历史的要求和民众的意愿,因此它一经问世,就十分引人瞩目,以至受到极大的欢迎。《时务报》上的许多文章,比如连载的梁启超的《变法通论》,令读者大为赞叹,一再传播。对于传统的君权专制,《时务报》就曾刊文指出:"自秦迄明,垂二千年,法禁则日密,政教则日夷,君权则日尊,国威则日损。上自庶官下至亿姓,游于文网之中,习焉安焉,驯焉扰焉,静而不能动,愚而不能智。"⑨又比如对于变法,它刊文提出:"法者,天下之公器也;变者,天下之通理也。大地既通,万里蒸蒸,日趋于上,大势相迫,非可阏制。变亦变,不变亦变!变而变者,变之权操诸己,可以保国,可以保种,可以保教;不变而变者,变之权让诸人,束缚之,驰骤之。呜呼,则非吾之所敢言矣。"⑩如此等等的论说,诚可谓言之凿凿、切中时弊。由此,《时务报》一时成为中国政治改革和民主要求的先声与旗帜。同时由于它议论新颖,文字通俗,因而在数月之内,销行万余份,创造了当时报纸发行量的最高纪录。也因此,《时务报》在全国产生了极大的影响,对推动维新运动起到了很大作用。鲁迅早年在南京矿路学堂读书的时候,《时务报》就曾经给他留下过很深记忆,"总办是一个新党,他坐在马车上的时候大抵看着《时务报》,考汉文也自己出题,和教员出的很不同。有一次是《华盛顿论》,汉文教员反而惴惴地来问我们道:'华盛顿是什么东西呀'?"⑪而"总办"所出的这个考试题目,显然正是出自于当时

⑨ 《时务报》第 9 册。
⑩ 《时务报》第 2 册。
⑪ 《鲁迅全集·朝花夕拾·琐记》。

在《时务报》上连载的《华盛顿传》。

《民报》1905 年在上海创刊,是同盟会的机关报,因此它自然全力地鼓吹革命与共和的主张。孙中山的"三民主义",就是通过《民报》而见之于世的。

1910 年 10 月同盟会会员于右任在上海创办《民立报》,宋教仁、章士钊等人先后担任该报的主笔和编辑,陈其美担任过该报的外勤记者。《民立报》开始是以比较温和含蓄的方式宣传民主思想,以后随着上海反君权反封建的社会意识日益高涨,该报开始公开表明了反对君主体制、提倡国民独立精神的立场,并且公开支持各地民主政治的要求和活动。武昌起义及辛亥革命爆发以后,《民立报》成为积极报导各地革命消息的最具权威性的报纸,深受上海市民读者欢迎,日销售多达两万余份,一度成为当时中国销数很高、影响很大的报纸。

对于当时上海许多报纸的先进的民主理念及其积极呼吁政治体制改革的情形,《上海通史》曾经给予了这样的评述:"关于变法的议论,在上海第一份中文期刊《六合丛谈》(1857 年)上已有零星表露。……60 年代创刊的《上海新报》、《教会新报》,亦偶有批评风俗时政的议论出现。1870 年《教会新报》连载赫德的《局外旁观论》、威妥玛的《新议论略》,是西人议论中国变法问题的著名文章。……《申报》创刊、《教会新报》改为《万国公报》以后,由于《万国公报》与《申报》都设在租界,由外国人经营,中国政府管不着,报刊关于变法的讨论逐渐多了起来,而介绍欧美政治制度,批评中国君主专制,成了其首要的内容。……这些文章,介绍了世界主要政治制度,包括君主专制、民主立宪、君民共主,指出各种制度的特点、利弊。"[12]这些记载当然不免挂一漏万,但是它们已经反映了当时上海报纸敏锐的民主立场及其舆论姿态。

(2)"解读民主"之先声

近代以后,西方的体制与自由民主的思想理念,得以率先输入上

---

[12] 熊月之主编:《上海通史》第 3 卷第 163 页,上海人民出版社 1999 年版。

海。上海的市民社会也在对不同制度文化的切实感受与比较当中，很早就接受认同了民主政治的理念和主张。这些理念主张，自然也就成为当时上海报纸的一个核心主题，并且由此而形成了相当一致的社会舆论。

西方一些国家业已实行的君主立宪，为什么优于中国的君主专制？有关的报纸文章就在比较中指出："中国与泰西为治不同，故取效亦异。泰西以民为主，亦有君与民共为主者。而中国自数千年来，皆以君为主，一人端拱于上，而兆民听命与下。……泰西惟民主、君民共为之，故治乱之故系于君身者轻。国家无事，奉文守法之君足以治之而有余，即或大步艰难，国家多故，而分任其责，一国之人皆共休戚焉，预安危焉，强邻暴敌亦惮众心之成城而不敢为之过甚。泰西之强，盖以此也。"⑬

君主立宪的要义，是在于制定相关的民主宪政，从而使国政民事不以君主个人的意志为转移——报纸由此告诉人们："西国之所谓自由者，谓君与民近，其势不相悬殊，上与下通，其情不至隔阂，国中有大事，必集官绅而讨论，而庶民亦得参清议焉。君曰可而民尽曰否，不得行也。民尽曰可，而君独曰否，亦不得行也。盖所谓国事者，君与庶民共之者也。虽有暴君在上，毋得私虐一民。民有罪，君不得曲法以宥之。盖法者，天之所定，人心之公议，非君一人所能予夺其间，故亦毋得私庇一民。……此之所谓自由。"⑭

关于民主宪政的实质，在1875年的上海报纸上就有文章指出：它实际上就是"三权分立"："即其中之最要者言之，不过分行权柄而已。其权柄之所必分者，欲行之有利而不相悖，有益而不相害耳。约举其目，盖有三焉，一曰行权，二曰掌律，三曰议法。"⑮

当时上海的许多报纸文章，对于民主宪政的阐述，形成了基本一

⑬《论宜通民情》，《申报》1887年5月1日。
⑭《论西国自由之理相爱之情》，《申报》1887年10月2日。
⑮《译民主国与各国章程及公议堂解》，载见《万国公报》1875年第340卷。

致的共识,这就是:

第一,国家权力应该来自于人民的真实授予;任何政治力量都需要通过民众选举的方式才能执掌并行使政府权力。同时它在行使权力的过程中,必须得到有效限制、制衡和监督。在民主宪政的体制之下,任何权力都只能是有限权力,任何政府都只能是有限政府,在某些领域它们永远无权擅自作出决定。

第二,人民的自由和权利必须在宪法中得到确认,并且在法律实践中得到可靠的保障。

第三,在发展了的历史要求和时代要求之下,需要有一个强而有力的方式即如民主社会,方能把国家和人民重新组织起来。

关于民主宪政之下的新闻自由和议会制度,当时上海的报纸舆论也对之形成了相当详备的诠释,比如:"破除积习,开诚布公,推心置腹,令市民皆得上书言事,指陈利弊,以天下之心为心,以众民之见闻为朝廷之耳目,以其所好恶所是非推而至于行政,善者从之,不善者罢。沿海各处多设新闻报馆,许其详论中西得失。又仿泰西之制,设立国会、议院于京师及各省会城,许由乡镇公举达之于州县,州县公举达之于府郡,必其人品望倍隆,德行兼备,洞知时事,通达洋务,出于众口一辞,循西国舍寡从众之例,方许入院。凡国之大事,皆令上下两院集议以闻,必事事官与民合,而不出于民之所不愿,则上下之情通,官民之心浃。心浃情通则形联势合,即欲举行一切矿务、铁路,亦不难矣。"[16]

此外,对于国家大事,比如甲午战事、辛丑条约、戊戌变法、"二十一条",以至对于各种重大的社会事端,比如《苏报》案、四明公所案等等,上海的报纸都能以民主价值的立场,而就政治体制、爱国主义等等延伸议题,激发思考、抒发社会民众的心声。同时,在抨击科举制度,鼓吹发展工商等等的问题上,许多上海报纸也都很早就开展过比较和讨论,并且不断地表达着近代以来民主潮流的意识和主张。

---

[16]《论宜通民情》,《申报》1887 年 5 月 1 日。

与此相比较，"10 年后康有为、梁启超在百日维新中所提的，20年后张謇、汤寿潜在立宪运动中所提的，最激进的主张也不过就是这些内容。"⑰

当时上海报纸的民主主题，对于社会舆论和市民社会的核心价值，产生了舆论先导的效能。这种社会的近现代意识和觉悟，标志了市民社会的初步形成，并且也不断地推动着报纸媒体和市民社会的共同发展和成熟。

二、公共舆论的载体

在摆脱了专制体制的主导和掌控以后，市民社会的公共领域形成了自己的历史形态。而市民社会的公共舆论，则成为其中最为重要的组成部分。

社会舆论的公共性质，决定了它们的参与主体，不是在利益组合中产生的权力及党派组织，而是具有市民身份的个人。尽管这些个人的价值观念不尽相同，但是如果他们能够从各自所理解的公共利益出发，对公共事务公开发表意见和进行讨论，那么这就在公共交往和交集的基础上，形成了公众舆论。

市民社会的公共舆论，又正如郑观应在《盛世危言》中所说的"日报与议院，公论如秉烛"，是由报纸构成了它们主要的平台和载体的。"民主政治，根据于舆论；而舆论之所自出，则根据于一般国民之公共意志，报纸者，表现一般国民之公共意志，而成立舆论者也。"⑱

在任何情况下，公共舆论都是市民社会最基本的存在形式。甚至一个民选的政府和一个议会制度的国家，也仍然需要独立的公共舆论。梁启超就此认为：这是因为人性不能尽善，政府尽管是受民众委托，并被授于全权，但是即使是圣贤当政，也不可能对权力的

---

⑰ 熊月之：《上海通史》第 3 卷第 165 页，上海人民出版社 1999 年版。
⑱ 戈公振：《中国报学史》第 362 页，香港太平书局 1964 年版。

负面导向进行自我免疫。同时，即使有议会、司法和多党制的制衡，仍然无法避免权力弊端的衍生。因此，在近代民主社会中，除了民主宪政的制度安排，报纸又将日常地发挥对政府权力的监督和批评职能。

另外，在代议制的间接民主制度之下，民众的政治参与也可能会越来越趋于形式，而议会政治又可能成为少数议员越来越熟练的内部操作专利，并与广大民众的愿望、利益发生脱节和隔膜。在这个时候，报纸作为常设的公众代言者和公众政治参与的激活者的作用，也就自然形成了。

因此，对公共生活的理念有着深入阐释的哈贝马斯认为：公共权力是否合法，是否代表民意，仍然要看它是否在公共领域之中得到了经由自由辩论而产生的公众舆论的支持。"哈贝马斯区分了现代政治两个不同的过程。一个是以选择政治代表和政治领袖为中心的民主选举，这还不足构成权力合法性的'公共意志'。'公共意志'的产生，不是在政治选举，而是在政治领域的外部——公共领域之中，由自由的公众，通过公共讨论和社会批评而实现的。……这一以公众舆论为基础的政治合法性，正是公共领域的价值和意义所在。"[19]

报纸对于公共舆论的承载，构成了近代市民社会的重要标志和支柱。报纸能否具有承载公共舆论的职能，梁启超认为关键在于报纸要能够"脱离一党报之范围，而进入一国报之范围"；要以"国民利益"而非以"一党之利益"为目的。在这样的前提下，报纸如以党派利益而表达的赞同或反对，都将与公共舆论无关。"若怀挟党派思想，而于党以外之言论举动，一切深文以排挤之；或自命为袒护国民，而于政府之所设施，不问是非曲直，不顾前因后果，而一惟反对之为务，此皆非以沽名，即以快意，而与舆论之性质，举无当也。"[20]

⑲ 许纪霖：《近代中国城市的公共领域》，见高瑞泉、山口久和［日］主编：《中国的现代性与城市知识分子》第55页，上海古籍出版社2004年版。

⑳ 梁启超：《梁启超全集》第4册第2211页，北京出版社1999年版。

1. 秉持公众立场

报纸能否具有公共舆论意识,根本是取决于它们能否秉持公众的立场。

对于近代上海报纸的公共舆论和公众立场的关系,许多思想家都发表过自己的见解。比如王韬就以"泰西日报"作为参照,指出"今日(报纸)云蒸霞蔚,持论蜂起,无一不为庶人之清议,其立论一秉公平,其居心务期诚正"。㉑梁启超则更为透彻地指出:"报馆者非政府之臣属,而与政府立于平等之地位者也。不宁惟是,政府受国民之委托,是国民之雇佣也,而报馆则代表国民发公意以为公言也。"㉒

"国民之雇佣"的本质关系,决定了报纸的公共舆论和它公众立场的内在联系。因此与其说公共舆论的意识是由报纸的总编、编辑和记者所把握,不如说是由它们大众传播、大众接受的根本方式所规定的——在一个具有自主选择和自主评判的市民社会中,报纸的公共舆论属性,在根本上是由市民群众所决定的。

事实上,从一开始,上海的报纸除了市场零售之外,就没有任何强制的、组织的和规定的发行和销售手段。所有的报纸流通和报业竞争,都需要直接经受市民读者用手中的钞票对它们进行评判和选择。因此从理论上来说,读者对报纸的认可程度,恰恰与报纸舆论的公共性、以及由此而对于公众的覆盖率和认同率,构成正比。在这样的关系形态上,近代上海滩的报纸,是由它们的市场形态和商品形式,而决定了它们的读者主权和公众立场,并且在此基础上确立了报纸舆论的公共性的。

毫无疑问,报纸的这种公众立场,总是要求它们在面对事关民生民意的社会事件上,表现得特别敏锐。辛亥革命期间,上海的一些报纸就及时而准确地迎合了人心所向。比如在中国近代政治潮流从变

㉑　参见卓南生:《中国近代报业发展史,1815—1874》(增订本)第179页,中国社科文献出版社2002年版。

㉒　梁启超:《敬告我同业诸君》,《饮冰室合集·文集》第4册,中华书局1989年版。

法维新而趋向于共和民主的过程中,上海的《时务报》和《民立报》就适时地以政论报纸的姿态,以及以热烈鼓吹体制变革、批评君主专制,以至宣传共和革命的内容,而契合了当时社会的民心公意。因此它们都曾风靡一时,广为传播,发行一度达到极盛。当时上海各家报馆均坐落于望平街(今山东路)一带,报纸在那些天里除了每天正常出报以外,每晚还出号外,以即时报道当日各地的消息,并在报馆门口张贴。于是,成千上万的市民群众每日聚集在报馆门外,阅读报纸,了解情况。

报纸在坚守公众立场的时候,没有需要回避的话题。当然,报纸的公众立场和公共舆论,也并不总是产生并围绕于政治命题的。虽然晚清民初时期上海的社会热点和公众关注对象,经常侧重于政治,比如对于变法维新,君主立宪和共和革命,以及对于一系列的社会民主运动和爱国运动。然而由此形成的一种倾向,就是相当一些具有话语影响的精英人物,比如一些新文化运动的领袖人物,在对社会政治倾心关注的同时,对上海市民社会的某些民生议题及其历史内涵,关注不够。其实上海市民社会的世俗价值及其命题,同样构成了公共舆论的重要对象。

到了民初时期,一些上海的重要报人比如陈景韩、包天笑、张蕴和默、戈公振等等,已经意识到了报纸应当"多方面"地面向社会大众,并且全方位地秉持读者本位的立场。比如先后任《时务报》和《申报》报总主笔的陈景韩就对胡适说过,报纸"当依靠多数看报人的趋向做去",因此当时的一些上海报纸,就比一些精英读物更能反映社会民众特别是处于中间地位的多数人的旨趣。

在当时上海报业全力以赴、各尽所能地争夺读者和市场,以及在它们不断的优胜劣汰中,《申报》所以能够长盛不衰,并且能够不断地获得发展和壮大,就是因为它在对公众旨趣及其价值立场的把握上,往往过人一筹。"《申报》自创刊之日起,就自觉地走出洋行的圈子,把新闻的触角伸向民间。……《申报》始终贯彻民间导向,并采取了许多卓有成效的措施:一,把言论置于最显要的位置,差不多每天一篇。如该报发刊首月所载言论中,就有《拟易大桥为公桥议》、《拟建水池议》、《鸦片说》、《考试用人说》、《团练议》、《伤风化论》、《拟请禁女堂倌论》、《治河说》、《时命论》、《轮船说》、《论西人电信、保险、拍卖诸事》、《论东洋新造金小洋钱》、《论东洋人男女同浴》等,这些言论的主题都是当时社会上所关心的问题,社会反响强烈。二,扩大新闻报道的范围,一方面加大翻译外报和转载香港等地报刊的力度,另一方面特别注意社会新闻的采访,对那些热点的市井新闻予以细致报道。三,有意识地发表骚人韵士的作品。……作为一份真正意义上的市民报纸,《申报》已走进千家万户,影响越来越大,阅报成了上海市民日常生活的重要组成部分。"㉓在《申报》创办 60 周年之际,它总结并且继续肯定了自己一系列秉持公众立场的原则和做法,比如在版面编排上,务求醒目易懂;新闻报导"务求使其能为大众阅读";副刊"自由谈","务以不违背时代潮流与大众化为原则";"读者顾问"一栏,举凡政治、经济、法律、服务、婚姻、家庭、教育、农村、自然科学、医学、社会等大众关心的问题,均请专家作答,务求切合民众社会生活,以俾实用;"本埠增刊",务求"引进一般店员工友学徒的读报兴趣,灌输以各种常识,并改善其业余生活";……总而言之,"务使读者能各就所好,获得其所需求的知识和资料","真正做到为大众服务与提高大众现代素质的目标。"㉔

在读者主权和公众立场的基本原则上,当时的许多报纸也都和《申报》一样,意识清醒并且做出了相应的努力。它们将因此而成为中国报纸的典范,并被作为借鉴的对象。

2. 现代"乡校"及其公议形式

中国古代的"乡校",是人们休闲聚会、议论时事并形成社会舆论的公共场所。当时郑人游于乡校,讨论时政,谋臣"然明"对领导"子产"建议道:"毁乡校何如?"子产说:"夫岂多言,亦各其志。善也吾

㉓ 熊月之主编:《上海通史》第 5 卷第 389、390 页,上海人民出版社 1999 年版。

㉔ 《申报》1932 年 11 月 30 日。

行,不善吾避。维善维否,我于此视。"——民众议论并非多言生事,那是人们对一些事情各抒己见。人们说是好事的我就做,说是不好的事我就不做。我做得对不对,好不好,也能从众人的议论中找到答案。子产坚信"川不可防,言不可弭;下塞上聋,邦其倾矣。"——就像江河无法堵塞,社会舆论也是禁止不了的。下面言路堵塞,上面就听不到真实民情,国家的安全和稳定就会出现问题。这种情形,正如后世明朝人余继登在《典故纪闻》中所说的:"治国之道,必先通言路。言犹水也,欲其长流,水塞则众流障遏,言塞则上下壅蔽。"诚可谓"言路者,国家之命脉也。"

这种以"庶人之清议"而开放社会舆论的"乡校"机制,到了近代以后,就由报纸承担了。由于近代上海价值多元的社会形态,同时也由于报纸的"国民之雇佣"的性质,决定了社会个人均能够以报纸为传播中介,自由表达或反映自己的主张。这些个人所具有的价值观念也许不尽相同,但是他们有权利从各自的立场出发,对公共事务表达自己的意见。

当然,所有的报纸都会有它们自己的目标读者和市场定位,也都会有它们自己的思想倾向和价值立场。尽管如此,从理论上讲,它们都不能够,也应该无法采取强加于人的话语霸权的姿态。相反,在读者主权的形态下,报纸的价值立场和思想倾向,将主动地接受读者的批评、检验和反馈,从而保持与民众的密切沟通。因此,近代上海报纸致力于舆论公共性的一个常规性的做法,就是对于市民社会的各种观点看法、思想倾向、价值标准、世界观立场,原则上不先行设限,而更多地是以宽容、公允和中立的立场,给予全面和客观的报导,以此来尊重社会公众的多元评判和选择。

即使是真理,它们也将在公众的讨论中形成,从而让社会公众从中获得认知真理的自主性。

比如在对变法维新、立宪或革命的政体选择,在对杨月楼韦阿宝、周信芳裘丽玲的婚恋风波等等许多问题上,当时的《申报》和其他一些报纸,都曾刊发过不同立场的文章和议论。甚至在反对向华人市民开放黄浦公园上，站在租界当局立场上的《字林西报》，也就此刊发过市民群众要求"开园"的信件文章，并在报纸上开展了相关的商榷与讨论。

正是凭藉着这种各抒己见、众说纷纭、讨论争鸣和议论风生的舆论方式，近代上海的报纸营造了公共舆论的姿态和社会公议的空间。

杨月楼和韦阿宝的自主恋爱的案子一波三折并受到官府严办以后，上海的"舆论大哗"以及人们的各持己见，就集中在报纸上反映出来。刚刚创刊一年有余的《申报》在事件发生几天以后就发表了一篇署名为"持平子"的文章，文中说到："杨韦男女双方均有婚约婚书为凭，以通奸论处也值得商榷，县令如此施以重刑，不知遵循大清哪条法律，太惨人目。"接着《申报》又连续发表了十几篇对此案展开激烈争辩的文章。比如有文章就说：男女偷情的事情，即使是士大夫和大家闺秀也在所难免，怎么可以苛求一个戏子与民女之间不能发生此类事情呢？叶县令开审杨案时，外国人都在讥笑我们中国官员热衷于做这类非分之事，喜欢用非刑之法。中国向来以文明礼仪之邦而著称于世，不想现在却是这样一番情形，这也难怪外国人要嘲笑中国的官员和民众，上下多有糊涂虫呢！但是另一方面，这种思想开明的意见，在1873年的上海社会中，显然还不能占有压倒的态势，因此赞成对杨、韦进行惩处的看法仍然具有相当的市场。于是《申报》对这样的看法也同样予以登载。比如："杨月楼区区戏子罢了，县令大人宽猛相济，只打他两百脚胫实不过分。韦阿宝执迷不悟，即使打她上千个嘴巴，也是咎由自取。""杨月楼淫棍强盗，韦氏、韦阿宝母女同奸，按照律例三人罪不可赦，皆应就地处决"。"赞成派"甚至在报纸上斥责"反对派"说："既然自负有些才气，那为何不投身科举，为国效力，却与一个卑贱戏子一鼻孔出气。如果凡事都凭你雄辩滔滔，那国家还要制定什么律例？朝廷还要设置什么官员？"㉕当时还属英国人

㉕ 程童一等：《开埠——中国南京路一百五十年》，《昆仑》1996年第3期，第108页。

掌管之下的《申报》哪怕是并不同意"赞成派"的意见,但是当"赞成派"成为一种代表性的意见倾向时,报纸就没有漠视它们的权利,而只有刊载它们的义务和责任。

　　同样,即使是当时变法维新立场最为鲜明和坚决的《时务报》,在一次发表了严复批评君主专制的《辟韩》一文后,引起了张之洞的不满,并以此作了一篇《辩〈辟韩〉书》,对严文的批驳甚为峻厉:"溺于异端,纯任胸臆,义理则以是为非,文字则以辞害意,乖戾矛盾之端,不胜枚举。"㉖对于这样的文章,《时务报》也照样应作者要求给予全文刊载。因为在《时务报》的同人看来,在时代大变局的进程之中,即使是崇尚变法维新和民主政治的报纸,对于自身明确反对、并且是具有典型意义的保守派的观念主张,同样有义务将之公之于众。这样做的目的,固然是相信对于政治是非的辨别和选择的能力及权利,都在于民众自己。同时它这样做也就意味着,对于一份大众传播的报纸,它本身并没有压制某一种意见的权利;而民众则有权利通过报纸传播,了解各种各样的意见和主张。

　　对于当时上海社会的发展商业、兴办工业,以及广泛延用近代机器和科技等等,上海的民众及其舆论也始终在报端上各呈己见,争论不休。

　　就报纸的整体意识而言,它们大多都指出了物质文明的变革将导致富国强兵,并指出了它们在世俗理性和实验哲学中物质文明及其便民利民的一面。比如对于电报,时人就颂之为"最是称奇一线长,跨山越海渡重洋。竟能咫尺天涯路,音信飞传倏忽详。""奇哉电报巧难传,万水千山一线牵。顷刻音书来海外,机关错讶有神仙。"㉗对于电灯,也有人在报上评述道:"灯以电名,创制也。前岁始盛于外洋,今年已行于上海。其设于港之滨,路之侧,茶之寮,烟之实者,外则光彻通衢,内则辉生四壁,远近大小共计数十处。每夕士女如云,

---

㉖《时务报》第 30 册。

㉗《申报》1874 年 10 月 10 日、12 月 21 日。

恍游月明中,无秉烛之劳,有观灯之乐。"㉘

但是,对于西方的近现代物质文明,当时仍然存在着相当的反对意见,它们也同样得以在报纸上得到了反映。比如中国自古以来就采用"机器",现在因此又何必舍近而求远:"中国自古及今,纹轮以取物,桔槔以灌地,水碓以舂米,纺车以成纱,及治骨木玉锡,皆用旋车以成器,何尝不用机器?"㉙如果说这种有关机器中国古已有之的理论明显地失之于谬误,那么当时的一些报纸对于另一种言之凿凿的反对意见,比如认为中国原本人多地少,采用西洋机器会使矛盾更加突出的看法,就给予了更多的关注:"诚以中国四民,农居其半,承平之日,农多于田,倘亦改用机器,则农更无地以处置之,不将驱民为非乎? 否则即驱之于死地,与驱之于外洋也。……子明知西国人希(稀),故制造机器以代人力,或用人以运动之,或用煤以旋转之,仅须一人可作十人之用,甚至可代数十人之力不等。中国业已人浮于事,而无事可为,谋生甚难,故不得已均作工商于海外,而且无业之徒,游手好闲者逐(随)处皆有,若再改用机器,用人之处愈少,不将使各省之人束手待毙乎? 此中西情形之不同,未可执一而论,故西国机器不必尽行置用也。"㉚如此等等。

而对于现代工业和机器将"夺民生计"的理论,报端又再刊登文章予以反驳:比如织布机器之采用,"可以分西人之利,又可以为中国多加一项工匠。其一局所用不下数百人,即可以养赡数千人,推而广之,其利可胜言哉。是诚有益无损于中国者也。"㉛

至于铁路,当时的报纸既反映了公众舆论中赞赏支持的一面,同时也反映了市民舆论中疑虑责难的一面。比如《汇报》就曾刊登文章指出:一是铁路一开,原来的交通行业将遭遇困境,"船业等必致失事,将有数百万人之失业者";二是铁路一开,"货有凑至太捷之虞",

---

㉘ 《申报》1882 年 11 月 7 日。

㉙ 《申报》1876 年 8 月 10 日。

㉚㉛ 《申报》1876 年 3 月 18 日。

会造成货多价贱而使中国商贾的利益受损；三是"火车迅捷，行人路遇难于趋避"，容易发生事故。所以"火轮车路一举，为害于国。"然而《申报》随而一边引述《汇报》的这篇文章，一边又发表言说，以相关的论证阐明不同的看法：火车不仅不会对商贾利益造成损失，反而会促进商业发展和繁荣。此后，《申报》又以民生发展的实践检验的结果，再继续讨论这一话题：未通火车之前，比如上海江湾镇的情形是："比至其他则不过小街村店，无可购食，饥肠辘辘。……欲寻茗止渴，街颗仅一小茶店，屋小而矮，危楼颓然，惧不敢登。"开通火车两年后再乘火车到江湾，已是另一番景象："洎创行铁路，仆复与友乘火车至该处，则气象为之一变。向之颓垣败壁，皆易以崇墉峻宇。寻向之小茶室，则亦局面焕然矣。""可知火车之兴行，其有益于地方实非浅鲜。"[32]"中国之于铁路实有不得不开之势。"[33]

　　这种情形，使当时的报纸在对不同社会舆论的辑录之中，让民众在论辩、争鸣和实践的过程里，自主地形成了自己的认识和判断。

　　在当时的上海，商业繁荣和社会开放，曾经造就了一种崇奢之风，"申江自是繁华地，岁岁更张岁岁新。解取及时行乐意，千金一刻莫因循。"[34]"何曾日食万钱，人犹讥其太奢，然万钱仅得今之十千耳。沪上吃花酒者，一席十二三番，闹阔者日翻数台不止，则其费岂止万钱！""至于衣服则不惟其旧惟其新，不惟其朴惟其华，斗丽争华者层见叠出。一裘也，而所费数百金；一葛也，而所费数十金。"[35]

　　一般来看，这种奢靡之风当然是应予批评和抵制的。当时的上海道台也曾在报纸上刊发《崇俭黜奢示》的文告，以广视听："尔等务当居乐土而念苦境，行乐事而思苦况，日常一应服饰宴会，均须恪遵

---

　　[32]《申报》1883 年 11 月 2 日。

　　[33]《申报》1882 年 12 月 4 日。

　　[34]《申报》1872 年 5 月 18 日。

　　[35]《申报》1880 年 2 月 8 日。

定例,总以节俭仆实为主,切勿奢华靡丽,好胜争妍,果其囊有余金,亦可福田广种,毋再仍前挥霍逾越,致干咎戾,本道实有厚(望)焉。"㊱继而又有人发表言说称:"孔子云:礼,与其奢也,宁俭。舜之称禹也,曰:克俭于家。俭之为义大矣。……今人动以俭啬连称,而不知其中实大有区别。大都俭而中礼则谓之俭,俭不中礼则谓之啬。今日之上海……吾见其自奉之撕毁,应酬之靡废,诚不俭之甚。"㊲当时许多人也都纷纷指责上海的崇奢之风会对社会造成危害,是为"中国之大患。"

然而当时的上海,恰恰不是那么容易统一思想与舆论一律的。即使是对于反对奢靡这样"明白浅显"的道理及其想当然的、程式化的批评,人们也产生了歧义,并且得以在报纸上发表不同的看法。比如《申报》在 1877 年时就开宗明义地以《论治世不必偏重节俭》的篇名刊载文章,指出贫富并非是节俭与否所致;而一味强调节俭则不利于财富的流通,"豪强兼并,有无不均,富者家拥千万而有余,贫者日几一文而不只。其道故不贵崇尚节俭,实贵能衰多益寡,以有济无也。若仍令其节俭,则富者财无所出而日增其富,贫者财无所入而日增其贫。"因此,发展经济不在于节约俭朴,它的真正要谛是在促进商品流通和市场繁荣,甚至是在促进消费,"盖富贵之人坐拥厚赀,若无故而求其施济,必至分文不舍,惟有引之以入符合之境,则夸丽斗靡,纵使一掷百万而亦不惜,此其常态也。"而发展商品经济,近者可以带动服务行业,增加就业,"若无业穷民,藉此等微末生理以仰事俯畜者,亦尚不止以万计";㊳远者则可促进物质生产,促进国民经济。有人还在报纸上指出:与其提倡节俭,当以提倡勤勉;因为节俭本身不会增加社会财富,"以故西人以勤补其俭,而国日以富,兵日以强。"㊴这样的意见和舆论,在当时无疑是视野独具的。它所反映的,也正是

㊱《申报》1878 年 4 月 29 日。

㊲《申报》1889 年 2 月 12 日。

㊳《申报》1877 年 2 月 28 日。

㊴《申报》1893 年 10 月 16 日。

上海市民在特定的历史条件下,率先形成的开放意识和现代经济思路。于是,报纸也就敏锐地、以至是义不容辞地为它们提供了公开传播的平台。

上海开埠通商以及社会开放以后,各种女性职业纷纷出现。因为这种现象直接颠覆了中国女性社会角色的传统定位,并且直接关联到了人们的现实生活,因而也就成为了当时社会舆论的一个重要焦点。而报纸则就理所当然地成了就此问题展开讨论、聚集公议的主要载体。

比如当时上海除了"大脚娘姨"、"大姐"女佣之外,"女堂倌"也开始出现在上海的服务性行业,其职务就是在烟馆、酒馆、茶寮、戏院,为顾客端茶递水、上菜送烟、领座应酬。于是,报纸上就出现了颇具代表性的反对声音:"烟馆之雇佣妇女跑堂为从来未有之业。"[40]"世间最易动人者,女色也;最易犯者,邪淫也;最难戒者,鸦片也。今一烟馆中,而三者备焉。是何异设陷阱以待人,其毒汁亦太甚矣。""自来人心之不正,风俗之不端,至今日烟馆中用女堂止矣。"[41]

但是另一方面,上海的报纸又连续刊载出更具代表性的意见,指出女子从业服务行业,是她们不容剥夺的谋生权利:"余初闻之,惊以为异,及徐而审之,窃以为不足异也。盖所谓女堂倌者,无非递烟倒茶,以供役使,如仆婢然,乌得云异。"[42]"客有自外洋游历而归者,往往恣言外洋妇女之得用,凡一切工役之事皆以女为之,西洋东洋莫不皆然。店铺、客寓亦多以妇女为铺伙,为堂倌,酬应买主,服侍过客,殷勤务至。且外国女子无不识字,故一应帐目、笔札之件皆能通晓而资其力焉。"[43]

近代以后,由于上海工业发展的需求,各色女工开始在上海涌现。她们开始只是在茶栈、丝栈以及缫丝厂、纱厂、卷烟厂从事简单

---

[40]《申报》1873年2月14日。

[41]《申报》1872年5月25日。

[42]《申报》1872年12月3日。

[43]《申报》1894年12月23日。

劳动,以后也渐渐跻身于职员、文员等行业,而成为真正的职业女性。对此,报端上首先出现的也是批评与质疑,"男女相淆,已非风俗之正。"[44]"往往监工、收发等司事之人与妇女调笑……又有临出门时防其窃藏出外,人各搜检,虽系大庭广众之地,而亦不免于丧其廉耻。"[45]甚至还有人指责道,女工上工下班,招摇过市,"种种丑态,全不避人,廉耻扫地。"[46]对于女子在求职做工、抛头露面上的"西化"倾向,也有人指出:"中国之风气与外洋有不可以强同者","中国妇女以廉耻为重,若一丧廉耻,则无所不为矣。"[47]

但是,当束缚女性的传统礼教业已在上海的社会民间遭遇破除的时候,女子从业既具有人们挣钱谋生的根本性驱动,又正迎合女性解放的时代的趋势。这样一种更趋近世俗立场和近代觉悟的意识,同样在社会舆论的公共平台上得以展现。"缫丝局开,女工之受雇者不少,其他之有需乎妇女者不及备述,总之至于女工而亦藉通商之故,而得以自求口实,则其利于中国人民者何如?"[48]"将来内地女工如患无工可做,亦不难赴上海以谋生计。虽道里太遥者或有不便,而利之所在,人争趋之,恐来者亦必不少。"[49]

除了女子从业以外,随着社会风气的转变,当时上海女子出入娱乐场所,女教女学,女子改嫁、女子贞操等等问题,也都在上海的报纸上议论蜂起,争辩频仍。

即便是对于妓女现象,当时上海的报纸甚至也表达了两种截然不同的社会意见。妓女现象当时在上海的确相当泛滥。对于这种现象,社会舆论多批评为世风败坏。比如娼妓之业,实为"坏人心,乱风俗,乖礼教之大防,伤国家之元气,莫此为甚。"[50]它们又每每导致破

---

④④《申报》1888 年 4 月 1 日。

④⑤④⑦《申报》1894 年 6 月 23 日。

④⑥ 黄苇编著:《近代上海地区方志经济史料选辑》第 336 页,上海人民出版社 1984 年版。

④⑧《申报》1883 年 12 月 11 日。

④⑨《申报》1882 年 2 月 5 日。

⑤⓪《上海新报》1869 年 11 月 3 日。

财伤身，对自身与家庭造成危害，"富商大贾、微业贱工，以妓而亏空潜逃、败家丧身者，不可以数计，尚可以不禁乎？"[51]"一或不慎，而沾染毒疮，脓血淋漓，辗转毙命。花烟馆之害人，其竟若此。"[52]因此查禁娼妓行业，防止其泛滥蔓延，实为天经地义，也得到了社会舆论的广泛赞同，各家报纸乃至官方态度，也都对此形成了相当一致的倾向。

然而也还有一些观念新潮的看法，同样也在报纸上得到了反映，比如娼妓业在人员流动频繁的上海，也应和着某种人性之需："沪上为通商码头……有时旅馆凄凉，乡心辗转，藉此以作消遣之法，尚为情理之常。"[53]"行商日久，情欲难忘，旅馆孤凄，闲花偶采，是亦在人情中者。"[54]又比如娼妓业有利于"招商引资"："亦谓租界地方禁令不及，且通商局面藉此点缀，苟无此等处所，即酒楼戏馆中未必如此兴高采烈，而各项减色将不止一半矣。故亦听之而已。"[55]"有妓馆而商旅可招，即各项生意亦藉之生色。"[56]当然还有从贫穷女子不得已而藉此谋生，此业有助于抑制淫乱犯罪等角度出发，而提出的意见和说法。

毫无疑问，以价值多元和公议形式为表里的各抒己见、商榷争鸣、平等讨论的做法，既使得报纸富于活力，更使得报纸因此而彰显了它们公共舆论的载体职能。到了20世纪20年代，《申报》还举行过好几次全国性的大辩论。第一次辩论的主题，是关于中国的现代化道路，应该以农业为主还是以工业为主；第二次辩论的主题，是中国的现代化道路，应该遵循社会主义的模式还是资本主义的模式；第三次辩论的主题，是中国的现代化道路应该以中国文化为本位，还是

[51]《申报》1872年6月10日。
[52]《申报》1872年10月5日。
[53]《申报》1879年9月21日。
[54]《申报》1885年7月13日。
[55]《申报》1879年3月21日。
[56]《申报》1881年10月24日。

以全盘西化为主。许多普通读者和不少知名学者,都以不同的立场、经验和想法,在这些辩论中表达了各自的意见,并且形成互相辩驳。即使今天来看当时的这些辩论内容,其中不少思想见解和立论基础,甚至都超过了以后的许多次思想文化的相关讨论。

三、公共价值的公约平台

价值多元、各抒己见、众说纷纭,是社会舆论公共性的形态标志。

但是,在这种必要的形态背后,公共舆论的另一项实质职能,是需要经由讨论比较,来达成价值观念的共同认定。也就是说,公共舆论既要有分散自由的表达空间,又要能产生某些思想认识的凝聚。当然,这种共同点的产生,不再是以先验的、教主的方式,对社会民众形成威严强制的、单向输导的、居高临下的、指引方向的、好为人师的、耳提面命的、指点迷津的做法;民众也不再是受教的、听命的、膜拜的,以至是被迫认同的对象。在近代市民社会,公共价值的形成,将遵循社会公约的机制。而大众传播的报纸,无疑将成为公共价值公约职能的最重要的媒体。

当时上海的许多报纸,为了吸引市民读者,都不同程度地采取了世俗趣味、声色犬马、怪闻奇谈的办报路线。但是,一份真正具有生命力进而具有社会影响的报纸,都会自觉或不自觉地同时肩负起社会公共价值的建构责任。因此许多报纸在报道时政、臧否人事的同时,力求以先进的价值导向和社会民众的主流意见,有机地进行着公共价值的整合工作。

晚清时期上海的《时务报》由于鲜明而强烈的维新变法及共和民主的立场,敏锐地反映了时代的要求和广大民众的共同愿望,从而脱颖而出,引领了社会舆论,并迅速风靡全国。《申报》则始终以反映市民社会价值观的立场,深受上海市民的欢迎、并使自己立于不败之地。

当然,也有另一些报纸比如民国以后一些国民党报纸,因为在价值立场上与历史及民众的要求相背离,因而无法构建价值的公共认同,并遭到读者的普遍厌弃,以至走入了不靠国民党政府的补贴就难以维持的死胡同。"当时全国党报 47 家,政府每年津贴至少在 180 万元以上,然其官办性质与作为官方喉舌的任务未变,使之始终与市场脱节,企业化经营后,'党报津贴始终没有停过'。"⑰

从某种意义上来说,促使个体分散的"市民"形成"社会"的一个途径,正是市民群众对经由报纸传播的价值观念的共同认定,以及在此基础上形成的公共价值体系。

当报纸具有这种公共性职能的时候,它们也就在维护市民社会个体本位的同时,对于新的社会联结和整合,产生了纽带作用。然而唯其如此,报纸才以它们无形而松散的、又是自主自觉的方式,在社会公共性的建构中,形成了无可比拟的、也是任何人都不能忽略和轻视的方式和能量。"在阅读中,上海人逐渐变得见多识广,使上海人成为中国近代第一个传媒化族群。这个族群中虽然也有不少人不读报纸,但群体性的生活方式和行为方式裹卷了他们,并发生遗传。这是一个方面。另一个方面,上海是一个以各地移民为主体的都市实体,人口的籍贯构成复杂,报刊在上海人的群体认同和整合过程中亦发挥了重要的作用。"⑱

当然,决定报纸舆论的这种公共性职能的,是历史发展和社会民生的本质要求。也就是说,在自由、民主的理念,以及在世俗形态的价值观上,一份有生命力的报纸,必须与社会大众的立场保持一致。

1. 推崇物质文明

近代以后的上海,是西方物质文明大量输入东方的主要门户。对于这种中西物质文明的比较,当时的人们持有两种不同的态度,反映了两种不同的观念和认识。晚清时期的上海报纸,虽然对这样两种不同的意见都给予了相当的反映和刊载,但是在报纸自身随着社

---

⑰ 忻平:《从上海发现历史》第 436 页,上海人民出版社 1996 年版。
⑱ 熊月之主编:《上海通史》第 5 卷第 391 页,上海人民出版社 1999 年版。

会实践而不断转变观念立场以后,它们往往能够自觉而敏锐地表达先进的社会价值观,并倾向性地营造相应的社会舆论。

比如对从西方大量引进的日常器具,当时的上海报纸基本上都从生产方式和生活方式必然变革的立场,表达了赞成和拥护的态度。报纸的这种基本立场和态度,在对社会舆论和社会价值观的引导上,产生了积极的作用。

1868年上海街头首次出现了自行车,《上海新报》(11月24日)很快就载文介绍并给予赞许:"兹见上海地方有自行车几辆,乃一人坐于车上,一轮在前,一轮在后,人用两脚尖点地,引轮而走。又一种,人如踏动天平,亦系前后轮,转动如飞,人可省力走路。不独一人见之,想见者多矣。即中国有长路客商尽可购而用之,无不便当矣。"

当时上海流行的一种"竹枝词",对于上海的新鲜事物几乎一一进行了客观的描述,而这些竹枝词很多都得以在《申报》等报刊上发表。比如对于大自鸣钟,竹枝词就写道:"当街高矗自鸣钟,十二声敲度远风。忽听炮声齐举首,一轮红日正当中。"对于电梯则是:"层楼重叠接云霄,上下何堪陟降劳。妙有仙梯能接引,螺纹旋子快升猱。"对于煤气街灯,"焚膏继晷笑徒劳,短巷长街万炬烧。最好疏星明月里,游人夜夜说元宵。"其余对于望远镜、电风扇、显微镜、寒暑表等等等等,人们都能从报纸上读到这样的竹枝词及其正面的表述。

1872年上海的外商再次拟议建造铁路,《申报》一方面刊载各种赞同与反对的意见,一方面于1872年5月2日发表本报评论:"中国于创建铁路一款,议之八九年,竟未见成功,有心世事者徒深浩叹。"现在它为外商所推动,同样值得赞许。而火车的好处正是:"可以多装人、货,其法捷,其价廉。……俾中华人共享其利。"称赞外商倡议此举"洵为西域之大观,最后所罕见矣。"

上海至江湾的铁路建成以后的试乘之日,《申报》主笔记者便乘坐火车进行了现场报导,其绘声绘色、极为生动的报导,即以明确的价值倾向而记载了一个历史的时刻:"俄闻放气声,在旁之西人亦吹口号,车即摇摇前行,初犹迟,嗣即逐渐迅疾,但闻辙轨摩荡声甚属,而人已如电掣飙驰,随之以去矣。乘者、观者一齐笑容可掬,啧啧称叹,而以为得未曾有。计有一刻五分久,行至江湾,彼处人又众多。"⑤接着,记者又连续进行追踪采访,深入民间调查对于火车的看法,甚至专门请照相馆派人拍摄了火车照片。"火轮车铁路业经筑就,每日搭坐之客往来如织,此诚中国之创举,而为别埠所从未见者。本馆因特请照相者拍成一图,俾妇女孩童以及远处人未经见有火车者共得传观,一如身亲其境,当亦所心许而亟欲观之也。"⑥

对于清朝政府买下这段上海铁路以后如何处置,《申报》又连续发表评论和市民来稿,力申铁路的益处,反对官府拆毁铁路的意图,甚至主张自办铁路。"中国之于铁路实有不得不开之势"。⑥但是这段上海的铁路以后终于被清朝政府尽数拆毁。在此后十几年中,朝野上下,社会民间围绕修建火车展开过多次的争论,而以《申报》为代表的上海社会的舆论则以鲜明的态度,表达了积极支持的立场,从而成为建筑铁路最为积极的社会力量。"中国之宜开铁路。本馆屡论及之,几于笔干楮尽。"⑥

而对于自来水,"德律风"(电话),西方业已发明的"火飞车"(飞机)等等,也始终是当时上海报纸向市民热心报道和介绍的重要内容。

甚至对于西方引进的各种娱乐样式和设施,上海的报纸也都曾给予过积极的推介。当幻灯片刚刚在上海出现以后,1866 年 10 月 31 日的《上海新报》即予以报导:"在沪城同文馆内,观西士带来灯下画景数十套掀空玲珑,无美不备。其小套如名花异卉,人物山水,奇禽异兽,固已目不给赏,他如英国京都城池屋宇,以及冰洋凝结,更有引人入胜之妙。嗣观一大河,河上造一大桥,桥上行轮车,桥下行轮船,新奇巧妙,出人意表。其大套则见地区循日而行,星月交辉,护日

---

⑤《申报》1876 年 7 月 2 日。

⑥《申报》1876 年 8 月 17 日。

⑥《申报》1882 年 5 月 4 日。

⑥《申报》1883 年 11 月 2 日。

护月，了如指掌。另有一画，能分昼夜，如中原日出之时，即西国日入之际，一明一暗，互相转运，而昼夜分矣。及观轮船行海，益信地球之圆，洵足增人智慧。至若人骑马上，倏忽马又骑人，并有人头忽然落地，转瞬人头归原等套，又技之小焉者也。观者无不击节称赞。"

其余在跑马厅、新式戏院、弹子房、健身房、杂技马戏、以至是西式"大菜"在上海问世之时，上海报纸舆论基本上总是给予热情介绍，并且表达了自己鲜明的赞许态度。这既反映了上海报纸是近代物质文明的鼓吹者和倡导者，也体现了推崇物质文明、生活方式多元的价值立场，当然也正是上海市民社会的公共价值的立场。

在这种世风和舆论的互动之下，上海民众对于西方物质文明以及一切新鲜事物的开放态度和由衷兴趣，也就很快形成了一种社会风气和文化性格。上海的报纸对物质文明的价值观聚合作用，诚如时人所说："仆生于小邑之中，居于穷乡之内，生平足迹不出五十里外，……暇时阅《申报》，每见其述洋场胜景，不禁神为之往，意为之移，然其所谓电灯如月，可以不夜；清水自来，可以不涸；德律风传语，可以代面，虽远隔而如见；电线递信，速于置邮，虽万里如一瞬，此等语，辄目之为海外奇谈，疑信者半。……今年有友人经营来沪，仆与俱来，舍于洋场者数月。终日无事，蹀躞街头，见列柱如林，布线如蛛丝，知为电线，而传报之速不获见也。一日友人有事传电伦敦，未顿饭时而回电已至。"这位外地客人以前对于西方物质文明的认识，恰恰都是从上海的报纸中获得的。在他到了上海以后，所见所闻，亲身经历，"疑者遂信矣。"这种物质文明和进步，甚至使他"直欲终老此乡。"⑥

2. 推崇观念更新

社会体制特别是日常物质形态的变革，最终要引起的，必然是观念形态的变革。在这个过程中，上海的报纸又同样以价值取向的先进性，对于公众思想意识的引导以至是社会公共性的重建，发挥了重

---

⑥ 《申报》1888 年 3 月 31 日。

要而积极的作用。

对于近代科技与物质文明与国家富强的关系,报纸上就提出:"西国各邦纯用火力,一日之功较人力一年犹捷,由是推而广之,神而明之,国安有不强,民安有不富者哉?"⑭对于陈腐守旧的观念,许多报纸也对之进行辩驳和批评,比如:"古人有言:识时务者为俊杰。……方今时世,论者皆谓:中国自有法度,何必下效西国。曷不思中国自唐虞以至道光以前,何常有泰西诸国之人罗列于中国乎? 时世既变,而犹欲我行我法,能乎不能乎? 时世既殊,枪炮林立之中,断非谕以诗文、御以弓矢所能息其兵戎者也,惟有力求富强之道耳。"⑮

在观念形态的论辩和建树中,相对于当时上海的一些精英书刊、思想家政治家的言说,报纸媒体更多的是侧重于民众的认知和民众的要求;也更注重从社会的具体事物和现象着手。

比如,在中国传统的社会分工及其等级序列中,历来存在"士、农、工、商"的所谓四民之说。但是到了近代上海,有人就在报纸上刊文指出,如果一味囿于传统的四民之说不知改革变通,那么思想就将落伍于时代,更不利于社会的发展。1881年《万国公报》主笔沈毓桂在文章中说:当今之世,所谓"士农工商"的等级排列,只是依照着古代的说法,缺乏时代的观念;其实所谓士人,很多都只是拘泥于八股文章,并不懂得经世致用的知识,甚至以大量的精力去琢磨一篇诗赋的格律,而对现代科学在一窍不通;许多农人只知不误农时地耕种,以求收成,却没有兴趣多植树木以防旱涝,他们多知道躬身田头,却完全不了解机器耕作的前景;"为工者既泥于前人制作,不知巧妙之翻新;又泥于依样葫芦,不知枢机之捷用";而为商者只知道往来本土街市,从不敢想去外国做生意,只知道和本国人做买卖,不愿意跨海去做贸易。所以,"此皆泥古而罔知善变者也"。由此再论什么高低贵贱,都已变得没有意义。

---

⑭《申报》1877年8月2日。

⑮《申报》1877年。

对于历史上历来存在的重农抑商,特别是一度丑化贬低上海开埠以后的洋行买办和"跑街"佣工的情况,上海的报纸也从实际出发,指出洋行买办和佣工同样都是合理合法的职业选择,这些人对于社会的实际贡献可能还要大于那些"舞文弄墨、颠倒是非"者:"洋行买办、细崽,迫于贫寒而佣于异域,"但是他们有了经济实力以后,"多有发达,体恤时艰,捐助军饷者,不知凡几。""其家虽不能致君泽民,而胜乎舞文弄墨、颠倒是非者相去几何?"⑥⑥

在倡导女性解放,主张男女平等上,报纸舆论往往也是从具体问题出发,比如责问男子可以花天酒地,女子却不能出外娱游的现象:"使之视男女为一体,而不得高下轩轾于其间。原知无能为力,第以中国近来禁止妇女之事政令益多,窃以为但当禁男子罗唣之事,不当禁妇女出外娱游。"⑥⑦

在对新观念的推介中,当时上海报纸的一个做法,就是以西方近现代观念的科学合理内涵,作为事实的比较。

对于当时上海的等级已乱,尊卑失序,贵贱倒置,上海舆论曾经展开过激烈的论争,《申报》1890 年一篇署名"西友"来稿文章则独辟蹊径:按照中国历来讲究的等级贵贱,那么"贵人贱畜"自然应当成为一个定理,但是中国人"往往以马车为宽绰,以东洋人力车为寒俭",乘马车的车费也比人力车高,这就使得这位"西友"很是不解,"试问马贵乎? 人贵乎?"因此中国的等级观念实际上就是践踏人权的观念。

又比如以西方的"文明结婚"来对比中国媒妁之言和传统婚姻:"我国婚姻之野蛮也,如牛马然,任人牵弄。于是矫其弊者,乃欲举行婚姻自由之制,以增进社会之幸福。不知泰西所谓婚姻自由,男女主之,而父母谐之,教主征之,非苟焉而已。"⑥⑧在西方的家庭生活观念中,妻子是终身伴侣,"出则携手,行则同车"。而中国女子一旦成婚,

---

⑥⑥《申报》1872 年 12 月 29 日。

⑥⑦《论中国妇女之苦》,《申报》1880 年 2 月 27 日。

⑥⑧《时报》1905 年 9 月 1 日。

则在家中操持家务,养儿育女,终日辛苦,这样,丈夫本来应当更加予以体恤、尊重和爱护,但是一些中国男人却"将妻闭置闺中,终年不许出门一步,而独与青楼妓女驾车出游,并坐高车,招摇过市。"那么,是妻子重要还是妓女重要呢?"何中国竟奉妓女若帝天,而待妻如奴婢乎?"因此中国的这种夫妇观念,实在是落后腐朽,"若夫妇一伦,中国之所最重者,其实最轻,娶妻之时不胜郑重,及过门之后,则时或反目,甚至诟骂殴打,无所不有;西人则不娶妻则已,既娶则琴瑟之好必敦,出则携手,行则同车,绝不闻有脱辐者。"[69]

对于现代城市的作息制度,《申报》1872 年发表了一篇题为《论西国七日各人休息事》的评论文章,认为七日一休的制度对于精神调节、工作生活、生活质量等等,都是有利有益,值得借鉴:"吾见乎西人之为工及行商于中国者,每届七日则为礼拜休息之期,一月则四行之。是日也,工停艺事,商不贸易,或携眷属以出游,或聚亲朋以寻乐,或驾轻车以冲突,或骑骏马以驱驰,或集球场以博输赢,或赴戏馆以广见闻,或从田猎以逐取鸟兽为能,或设酒筵以进化宾客为事。六日中之劳苦辛勤,而此日则百般以遣兴;六日中之牢骚抑郁,而此日惟一切以消愁。"当然,中国自古也有休假亦即"休沐"制度,但是它仅仅只是高层官员的一种特权:"此法之行,亦与中国休沐之期相等。特中国休沐之期,惟京朝官之侍从内廷者方有此例,其他则无是事,至于士农工商更不必言。"中国人虽然是终年无休,日日不息,但却往往是劳而无功,"心劳日拙,身劳日疲,万事蹉跎,一生废弃,可不惜哉。"[70]有人甚至以实际情况说明,中国人天天上班,却到处充斥了懒怠散漫的情景:某人某日到中国钱庄取钱,说是九点开门,去时只有学徒,帐房先生还没有起床,不能取钱。十一点钟再去,帐房先生仍然未到。于是某人一直到下午一点半才取到钱。这种情况在一些中国华人的企业中,正是司空见惯的普通现象。而外国银行则开门关

---

[69]《申报》1881 年 9 月 11 日。

[70]《申报》1872 年 6 月 13 日。

门严格定时,绝不延怠。因此,许多中国的从业者"终年用事,绝无闲暇时,而一日之中,身虽不休,而心则屡休不一休,事则不息,而力则屡息不一息"。

此外比如,"中国官场每逢令节,无不行拜贺之仪,如端阳、中秋、冬至,封印开印等事,均行整肃衣冠而往拜贺。至元旦则更甚。其他如寿辰、接报、到任、接印、奉委,以及婚嫁、生育等事,亦皆俱礼拜贺。"官场这种拜贺、送礼、宴请的做法,是由权力体制下的利益关系所决定的,它们甚至还演变成为人际人情关系的文化传统,"倘届元旦之辰,上自天子,下及庶民,同在一乡之内,少有一面之缘,固无有不以拜贺为礼者。"⑦许多官员哪怕是疏忽了政务职责,但是拜贺送礼之事,却决不敢稍有怠慢,"舍民生吏治而勿之理,而斤斤焉承奉长官,一年之中贺节、贺年、贺寿、接差、送差,事事谨慎,不敢从简。"由此可见,此风之行责任在于上级官员,下属官吏"咸视本官意向,官苟专注于此,自幕以下以至于差役,营营逐逐无不以恭维大人为事。"上行下效,群相趋从,"试思官署之内多一扰精神之时,即少一治地方之时,"以至必定会造成"地方废弛而事多不举。"⑫

报纸舆论诸如此类的对于观念形态的思想解放和变革诉求,必然对应了市民社会的集体意愿,因而它们也就理所当然地会获得社会公众的共同响应,从而为公共价值的市民公约,提供了极为重要的社会驱动。

3. 主动为民代言

除了既定的内容,报纸舆论对于公共价值的公约职能,并不都是被动构成的。报纸的读者本位的原则,并不意味报纸不再需要有自己主体的、自觉的乃至是先觉的价值立场。作为社会人文的信息传播及其评述载体,报纸的观念倾向、意识形态、甚至是党派政治的立

⑦ 《申报》1876 年 1 月 31 日。
⑫ 《申报》1879 年 2 月 3 日。

场,是无庸讳言的。当然,它们能否与公众的价值诉求相一致,关键是它们能否秉持有如梁启超所说"能以国民最多数之公益为目的"。⑦³在这样的基础上,报纸对于公共价值的体认和建构,恰恰可以以主动的姿态,秉持公论,积极地、先导地"为民代言",并且形成为此承担道义责任的报格境界。

比如在当时,要求国内新闻"务求有系统地记载各地民生疾苦",就是《申报》办报原则中的一条重要内容。又譬如在上海拟议修建铁路而议论蜂起的时候,《申报》别具一格的做法,就是在记者深入现场和社会民间进行广泛调查和采访的基础上,不断以为民代言的方式,反映公共舆论并进而构成公共价值。"在火车停开数日后,访员(记者)在茶楼听到茶客们关于火车的议论。有的抱怨说,现在有事去吴淞,坐船须等候潮退,耽搁时间,如前几日坐火车的话,则早已往而复返了。有的说,因风太大,船户不肯开行,小车车夫也不能睁眼推车,只能等风息了再动身,因而感叹'若尚有火车,何至行路如此艰难?''于是围坐同声叹息停止火车有损无益,并云从前未见火车,亦均不知火车好处今已行有数月,往来淞沪者均称方便,一旦停歇,殊令人皆往来不便'。"⑦⁴

秉持"以国民最多数之公益为目的"的原则,使报纸舆论与社会民众取得了信任关系,它们在公共价值上为民代言的机制,也就可能得以建立。

1868 年黄浦江近苏州河处建造的"公共花园",一直不允许华人进入。为此,一位对此甚为不平的洋人致函《字林西报》,指出"工部局所造之花园,应使中西人一律进内游览"。⑦⁵随后《字林西报》发表了一篇评论兼以作答,其中称:华人居民中"下等人"太多,而花园又太小,如允许他们进入,则将造成诸多"不便";而如果只让"衣冠中人

---

⑦³ 梁启超:《梁启超全集》第一册第 475 页。

⑦⁴ 李长莉:《晚清上海社会的变迁——生活与伦理的近代化》第 95、96 页,天津人民出版社 2002 年版。

⑦⁵ 熊月之主编:《上海通史》第 5 卷第 282 页,上海人民出版社 1999 年版。

入内而下等人概屏门外，"又多"窒碍"。据此，《申报》即以市民公众的立场，发表了《请弛园禁》的评论文章，有理有节地对此予以反驳。它指出，公园的建筑固然是工部局出的钱，但是工部局的钱却是由洋人和华人共同捐付的，现在禁止华人入园当然不合情理："该花园创建之时，皆动用工部局所捐之银。是银也，固中西人所积日累月而签聚者也，今乃令华人而不令一游乎？窃愿工部局一再思之。又下等人之在中国者，接佣工及执业者居多，料亦无暇而日为此娱目赏心之事，即使有游手好闲者，则有捕房之法令在，若辈亦断不敢逞也。"⑦⑥

如此地以市民社会的公共价值的代言人的身份，而构成报纸的公开立论，是近代上海一些报纸的经常性做法；而它们的实质内涵，就是在公共价值的公约机制中，所形成的一种主动和先导的方式。

四、"报馆应有独立之精神"

近代上海报纸的新闻独立以及公共舆论和公共价值的建构，毫无疑问地与它们自身的社会化属性，有根本的联系。当时的一些报纸正是在上海租界的"飞地"格局、以及在市民群众的支持下，摆脱了政治体制和官方意识形态的控制，获得了独立自主的生存环境，形成了某种新闻自由的品性。

1. 体制外运作

上海的《申报》是中国第一张具有近代意义的日报，当时上海和江南的市民老百姓几乎把它当成了报纸的同义词。1912 年秋天，在民国政府成立不到一年的时候，史量才得到张謇等实业家的支持，以十二万元的价格买下了已有四十年历史的《申报》。由此开始，《申报》进一步加强了对国内外大事和社会新闻的报道，加强了对时政的监督批评，《申报》遂很快发展成中国影响最大的报纸之一。

---

⑦⑥ 《申报》1878 年 6 月 21 日。

在办报方针上,史量才极其明确地建立了《申报》作为民间报纸的独立精神和品格。1920年,史量才在接待美国密苏里新闻学院院长、世界报界大会会长威廉博士和美国新闻家、万国报界联合会新闻调查委员会委员长格拉士一行的招待会上说,"虽七年来政潮澎湃",《申报》的宗旨却从未改变。"孟子所谓:'贫贱不能移,富贵不能淫,威武不能屈'和格拉士所说的'报馆应有独立之精神'与本报宗旨正好符合"。他郑重表示自己"誓守此志,办报一年,即实行此志一年也"。⑦《申报》的宗旨正是"无党无偏、言论自由、为民喉舌";而"独立之精神"、"无偏无党"、"服务社会"也正是是史量才办报理念的核心,诚如史之所言:"国有国格,报有报格,人有人格"。1921年,大半生从事新闻事业的美国总统哈定特地祝贺《申报》,称它"乃中国报纸之从最新新闻学进行者","能发扬共和之光明于全国"。同年11月,英国《泰晤士报》主人、《每日邮报》创办人北岩爵士到申报馆参观,他对《申报》的评价是:"世界幸福之所赖,莫如有完全独立之报馆,如贵报馆。"⑧

报纸的大众传播和舆论聚合,使它们形成了越来越大的社会影响,"是非曲直报中分,一纸风行四海闻;振聋发聩权力大,万般提剑总由君。"⑨因此,几乎所有的社会阶层、利益群体、党派组织和政治势力,都会竭力运用自身的权势、财力乃至一切可能的手段,去影响报纸的舆论,去控制报纸的舆论。因为在当时的杨月楼、韦阿宝案件中,《申报》等报纸对知县的苛判和韦氏家族的封建恶行多有指责,从而似乎影响了韦氏原籍广东香山人的名誉。这甚至使得寓居沪上的香山人很为被动和恼火,他们也由此看到了报纸舆论的重要性,于是香山招商局总办唐廷枢、上海知县叶廷眷、归国留学生容闳、买办郑观应等粤籍人士,就此创办了一份《汇报》,希望以它来促成

---

⑦ 庞荣棣:《史量才》第107页,上海教育出版社1999年版。
⑧ 庞荣棣:《史量才》第106页,上海教育出版社1999年版。
⑨ 顾炳权编著:《上海洋场竹枝词》第128页,上海书店出版社1996年版。

有利于广东香山人形象的社会舆论。而晚清、北洋和国民党各届政府,对于报纸的竭力掌控,或者是横加干涉、压制、迫害,就更加不遗余力了。

在这种情况下,报纸独立于体制的精神品格,又将怎样建立并得以维持呢?

这除了办报人的民主意识和觉悟之外,其根本之处还在于报业经济的独立自主。

正如个人只有获得经济的权利,才能获得社会的权利一样,即使是在一个相对宽松的舆论环境里,报纸也只有在经济上的取得独立,才可能赢得其舆论上的独立。

耐人寻味的是,本身也颇善文墨的史量才在买下《申报》以后,没有自任"主笔",而是高薪延聘了黄远生、陈景韩、邵飘萍、戈公振等人为报纸执笔,自己却担任了报社总经理。因为他十分清楚,只有在报业经营上营造厚实的财政基础,报纸才可能拒绝各种社会政治势力的诱惑和胁迫,也才能不受操纵地秉持客观公正。

1915年7月,袁世凯称帝的政治闹剧越演越烈,《申报》连续发表时评,批评袁世凯的称帝企图。为了控制社会舆论,北洋政府派遣了"使者"携带十五万元的巨款南下上海运动报界,而《申报》则是他们主攻的目标。但是这种以巨款收买公论的企图,首先就遭到了史量才的断然拒绝。9月3日,《申报》以答读者问的方式就此刊出《本馆启事》:"有人携款十五万来沪运动报界,主张变更国体者","按本馆同人,自民国二年十月二十日接受后,以至今日,所有股东,除盈余外,所有馆中办事人员及主笔等,除薪水分红外,从未受过他种机关或个人分文津贴及分文运动。此次即有人来,亦必终守此志。再本报宗旨,以维持多数人当时切实之幸福为主,不事理论,不尚新奇,故每遇一事发生,必察真正人民之利害,秉良心以立论,始终如一,虽少急激之谈,并无反覆之调。此次筹安会之变更国体论,值此外患无已之时,国乱稍定之日,共和政体之下,无端自扰,有共和一日,是难赞同一日,特此布闻。申报经理部、主笔房同启。"⑧⑩

那么,报纸的为民喉舌及其独立精神,其维持出版、运转和发展的经济支持又来源于哪里呢? 毫无疑问,它们还是来自于市民群众。

近代报纸的公共传播,摆脱了权力体制的知谕百姓、上情下达、强制灌输、思想统一的传播方式,而引入了一种市场化的传播方式。这种体制外的公共传播及其市场机制,决定了它的读者主权及其民主内涵。在报纸与读者双向交流,相互选择,相辅相成的过程中,实际上又在两者之间形成了一种契约关系:报纸以它们公众的和为民代言的立场,向读者提供各种资讯;读者则以自己的钱币,通过报纸去购买他们所需的世事舆情、价值共识和娱性消遣。在这种情况下,无论是从商业伦理还是从社会责任上,能否坚持公共立场,保持资讯的客观、公正、真实、及时、有趣,也就是能否履行和兑现这种契约关系,就从根本上决定了报纸的生存和发展。

事实上,能够成功形成社会舆论和整合市民价值的报纸,其消息和舆论对于社会公众来说,总是要比"小道消息"、"街谈巷议"更具权威性和影响力,因此也总是深受市民群众的由衷欢迎。"它在城市中所积累和建立起来的公众舆论以及因这些公众舆论而产生出来的道德观念及整体精神,反过来又须仰赖诸如报纸之类的典型媒介来传播,而不是倚靠街谈巷议"。⑧⑪因此同样一件事情,在街谈巷议与在报纸上分别传播时,引起的公众关注程度大不一样。比如据租界公部局董事会 1925 年 12 月 26 日的会议记录:"12 月 13 日《大陆报》上的一篇文章引起了董事们的注意,该报说在上海公园的入口处醒目地写着'华人与狗不得入内',……经讨论后,会议责成总裁与报纸的编辑会晤,以便在可能的情况下收回此文,并商量以后不要刊登这种文章。"⑧⑫在此之前,工部局始终不为人们的有关抗争声辩所动,但是

---

⑧⑩ 马光仁主编:《上海新闻史》第 436、437 页,复旦大学出版社 1996 年版。

⑧⑪ [美]R. E. 帕克等著:《城市社会学》第 82 页,宋俊岭、吴建华、王登斌译,北京华夏出版社 1987 版。

⑧⑫ 《上海工部局董事会会议记录》第 23 卷第 618 页,上海古籍出版社 2002 年版。

一经报纸如此刊登并可能由此成为社会舆论的爆发点的时候,洋人董事们就坐不住了。

当报纸能够为广大民众所阅读,并且能够走入千家万户的时候,这就表明它们在内容经营上已经获得成功;这同时也就意味着它们将在经营上获得成功。

在当时的《沪江商业市景词·报馆》中,就有关于上海市民热中于读报、报业市场十分兴旺的记载:"沪上自风行报纸后,以各报出版皆在清晨,故破晓后,卖报者麇集于报馆之门,恐后争先,拥挤特甚。甚有门尚未启而卖报人又在外守候者,足征各报销畅之广。"[33]当时的《申报》也报道过市民喜读报纸和传阅报纸的风气:"欲尝闻之售报人言,皆谓阅报之人市肆最多。我等亦询诸店肆友君等,何以众皆喜阅《申报》? 肆人应曰:《申报》文理不求高深,但欲浅显,令各人一阅而即知之。购一《申报》,全店传观,多则数十人,少则十数人,能识字即能阅。既可多知事务,又可学演文墨,故自《申报》创设后,每店日费十余文,可以有益友徒,亦何乐而不为哉?"[34]到 1890 年前后,《申报》作为一份真正意义上的市民报纸,由于读者的欢迎,已经进入千家万户,影响越来越大。每天看报业已成为上海市民日常生活的一个重要组成部分。

《申报》从史量才 1912 年接手时每天发行七千份,到五年后达到两万份,此后又稳步上升,到 1920 年达到三万份,1925 年突破十万份,1926 年突破十四万份,1932 年超过十五万份。

于是,所谓《申报》的"黄金时代",也就具有了社会传播和经济效益的双重意义。在报纸坚持公众立场、公共舆论和公共价值的时候,社会公众也就为报纸提供了经济支持,以至真正成为了报纸的衣食父母。

2. 与时俱进　适时革新

报纸也许就是另一份日历,它总是要随着每一个新的日辰而新

---

[33] 颐安主人:《沪江商业市景词·报馆》,1916 年版,卷二,第 27 页。
[34] 《申报》1877 年 2 月 10 日。

鲜面世。滚动出版、天天更新的报纸,需要跟随时代的演进,根据读者民众发展着的思想认识,在内容和形式上自我调整。微观上的定期改版,宏观上的与时俱进、适时革新,正反映了报纸生存发展的内在规律。也就是说,报纸的立论基础包括它的外在形式,都必须敏锐地与时代保持同步。一张报纸如果始终墨守成规,一成不变,那么它必定趋于保守和落伍,与读者的要求脱节。

上海近代以来的变化和发展,使观念形态发生了强烈的震荡。对于这种"三千年之未有的大变局",最先接受认同并且最快予以适应的,总是现实生活的本身,也是较少既得利益、较少保守思想的上海民众。这样的形势,使得近代上海的报纸必须在与时俱进和适时革新上,表现出更多的敏锐。

比如当时著名的《万国公报》,它的前身《教会新报》,原来只是一张以教民为主要读者对象的教会报纸,主要刊载一些宗教事务以及教民需求方面的内容。然而随着上海社会的迅速发展和社会公众包括教民更为广泛的认知需求,《教会新报》开始登载世俗社会的消息和科学技术方面的内容。从此,一发不可收拾,刊载的数量比例不断上升。不久以后,《教会新报》干脆改名为《万国公报》,读者对象也从教内转移到了教外。在这个基础上,它还仍然坚持经常性的改版,"《万国公报》的栏目在不同时期有所不同,主要有政事、教事、大清国事、各国近事、掌故、杂录、京报选录等。它以持续报道中外时事、发表对中国时政的批评而开阔人们的视野,吸引人们的注意。它在中国关心时事、祈望改革的知识分子中影响最大。"⑧⑤

近代上海的主要变化和民众关注的焦点,是有关变法维新、君主立宪和共和民主等政治体制问题。随着政治格局和时代要求的不断变化,社会民众的思想倾向和价值立场也在发生变化。这种情形在报纸和民众的互动之下,导致了报纸的诸多变化。比如在武昌起义前后,上海的君主立宪派的政治立场的转变,就导致了相关报纸的思

---

⑧⑤　熊月之主编:《上海通史》第 6 卷第 66、67 页,上海人民出版社 1999 年版。

想倾向发生了转变。原本属于君主立宪立场的《时务报》,也就适时转变为赞成革命,宣传共和了。沈缦云在 1909 年作为上海总商会代表赴京请愿,要求速开国会的努力遭致失败后,改变了立场,回沪以后即加入了同盟会。在积极投入反清革命的同时,他还支持于右任创办了《民立报》。《民立报》一开始是采取了比较含蓄的方式来宣传革命,以后随着革命形势的发展,共和体制渐渐获得多数民众的拥护,《民立报》也逐渐表明了它反清革命的立场,并公开以舆论号召支持各地的反对封建专制的民主运动。武昌起义爆发后,《民立报》遂成为报道各地革命消息的权威报纸。

即使是因为"《苏报》案"而名声卓著的《苏报》,它在开始创办的时候,也只是一张以市井琐事和社会新闻为主要内容的小报。1902年,《苏报》在章太炎主持下适时改变方针,在报道了"总教习"蔡元培与近 200 名学生的"南洋公学退学风潮"事件后,其顺应时势的态势一发而不可收,进而在变法维新的形势推动之下,开始转向反清革命。

甚至从《申报》来看,在它创刊不久的 19 世纪末,其刊发的诸如《有伤风化论》、《拟请禁女堂倌论》等等趋向于思想保守的文章,都具有相当的篇幅。但是随着时世的变革和社会民众的思想变化,《申报》以后的大量报道和载文,就发生了思想文化倾向上的变化,以至逐渐成为反对封建礼教,倡导女工女学的最为有力的公共舆论阵地。

反过来看,当社会处于变革大潮暂告段落、人心思定、社会切盼稳定发展的既定周期时,始终鼓吹政治改革、一度风靡天下的《时务报》,因为缺乏适时变革的意识,在问世三年并完成了历史的使命以后,就自行消失了。

因此,在当时所有的文化样式当中,也许报纸是最为敏锐地把握时代脉动和即时反映民心所向的文化载体。

报纸需要以不断革新与市民价值观念的变革和社会发展的实际需求相呼应。在这个基础上,它们社会公共性的内在机能,才能不断地得到调整,以及持续发挥社会整合的作用。

3. 宁鸣而死 不默而生

报纸生存与发展的环境,当然不可能完全取决于报人业者的主观意志和努力。近代上海报纸的公众立场和公共舆论的定位,不可避免地会使它们与政府权力构成某种紧张关系。近代上海的报纸虽然在上海独特的社会体制中,获得了相对宽松的环境,但是它们却最终无法获得民主宪政和新闻法律的保障。因此,在它们竭力追求新闻与舆论自由的过程中,也就必然阻扼重重了。

当然,清末的朝廷、北洋政府、国民政府,也会时有开放报禁的政策出台。比如在光绪三十四年的《宪法大纲》中,就有"臣民于法律范围以内,所有言论、著作、出版及集会、结社等事,均准其自由"的条款;在 1913 年的《天坛宪章》中,也有"人民有书信秘密、言论、著作、刊行及集会、结社的自由,非依法律不受限制"的规定;在 1914 年的《民国约法》和 1930 年的《约法草案》中,也都言之凿凿地确立过相同的内容。但是,它们大都除装点门面之外,没有什么实质的意义。因为专制体制的规定性,决定了它们在本质上不会认可报纸新闻、思想舆论具有脱离政府控制和管束的权利。就权力体制的根本愿望而言,报纸最应当成为它们思想灌输和具有强制性的舆论工具,"传播知识的整个机构——学校和报纸,广播和电影——都被专门用来传播那些不管是真是假都会强化人民对当局所决定正确性的信心的意见;而且,那些易带来疑窦或犹豫的信息将一概不予传播。人民对这个制度的忠诚度会不会受到影响,成为决定某条信息应否被发表或禁止的唯一标准。"⑧

对于专制政体而言,所谓报纸的独立性,恰恰是要予以扼杀的东西。

因此,近代上海的报纸几乎从问世的那一天开始,就与当时的政府权力形成了尖锐而持续的对抗和冲突。甲午战争失败后,维新派人士于 1896 年 1 月在上海成立强学会,并出版了呼吁变法维新的

---

⑧ 哈耶克:《通往奴役之路》第 153 页,中国社会科学出版社 1997 年版。

《强学报》，可是它只出版了 3 期，就在清朝政府的禁令下遭到了停刊。这也许就成了近代中国历史上的第一例"报禁"事件。此后，又发生了震动朝野、事涉中外的"《苏报》案"。其时，清朝政府在上海查封报馆，缉拿报人的事件层出不穷；除了《苏报》案中的章太炎、邹容以外，于右任、蔡元培等许多人也都因为"报案"而逃亡。

辛亥革命以后，南京临时政府很快颁布了一个《民国暂行报律》，目的是希望以"引导"的名义，控制报纸舆论。但是，"报界全体万难承认"，上海报界和知识界的反应则更为强烈，"清廷复亡后，文化、言论、出版自由在缺少统一政治权威的上海成为文人们一致认同的共识，于右任主张'吾报界将来亦以保持言论自由为第一目的'。这种趋向之强烈，以致于南京临时政府颁布《民国暂行报律》要求言论不得弊害共和国体时，受到（包括倾向同盟会）上海报界一致谴责与反对。章太炎甚至撰文《却还内务部所定报律议》反驳。连一向支持孙中山的《民立报》此次也公然大唱反调：'民国而有报律，言论自由何在？出版自由何在'？"⑰

1913 年 7 月，国民党反对袁世凯的二次革命遭到失败，袁世凯趁势加紧控制各地的报纸舆论，北洋政府为此颁布了《报纸条例》，上海原属同盟会系统的报纸被迫停刊，风云一时的《民立报》也终于在 1913 年 9 月 4 日被北洋政府查封。同时有关报人也广受迫害，以致酿成了史称的"癸丑报灾"。

在这样的形势之下，实施还是开放报禁，就成为当时人心向背和检验社会进步与否的一个重要标志。1916 年 6 月袁世凯称帝的图谋破灭并很快去世以后，新上台的黎元洪为彰显其新人新政而采取的主要举措之一，就是下令废止袁世凯的《报纸条例》，上海的报纸新闻业由此得到稍许的复苏。

但是，报纸的开放程度在本质上不是取决于个人的决策而是取决于体制的性质。对于一个专制的政治权力而言，即使它可以有选

---

⑰ 忻平：《从上海发现历史》第 447、448 页，上海人民出版社 1996 年版。

择地容忍报纸舆论的某些"谏言"和"批评",但是这样的舆论形式终究要受到权力的各种制约和压迫。

1927年春天,在北伐军迫近上海之际,上海的政治对抗已成一触即发的态势。当时,上海总工会每天将油印件送各报要求刊登,而军阀孙传芳则更以武力对各家报纸进行威胁,不准它们刊发总工会的文告。在这样的政治夹缝中,报纸从无所适从而变为奋起反抗。《时报》的总编辑金剑华联合《申报》、《新闻报》、《时事新报》、《民国日报》等报纸,集体停刊十余天以示报界尊严,从而造成了极大的社会影响和震动。

在进入了国民政府的历史时期以后,报纸则被施加了更多的限制。由此,上海的报纸和政府权力之间的关系就不唯是紧张、对立而已,而是经常处在刀光剑影和腥风血雨之中了。

1927年4月蒋介石在上海发动了"四·一二"政变,《申报》随即详细报道了"四·一二"惨案的真相,为历史留下了可信的实录。然而这也促使国民党政权开始实施对于报纸的检查制度。而报纸则在有关新闻被"检查掉"以后,常以"开天窗"以示抗议。

"四·一二"以后,国民党政府实施"清党",捕杀共产党人。胡适对执政党公然走向专制独裁表达了忧虑与愤怒,不惜因此与吴稚晖、蔡元培等人生隙反目。对于当时上海的报纸,胡适竭力反对的就是它们的"党化"倾向。但是,在国民党政权一系列的审查、管制措施之后,上海报纸的自由秉性和独立精神,业已被大大扼阻。到了1928年的时候,胡适慨叹:"上海的报纸都死了,被革命政府(国民党政府)压死了。只有几个小报,偶然还说说老实话。"⑧1929年,国民党上海市党部的一个代表提出,处置"反革命"(不同政见者亦即共产党人)不必经过司法机关核准,只要国民党市党部予以定案,就可以交法院执行。胡适为此以人权约法的理念致函司法部长表示质疑,并且将函件内容交给了上海的一些报馆,以期发表。但是胡适的信件

---

⑧《胡适日记》1928年5月16日,安徽教育出版社2001年版。

没有能够见报，而那位"党代表"的反攻文字倒先在报纸上刊登了出来："国民党治中国的今日，老实说，一切国家底最高根本法，都是根据于总理主要的遗训。"因此违反国民党的意志，"便是违反法律"，"便要处以国法。这是一定的道理，不容胡说博士来胡说。"⑧

这种情形也许正如哈耶克所说的："如果所有时事新闻的来源都被唯一一个控制者所有效地掌握，那就不再是一个仅仅说服人民这样或那样的问题。灵巧宣传家于是就有力量照自己的选择来塑造人们的思想趋向，而且，连最明智的和最独立的人民也不能完全逃脱这种影响，如果他们被长期地和其他一切信息来源隔绝的话。……极权主义宣传所引起的一种更为深远的道德影响，它们对于一切道德都是具有破坏性的，因为它们侵蚀了一个一切道德的基础，即对真理的认识和尊重。"⑨

为了反对对思想舆论的压迫，争取新闻、言论、出版的自由，鲁迅等人发起了"自由运动大同盟"，新闻自由自然也是这项运动的题中之义。但是它同样遭到了国民党政府的"只有党的自由，没有个人自由"的"驳斥"——"总理说过：我们不能要自己有自由而不肯把自己的自由交给党，我们也不能将自己的能力为自己用而不肯交给党用。个人有自由，党便没有自由；个人自私其能力，党便没有能力。党无自由无能力，各个党员的自由和能力一定也统统落了空"，而且"一切非党员的国民，也只有在党的自由之下才有自由，绝没有到党外去再求自由的道理。"⑨

在这种险恶的舆论环境中，上海的报纸和报人并没有一概束手就范。《申报》在《六十周年革新计划宣言》中，就再度宣示报纸的宗旨是"传达公正舆论，诉说民众痛苦"。

1931年12月15日，内外交困的蒋介石暂时下野，《申报》竟发

⑧ 《胡适日记》1929年4月1日及附剪报，安徽教育出版社2001年版。
⑨ 哈耶克：《通往奴役之路》第147页，中国社会科学出版社1997年版。
⑨ 散木：《一个空白的选题》，《读书》2003年第9期第71、72页。

表时评《欢送》。蒋介石在离开南京前下令杀害了邓演达,宋庆龄为此起草了《国民党不再是一个革命集团》宣言。当晚,史量才说:"这是孙夫人亲自签名要求发表的,不是报纸造谣,我们没有不登的道理。"第二天,《申报》和上海各日报(除《民国日报》外)几乎都在显著位置刊登了这一宣言。

1932年6月30日、7月2日、7月4日,《申报》针对国民党对"苏区"的围剿,连续发表三篇时评《论剿匪与造匪》,文章指出当下"政治黑暗如此","举国之匪皆黑暗之政治所造成"。"政治不清明,民生不安定,虽十次武力围剿,亦必无功。"7月3日,《申报》发表时评《中大学潮评论》,披露了教育部长朱家骅挪用三万多元水灾捐款的丑闻。蒋介石看到报纸后,当即用红笔批道:"《申报》禁止邮递。"结果经过疏通,蒋介石提出三个条件:一是《申报》改变态度;二是立即辞退黄炎培、陶行知等;三是国民党中宣部派员指导。史量才权衡之下,接受了前面两条,却断然拒绝了第三条,他说:《申报》自开办以来,从没拿过政府分文津贴,没有接受派员指导的义务;半个多世纪以来《申报》从来没有政府派员指导,照样深入人心,倘若定要派员指导,宁可停刊。

这次事件并没有改变《申报》的信念和立场。不久史量才起用了刚从法国留学归来、二十八岁的黎烈文改革"自由谈"副刊,宣布"对于进步和近代化的立足点,却是要牢牢站定的"。"自由谈"就此发表了鲁迅、茅盾、巴金、老舍、郁达夫等作家、学者的大量评论、杂文。于是,"自由谈"很快成为"一种站在时代前面的副刊",超过了国民党当局容忍的尺度。然而史量才说:"《申报》是我个人产业,用人的事不劳外人操心";"我想诸公也未必愿将'自由谈'变成不'自由谈'吧!"

在国民党上海市党部查禁了各种出版物140种,捣毁了"不良刊物"良友图书公司,又以"言论反动,思想过激,毁谤党团"为由查封了邹韬奋主办的《生活》周刊之后,史量才这位坚持"宁鸣而死,不默而生"之报格的报人,终于被国民党特务枪杀在了沪杭公路上。

但是,专制政权可以扼杀报纸舆论的生机和报人的生命,却最终不能扼杀报纸舆论的自由灵魂和民主本质。

结语:在重启与再造中

　　相对于波澜壮阔的历史风云,以及相对于鲜明激昂的阶级论述,晚清以降的上海市民社会却因为结构松散、主张温和、表现软弱,而未能在近代中国何去何从的选项中,进入政治家和知识分子的视野,也无法以强大的凝聚力和战斗力,吸引或者是为自己招募政治上的领导者。

　　市民社会终于在越趋激越的中国政治大潮中,旁落乃至消沉,以至在高蹈的社会理想和激烈的社会斗争中,沉寂无声。

　　但是,过往的市民社会最终将在历史的回归中,重新浮出现实的水面。在从历史的迷雾中重新展现身姿的时候,它仍然可能从社会意识的边缘地位而趋向于历史的中心。一切都不以人们的意志为转移。在它重新复苏之际,它的某些价值理念仍然能够给予我们以深具历史意味的启示:

　　——近现代的市民社会将始终以摆脱对权力的依附、以祛除巫魅的社会理性,作为自己的核心价值;

　　——政治昌明,民间社会特别是市民社会,就能焕发出巨大的物质创造力和自我调适能力;

　　——个体本位的正当性,以道德出发,又以社会发展的原动力作为论证;

　　——市民社会的稳健、温和与理性,将形成社会制衡的最重要的机制；

——民主与法治、公平与正义，是市民社会的一个价值评判的基本尺度。

当然，时代已经发生了巨大的变革，在上海的市民社会从历史走入现实的时候，它必定要进行重新调整和重新构建。

然而有一点是相同的：这就是它将仍然以自己的方式，对社会的发展，对人们的思想观念与行为方式，表达自己的立场与倾向。

一、市场经济：否定之否定"再否定"

市民社会的立论基础，是商品交换及其个体本位，是市场经济及其经济权利社会化基础上的市民权利。

市场经济与市民社会，是一个命运的共同体。在 20 世纪 80 年代，它们又一同重获生机。

意味深长的是，邓小平将这两者做了某种"联系"。首先，对于当时的中国，他说除了改革开放、市场经济，"其他都是死路"。与此同时，邓小平又提出："抓上海，就算一个措施。上海是我们的王牌，把上海搞起来是一条捷径"。为什么上海是"王牌"和"捷径"呢？因为"上海过去是金融中心，是货币自由兑换的地方，今后也要这样搞"；"上海人有特殊的素质，特别的品格"；"上海人聪明、素质好"；"上海在人才、技术和管理方面都有明显的优势，辐射面宽。上海民心比较顺，这是一股无穷的力量"；等等。

对于市场经济，上海的确并不陌生。当市场经济再度成为国家政策的时候，市民社会也就被悄悄催生。反过来它又对市场经济进行自己的检视和推动。

1. 政府主导与市民认同

然而"市场经济"，也有各种不同的模式。晚清时期上海的戏院，也是面对市场自主经营的，但是地方官员"知府""道台"却又可以根据自己的意志，随时饬令它们"停业整顿"。而在当时的租界当局看来,戏院乃至一应商业实业的合法经营,行政机构则无权干涉。

在这样两个模式中,市民社会的价值评判毫无疑问地会倾向于后者。

但是在这个问题上,市民社会的评判也不会一概而论。当年知府、道台的问题核心,是在于主观意志的随意性。一百多年以后,在计划模式转向市场模式的过程中,究竟是采取激进革命的方式,还是采取循序渐进的、以至是在完全的"计划"和完全的"市场"之间寻求某种过渡的模式,以市民社会的评判,恐怕又会"策略性"地倾向于后者。

改革开放之后,中国的"发展经济"首先不是以法理基础而是以国家政策的姿态登上历史舞台的。在这一历史时期中,政府的主导就变得必不可少。"社会主义市场经济"的根本特征,就是社会经济的运作在接受市场机制以后,又在很大程度上遵循乃至服从于政府的支配与控制。因此这一历史阶段的市场经济,仍然需要接受政府的决策布局、调整指挥。政府在这样的"市场经济"中,起着至关重要的作用。它不仅仅决定经济的政策与规则,承担经济运作的管理与规范的职能,也经常成为最大的资产者和投资者。

与"国家资本主义"、"计划资本主义"异曲同工的是,社会主义市场经济在社会转型和社会亟待整合的时期,也就是在中国改革开放和发展经济的初期阶段,取得了令人瞩目的成效。尊重历史的具体要求和具体国情,也正符合了市民社会循序渐进、实践检验的理性诉求。于是,当时的上海,就从它先前的"计划经济的模范执行区"转变为"社会主义市场经济"的"模范执行区"。

在这里,世界的某些变化,也许能够构成某种借鉴。前苏联解体以后,他们在经济体制上实行的遽然激进的变革,把原来的计划经济下的国有资产作价出售、并且将所得平均分配给员工,然后就此直接进入了"自由市场经济"。然而,这种急速而失序的"公""私"转换及其"休克疗法",既造就了一批经济寡头,又在相当的时期中,使整个社会承受了由此带来的失重甚至是真正的"休克"。

在东欧的政治与经济变革中,波兰、斯洛文尼亚、捷克和匈牙利等国,恰恰也是由于"历史的原因",而"采取了一种谨慎的、逐渐私有化的政策"。它们的经济在一个特定阶段里持续稳定,没有经受像俄罗斯那样的变革阵痛。因此有学者指出:"波兰和捷克的经验尤其值得重视。我们往往只知道俄罗斯陷入了困境,却忽视了波兰和捷克已经成功地实现了社会转型,建立起一套比较稳定的市场秩序和民主政治制度。波兰和捷克高举的正是一面社会民主主义的旗帜,兼顾自由、效率与平等,从经济发展速度来说,它们没有中国那样快,但比较平衡和稳定,更富有人情味。"①

2. 市场主导与市民意愿

改革开放以后,强势政府下的上海经济的增长,竟让当时在经济上秉持着更多宽松和自由的深圳羡慕起来。有报导称:"深圳政府看起来越来越像上海。它正在寻求强化政府职能所带来的高效率","深圳政府在经济生活中发挥的作用是否愈加明显? 有人说它正变得越来越像上海:政府职能强大,其影响已涉及日常生活的方方面面"。②

这就使事情变得相当值得玩味了。

再看世界的变化,仅仅是几年之后,俄罗斯"失序"的经济变革开始走出困境,并且展现了良性发展的态势,而曾经为人称道的诸如波兰的"政府型"经济模式,却开始陷入了困境。据法国《费加罗报》2002年5月3日的文章报导:"联合国欧洲经济委员会的一份报告指出,俄罗斯经济的惊人增长(1999年至2001年间的年增长率为6.5%)使国内生活条件有了很大的改善。这使它能够发挥地区领导作用,并刺激经济活动的发展。"另一方面,"只有波兰和马其顿的表现令人失望。经过9年的增长以后,华沙已经停滞不前。联合国强调指出,这部分是因为当局身处顺境时对于强制进行一些不受欢迎的

---

① 许纪霖:《寻求"第三条道路"》,《上海文学》1999年第3期第78页。
② 香港《南华早报》2002年1月29日。

改革犹豫不决。"此外,在欧洲与世界各地支持社会民主主义思潮及其左翼政党的浪潮以后,又因为它们既定的政策导致了不同程度的经济衰退,高税率高福利政策也使社会负面问题有所累积,民意的钟摆,在 21 世纪开始时,又整体性地向"右"摆动,甚至一些社会民主党也以反思和策略调整而对自己做出了"背叛"。

显然,"完全"的市场固然有着许多弊病,但是它的优势还要重新进一步认识。"在过去,使文明能够成长壮大的正是人们对于市场的非人为力量的服从,没有这种服从,文明就不可能得到发展;正是通过这种服从,我们才能够每天协力筑造某种比我们当中的任何人所能充分了解的还要伟大的东西。"③

自由市场经济的持续活力,源自经济活动中的人性特点,在本质上迎合了人类创造并享有财富的愿望。正如亚当·斯密所说的,自由市场经济是符合自然与人性的、天然的自由制度,自由市场经济最有效地满足了每个人通过占有来维持自己生存的欲望。在某种历时阶段"市场越自由越有竞争性,受到的干预越少,其效率就越高,就越能带来创新和经济增长。"④

这种要求,恰恰是在本质上符合市民社会的价值立场的——因为"对财富生产的控制,就是对于人类生活的控制"——以市民社会的价值取向来看,权力经济在完成了历史的使命以后,不是应该继续扩大而是应该适时予以削弱;市场经济将在寻求法律基础而不是政府政策的过程中,进行再一次的转型。

事实上,权力经济不能成为效率的持久保证,情况还会恰恰相反。1991 年时,在上海建一栋新楼要盖 98 个图章;西藏路修建人行天桥,为四个柱脚的方案,争论修改了四年。1990 年 7 月,朱镕基在访问纽约时说:我还未当市长时,搞一个合资企业,要大大小小盖上 156 个印章,现在,大概要 200 个了。在上海 2002 经济高层论坛上,

③ 哈耶克:《通往奴役之路》第 194 页,中国社会科学出版社 1997 年版。
④ 刘军宁:《保守主义》第 104 页,中国社会科学出版社 1998 年版。

经济学家就明确表达了某种疑虑：过分注重财政投资强化了政府的投资主体地位，但是它不利于经济体制的改革；通过计划机制去追求单纯的经济高速增长的做法已经不可取，比较有效的做法应该是通过新的市场机制，促进与当前消费结构升级相关联的行业发展。

客观形势促使人们更多地瞩目于更具"自由"属性的市场经济了。上海政府也与时俱进地进行了职能的转换。"不断地调整、坚决地改革，不仅是今日上海决策者对于改革政府经济管理机构，转变政府职能的立场和决心，也是过去十年这座城市全力探索实践的重要方向。正如人们常说，只有政府转型，企业才能转制。"而政府的转型，"其主要的特点就是坚持'有所为，有所不为'。'有所为'，就是确立发展规划，提供政策服务，推动社会保障，营造法制环境，引导人为氛围。'有所不为'，就是避免干预、束缚企业之事，不该管、管不了、管不好的事坚决不管。"⑤

这一切，也就与市民社会的价值诉求，处在了一个新的历史方位上。市场经济也终于在市民社会的价值观照中，趋向于它的本质形态。

3. 同步增长的精神需求

毫无疑问，经济成长的指标系数、效益目的、市场经济，反应的正是市民社会的"工具理性"。但是这显然并不是市民社会全部的或者是终极的价值诉求。甚至越是在市场经济得到发展的时候，一个成熟的市民社会将越会以同比增长的精神需求，寻求社会的均衡发展。

从某种意义上来说，这也可以被看作是对自由市场经济的再一次"否定"。

市民社会的"价值理性"，包括人们的政治觉悟、社会理想和信仰信念。市民社会的精神需求，还包括道德的自律与规范，它们将抵制社会的罪恶、丑陋和腐败，以至抵御自由市场经济中的拜金主义和物欲横流；它们也将以社会舆论的方式，呼吁公正与正义、公民的社会

---

⑤ 康燕：《解读上海》第208页，上海人民出版社2001年版。

责任与义务;它们还将以思想与行动,致力于社会保障、减低贫富差距,以至环境保护。

成熟的市民社会不是一个以物质的满足而满足的社会,它的市民群众将不断提升的自身的文明礼仪和社会公德,并且将以不断提升的文化修养,对艺术、审美以及精神的娱悦和升华,提出持续不断的要求。

在物质的世界之外,市民社会的精神世界甚至更加渴望心灵、灵魂的寄托与慰藉,就如同一种"宗教情怀",它需要精神的感召,以及某种内心的"敬畏"和皈依。

市民社会只有在物质与精神的均衡态势下,才能促使社会和谐发展。

工具理性与价值理性的关系,伴随着近代市民社会的形成,就已呈现为紧张对立的态势。在进入现当代以后,它们对市民社会提出了更敏锐的挑战。面向未来,它还将是一个越益凸现和越益重大的人类社会的命题。我们期待于它们的,是趋于有机的结合而不致严重困扰市民社会的未来发展。

二、若为自由故

19 世纪中叶,当康德在论证"人是目的",尼采在论述"人生而自由"的时候,中国社会还没有真正的关于人权和自由的哲学思考。

就在这个时候,中国东部一隅一个名为"上海"的地方,却率先出现了某种近现代意义的"个体本位",个人权利和自由的概念由此构成了上海市民社会的价值理念。"在五四早期,在中国最有说服力、影响最大的两个观念是自由和人权。……现在很多人回顾'五四',认为可能早先所提的'自由与人权'的价值更加核心。"⑥

---

⑥ 曾明珠整理:《儒家与自由主义——与杜维明教授的对话》,见《儒家与自由主义》第 38 页,生活·读书·新知三联书店 2001 年版。

个人权利、个体本位以及个人自由，是市民社会的核心价值。

社会变革和政治体制在经历了一百多年的"两条路线"的角逐以后，弗兰西斯·福山分别在他 1988 年的讲座和 1992 年的《历史的终结和最终之人》一书中，提出了"历史终结"论：全世界出现了对自由民主制度的合法性的了不起的共识，它战胜了世袭的君主制和各种集权统治，于是，自由民主制的"人类意识形态进化的终点"，构成了"人类政府的最后形式"及"历史的终结"。

但是，市民社会和市场经济在社会分配上的伦理问题，却形成了对"历史终结"论的根本质疑。

按照某种社会的理想，"人人生而平等"的自然权利，将构成社会分配的伦理基础。

但是在市民社会的历史审视中，这样的分配要求和社会权力组织的构成，将蕴藏某种危险。"如果国家垄断了一切财富和权力，那么，社会平等的目标就成了让个人绝对服从于一个全权的实体（社会）的律令。在这里每个人的平等是在特权基础上的平等，领取配额机会的平等，在这种社会现实中，领取配额的额度和机会，不仅不平等，而且等级鲜明、森严。"⑦

在市民社会的价值谱系中，人的自然权利固然构成终极伦理，但是"以经济建设为中心"的早期的"第一次分配"，将以个人的创造和社会效益作为分配的尺度。在这种情况下，社会将主要使"人人享有平等的权利，而不是平等的东西"。改变穷困、贫弱的方式，不能是以平等的名义用权力来"均贫富"，只能是提供人们有改变自身处境的社会机制。

市民社会，将以个人在天赋、机会和努力上的差异，激活社会的竞争。如果为了平等而消弭个人财富和地位的差别，恰恰会使整个社会丧失持久的竞争活力。这种"平等"所产生的结果，会导致人们不关心财富的创造，只关心财富的分配，甚至只关心如何以较少的劳

---

⑦ 刘军宁：《保守主义》第 57 页，中国社会科学出版社 1998 年版。

动付出,获得较多的别人的财富。

当然,对于绝对平等的关注和呼吁,在任何时候都有着积极意义,它将促使政府在行使社会的"第二次分配"的职能时,淡化人的"初始禀赋",而突出人的自然权利。然而这并不说明,我们因此就需要一个集中而强大的国家权力。

张扬人的自由和权利,可能会引发许多社会问题甚至是弊病,但是它比较契合现代市民社会的价值理念,也是最值得我们思考的一种思想主张。